普通高等教育"十一五"国家级规划教材

企业资源计划(ERP)教程
(第2版)

程国卿　　吉国力　编著

清华大学出版社

北　京

内容简介

企业资源计划(ERP)是以制造资源计划(MRPⅡ)为基础的一种先进企业管理模式。MRPⅡ以生产管理的计划与控制为主线，规划了企业生产运作的理想境界，其因效益显著性而被当成标准管理工具在当今世界制造业中普遍采用。MRPⅡ/ERP实现了物流与资金流的信息集成，是CIMS的重要组成部分，是解决企业管理问题，提高企业运作水平的有效工具。本书全面讲述了MRPⅡ/ERP的基本原理、处理逻辑、算法流程，以及MRPⅡ/ERP的软件系统和应用实施方法。本书内容全面，系统性与逻辑性强，原理算法分析详细，并附有例题和习题，方便读者学习。

本书的PPT教学课件和习题参考答案可以通过http://www.tupwk.com.cn/downpage下载。

本书可作为高等院校管理工程、物流管理、工业工程、电子商务、信息管理、计算机应用及其他相关专业的专业课教材，可作为各级培训机构、会计师协会、生产管理协会等专项教育、继续教育的教材，也可供制造业、IT业界的信息技术人员、生产管理人员、管理决策人员等学习和参考。

图书在版编目(CIP)数据

企业资源计划(ERP)教程/程国卿，吉国力 编著. —2 版. —北京：清华大学出版社，2013.8（2021.9 重印）

(普通高等教育"十一五"国家级规划教材)

ISBN 978-7-302-33011-0

Ⅰ. ①企…　Ⅱ. ①程…　②吉…　Ⅲ. ①企业管理—计算机管理系统—教材　Ⅳ. ①F270.7

中国版本图书馆 CIP 数据核字(2013)第 145915 号

责任编辑：刘金喜
装帧设计：久久度文化
责任校对：成凤进
责任印制：宋　林

出版发行：清华大学出版社
　　　　网　　　址：http://www.tup.com.cn，http://www.wqbook.com
　　　　地　　　址：北京清华大学学研大厦 A 座　　　　　　　　邮　　编：100084
　　　　社 总 机：010-62770175　　　　　　　　　　　　　　邮　　购：010-62786544
　　　　投稿与读者服务：010-62776969，c-service@tup.tsinghua.edu.cn
　　　　质 量 反 馈：010-62772015，zhiliang@tup.tsinghua.edu.cn
　　　　课 件 下 载：http://www.tup.com.cn，010-62794504
印 装 者：三河市龙大印装有限公司
经　　销：全国新华书店
开　　本：185mm×260mm　　　印　　张：23.25　　　字　　数：537 千字
版　　次：2008 年 6 月第 1 版　　2013 年 8 月第 2 版　　印　　次：2021 年 9 月第 9 次印刷
定　　价：68.00 元

产品编号：043479-03

前　　言

MRPⅡ(制造资源计划)是一种生产计划与控制方法,因其效益显著而被当成标准管理工具在当今世界制造业普遍采用。它是企业提高运作水平,在激烈的市场竞争中赢得优势的有效工具。企业资源计划(ERP)系统在 MRPⅡ的基础上扩展了管理范围,把企业的内部和外部资源有机地结合在一起,优化利用全面企业资源要素,成为一种更具各类型企业适应性的、先进的现代企业管理模式。可以说,ERP 是 MRPⅡ的发展与扩充,它们是一体的包容关系,MRPⅡ应是 ERP 不可或缺的核心组成部分,其中 MRPⅡ的管理技法更为基础和更具实效。所以,在此我们把 MRPⅡ与 ERP 视为一体予以介绍,但在叙述原理时以 MRPⅡ为强调对象,在介绍扩展功能时则以 ERP 为主体对象。

本书在原《企业资源计划(ERP)教程》(第 1 版)的基础上修订而成,该书是普通高等教育"十一五"国家级规划教材,自出版以来,被多所重点高校用做本科教材和 MBA 参考教材,许多咨询顾问公司也将其作为培训教材,产生了较好的社会效益。本版改动较大,其中第 1、2、11、12、14 章是全新编写的,其他章节内容也有不少修订。

本书第 1 章首先对 ERP 的名词概念进行辨识,分析了 ERP 应用环境和基本情况,介绍了 ERP 的应用效益,以及 ERP 发展的阶段历史,让读者对 MRPⅡ/ERP 的概念有个总体的了解。

第 2 章介绍了 ERP 软件系统,让读者从软件层面对 MRPⅡ/ERP 有一个总体的了解,介绍了 MRPⅡ标准体系和 ERP 软件模块,分析了 ERP 集成系统的关联性,最后介绍了一些常见的 MRPⅡ/ERP 商品软件。

第 3 章开始介绍 MRPⅡ/ERP 原理基础,包括 MRPⅡ/ERP 的计划层次、数据环境、关键技术、运行原理、使用环境和 MRPⅡ管理模式特点,这些均是后面学习理解具体原理模块的基础。

第 4~10 章则是对 MRPⅡ/ERP 原理的分项进行具体分析,包括销售与运作规划、主生产计划、物料需求计划、能力需求计划、企业物料管理、生产作业管理和财务成本管理七大部分,是本书的关键部分。

第 11、12 章介绍了 ERP 的软件与技术实现问题,从更高的层面介绍了 ERP 系统的功能和设计方法。

第 13 章介绍了 MRPⅡ/ERP 系统的实施问题,在作者实践经验和理性思考的基础上分析了 MRPⅡ/ERP 的应用实施方法论的一些基本要素,包括系统规划、软件选型、项目实施过程、项目实施效果评价以及企业业务流程重组等,并介绍了几种常见的典型 ERP 系统实施方法论。

第 14 章介绍了企业信息化的若干实践内容,这是与 ERP 关联的一些扩展应用,包括 SCM、CRM、PDM、MES、CIMS,以及"两化融合"的国家政策。

本书从逻辑性出发,遵循认识与学习的规律,侧重讲述 MRPⅡ/ERP 基本运作原理和处理逻辑,系统介绍企业生产计划管理的控制方法。由于 ERP 是个关联的系统,所以本书不是分章节分模块,而是在附录里提供了若干整体的系统方案和应用案例,以供学习时参考。

ERP 是个庞大的应用体系,牵涉到多个学科知识,如管理学、企业运作管理、物流管理、生产工艺与自动化、人力资源管理、财务会计与财务管理、信息系统和软件设计等,是多学科知识的综合应用,有的内容不久前尚是博士论文探研的新课题(如 SOA、企业建模等),加上 MRPⅡ/ERP 理论体系本身所建构的一整套概念系统,本书虽然均有所涉及,但是肯定无法深入,有需求的读者可以继续看专项图书。

由于本门课程综合性强,所以如果没有相关学科的知识基础,学习起来有不少难度,建议教学时可有所侧重,有所选择。本书建议的教学课时是 50~70 课时。

本书可作为高等院校工商管理、管理工程、物流管理、信息管理、自动化、电子商务及其他相关专业的选用教材或教学参考书,也可供制造业和 IT 业界的信息技术人员、工业工程研发人员、企业实务人员、管理决策人员等学习与参考,还可作为各级培训机构、继续教育的教材。本书每章配有足量的思考练习题,这些习题既有对概念的说明,也有一些演算推导题。这些习题均围绕本章的重点内容而设,覆盖了各章的主要内容,读者通过解答这些习题也可以掌握各章的重点知识。

本书 PPT 教学课件和习题参考答案可以通过 http://www.tupwk.com.cn/downpage 下载,本书的学习辅导和一些习题解答,我们将在网站 http://www.ckong.com 中开设专栏,读者在学习过程中有任何疑问亦可在网站中进行双向交流。

本书在编写过程中参考了多个学科的大量专题文献和内部资料,限于篇幅没有一一尽列于书后,在此谨向国内外的有关著作者和协作者表示真挚的感谢!此外,书中难免有不当和疏漏之处,恳望广大读者提出宝贵意见。

作者 于厦门

2013 年 3 月

目　　录

第1章 ERP 概述

【导语】

ERP 在世界范围得到普遍应用，是现代企业的必然选择。那么什么是 ERP？它是一套软件，或者一种管理方法，甚至是一套管理模式、管理体系、管理标准？ERP 是 MIS 吗？为什么说"不上 ERP 就是等死"？ERP 能带来哪些效益？ERP 的发展经历了哪几个阶段？本章将对 ERP 的概念和应用情况进行一些基本介绍，从而使读者对 ERP 这种科学的管理技法有基本的了解。

1.1 ERP 概念

ERP(Enterprise Resource Planning，ERP)即企业资源计划，E 即 Enterprise 之首字母，中文含义是"企业"；R 即 Resource 之首字母，中文含义是"资源"；P 即 Planning 之首字母，中文含义是"计划"。

1. 企业

企业是指从事生产、流通、服务等经济活动，以生产或服务满足社会需要而依法设立的一种盈利性的经济组织。

作为社会经济组织的一种具有普遍意义的组织形态，企业天经地义地以追求利润为根本目标，实行自主经营、独立核算、自负盈亏，这是有别于其他不能以追求利润为目标的事业单位等非营利组织的。依照我国公司法规定，盈利性的企业组织一般以"公司"的组织形式进行注册登记和规范经营。公司具有企业的所有属性，它包括有限责任公司和股份有限公司两种主要形式。

按照企业所从事的经济活动性质的不同，可以把企业分类归属于不同性质的行业，如可以分为工业企业、农业企业、建筑企业、交通运输企业、邮电企业、商业企业、外贸企业等。

工业企业的基本职能是通过工业性生产活动，即利用生产设备与科学技术，改变原材料的形状与性能，为社会生产所需要的产品与财用。商业企业的基本职能是通过商品实体转移或价值交换，为社会提供所需服务与效用。

ERP 首先是发端和应用于工业企业的，后来才扩展应用到其他类型的企业，如商业、建筑业，甚至其管理思想进一步扩展到了其他非企业性的社会组织，如高校、军队。

2. 资源

资源是指人们生产和生活所需物质的来源。资源通常不仅包括空气、水、土地、石油及矿藏等自然资源，也包括人力、智力、信息、资金、时间等社会资源。即资源是自然界和人类社会中一切可被人类开发和利用的物质、能量和信息的总称，是一切可被人类开发和利用的客观存在。

资源具有使用价值，可以为人类开发和利用，用以创造物质财富和精神财富。从企业的角度看，资源包括人力资源、资金资源、物质资源、时间资源和信息资源，简单表述为：人、财、物、时间、信息。资源按形态可分为物质资源和非物质资源。原材料、机器设备和能源资源属于物质资源，人力资源、资金资源、时间资源和信息资源属于非物质资源。这些物质性的与非物质性的企业资源，均是 ERP 所要统筹管理的企业要素，应充分利用有限的企业资源，取得最大的企业效益。

对"人力资源"的管理，已有相应的学科"人力资源管理"来学习和研究；对"资金资源"的管理，已有相应的学科"财务管理"来学习和研究；而对"物质资源"的管理，则可归属于"物流管理"的范畴，ERP 理论体系的构建，就是从"物"的管理层面开始的。

3. 计划

计划即预计和筹划。从管理学原理的课程可知，"计划"是"管理"的四大职能之一，而且是管理职能的开始，可以说放于首要的地位，是其他管理职能的前提和基础。

计划是组织生存与发展的纲领：在一个经济、政治、技术、社会变革与发展的时代，机遇与风险并存。组织能立于不败之地，得到生存与发展，依赖于管理者在机遇与风险的纵横选择中未雨绸缪。如果计划不周，或根本没计划，那就会遭遇灾难性的后果。

计划是组织协调的前提：现代社会的各行各业的组织以及它们内部的各个组成部分之间，分工越来越精细，过程越来越复杂，协调关系更趋严密。要把这些繁杂的有机体科学地组织起来，让各个环节和部门的活动都能在时间、空间和数量上相互衔接，既围绕整体目标，又各行其是，互相协调，就必须要有一个严密的计划。管理中的组织、协调、控制等如果没有计划，那就好比汽车总装厂事先没有流程设计一样不可想象。

计划是指挥实施的准则：计划的实质是确定目标以及规定达到目标的途径和方法。因此，如何朝着既定的目标步步前进，最终实现组织目标，计划无疑是管理活动中人们一切行为的准则。它指导不同空间、不同时间、不同岗位上的人们，围绕一个总目标，秩序井然地去实现各自的分目标。行为如果没有计划的指导，被管理者必然表现为无目的的盲动，管理者则表现为决策朝令夕改、随心所欲、自相矛盾。其结果必然是组织秩序的混乱，事倍功半，劳民伤财。

计划是控制活动的依据：计划不仅是组织、指挥、协调的前提和准则，而且与管理控制活动紧密相连。计划为各种复杂的管理活动确定了数据、尺度和标准，它不仅为控制指明了方向，还为控制活动提供了依据。经验告诉我们，未经计划的活动是无法控制的，也无所谓控制。因为控制本身是通过纠正偏离计划的偏差，使管理活动保持与目标的要求一致。

在管理实践中，资源的使用和调度均离不开计划，计划在管理活动中具有特殊重要的地位和作用，它渗透到其他管理职能之中，是管理过程的主导和中心环节。ERP 理论体系的构建，就是从"计划"这个管理职能的开端着手的，并进一步扩展到企业运作的全方位。

ERP 本质上可说是一项企业的管理技术，只是这项管理技术有其崭新的特点。这项管理技术首先追求以计划性来保证企业资源的优化利用，减少包括时间等资源要素的浪费，实现最大的企业效益。不同于计划经济中的计划方法，ERP 是在市场经济的环境里，在主动地面向自由市场的过程中，通过预见性的科学决策和动态管理，取得最佳的经营业绩。

4. 管理信息系统

企业跟外界的联系、企业内部各职能部门之间的联系，是通过信息互相沟通的。要使整个企业能够协调地工作就要依靠信息。它是组织内外沟通的一个纽带，没有信息就不可能很好地沟通内外的联系和步调一致地协同工作。这些用于企业管理用的信息也称为管理信息。

管理信息系统(Management Information System，MIS)就是对管理信息进行处理和应用的信息系统。现代企业运作管理一般利用管理信息系统(MIS)来提供辅助支持，以此来控制企业整个的生产过程、经营过程和服务过程的运作，也靠信息的反馈来不断地修正已有的计划，实施管理控制。管理信息系统(MIS)在业务处理系统(TPS)的基础上，可进一步扩展到高层的企业管理分析与经营决策。

作为发端于企业应用的 ERP 软件及其信息系统，就是这样的一种典型的管理信息系统。只是普通的管理信息系统，其应用对象没有特指，可能是企业单位，可能是事业单位或政府部门，也可能是其他社会或经济组织。而 ERP 则是专指应用于"企业"的管理信息系统。当然由于 ERP 的应用效益和行业影响，ERP 规范的业务流程逻辑和软件开发模式，已被借鉴到其他类型的管理信息系统的开发，形成了 GRP(政府资源计划)、URP(大学资源计划)、HRP(医院资源计划)等各种特定领域的管理信息系统。

5. ERP 概念的含义

前面说过，企业的运作实际包括多个资源要素、多个结构层面，如果仅仅局限于企业的"资源"与"计划"两个方面来理解 ERP 是狭隘的。ERP 作为一种有丰富内涵的企业管理信息系统，它反映了物料、资金、人员、时间等全面企业资源要素，支持了计划、组织和控制的企业管理全过程，实现了销售管理、采购管理、生产管理以及库存管理、资金管理和人事管理等企业运作经营的全方面。

不同语境下所说的 ERP，可能有不同层面的含义。它可以是指一种企业运营的现代化管理思想(管理理念)，也可以是指具体的生产计划与控制的管理方法；可以是指一套 ERP 软件，也可以是指以 ERP 软件为核心的人机集成的应用系统，甚至可能是指反映业务流程的软件操作。

一般认为，ERP 软件产品包含着 ERP 管理思想，而由 ERP 软件产品的实际应用与人机集成,构成了 ERP 管理系统,这是应用于企业管理实践的整体管理信息系统。它们的关系如图 1-1 所示。可以说,ERP 是以 ERP 管理思想为核心,以 ERP 软件为平台的现代企业管理辅助系统,ERP 软件是企业管理先进思想的载体。

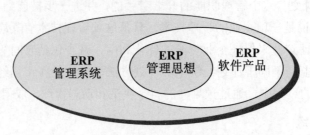

图 1-1　ERP 概念层次

MRPⅡ/ERP 反映了一种先进的生产管理思想和技法,如何将这种先进的思想付诸于企业管理的实践中呢? MRPⅡ/ERP 软件的开发和系统的运作,使得这种技术的应用实现成为可能。

这里所说的 ERP 管理思想,是指一整套被业界广泛认可的企业管理系统体系标准,其实质是在制造资源计划(Manufacturing Resources Planning,MRP II)基础上,进一步面向供应链(Supply Chain)而完善和丰富的管理逻辑。

企业 ERP 管理信息系统因为蕴涵着先进的管理思想,其流程运作逻辑反映了企业运作的本质规律和有机联系而不是简单的叠加,其反映的资源要素和运作层面又能涵盖到企业的方方面面,使得它结构臻于完整,功能臻于完美,可靠实用,几乎成为了企业管理的灵魂,成为企业管理层得心应手的运作工具,在世界范围里得到普遍采用。

1.2　ERP 应用概况

1.2.1　企业面对的市场环境

制造业是国民财富的源泉,是现代国家经济和综合国力的基础。西方发达国家所走过的工业现代化历程充分证明了这一论点。我国改革开放以来综合国力的大大增强,也得益于制造业的发展。然而制造业在市场经济环境里,要面对包括其内在的管理问题和外部市场竞争两个方面的考验。

1. 制造业管理面临的问题

企业,无论是流程式还是离散式的制造业,无论是单件生产、多品种小批量生产、少品种重复生产还是标准产品大量生产的制造业,制造业内部管理可能都会遇到一些难以克服的矛盾。最根本的就是为了达到最大的客户服务、最小的库存投资和高效率的生产作业

3 个目标所表现出来的矛盾。假如通过改变生产水平与生产计划来满足客户需求的变化，可以提供最大的客户服务，但库存投资有可能会提高，工厂作业的效率有可能会降低；假如生产水平变化小，很少加班加点，机器一旦调整好之后，便不再变动，只生产特定的产品，则工厂作业的效率高，但市场适应性差，客户服务水平差，最终导致库存积压量增大。

实际上，企业内部管理也可能直接面临一些更表面化的实际困难。

● 生产上所需要的原材料不能准时供应或供应不足。

由于采购、库存与生产配合不够密切，客户需求的多变，生产计划不得不跟着变动，加工时只能用紧急订货来应急，采购人员压力较大，原材料供应有可能不够及时，生产线可能会停产。

● 零部件生产不配套、积压严重。

由于生产计划安排困难，生产进度不均衡，生产的零部件不配套，生产线上用的已购零部件可能要转给其他产品去使用。这样，将会使产品与产品之间、产品批号之间产生错综复杂的关系，甚至原来待用的零部件都会成为呆滞物料，产生零部件的积压。

● 产品生产周期过长，劳动生产率下降。

生产上所需要的零部件的不配套，将会引起生产活动紊乱，使生产周期变长。

● 库存积压严重，资金周转期长。

为了保证生产的不停产及应付紧急订货，往往会以加大库存的方法来应付。这样的话，在制品积压会增多，库存资金积压严重，资金周转天数也会增加。

● 市场和客户需求多变和快速，使企业的经营和计划系统难以适应。

生产与采购部门希望有一个长期稳定的生产计划，以确保长期稳定的人力和物料供应，确保物料供应的优秀外协厂商，从而提高生产效率。然而，在竞争市场中，客户需求多变是必然的和正常的，为了满足客户多变的需求，必然会引起生产计划的多变、人力多变、物料供应多变，企业的经营和计划将难以适应。

特别是在全球竞争激烈的大市场中，制造业还面临着更加严峻的市场挑战。

2. 外部市场环境的挑战

当今的国际政治格局正逐步走向多极化，而世界市场却在走向统一化；今天的经济环境已经从短缺经济演变为过剩经济。在开放的市场环境中，制造业面临着严峻的挑战。

● 顾客需求的多样化和个性化。以往单一稳定的产品生产模式不再能够很好地满足客户的复杂需求，企业必须具备持续的产品创新和按需生产的能力。

● 产品的生命周期日益缩短。企业不仅必须在产品设计、生产、交付等环节上加快进度，缩短产品的上市时间，而且需要具有发现这种短暂市场机会的早期预见能力。

● 市场价格的透明化。短缺经济和行业垄断所带来的超额利润正在逐渐消失，在微利时代，企业需要尽可能地降低成本，才能在有限资源的条件下，获得合理的利润回报，赢得生存的机会。

● 顾客的质量和服务意识的觉醒。在激烈的市场竞争中，只有好的产品质量和好的服务，才会赢得顾客的青睐，企业才能在市场中有立足之地。

● 世界各国推行经济发展、社会进步与环境保护相适应的所谓"可持续发展"战略。
这就要求制造业不仅要考虑生产制造过程中的资源合理利用、节能环保问题，而
且要重视产品今后使用及报废过程的资源利用、节能环保问题。

总之，在激烈的市场竞争中，要求制造业努力做到：产品更新换代加快、质量更好、
成本更低、服务越来越好、对环保充分重视。即时间 T、质量 Q、成本 C、服务 S 和环境
E 已成为当代制造业竞争力的关键因素。

随着市场竞争的加剧，新产品、新工艺、新材料层出不穷，企业规模不断扩大，原来
的生产管理模式(主要指计划管理模式)已经不能适应企业当前管理和未来发展的要求，迫
切需要一套崭新的生产管理技术以克服这些问题，需要建立一种与当前市场竞争环境相适
应的经营管理模式，才能使企业在市场竞争中成为赢家。MRP II 的出现，给制造业带来了
希望的曙光和勃勃生机。

1.2.2 MRP II/ERP 应用进程

MRP II 的思想和方法正是在总结了制造业管理的大量实践经验的基础上产生的，来源
于竞争现实的迫切需求。当时，世界范围的市场竞争，使美国深深感受到来自日本和欧洲
的威胁，加上上述一些同样无法根本解决的管理问题拖延和限制了产业的发展，使美国企
业界的有识之士在惊呼美国正在失去核心基础产业和世界经济领导地位的同时，也深深感
到社会责任的重大，从而进行了大量的实践和思考。通过艰苦的探索，制造业的管理者们
终于意识到，一些问题产生的主要原因是企业对物料和生产能力的计划和控制不力所造成
的，以此促使 MRP II 的管理理念和技法得以产生和发展，并在实践中取得显著的经济效益。

在欧美等发达国家，MRP II/ERP 在制造业的应用已有 20 多年的历史，目前已经比较
普及，多数大中型企业已采用 MRP II/ERP 系统和各种先进管理方式，并逐步推行全球化
供需链管理技术和敏捷化企业后勤系统。许多小型企业也在纷纷应用 MRP II/ERP 系统。

MRP II 管理规范从 20 世纪 60 年代的提出到 80 年代的成熟，作为专业化的学术组织
团体 APICS(American Production and Inventory Control Society，美国生产与库存管理协会)
起了积极的作用，产生了深刻的影响。该名词已经成为一种行业象征，以至于该组织为适
应新时代管理发展的需要而在 2005 年 1 月 1 日起改名为"APICS 运作管理协会"(APICS The
Association for Operations Management)仍予保留。

我国改革开放以来，经济加速启动发展，并逐步由纯粹的计划经济向市场经济转型。
伴随着经济的加速发展，一些生产计划与控制的普遍问题同样存在，甚至于表现出来的矛
盾有过之而无不及，典型的如：企业可能拥有卓越的销售人员推销产品，但是生产线上的
工人却没有办法如期完成生产任务，车间管理人员则抱怨说采购部门没有及时供应他们所
需要的原料；实际上，采购部门一点也不敢怠慢，甚至还效率过高，因为仓库里囤积的某
些材料 10 年都用不完，仓库库位已饱和，资金周转很慢；而且公司要用 6~13 个星期的时

间，才能计算出所需要的缺料需求量，所以订货周期只能为 6~13 个星期；订货单和采购单上的日期和缺料单上的日期都互不相同，没有一个是能肯定的；财务部门无法信赖仓库部门的数据，不以它来计算制造成本……

由于存在的上述问题一直没有得到根本解决，我国以前的国有大中型制造企业在市场竞争中，先是输给了国内新兴的乡镇企业，然后又是港台地区的三资企业，现在则是日美等国的跨国公司。这些问题也并非是当前才出现的，实际上从 1979 年开始的改革开放到今天，搞活国有企业一直是我们改革开放的中心议题，说明这些问题早已有之。

20 年改革开放的探索，尝试了各种管理办法：利改税、现代化管理 18 法、全面质量管理、满负荷工作法、承包制、把企业推向市场、股份制等。它们在特定的政治、经济环境下，起到了一定的积极作用。但是现在看来，这些措施并没有使我国的国有企业真正焕发活力。因为不能否认，伴随着经济的发展，老问题并没有根本消除，这些问题仍然是大多数企业正面临的一个严峻问题。

然而，针对这一现象，又能有什么有效的办法来解决它呢？——事实是，在中国的企业界还没有完全意识到这一问题严重性的时候，国外的 MRP Ⅱ/ERP 的软件厂商早已悄然走进中国市场，并随着时间的推移，MRP Ⅱ/ERP 的管理思想体系开始逐渐被中国的企业界、理论界所认识。

中国于 20 世纪 80 年代初开始应用 MRP 系统。如沈阳第一机床厂引进德国工程师协会提供的 INTEPS 软件，实施了以 MRP 为中心的计算机辅助生产管理系统，取得显著成效；沈阳鼓风机厂引进 IBM 公司的 COPICS 软件，经过消化吸收，开发了适应本厂条件的 MRP Ⅱ 软件。这些早期的 MRP 应用企业为我国企业界展现了现代企业管理模式的示范，使得 MRP Ⅱ 原理和应用引起我国经济理论界和企业界的热切关注。MRP Ⅱ/ERP 所能带来的巨大效益对很多企业具有相当大的诱惑力。

20 世纪 90 年代以来，MRP Ⅱ 在中国的应用得到进一步的发展，特别是引起了政府有关经济管理部门的重视。天津市政府电子振兴办和市经委联合举办多期 MRP Ⅱ 培训班；上海市成立了生产与库存管理研究会，并制定了中国第一个"MRP Ⅱ 系统实施等级水平评估"的地方规范。北京机械工业自动化研究所与外方合资筹建的北京利玛信息技术有限公司(简称 BRITC)，是中国最早从事 MRP Ⅱ 软件研究和开发的专业机构，并推出了一个具有真正 MRP Ⅱ 意义的产品 APMS/DFN，使得我国 MRP Ⅱ 的应用和研究进一步深入。国外的 MRP Ⅱ/ERP 软件厂商的不断涌入，甚至采用与名牌硬件产品联合促销的方式，加速了 MRP Ⅱ 在我国的应用和普及，出现了一种时髦的"ERP 现象"。

国家"863"高技术计划 CIMS 应用示范工程在很大程度上推动了我国制造业应用 MRP Ⅱ/ERP 系统的进程。MRP Ⅱ 作为制造业的管理信息系统被明确列入 CIMS 的 4 个功能分系统之一，并因产品的通用化以及可预期的直接效益，使得很多企业把它作为实施的优先和重点。有覆盖十多个行业的 200 多家企业在实施 CIMS 应用示范工程，其中许多企业采用了 MRP Ⅱ/ERP 系统。MRP Ⅱ/ERP 系统在 CIMS 综合集成环境下更上了一个台阶，并给企业带来了更大的经济效益。遵照"效益驱动、总体规划、分步实施、重点突破"的方针，这些应用企业在不同程度上均取得了一定的管理效益，探索出一条适合国情的以中国制造业信息化为特征的新型工业化道路。而且近年来一些应用企业在 MRP II 应用效益的基础上积极探索，升级扩展为新一代 ERP 系统模式。新一代管理信息系统的功能更加强大，集成化程度更高，ERP 的全面企业资源管理可适应动态组织结构重组，期望从整体上提高企业的市场竞争力。

1.3　ERP 应用效益

1.3.1　MRP II /ERP 的应用效益

　　MRP II /ERP 应用带来的效益可以分定量和定性两方面。就定量的效益而言，各种报道列出的项目很多，综合美国生产与库存控制协会(APICS)统计，使用一个 MRP II 系统，平均可以为企业带来如下经济效益。

- 降低库存。包括原材料、在制品和产成品的库存。如降低库存资金占用(15%~40%)，提高库存资金周转次数(50%~200%)，降低库存盘点误差(控制在 1%~2%)，采购提前期缩短 50%。
- 提高劳动生产率。如由于合理利用资源，缩短生产周期，可减少装配面积(10%~30%)，减少加班工时(10%~50%)，减少停工待料(60%~80%)，提高生产率(10%~15%)。
- 降低成本。由于生产周期缩短，降低库存，减少采购费和加班费，因而能降低成本(7%~12%)，增加利润(5%~10%)。
- 按期交货提高客户服务质量。一般按期交货履约率可达 90%以上，接近 100%。
- MRP II 系统同财务系统集成，可减少财务收支上的差错或延误，减少经济损失。准确核算成本，迅速报价，赢取市场业务。

就定性的效益而言，主要有：

- 使企业的基本数据更加完备和精细，准确度大为提高。
- 使企业高层的管理和决策更加快捷科学，提高企业的市场应变能力。
- 使员工从繁琐的手工管理中解脱出来，能有更多的时间从事真正的管理工作。
- 理顺了企业的业务流程，打破了企业各部门之间条块分割的格局，增强了员工的全局观念，使部门间的协同工作成为可能。
- 提高了计划性，减少了随意性，使企业的管理更加规范、企业的运营更加稳定，提升了企业的形象和竞争力。
- MRP II 形成的规范化管理，也对产品质量起了保证作用。

由于企业的行业、产品类型、生产规模和原有管理基础不同，实施效益会有很大不同，国内外报道的数字不一定有可比性。从美国怀特公司调查 1000 多个企业的结果表明,实施 MRPⅡ后,不论企业处于 A、B、C、D 哪种应用级别,都会有一定的效益,只是程度不同而已。

1.3.2　ERP 带来企业日常管理的变化

由于 MRPⅡ能够提供一个完整而详细的计划,使企业内部各个子系统协调一致,形成一个整体,这就使得 MRPⅡ不仅作为生产和库存的控制系统,而且还成为企业的整体计划系统,使得各部门的关系更加密切,消除了重复工作和不一致性,提高了整体的效率。MRPⅡ的运作,带来了企业的根本性变革,统一了企业的生产经营活动。下面简要描述一下实施 MRPⅡ/ERP 系统后相应日常管理业务的根本变化。

1. 销售部门

销售部门原先对于订单合同的承诺方面,基本上没法把握准确的交货日期,只好含糊其辞,先签下来再说,冒违约受罚的危险;而现在借助于 MRPⅡ中的可供销售量(ATP)、生产提前期、生产计划模拟分析,则可以给客户明确的答复。

对于合同跟踪方面,原先对生产状况很难弄清,对于客户的催货,只能说"已在生产,应该没问题",而现在完全可以利用 MRPⅡ系统了解合同的生产执行进度情况。

对于市场预测,原先销售计划与生产计划分离,市场预测信息通常不向生产部门提供,带有随意性,出于某种目的还可能故意压低预测值。实施 MRPⅡ之后,预测值用于安排生产计划,预测不准造成产品积压或丧失市场机会,这对销售部门有约束力。

在客户要求交货期推迟时,原先一般不通知生产部门,因为"订单交货期延误是常事";现在则需及时通知,进行计划调整,否则产品按时生产出来将会在仓库积压,还可能因拒绝一些临时订单而错失市场机会,这体现为销售部门工作不力。

在客户管理方面,实施 MRPⅡ之后,销售账与财务部门共享,可及时了解评价客户的信用情况,结合信用限额,在控制发货量、拟订合同条款时做到心中有数。

针对客户投诉,也能利用 MRPⅡ系统的储存数据,及时进行质量追踪,查清问题根源,给客户满意答复。

2. 生产部门

在传统管理模式下,生产部门一直是矛盾的焦点。在实施 MRPⅡ之前,由于计划不周而依赖于调度指挥,停工待料的现象难以避免,生产不稳定。销售部门责怪其未及时生产,延误交货期;采购部门责怪其经常性的缺料要求紧急采购,弄得措手不及;财务部门提出生产中的在制品库存太多、加班工资多……

在实施 MRPⅡ之后,预测和合同纳入生产计划,采购计划由生产计划决定,一切按计划有条不紊地进行。生产部门可以给销售部门一个明确的产出日期;由于生产管理人员有时间关注质量问题,减少了因加班人员疲劳和设备故障带来的质量不稳定,以及紧急采购带来的原材料质量问题,配合相关的质量控制系统,能够保证产品的质量。借助 MRP Ⅱ 模拟分析手段,在产品转型、设备更新、人员扩编等方面也能为企业领导提供决策支持。

3. 采购部门

采购部门在实施 MRP Ⅱ 之前,为减少计划不周引起的缺料问题,要提前采购、超量采购,造成原材料库存积压;而且因紧急采购带来的突发性资金需求和采购成本问题,受到财务部门指责;为应付紧急采购而疲于奔命时,还要因质量问题而受生产、质检部门的批评。

在实施 MRP Ⅱ 之后,这些问题得到了解决,采购人员不再停留于具体的采购事务,催促订货的时间下降,研究工作寻求降低成本的时间增加。在周密和有预见的计划指导下,能够在留有足够的采购提前期之前下达采购单,减少了混乱;通过将同类件合并,增加了订货批量和折扣率,使采购成本下降;有更多的时间来比较和选择更理想的供应商。

4. 财务部门

在 MRP Ⅱ 系统中,销售应收账、采购应付账、工资、生产成本等集成到账务处理系统,财务部门减少了记账的工作量;销售计划、生产计划、采购计划具有良好的一致性和预见性,有效支持财务部门的资金收支计划和预算;成本核算不再是事后的结算,而是及时的核算和控制,成本开支合理化。

5. 设备部门

生产计划和设备维修计划相协调,预防性维修减少了突发性停机,固定资产管理规范化;备品备件纳入物料需求计划;维修费用能及时摊入生产成本,并预留维修资金。

6. 企业领导

由于有良好的计划,企业领导不必再在调度事务上耗费太多精力,可以专注企业发展大局;借助于 MRP Ⅱ 的经营运作指标诊断系统,犹如坐在飞机驾驶舱上,能及时了解、把握和控制企业的运行动态,运筹帷幄;借助模拟分析能力,能进行方案比较分析,实现决策优化。

1.4　ERP 的发展历史

以泰勒的科学管理为开端,甘特图方法、流水线生产和工业工程技术的广泛应用,产生了极大的效益。基于企业管理实践的要求,也促使包括线性规划、运筹学、价值工程等一大批现代管理技术的产生和应用。

20 世纪 70 年代中后期,世界市场进一步开放和统一,顾客需求个性化,市场竞争加剧,制造业向大量个性化生产靠拢,这就要求企业具备柔性和应变能力,实行按需生产。

MRPⅡ正是为了解决上述问题而发展起来的一种科学的管理技法。ERP 则在 MRPⅡ的基础上扩展到全企业资源要素的管理,它们已是现代企业进行科学管理的一种基本工具。纵观 MRPⅡ/ERP 的发展过程,它经历了 5 个大的阶段:订货点法、基本 MRP、闭环 MRP、MRPⅡ和 ERP 系统,如图 1-2 所示。这些科学的管理思想、模式与方法,是随着生产力发展和管理水平的不断提高而不断进展的。

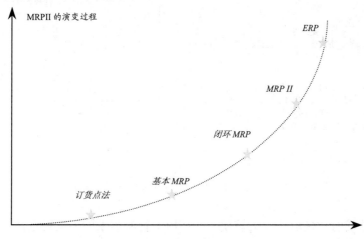

图 1-2　MRPⅡ/ERP 的发展阶段

1.4.1　订货点法

企业为了维持均衡不中断的生产,一般备有相应的原材料和产成品库存,作为应付异常变化的一种缓冲手段。但是,库存要占用流动资金,资金占用要考虑利息甚至机会成本;库存需要场所和管理人员,由此带来相关费用;库存物可能丢失、变质、贬值、淘汰,造成损失。因此表明,企业在不断地为库存付出代价。于是,如何协调生产与库存的关系、寻求合理平衡,是企业管理者应该关心的问题。

20 世纪 50 年代后期,美国一些企业在计算机的支持下,开始实行库存 ABC 分类管理,并根据“经济批量”和“订货点”的原则,对生产所需的各种原材料进行采购管理,从而达到降低库存、加快资金周转速度的目的。订货点法依靠对库存补充周期内的需求量预测,并保持一定的安全库存储备,来确定订货点(如图 1-3 所示)。即:

订货点＝安全库存量＋单位时段的消耗量×订货提前期

订货点法考虑安全库存和提前期,通过库存量与订货点的判断,当库存数量达到订货点的数量时,就发生订货要求,以保证库存物料满足生产需求。这种方式适用于成品或维修备件等相对独立的物料的库存管理。

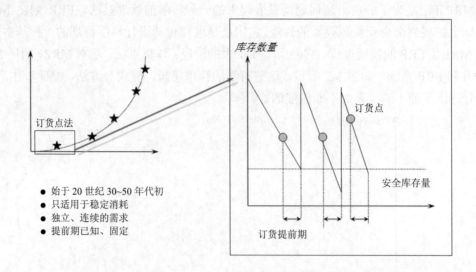

图 1-3　订货点法

　　订货点法的有效性取决于大规模生产环境下物料需求的连续稳定性。但是由于顾客需求不断变化，产品以及相关原材料的需求在数量上和时间上往往是不稳定和间歇性的，这使得订货点法的应用效果大打折扣。特别是在离散制造行业(如汽车、机电设备行业)，由于产品结构较为复杂，涉及数以千计的零部件和原材料，生产和库存管理的问题更加复杂。

　　应用的需求促进了管理技术的发展，物料需求计划 MRP 正是在此生产实践下诞生的。

1.4.2　基本 MRP

　　20 世纪 60 年代中期，美国 IBM 公司的约瑟夫·奥列基(Joseph A.Orlicky)博士首先提出物料需求计划(Material Requirement Planning，MRP)方案。把企业生产中涉及的所有产品、零部件、原材料、中间件等，在逻辑上统一视为物料，再把企业生产中需要的各种物料分为独立需求和相关需求。其中独立需求是指其需求量和需求时间由企业外部的需求(如客户订单、市场预测，促销展示等)决定的那部分物料需求；而相关需求是指根据物料之间的结构组成关系，由独立需求的物料产生的需求，如半成品、零部件、原材料等。

　　基于物料独立需求和相关需求理论的基础上，基本 MRP 的运行原理是在已知主生产计划(根据客户订单结合市场预测制定出来的各产品的排产计划)的条件下，根据产品结构或所谓产品物料清单(BOM)、制造工艺流程、产品交货期以及库存状态等信息，由计算机编制出各个时间段各种物料的生产及采购计划，如图 1-4 所示。

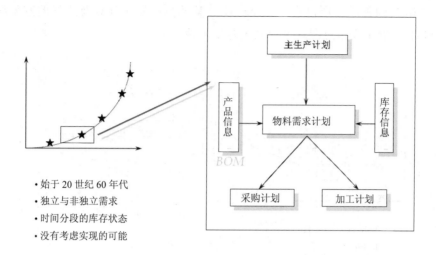

图 1-4　基本 MRP 发展阶段示意图

　　MRP 根据物料结构特点和时间分割原理进行生产计划的管理,提供了足够准确有效的物料需求管理数据,使未来的物料短缺不是等到短缺发生时才给予解决,而是事先进行计划。所以它比订货点法有明显的优越性,能全面、明细、精确地满足企业管理定料定时定量的基本要求。MRP 与订货点法的区别可用表 1-1 说明。

表 1-1　MRP 与订货点法的区别

方法＼项目	消　耗	依　据	相关需求	库　存	供　给	优先级
订货点法	均衡	历史资料	不考虑	有余	定时	不考虑
MRP	不均衡	产品结构展开	考虑	减少	需要时	考虑

　　MRP 从产品结构关系上对物料需求量进行准确把握,其运作机理反映了生产管理的本质,产生了巨大的效益,是生产管理领域的一次重大飞跃,以致 MRP Ⅱ/ERP 管理模式的发展一直是以 MRP 为基础的扩充。

　　基本 MRP 与订货点法相比有一个质的进步,但也还只是一种物料需求与库存订货的计划方法,它只说明了需求的优先顺序,没有说明是否有可能实现,所以也叫基本 MRP。这里只有物料量的需求计划还远远不够,如果没有足够的生产能力,还是无法生产;而MRP 所输出的生产和采购计划也有赖于车间和供应商来保证完成。所以实际计划运作时必须增加能力需求计划、物料采购和生产作业控制三方面的功能。

1.4.3　闭环 MRP

　　20 世纪 70 年代,MRP 经过发展形成了闭环的 MRP 生产计划与控制系统。闭环 MRP (Closed-loop MRP)在基本 MRP 的基础上,引进能力需求计划,并进行运作反馈,从而克服了基本 MRP 的不足，所以它是一个结构完整的生产资源计划及执行控制系统，见图 1-5 闭环 MRP 发展阶段示意图。这个系统有如下特点。

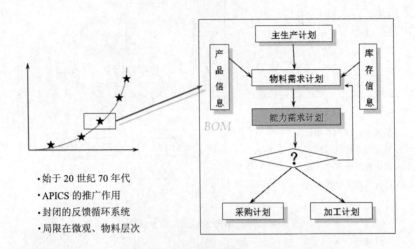

图 1-5　闭环 MRP 发展阶段示意图

- 以年度生产计划为系统流程的基础，主生产计划及作业执行计划的产生过程中均接受能力需求计划的平衡检验，这样使物料需求计划(MRP)成为可行的计划。
- 具有车间现场管理、采购作业管理等功能，各部分相关的执行结果均可立即取得反馈，利于计划进行合乎实际的调整和更新。

闭环 MRP 遵循由长期生产规划来指导短期主生产计划的原则。主生产计划的内容满足年度生产规划的基本规范，并通过多次模拟进行粗能力计划的平衡，使得这个经过产能负荷分析后的主生产计划能真正实现，也即是可行的；然后再执行物料需求计划(MRP)和细能力需求计划(CRP)、车间作业计划及控制。这里的闭环有两个含义：一是包括能力需求计划、车间调度和供应商调度；二是反馈关系，在实施系统时，利用供应商、车间现场人员反馈的真实执行情况帮助计划的贯彻执行。

闭环 MRP 是一个集计划、执行、反馈为一体的综合性系统，它能对生产中的人力、机器和材料各项资源进行计划与控制，使生产管理的应变能力有所加强。闭环 MRP 以物料为中心的组织生产模式体现了为顾客服务、按需定产的宗旨，计划统一且可行，并且借助计算机系统实现了对生产的闭环控制，比较经济和集约化。但它仅局限在生产中"物"的资源管理方面。

1.4.4　MRPⅡ

20 世纪 70 年代末和 80 年代初，物料需求计划(MRP)经过发展和扩充，把企业管理中的"财务成本"等关键因素考虑进来，逐步形成了制造资源计划(MRPⅡ)的生产管理方式。制造资源计划系统是指以物料需求计划(MRP)为核心的闭环生产计划与控制系统，它扩大了 MRP 的信息集成范围，使生产、销售、财务、采购、设计活动紧密结合在一起，关联数据互相共享互相支持，组成了一个全面生产管理的集成优化模式，即制造资源计划。

虽然制造资源计划是在物料需求计划的基础上发展起来的，但与后者相比，它具有更丰富的内容。因物料需求计划与制造资料计划的英文缩写相同，为了避免名词的混淆，将物料需求计划称作狭义 MRP，而将制造资源计划称作广义 MRP 或 MRP II。

MRP II 系统将经营、财务与生产系统相结合，并且具有模拟功能，因此它不仅能对生产过程进行有效的生产和控制，还能对整个企业计划的经济效益进行模拟，这对于辅助企业高级管理人员进行决策有重要意义。整体 MRP II 原理结构如图 1-6 所示。

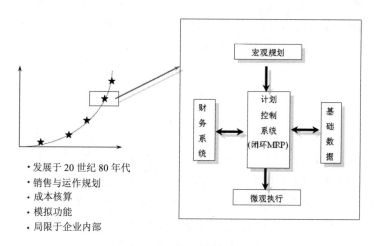

图 1-6　MRP II 发展阶段示意图

MRP II 实现了企业计划的闭环控制，实现了企业生产经营活动中"财"与"物"的信息集成。而从信息系统的角度，MRP II 涉及到经营规划、销售与运作计划、主生产计划、物料清单与物料需求计划、能力需求计划、车间作业管理、物料管理(库存管理与采购管理)、产品成本管理、财务管理等主要企业活动，所以从一定意义上讲，MRP II 系统实现了物流、信息流与资金流在企业管理方面的集成。

由于 MRP II 系统能为企业生产经营提供一个完整而详尽的计划，可使企业内各部门的活动协调一致，形成一个整体，能显著提高企业的整体效率和效益，所以 MRP II 成为制造业公认的管理标准系统。这里美国著名管理专家奥列弗·怀特(Oliver W.Wight, 1929—1983)与当时的美国生产与库存管理协会(APICS)起了积极的作用。

1.4.5　ERP

从基本 MRP、闭环 MRP 到 MRP II，这些理论、方法、系统在相应的历史阶段都发挥了极其重要的作用，对传统制造型企业的发展和壮大影响深远。进入 20 世纪 90 年代，随着市场竞争进一步加剧，企业的竞争空间和竞争范围变得更加广阔，而 20 世纪 80 年代主要面向企业内部资源的 MRP II 理论则日益显示出其局限性，人们迫切需要一种可以帮助企业有效利用和管理"整体资源"的理论系统来支持，企业资源计划(ERP)随之而生(见图 1-7)。

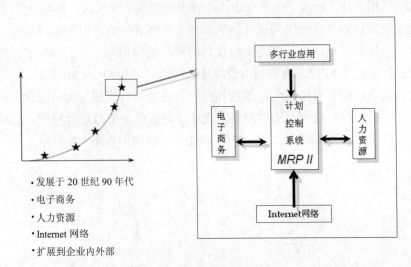

图 1-7　ERP 发展阶段示意图

ERP 概念是由美国著名的 IT 咨询公司 Gartner Group Inc.提出的,由于它反映了客观现实的需求,丰富和完善了 MRP II 的基本内涵,所以立即得到广泛的认同。与 MRP II 相比,ERP 除了包括和加强了 MRP II 各种功能之外,更加面向全球市场,功能更为强大,所管理的企业资源更多,支持混合式生产方式,管理覆盖面更宽,并涉及了企业供应链管理,从企业全局角度进行经营与生产计划,是制造企业的综合集成经营系统。在 ERP 中,一切企业资源,包括人工、物料、设备、能源、市场、资金、技术、空间、时间等,都被考虑进来。ERP 所采用的计算机技术也更加先进,形成了集成化的企业管理信息系统。

1. 在资源管理范围方面

MRP II 主要侧重对企业内部物料和资金成本等资源的管理,而 ERP 系统在 MRP II 的基础上扩展了管理范围。它把客户需求和企业内部的制造活动,以及供应商的制造资源集成在一起,形成一个完整的企业供应链,并对供应链上的所有环节进行有效管理,这些环节包括订单、采购、库存、计划、生产制造、质量控制、运输、分销、服务与维护、财务管理、人事管理、实验室管理、项目管理、配方管理等。

2. 在生产方式管理方面

MRP II 系统把企业归类为几种典型的生产方式进行管理,如重复制造、批量生产、按订单生产、按订单装配、按库存生产等,对每一种类型都有一套管理标准。而在 20 世纪 80 年代末 90 年代初期,企业为了紧跟市场的变化,多品种、小批量生产,以及看板式生产等则是企业主要采用的生产方式,即单一的生产方式向混合型生产发展。ERP 则能很好地支持和管理混合型制造环境,满足了企业的这种多角化经营需求。

3. 在管理功能方面

ERP 除了 MRPⅡ系统的制造、分销、财务管理功能外，还增加了支持整个供应链上物料流通体系中供、产、需各个环节之间的运输管理和仓库管理；支持生产保障体系的质量管理、实验室管理、设备维修和备品备件管理；支持对人力资源和工作流的管理。

4. 在事务处理控制方面

MRPⅡ是通过计划的及时滚动来控制整个生产过程的，它的实时性较差，一般只能实现事中控制。而 ERP 系统支持联机分析处理(Online Analytical Processing，OLAP)、售后服务及质量反馈，强调企业的事前控制能力，它可以将设计、制造、销售、运输等通过集成来并行地进行各种相关的作业，为企业提供了对质量控制、适应变化、客户满意、绩效指标等关键问题的实时分析能力。

在财务方面，MRPⅡ只是一个信息的归结者，它的功能是将供、产、销中的数量信息转变为价值信息，是物流的价值反映。而 ERP 系统则将财务计划功能和价值控制功能集成到整个供应链上，如扩展了销售与运作规划(SOP)、利润计划和责任会计等。

5. 在跨国(或地区)经营事务处理方面

现在企业的发展，使得企业内部各个组织单元之间，企业与外部的业务单元之间的协调变得越来越多和越来越重要。跨国公司的出现，使得多工厂、多事业部要求统一部署，协同作战，这已经超出 MRPⅡ的管理范围。ERP 系统应用完善的组织架构，可以支持跨国经营的多国家地区、多工厂、多语种、多币制的应用需求。

6. 在计算机信息处理技术方面

随着 IT 技术的飞速发展，网络通信技术的应用，使得 ERP 系统得以实现对整个供应链信息进行集成管理。ERP 系统采用客户/服务器(C/S)体系结构和分布式数据处理技术，支持 Internet/Intranet/Extranet、EDI 和电子商务，甚至还能实现在不同平台上的相互操作。

一般而言，除了 MRPⅡ的主要功能外，ERP 系统还包括以下主要功能：供应链管理、销售与分销、市场研究、客户服务、财务管理、制造管理、库存管理、工厂与设备维护、人力资源、报表、制造执行系统(Manufacturing Execution System，MES)、工作流服务和企业信息查询系统等方面。此外，还包括金融投资管理、质量管理、运输管理、项目管理、法规与标准和过程控制等补充功能。新一代 ERP(ERPⅡ)则能实现协同商务的企业运作，如图 1-8 所示，这使得企业的物流、信息流与资金流更加有机地集成。它能更好地支持企业经营管理各方面的集成，并将给企业带来更广泛、更长远的经济效益与社会效益。

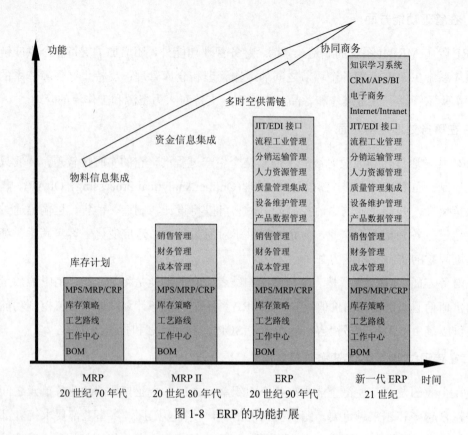

图 1-8　ERP 的功能扩展

1.5　本章小结

企业生产经营活动的最终目的是获取利润，必须合理地组织和有效地利用其设备、人员、物料等制造资源，以最低的成本、最短的周期、最高的制造质量生产出满足顾客需求的产品。为此，必须采取先进且十分有效的生产管理技术来组织、协调、计划与控制企业的生产经营活动。MRP Ⅱ正是为解决上述问题而发展起来的一种科学的管理技法，它以资源为对象，以计划为开端，以信息技术为支撑，这套管理技法由软件来实现，称为 MRP Ⅱ软件。ERP 则在 MRP Ⅱ的基础上扩展到全企业资源要素的管理，它们已是现代企业进行科学管理的一种基本工具。

MRP Ⅱ/ERP 的应用，带来了显著的管理效益，在世界范围里得到普遍采用，成为一种企业运作的必然选择，我国甚至出现过"ERP 现象"。

MRP Ⅱ/ERP 应用需求主要是由企业内在管理问题和外部市场竞争两个方面决定的。纵观 MRP Ⅱ/ERP 的发展过程，它经历了 5 个大的发展阶段：订货点法、基本 MRP、闭环 MRP、MRP Ⅱ和 ERP 系统。这些科学的管理思想、模式与方法，是随着信息技术的发展和管理水平的不断提高而不断进展的。

关键术语

企业　管理职能　计划与控制　企业资源　管理信息　管理信息系统　ERP 信息系统　订货点法　基本 MRP　闭环 MRP　MRPⅡ　ERP

思考练习题

(1) 企业资源有哪些？

(2) 计划在管理职能里处于什么样的地位？

(3) 管理信息系统有什么作用？

(4) ERP 与 MIS 有什么关系？

(5) 简述 ERP 概念的不同含义。

(6) 从内部管理与外部市场来描述制造业面临的基本问题。

(7) 为什么说"不上 ERP 就是等死"？

(8) MRPⅡ的应用能带来哪些定量的效益？

(9) ERP 的应用能带来哪些定性的效益？

(10) ERP 的发展经历了哪几个阶段？

(11) 闭环 MRP 与基本 MRP 的主要区别是什么？

(12) ERP 与 MRPⅡ的主要区别是什么？

第2章 MRPⅡ/ERP软件系统

【导语】

MRPⅡ/ERP 软件是 MRPⅡ/ERP 管理模式的形式化，是 MRPⅡ/ERP 技术反映于企业实践过程的有效工具，属于应用软件的范畴。MRPⅡ/ERP 商品软件的发展，经历了一个从简单到复杂，从最初的库存管理到今天面向整个企业资源的 ERP、到面向更为广泛的 CIMS 范围的集成软件系统的发展过程。MRPⅡ/ERP 软件的应用，使得 MRPⅡ/ERP 的管理效益得到有效的发挥。

2.1 MRPⅡ/ERP 软件组成

2.1.1 MRPⅡ标准体系

ERP 软件系统以 MRPⅡ软件为基础结构，MRPⅡ软件则是以闭环 MRP 为核心的。由于 MRPⅡ管理技法反映了企业从销售与合同管理开始，到制造系统的计划与控制，及到产品成本的各个环节，因此 MRPⅡ软件也应体现了包括主生产计划、物料需求计划、能力需求计划、物料或库存管理、车间作业控制、采购作业，以及制造数据管理等几个核心的系统功能。

1989 年美国生产与库存管理协会(APICS)提出了 MRPⅡ软件的 16 个典型的集成功能，包括：销售与运作规划、需求管理、主生产计划、物料需求计划、物料清单子系统、计划接收量子系统、车间作业控制、能力需求计划、投入/产出控制、采购作业管理、库存事务处理、分销资源计划、工具管理、财务计划、系统模拟和业绩评价。

尽管各个厂家产品的风格与侧重点不尽相同，使得其 MRPⅡ产品的软件功能与操作流程也相差较大，但是，如果撇开实际的产品形式，则一个 MRPⅡ/ERP 软件系统的功能结构是有一定规律的。MRPⅡ基本功能模块的构成如图 2-1 所示。

一般地，形成闭环 MRP 系统应具备的基本模块包括：

- 制造数据管理
- 库存物料管理
- 采购管理

- 合同管理
- 主生产计划
- 物料需求计划
- 资源需求计划
- 能力需求计划
- 生产作业控制
- 产品成本管理

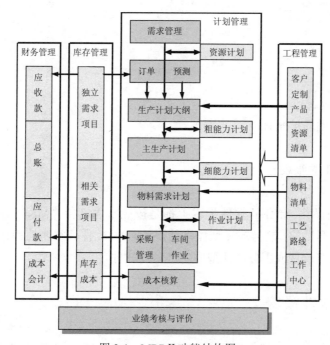

图 2-1　MRPⅡ功能结构图

后来发展的 MRPⅡ软件则在此闭环 MRP 系统的基础上进行扩充。

在市场销售方面的扩充有：

- 销售预测
- 销售与市场分析
- 选择装配
- 分销资源计划
- 售后服务
- 促销业务

在生产计划方面的扩充有：

- 销售与运作规划
- 生产规划
- 重复式制造

在财务方面的扩充有：

- 总账
- 应收账
- 应付账
- 固定资产
- 工资管理
- 现金管理
- 外币管理
- 预算管理
- 财务报表
- 财务管理
- 项目管理计划

在领导决策方面的扩充有：

- 决策支持
- 信息检索汇总报表
- 业绩评价

当时典型的商品化 MRP Ⅱ 软件基本上都是按照上述这种"MRP Ⅱ 标准体系(MRP Ⅱ Standard System)"开发的。这样的标准体系使得 MRP Ⅱ 软件有鲜明的特征区别于简单的进销存软件、会计核算软件或事务统计型的生产管理软件。

2.1.2　ERP 软件模块

ERP 软件在"MRP Ⅱ 标准体系(MRP Ⅱ Standard System)"的基础上进行了扩展，这些扩充内容主要包括：

- 人力资源管理
- 质量管理
- 实验室管理
- 仓库管理
- 设备维修管理
- 工具管理
- 运输管理
- 流程工业管理
- 条形码接口
- CAD/CAM 接口
- EDI 接口
- Internet/Intranet 接口等

　　所以说 ERP 引入了人力资源管理、质量管理、供应链管理等，使得 MRPⅡ软件功能更加丰富，形成的 ERP 软件系统全面体现了供—产—销—服务各个环节供应链的信息集成，成为一个高度集成的管理信息系统。因此，有时也一体地称之为 MRPⅡ/ERP 软件系统。

　　一般 MRPⅡ/ERP 软件系统包括的主要模块组成见表 2-1。这些 MRPⅡ功能模块构成了 MRPⅡ/ERP 商品软件的主体。

表 2-1　MRPⅡ/ERP 软件模块配置

类　　别	模　块　名　称
生产数据	*制造数据管理
物料管理	*仓储管理，*采购管理
市场销售	销售预测，*合同管理，市场分析，选择装配，分销资源计划，售后服务，促销业务
生产计划	销售规划，生产规划，*主生产计划，*物料需求计划，*资源需求计划，*能力需求计划，*车间作业控制(或生产作业控制)，重复式制造
财务会计	总账，应收账，应付账，固定资产，财务报表、工资管理，现金管理，集团会计、财务预算，财务控制，项目管理会计，财务信息系统
成本控制	*产品成本管理，成本中心会计，利润中心会计，盈利能力分析
领导决策	决策支持系统，经理信息检索，经营业绩评价
其他	质量管理，实验室管理，库存规划，设备维修管理，工具管理，运输管理，流程工业管理，人力资源管理，条形码接口，CAD/CAM 接口，EDI 接口，Internet 接口等

　　注：表中带"*"符号者为形成闭环 MRP 系统应具备的基本模块。

2.2　MRPⅡ/ERP 模块简介

　　传统的 MRPⅡ软件通常分为物流管理(分销、采购、库存管理)、生产控制(计划、制造)和财务管理(会计核算、财务管理)三大部分，这三大系统本身就是紧密关联的集成体，它们互相之间有相应的接口，能够很好地整合在一起来反映企业的运作管理。上升到 ERP，则需要把人力资源管理进来，所以加上人力资源管理而成为四大部分。下面对 MRPⅡ/ERP 这四大部分的一些基本的软件模块进行简要介绍。

2.2.1　物流管理模块

　　物流管理也是一般意义上的供应链管理，主要包括采购、销售与库存管理 3 个主要环节。物流管理连接企业的生产过程，使得企业能够有效地实现供销协作，降低库存，提高效率。

1. 分销管理

销售的管理是从产品的销售计划开始，对其销售产品、销售地区、销售客户各种信息的管理和统计，并可对销售数量、金额、利润、绩效、客户服务做出全面的分析，这样在分销管理模块中大致有三方面的功能。

(1) 客户关系管理和服务

它能建立一个客户信息档案，对其进行分类管理，进而对其进行针对性的客户服务，以达到最高效率的保留老客户、争取新客户。而 ERP 与客户关系管理(CRM)软件的结合必将大大增加企业的效益。

(2) 销售订单的管理

销售订单是 ERP 的入口，所有的生产计划都是根据它下达并进行排产的。而销售订单的管理贯穿了产品生产的整个流程，它包括：①客户信用审核及查询(授予客户信用分级来审核订单交易)；②产品库存查询(决定是否要延期交货、分批发货或用代用品发货等)；③产品报价(为客户做不同产品的报价)；④订单输入、变更及跟踪(订单输入后，变更的修正及订单的跟踪分析)；⑤交货期的确认及交货处理(决定交货期和发货事务安排)。

(3) 对于销售的统计与分析

系统根据销售订单的完成情况，依据各种指标做出统计，比如客户分类统计、销售代理分类统计等，再就这些统计结果来对企业实际销售效果进行评价。主要包括：①销售统计(根据销售形式、产品、代理商、地区、销售人员、金额、数量来分别进行统计)；②销售分析(包括对比目标、同期比较和订货发货分析，并从数量、金额、利润及绩效等方面做相应的分析)；③客户服务(客户投诉记录，原因分析)。

2. 采购管理

确定合理的定货量、优秀的供应商和保持最佳的安全储备；能够随时提供订购、验收的信息，跟踪和催促外购或委外加工的物料，保证货物及时到达；建立供应商的档案，用最新的成本信息来调整库存的成本。具体有：①供应商计划排程；②采购订单执行；③收退货处理；④采购与委外加工统计(统计、建立档案，计算成本，调整库存)；⑤价格分析和市场调研。

3. 库存控制

用来控制存储物料的数量，以保证稳定的物流支持正常的生产，但又最小限度地占用资本。它是一种相关的、动态的及真实的库存控制系统。它能够结合、满足相关部门的需求，随时间变化动态地调整库存，精确地反映库存现状。这一系统的功能又涉及以下几个方面：①建立物料档案，确定物料分类和编码；②制定综合库存计划；③决定采购策略和时机；④收料入库检验；⑤收发料的日常处理；⑥盘点处理等。

2.2.2　生产控制模块

生产控制管理是一个以计划为导向的先进的生产、管理方法。首先，企业确定它的一个总生产计划，再经过系统层层细分后，下达到各部门去执行，即生产部门以此生产，采购部门按此采购等。它将企业的整个生产过程有机地结合在一起，使得各个原本分散的生产流程自动连接，也使得生产流程能够前后连贯地进行，而不会出现生产脱节，耽误生产交货时间。

1. 主生产计划

主生产计划是根据市场预测和客户订单的输入来安排将来各周期中提供的产品和数量，它参照了年度生产计划大纲，在平衡了物料和能力的需要后，得到精确的时间、数量详细的产成品进度计划。它是一个稳定的计划，是根据年度生产大纲、实际订单和对历史销售分析得来的预测产生的，是企业在一段时期内的总活动的安排。

2. 物料需求计划

在主生产计划决定生产多少最终产品后，再根据物料清单，把整个企业要生产的产品的数量转变为所需生产的零部件的数量，并对照现有的库存量，可得到还需加工多少、采购多少的最终数量，这才是整个部门真正依照的计划。

3. 能力需求计划

它是在得出初步的物料需求计划之后，将所有工作中心的总工作负荷，在与工作中心的能力平衡后产生的详细工作计划，用以确定生成的物料需求计划是否是企业生产能力上可行的需求计划。能力需求计划是一种短期的、当前实际应用的计划。

4. 车间控制

这是随时间变化的动态作业计划，先将作业分配到具体的各个车间，再进行作业排序、作业管理、作业监控。

5. 制造标准

在编制计划中需要许多生产基本信息，这些基本信息就是制造标准，包括零件、产品结构、工序和工作中心，都用唯一的代码在计算机中识别。

- 物料代码：对每种物料给予唯一的代码识别，实现对物料资源的有效管理。
- 物料清单：定义产品结构的技术文件，用来编制各种计划。
- 工序：描述加工步骤及制造和装配产品的操作顺序。它包含加工工序顺序，指明各道工序的加工设备及所需要的额定工时和工资等级等。
- 工作中心：是由相同或相似工序的设备和劳动力组成的，从事生产进度安排、核算能力、计算成本的基本单位。

2.2.3　财务管理模块

企业中，清晰分明的财务管理是极其重要的。所以，在 ERP 整个方案中它是不可或缺的一部分。ERP 中的财务模块与一般的财务软件不同，作为 ERP 系统中的一部分，它和系统的其他模块有相应的接口，能够相互集成。比如，它可将由生产活动、采购活动输入的信息自动计入财务模块生成总账、会计报表，取消了输入凭证繁琐的过程，几乎完全替代以往传统的手工操作。一般的 ERP 软件的财务系统分为会计核算与财务管理两大部分。

1.　会计核算

会计核算主要是记录、核算、反映和分析资金在企业经济活动中的变动过程及其结果。它由总账、应收账、应付账、现金、固定资产、多币制等部分构成。

(1) 总账模块

总账模块的功能是处理记账凭证输入、登记，输出日记账、一般明细账及总分类账，编制主要会计报表。它是整个会计核算的核心，应收账、应付账、固定资产核算、现金管理、工资核算、多币制等各模块都以其为中心来互相传递信息。

(2) 应收账模块

应收账模块是指企业应收的由于商品赊欠而产生的正常客户欠款。它包括发票管理、客户管理、付款管理、账龄分析等功能。它和客户订单、发票处理业务相联系，同时将各种事项自动生成记账凭证，导入总账。

(3) 应付账模块

会计里的应付账是企业应付购货款等账。它包括了发票管理、供应商管理、支票管理、账龄分析等。它能够和采购模块、库存模块完全集成以替代过去繁琐的手工操作。

(4) 现金管理模块

现金管理模块主要是对现金流入流出的控制以及零用现金及银行存款的核算。它包括了对硬币、纸币、支票、汇票和银行存款的管理。在 ERP 中提供了票据维护、票据打印、付款维护、银行清单打印、付款查询、银行查询和支票查询等和现金有关的功能。

此外，它还和应收账、应付账、总账等模块集成，自动产生凭证，导入总账。

(5) 固定资产核算模块

固定资产核算模块是指用于完成对固定资产的增减变动以及折旧计提和分配的核算工作。它能够帮助管理者对目前固定资产的现状有所了解，并能通过该模块提供的各种方法来管理资产，以及进行相应的会计处理。具体功能有：登录固定资产卡片和明细账，计算折旧，编制报表，以及自动编制转账凭证，并转入总账。它和应付账、成本、总账模块集成。

(6) 工资核算模块

工资核算模块是指自动进行企业员工的工资结算、分配、核算，以及各项相关经费的计提。它能够登录工资系统、打印工资清单及各类汇总报表，计算计提各项与工资有关的费用，自动做出凭证，导入总账。这一模块是和总账、成本模块集成的。

(7) 成本模块

成本模块是指依据产品结构、工作中心、工序、采购等信息进行产品的各种成本的计算，以便进行成本分析和规划；提供各种基本的成本核算方法，如品种法、分批法、作业成本法等；还能用标准成本或平均成本法按地点维护成本。

(8) 多币制模块

多币制模块是为了适应当今企业的国际化经营，对外币结算业务的要求增多而产生的。多币制将企业整个财务系统的各项功能以各种币制来表示和结算，且客户订单、库存管理及采购管理等也能使用多币制进行交易管理。多币制和应收账、应付账、总账、客户订单、采购等各模块都有接口或选项参数，可自动生成所需数据。

2. 财务管理

财务管理的功能主要是基于会计核算的数据，再加以分析，从而进行相应的预测、管理和控制活动。它侧重于财务计划、控制、分析和预测，财务计划根据前期财务分析做出下期的财务计划、预算等。财务分析提供查询功能和通过用户定义的差异数据的图形显示进行财务绩效评估、账户分析等。财务决策是财务管理的核心部分，包括资金筹集、投放和资金管理。

财务管理的软件模块主要有盈利分析、成本中心会计、利润中心会计、标准成本控制、企业预算管理、资金成本管理、项目财务管理等。

(1) 成本中心会计

成本中心会计是指对于关键的或特定的成本发生领域进行的成本核算，把有关成本发生都记录到相应的成本中心，并可供产品成本模块以及获利分析模块等进一步处理。成本中心会计支持成本预算(标准成本的确定)、标准成本与实际成本之间的差异对比、成本报告与分析等。

(2) 利润中心会计

利润中心会计是指对特定的利润来源的部门或项目提供利润核算，实现企业对其战略经营单位进行定期的获利能力分析。该系统使用期间会计技术来收集业务活动成本、运营费用和结果，从这些信息可以确定每个业务领域的获利效能。

(3) 订单和项目会计

订单和项目会计系统收集成本，并用计划与实际结果之间的对比来协助对订单与项目的监控。该系统提供了备选的成本核算及成本分析方案，带有订单成本结算的详细操作规程。

(4) 盈利能力分析

盈利能力分析模块能确定哪一类产品或市场会产生最好的效益，一个特定订单的利润是怎样构成的。盈利能力分析所提供的面向市场的第一手信息可供销售、市场、产品管理、战略经营计划等提供丰富的决策信息，能判断目前企业在现存市场中的位置，并对新市场的潜力进行评估。

(5) 执行信息系统

执行信息系统(EIS)为管理部门提供了一个软件方案，它有自己的数据库，能从企业的各个不同部分收集包括成本发生在内的各方面数据，再进行加工汇总，成为可服务于企业决策的重要工具。

2.2.4　人力资源模块

以往的 ERP 系统基本上都是以生产制造及销售过程(供应链)为中心的，因此，长期以来一直把与制造资源有关的资源作为企业的核心资源来进行管理。但近年来，企业内部的人力资源开始越来越受到企业的关注，被视为企业的资源之本。在这种情况下，人力资源管理，作为一个独立的模块，被加入到了 ERP 的系统中来，和 ERP 中的财务、生产系统组成了一个高效的、具有高度集成性的企业资源系统。它与传统方式下的人事管理有着根本的不同。

1. 人力资源规划

人力资源规划是指对于企业人员、组织结构编制的多种计划方案，进行模拟比较和运行分析，并辅之以图形的直观评估，辅助管理者做出最终决策。

制定职务模型，包括职位要求、升迁路径和培训计划，根据担任该职位员工的资格和条件，系统会提出针对该员工的一系列培训建议，一旦机构改组或职位变动，系统会提出一系列的职位变动或升迁建议。

进行人员成本分析，可以对过去、现在、将来的人员成本做出分析及预测，并通过 ERP 集成环境，为企业成本分析提供依据。

2. 招聘管理

人才是企业最重要的资源，优秀的人才能保证企业持久的竞争力。招聘系统进行招聘过程的管理，优化招聘过程，减少业务工作量；对招聘的成本进行科学管理，从而降低招聘成本；为选择聘用人员的岗位提供辅助信息，并有效地帮助企业进行人才资源的挖掘。

3. 工资核算

工资核算是指能根据公司跨地区、跨部门、跨工种的不同薪资结构及处理流程制定与之相适应的薪资核算方法。与时间管理直接集成，能够及时更新，对员工的薪资核算动态化。具有回算功能，通过和其他模块的集成，自动根据要求调整薪资结构及数据。

4. 工时管理

工时管理是指根据本国或当地的日历，安排企业的运作时间以及劳动力的作息时间表。运用远端考勤系统，可以将员工的实际出勤状况记录到主系统中，并把与员工薪资、奖金有关的时间数据导入薪资系统和成本核算中。

5. 差旅核算

差旅核算是指系统能够自动控制从差旅申请、差旅批准到差旅报销的整个流程，并且通过集成环境将核算数据导进财务成本核算模块中去。

2.3　MRPⅡ/ERP 集成系统

2.3.1　ERP 系统关联性

以上介绍了 MRPⅡ/ERP 软件的一些主要功能模块。这些功能模块是紧密关联的，以数据共享与协作为基础进行集成，它们互相之间有相应的接口机制，能够很好地整合在一起来反映企业的业务运作。MRPⅡ/ERP 系统集成的软件模块如图 2-2 所示。

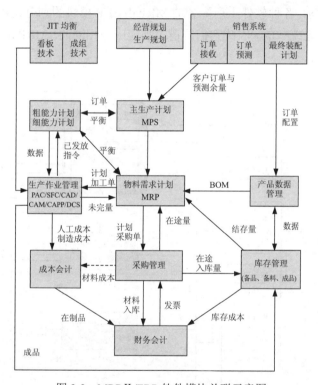

图 2-2　MRPⅡ/ERP 软件模块关联示意图

从图 2-2 中可以看出，MRPⅡ的入口是订单及预测，由它产生预测与生产要求，通过主生产计划(MPS)建立了生产计划和粗资源需求计划，并且将主生产计划输入至物料需求计划(MRP)，同时制造标准数据中产品结构表和库存管理中的库存状况信息也输入至 MRP 模块，通过毛需求量、净需求量计算，产生零部件生产计划作为能力需求计划(CRP)的输入数据。CRP 还接受来自制造标准数据的工序和工作中心的信息，采购管理中的采购实绩信息，经过处理输出能力需求计划，产生自制品生产作业详细计划和生产负荷标准化计划。自制订单信息输入至车间控制(SFC)，SFC 还接受库存管理给予的出入库实绩、外加工订单信息，建立派工单和作业指令，产生生产实绩报表及生产进度报告。成本管理接受车间控制所给予的生产实绩报告，采购和物料计划管理给予的收料、委外加工实绩报告以及标准成本、实际成本，进行成本核算和成本差异的分析。采购和物料计划管理根据 MRP 采购订单，生成委外加工计划，进行外协加工、采购计划、收料、检验、供应商、废料的管理。库存管理接受来自采购的收料入库信息，为 MRP 和订单及预测管理提供库存状况，并为 SFC 提供委外加工订单信息。销售管理接受 MPS 的发货计划，进行发货处理和应收账款处理。订单及预测根据库存状况信息进行订单处理和报价。销售管理的销售发票为应收账提供了信息，应收账处理的结果直接进入总账。采购的订货发票为应付账提供了信息，应付账和固定资产处理的结果直接进入总账。此外，工资处理的结果也进入总账。

所以，MRPⅡ/ERP 软件模块的集成运行，构成了一个有机的关联系统，保证了 MRPⅡ/ERP 工作原理的实现。根据 MRPⅡ原理所设计的 MRPⅡ/ERP 软件，由于各软件商开发设计的思路及方法不同，各种软件上所配备的 MRPⅡ/ERP 模块的划分也不完全一致。但是，由于 MRPⅡ的原理是统一的，因此它们的逻辑功能应是相同的。MRPⅡ系统运行的逻辑功能原理如图 2-3 所示。

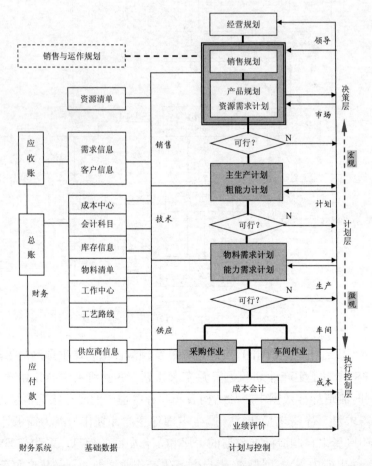

图 2-3　MRPⅡ运作的逻辑原理(本图引自参考文献 2)

综上所述，MRPⅡ系统包含以产品数据管理、工艺路线、工作中心为内容的基础数据管理子系统模块，以主生产计划与物料需求计划为基础的生产计划子系统模块，以能力需求计划和车间作业管理为核心的生产管理子系统模块以及供销管理子系统模块,和由总账、应收、应付、成本核算组成的财务子系统模块。因此,MRP Ⅱ是一个集成度相当高的信息系统。

而 ERP 是将企业所有资源进行整合集成管理,简单地说是将企业的三大流(物流、资金流、信息流)以及人力资源进行全面一体化管理的管理信息系统。它的功能模块已不同于以往的 MRP 或 MRP Ⅱ的模块,它不仅可用于生产企业的管理,而且在许多其他类型的企业中,如一些服务性企业,以及公益事业的企业,也可导入 ERP 系统进行资源计划和管理。

随着信息技术应用的深入,ERP 系统的功能在不断扩展,同时也在同电子商务等应用不断集成。但就最基本的概念而言,典型 ERP 系统的功能主要包括财务管理、物流管理、生产计划与控制管理、人力资源管理等方面,并逐步实现与企业外部集成的有机整合,如图 2-4 所示。

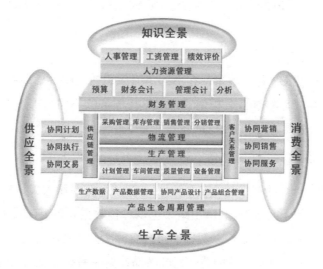

图 2-4　ERP 软件功能框架

这里,ERP 系统从最基本的层面上可分为财务管理、物流管理、生产管理、人力资源管理。从另一个层面上又有 4 个全景:供应全景、消费全景、生产全景和知识全景,分别对应供应链管理(SCM)、客户关系管理(CRM)、产品生命周期管理(PLM)和知识管理(KM),4 个全景管理是在企业充分的信息化基础上进行的。如果说第一层面的 4 种管理是信息化企业的具体工作流程,那第二层面的全景管理则是信息化企业的管理思想。

2.3.2　ERP 支撑系统

上面说过,一般 ERP 系统主要由物流供应链管理模块、制造计划管理模块、财务成本管理模块和人力资源管理模块这 4 大功能分系统组成的。ERP 信息系统的运行,则是建立在计算机网络和数据库系统这两个支撑系统的基础上的,如图 2-5 所示。

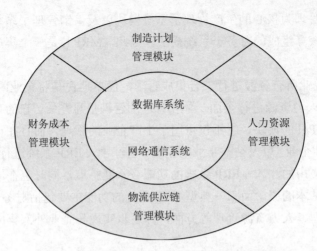

图 2-5　ERP 信息系统与支撑系统的结构示意图

1. 计算机网络系统

网络系统是支持 ERP 各应用单位在不同单元应用的网络通信系统。它以分布式为基础，满足 ERP 各应用分系统和业务模块对网络支持服务的不同需求，支持资源共享、分布处理、分布数据库、分层管理和实时查询的需要。

2. 数据库管理系统

ERP 系统表现为一个数据系统。这不仅是指 ERP 系统要输入大量的原始数据，其运行过程也实时产生大量的中间数据，其输出结果也以各种数据和报表形式体现出来。总之 ERP 所反映的全方面的企业运作要素均以数据的形式存储于数据库中，要求有相应的数据库管理系统(DBMS)配合 ERP 应用软件的运作。可以说数据库系统是支持 ERP 各分系统并覆盖企业全部信息的数据存储与管理系统，以实现企业数据共享和信息集成。

数据库管理系统(DBMS)根据其逻辑规模与控制管理能力的大小，可以分为小型 DBMS(如 FoxPro)、中型 DBMS(如 SQL Server)和大型 DBMS(如 Oracle)。ERP 系统要求有与其业务系统的数据量相匹配的数据库管理系统规模，如 SAP R/3 的 ERP 软件就还需另行选用 Oracle 或 DB2 数据库系统配合。

2.4　MRPⅡ/ERP 商品软件

下面对一些有代表意义的 MRPⅡ/ERP 软件公司和产品加以简单介绍，并把一些主要的软件特点归纳成如表 2-2 所示的汇总表。

表 2-2　主要 MRP Ⅱ/ERP 软件产品技术特点汇总表

产　品	公　司	平　台	数　据　库	开 发 工 具	特　点	用　户
R/3	德国 SAP	AS/400、UNIX、Windows	Oracle、Informix、SQL Server	ABAP/4	灵活、功能强，适应各类企业	柯达、宝洁、康佳、联想
Oracle EBS	Oracle	UNIX、Windows	Oracle	Application Object Library	商务智能，客户关系管理	光明乳业、美的电器、白沙
PeopleSoft Applications	PeopleSoft	AS/400、Windows、UNIX	DB2、Oracle、Sybase、SQL Server		人力资源	安利、新东方、平安保险、民生银行
BPCS	SSA	AS/400、UNIX	DB2、Oracle、Informix	AS/SET	目前国内应用最多	厦门林德、厦华电子
MSS	Four Shift	DOS、Novell、Windows	MDBS、SQL Server		简便实用	天津内燃机、宁波富达电器
MFG/PRO	QAD	UNIX、Windows	Progress		构建虚拟工厂	厦门灿坤、青岛朗讯
Bann Series	荷兰 Bann	UNIX、Windows	Oracle、Informix、Sybase、SQL Server		分销、动态企业建模	波音飞机、北方电讯
Syteline	Symix	UNIX、Windows	Progress	4GL	客户同步资源计划	许继电气、中山威力
Axapta/Navision	Microsoft	Windows	SQL Server	MorphX	灵活方便，二次开发能力	天狮集团
MMX	CA	UNIX	Oracle、Ingres	4GL、Unicenter TNG		
OneWorld	JDEdwards	AS/400、Windows、UNIX	DB2/400、SQL Server、Oracle	WorldVision		
TCM	EMS	Windows、UNIX	多种	Synergy		
CIIM	Avalon	UNIX	Oracle、Sybase	CASE、4GL		
MRP9000	IMS	Windows	SQL Server		轻小	
CAPMS/95	利玛	UNIX、Windows	Sybase、SQL Server		站于 MRP Ⅱ 思想来设计	金龙汽车

(续表)

产　品	公　司	平　台	数 据 库	开 发 工 具	特　点	用　户
开思 ERP	开思	AS/400	DB2/400	LANSA	早期 DOS 界面	
U8/NC	用友	Windows、UNIX	SQL Server、Oracle	VB、Java、UAP	以财务系统为基础	西安车辆厂
K3	金蝶	Windows、UNIX	SQL Server、Oracle	VB、Java、BOS	有 MRP Ⅱ 初步框架	新华制药厂
和佳 ERP	和佳	Windows、UNIX	SQL Server、Oracle	VB、Java		洛阳白马集团
浪潮 ERP	浪潮	Windows、UNIX	SQL Server、Oracle	VB、Java		济南钢铁

注：由于公司的分合，新产品的推出，数据已不断发生变化，如 JD Edwards 和 Peoplesoft 软件已被 Oracle 公司收购，BAAN 软件已被 SSA Global 收购，SSA、BAAN、MAPICS 又被 Info 收购，开思 ERP 已被金蝶公司收购。

1. SAP 的 R/3

德国 SAP 目前是世界最大的 ERP 软件厂家，软件收入达 20 亿美元，占有最大的市场份额。其客户遍布全球，包括全球 500 强企业中的很多大企业。涉及行业包括离散制造业、连续流程行业、服务业(金融、电信、商业等)。SAP 的 R/3 是用于分布式客户/服务器环境的标准 ERP 软件，R/3 适用的服务器平台是：Novell Netware、Windows Server、OS400、UNIX，适用的数据库平台是：IBM DB2、Informix、MS SQL Server、Oracle。

R/3 软件系统以物流、财务与人力资源三大部分为基础，具有完美的集成功能，使得 R/3 能够处理公司中各种各样的管理业务，成为业界的翘楚。SAP 的 ERP 系统 R/3 还具有强大的成本管理、财务预算控制和决策支持能力。可以支持连续流程制造的特殊要求——配方管理、改变配料、批管理，以及能力计划、过程排序和废料处理，通过流程控制和实验室信息系统的集成，可对质量和流程进行严格的控制，以确保客户得到高质量的产品。

因 R/3 的功能比较丰富而完备，规模庞大，结构复杂，各模块之间的关联性非常强，所以不仅价格偏高，而且实施难度也高于其他同类软件。R/3 一般适用于那些管理基础较好、经营规模较大的企业。SAP 后来开发的"SAP 加速实施方案"，期望帮助客户大幅度减少实施 ERP 的时间和成本，同时进一步确保了实施的质量，降低了风险。

SAP 公司近年来推出了新版 mySAP 电子商务解决方案，它能将企业的不同合作伙伴集成在同一电子商务平台上，让企业在此平台上管理、调整和协调销售活动、市场推广和客户服务。SAP 公司后来收购以色列一家软件公司的 ERP 软件而改造成为 SAP Business One(SBO)产品，主要面向中小型企业，也已经取得不少的市场份额，成为不少中小型企业在业务起步和发展阶段的入门选择。

2. Oracle Applications

Oracle 公司是数据库系统供应商，也是应用软件提供商，在世界软件产业和应用软件中几乎都排于第二的位置。Oracle 主打管理软件产品是 Oracle Applications R12，旨在为企业经营的各个方面提供全面支持，打造为全面集成的电子商务套件，故也称为 Oracle E_Business Suit。Oracle 企业管理软件的主要功能模块包括：销售订单管理系统、工程数据管理、物料清单管理、主生产计划、物料需求计划、能力需求管理、车间生产管理、库存管理、采购管理、成本管理、财务管理、人力资源管理、预警系统。Oracle 适用的服务器平台是 DEC Open VMS、Windows、UNIX；数据库平台是 Oracle；支持的生产经营类型是按订单生产、批量生产、流程式生产、合同生产、离散型制造、复杂设计生产、混合型生产、按订单设计、按库存生产；其用户主要分布在航空航天、汽车、化工、消费品、电器设备、电子、食品饮料行业。

Oracle 凭借"世界领先的数据库供应商"这一优势地位，建立起构架在自身数据库之上的企业管理软件，其核心优势就在于它的集成性和完整性。软件包含所需要的企业管理应用功能，这些功能集成在一个协同技术体系中，并可以适应需求进行扩充，具有较好的集成性和扩展性。但如果企业存在大量异质数据库环境，则 Oracle EBS 显然不能成为首选。

3. SSA 的 BPCS

SSA 公司的软件名称叫 BPCS(Business Planning and Control System，商务计划与控制系统)，产品套件包括 BPCS Client/Server。BPCS 最初是在 AS/400 上开发的，但是版本 6.0 已是一个面向对象的产品，可以运行在多种 UNIX 平台上。

软件支持的生产类型包括按订单装配、批量生产、按订单设计、离散型、按订单制造、按库存生产、混合型、连续型等。适用行业包括汽车、化工、电器设备、电子、食品饮料、保健品、工业品、机器制造、金属加工、制药业等。全球有 1200 多个制造商在 4000 多个地点应用。

SSA 的 BPCS 系统的设计具有巧妙的功能和极大的使用弹性，各模块均包含许多用户自定义参数设计功能，可将系统加以裁剪组合，以符合用户的特殊需求。SSA 也为用户设计了快速实施系统的方案，以减少实施的时间成本和风险成本。对于客户化设置要求较多，或者对于实施时间要求较高的企业，SSA 的 BPCS 是一个不错的选择。

4. J. D. Edwards

J. D. Edwards 公司的产品套件包括 OneWorld、Genesis、WorldSoftware、WorldVision。其 MRPⅡ/ERP 软件类别包括需求计划、ERP、MRPⅡ、财务、会计、供应链管理、运输计划、仓库管理等，软件收入达 6.5 亿美元。

J. D. Edwards 公司产品支持的生产类型有：按订单装配、按订单设计、合同生产、离散型、按订单制造、按库存生产、混合型生产、连续型、大批量生产。其适用行业包括汽车、化工、消费品、电器设备、电子、食品饮料、金属加工、制药业等。

JDE 在系统稳定性和运行速度上有优异表现，特别适用于大量生产型的工业企业，而且实施总成本不高。JDE 是完全基于 IBM AS/400 小型机开发的，在其他通用系统上的运行效果不理想。目前 JDE 也在向其他平台扩展。

5. Baan Series

荷兰 Baan 公司产品套件为 Baan Series。软件类别包括 Configurators、需求计划、ERP、MRP Ⅱ、高级供应链管理。Baan 公司还提供了 Orgware——一套组织工具和软件工具，它能帮助企业减少实施时间和成本，并帮助企业实现对系统的不断改进。Baan ERP 适用的服务器平台是：OS/400、UNIX、Windows、IBM S390；适用的数据库平台是：IBM DB2、Informix、MS SQL Server、Oracle。

Baan Series 支持的生产类型有：按订单装配、批量生产、按订单设计、合同生产、客户服务行业、离散型、复杂设计生产、按订单制造、按库存生产、混合型生产、连续型、大批量生产。适用行业主要包括航空航天、汽车、化工、机器制造等。

Baan 提出了动态企业建模(Dynamic Enterprise Module，DEM)的思想，并在 Baan 的 ERP 软件系统中加以实现。Baan 通过 Orgware 系统软件作为企业建模工具，以保证企业灵活运用软件。Baan 的动态建模思想和技术不仅有利于保障企业成功实施 ERP 系统，而且便于企业今后依据管理需要重新构建业务框架。Baan 公司也在中国与某高校合作开发 ERP 产品。

6. PeopleSoft Applications

PeopleSoft 公司的产品套件是 PeopleSoft Applications。软件类别有：Configurators、配送计划、ERP、MRP Ⅱ、高级供应链管理。

PeopleSoft Applications 的特色在于人力资源管理方面,支持的生产类型有按订单装配、按订单设计、离散型、按订单制造、按库存生产、混合型生产、大批量生产。适用行业包括汽车、消费品、离散型、电器设备、电子、半导体等。

7. Symix-SyteLine

Symix 成立于 1979 年，是在微机服务器上开发 MRP Ⅱ 软件的第一家软件公司。Symix 提供的软件产品—— SyteLine 套件包含的主要功能模块是：总账、应收款系统、应付款系统、订单管理、采购管理、库存管理、资产管理、预算管理、成本管理、生产计划。适用的服务器平台是：Windows、UNIX；适用的数据库是：Progress、Oracle；支持的生产类型：按订单生产、按库存生产、离散型生产的企业。用户主要分布在汽车制造、电子电器、机械制造、金属加工等行业。

近几年 CRM(Customer Relationship Management，客户关系管理)逐步成为企业信息化建设的焦点。虽然 CRM 这一思想并非 Symix 确切提出的，但是 Symix 却将"以客户为中心"的生产经营理念最大程度地融合到了软件中，并提出了"客户同步资源计划(Customer Synchronized Resource Planning，CSRP)"的概念。Symix 的 CSRP 系统能有效地以客户为导向、系统地组合企业各项生产经营资源，因此 Symix 自称 CSRP 是超越 ERP 的新型管理思想和软件系统。对于外部市场环境变化较快，或者完全根据客户需求生产的企业，Symix-SyteLine 能较好地实现客户需求拉动式生产。

8. Fourth shift-MSS

Fourth Shift(四班)公司成立于1982年，总部位于美国明尼阿波利斯市。Fourth Shift-MSS是一套适用于中小制造企业应用的软件系统，功能虽然不如 SAP 的软件丰富，但基本符合中小企业在生产管理、物流管理、财务管理等方面的需求，而且具有简便实用、成本低廉、实施期短等特点。

Fourth Shift-MSS 包含 40 多个管理模块，覆盖生产、采购、销售、客户服务等集成子系统。适用的服务器平台是：Novell NetWare、Windows NT、Windows 9x/XP；适用的数据库平台是：MS SQL Server；支持的生产类型主要是离散型、按单生产，也可用于流程式连续生产型企业；用户主要分布在日用消费品、电子电器、计算机行业。

虽然 Fourth Shift-MSS 在世界的管理软件销售排名中不是很靠前，但在中国及其他亚太地区的市场表现不俗，这与 MSS 符合这些地区大部分企业的实际需求，以及 Fourth Shift 一直以来在产品和服务本地化方面所做的努力不无关系。

9. BRITC 的 CAPMS

北京利玛信息技术有限公司(简称 BRITC)原是由北京机械工业自动化研究所与外方合资筹建的，是中国最早从事 MRPⅡ 软件研究和开发的专业机构。其主要产品是CAPMS/DFN(DOS、Novell、FoxPro)、CAPMS/Oracle、CAPMS/95 和利玛 OA 办公业务自动化系统。

CAPMS 是一个真正的企业资源计划 ERP 系统。它有完整的 MRPⅡ 模块内容，并在标准 MRPⅡ 基础上增加了诸如设备管理、工具管理、质量管理、人事管理、售后服务、分销管理、电子供应等功能，成为一个真正的 ERP 系统，为企业提供了全方位的解决方案。CAPMS 成为国家"863"计划 CIMS 工程应用的首选。

CAPMS 系列产品满足多品种小批量及批量生产环境、大批量连续生产环境、单件生产环境和混合制造环境的不同的生产类型及其混合模式，支持 MRP 与 JIT 的混合制造模式。

CAPMS 系列产品采用开放式运行环境、关系数据库、CASE 工具、4GL、OLE 技术、客户机/服务器模式、图形用户接口、开放式系统结构，结合联机操作帮助，使得 CAPMS 更加便于使用、易于掌握。

CAPMS 系列产品结合中国企业运营管理特点，在管理术语、屏幕显示、报表格式、事务处理方式上体现了适合国情的软件特色，是中国特色软件产品的典范。

10. 金蝶 K/3

金蝶国际软件集团于 1993 年在深圳成立，是中国目前较大的独立软件开发商之一，也是我国较大的企业管理软件及电子商务应用解决方案供应商之一。K/3 ERP 企业管理软件是金蝶国际软件集团于 1999 年 4 月推出的 ERP 系统产品,目前已发展到第 13 版本。

K/3 ERP 系统主要由财务管理、供应链管理、生产制造、人力资源管理、协同管理、产品生命周期管理、风险管理与内部控制、商业分析(BI)、系统集成以及金蝶移动应用几个基本模块组成,由此设计成几个专业产品,如面向大型集团企业的金蝶 EAS、基于云平台的金蝶 K/3 Cloud、面向中小型企业的金蝶 K/3WISE、早期的金蝶 KIS 商贸版、金蝶 s-HR 人力资源,以及金蝶 PLM、金蝶 BI 和金蝶政务等,并据此提出一些如电子、机械、建筑、食品、医药、餐饮等行业解决方案。

11. 用友 ERP

用友公司创立于 1988 年,以财务软件系统开发为主,总部设在北京中关村科技园区,是目前中国最大的财务及企业管理软件开发供应商。用友的 ERP 产品其实包括 U8 和 NC 两个独立的商品化系统。U8 面向中低端,NC 面向高端应用。U8 ERP 产品包括 5 大子系统:供应链系统、人力资源系统、决策支持系统、生产制造系统、财务系统。NC ERP 定位于适应大型、集团型企业分布式、体系化的管理模式。U8 ERP 产品基于.NET 平台开发,在财务核算功能的基础上扩展而成;NC 则以一些行业应用为原型,基于 J2EE 平台自主开发。

2.5　本章小结

本章介绍了 MRPⅡ/ERP 软件系统,包括 MRPⅡ/ERP 的软件模块和 MRPⅡ/ERP 软件产品两个方面。ERP 系统着重包括 4 个方面的内容:生产控制(计划、制造),物流管理(分销、采购、库存管理),财务管理(会计核算、财务管理)和人力资源管理(规划、工资、工时、差旅)。

实际上,MRPⅡ/ERP 软件系统是以 MRPⅡ功能模块为核心的,基于数据库和网络系统平台,模块之间是关联运行的,特别是 MRPⅡ的运行遵从一套特别的推演逻辑。它们在企业资源最优化配置的前提下,整合企业内部主要的经营活动,包括财务会计、管理会计、生产计划及管理、物料管理、销售与分销等主要功能模块,以达到效率化经营的目标。

企业资源计划系统 ERP 软件则是在此基础上的进一步扩展,融合供应链管理、顾客关系管理、人力资源管理、销售自动化以及电子商务,整合企业内部所有的经营活动,成为一种可以提供跨地区、跨部门,甚至跨公司整合实时信息的企业管理信息系统。

ERP 是将企业所有资源进行整合和集成管理,即将企业的物流、资金流、信息流进行全面一体化管理的管理信息系统。其丰富的功能模块提供了更大的选择,不仅可用于生产企业的管理,其他类型的企业也可导入 ERP 系统进行资源计划和管理。

由于 MRPⅡ/ERP 软件具体的开发设计思想、环境平台、开发模式等的不同,各软件产品的功能、结构、适用范围也不一样。但是,成功的 MRPⅡ/ERP 软件一般均遵循标准 MRPⅡ的基本思想来设计。

关键术语

MRP II 标准系统　商品化软件　R/3 软件　物流管理模块　生产控制模块　财务管理模块　人力资源模块

思考练习题

(1) 标准 MRP II 系统的软件体系包括哪些功能模块？

(2) ERP 与 MRP II 软件系统相比在功能范围上有哪些扩展？

(3) 物流管理模块主要包括哪些内容？

(4) 生产控制模块主要包括哪些内容？

(5) 财务管理模块主要包括哪些内容？

(6) 人力资源模块主要包括哪些内容？

(7) 为什么说 MRP II 软件功能是 MRP II/ERP 软件系统的核心？

(8) 分析描述 MRP II/ERP 软件的整体运作模式。

(9) 比较分析不同软件的开发环境和开发平台。

(10) 比较分析不同软件适用的生产类型特征对选择 MRP II/ERP 软件的重要性。

(11) 比较分析国产软件与国外软件的差距。

第3章 MRPⅡ/ERP原理基础

【导语】

ERP 系统是以 MRPⅡ 为基础的。MRPⅡ 管理模式具有鲜明的特点，这是因为它采取了一套行之有效的概念方法和关键技术，表达了计划与控制的运作思想，深刻地揭示了制造业的根本规律，达到出奇制胜的效果。从本章开始，分几个逻辑层次详细地介绍 MRPⅡ 的基本原理。通过对 MRPⅡ 运作原理的掌握，才能深刻地理解 MRPⅡ 是如何实现物流、信息流与资金流集成的这一美妙的管理境界。

本章先行介绍 MRPⅡ 系统的一些基本理念，包括 MRPⅡ 运行的基础数据环境、MRPⅡ 采用的关键技术、MRPⅡ 计划层次和运行原理、MRPⅡ 对于制造业的普适性，以及 MRPⅡ 管理模式的特点，从而建立对 MRPⅡ 管理模式的大致印象，为后面章节知识的学习埋下伏笔。

3.1 MRPⅡ基础数据

3.1.1 MRPⅡ数据环境

数据的及时性、准确性和完整性是计算机辅助企业管理的基本要求。MRPⅡ 是一种集成的管理信息系统，要进行大量的数据信息处理，它要数据信息共享，因此要求数据必须规范化，或者说必须有统一的标准。数据规范化是实现信息集成的首要条件。MRPⅡ 对数据的另一个要求是数据的准确性和完整性。数据不准、数据残缺是推行 MRPⅡ 失败的重要原因之一，以假的、零散的、失真的数据作为输入，只能换来瞎指挥的恶果。

通常，可把各种管理数据按其来源与特性归纳为如下三类。

- 静态数据(或称固定信息)：一般指企业运作活动开始之前要准备的数据，如物料清单、工作中心的能力和成本参数、工艺路线、仓库和货位代码、会计科目的设定等。静态数据基本上比较稳定，只作定期维护就可，在系统运行时只作为访问而不做变换处理。一些软件常设计成单独的主数据管理模块(MDM)来管理。
- 动态数据(或称流动信息)：一般是指生产运作活动中发生的数据，具有不断发生、经常变动的特点，如客户合同、库存记录、完工报告等。这是重要的原始数据，随着日常经营活动的开展，不断累积增加而数量巨大，可能需要随时维护。

- 中间数据(或称中间信息)：这是指根据用户对管理工作的需要，由计算机系统综合上述静态和动态两类数据，经过运算形成各种数据或报表。这种经过加工处理的信息，可供管理人员掌握经营运作状况，进行经营分析和决策。如主生产计划和物料需求计划都是根据静态和动态数据加工处理后生成的中间信息。管理软件功能的强弱，往往体现在它能提供多少有用的中间信息。

MRPⅡ运行的数据环境如图 3-1 所示。在 MRPⅡ/ERP 系统中，静态数据是基础数据，动态数据是事务数据，将它们共同作为输入数据，可得到一系列经处理后的输出数据即中间数据。这里 MRPⅡ的输入数据主要有以下几种类型。

- 物料与产品信息：如物料主文件，产品物料清单。
- 能力信息：如工作中心，工艺路线文件，工作日历。
- 库存信息：如物料的可用量，安全库存，仓库与货位。
- 财务信息：如会计科目，产品成本、利润中心或成本中心。
- 需求信息：如预测、合同、其他需求。
- 供需方信息：如供应商文档，客户信息。
- 时间信息：如时区、时段、时界、固定提前期、变动提前期、会计期间等。

以上各种数据信息，必须预先进行规范化设计和整理，保证其准确性，这会有相当大的工作量，但这是必要的基础工作。也可以采取静态数据早补充、早规范，动态数据分阶段逐步完善的方法。

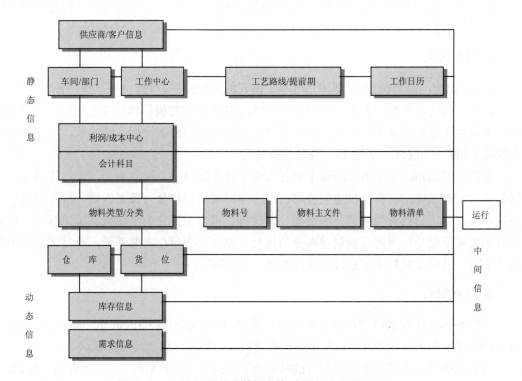

图 3-1 MRPⅡ运行基础数据环境(本图引自参考文献 2)

3.1.2　MRPⅡ物料定义

1. 物料范围

"物料"(Material)是 MRPⅡ中一个重要的特别的基本概念，它是指生产运作体系里需要列入计划的一切不可缺少的物质的统称，不仅包括通常理解的原材料或零件，而且还包括辅助料、配套件、在制品、半成品、产成品、包装物、产品说明书，甚至包括工装工具、能源等一切与生产系统有直接或间接数量依存关系的物质，范围很广，无区别对待。有的软件也称之为"项目"(Item 或 Part)。可以说，出厂产品是各种"物料"的总和。

2. 管理特性

物料的管理特性体现在下述几个方面。

- 同一性：物料可以用途不同，性质各异，但在 MRPⅡ中它们均统一地以"物料"对待，无差别地参与需求计划的运作。在物料主文件里则以统一编码存放。
- 相关性：任何物料都是因为某些因素而存在的，相互之间存在着一定的依存关系。这主要体现于产品组成的结构关系。
- 流动性：流动性是指物料总是从供应向需求的方向流动的，是物料相关性的必然结果。物料在流动进程中发生其形态与价值的转化。
- 价值性：物料是有价值的，不仅采购要付货款，库存要占用资金，保管保险也要发生费用。对于一些无直接价格表现的资源要素，要进行价值化处理。

3. 物料分类

物料类型(Item Type)在编制计划时起了重要的决定作用，它说明了物料的来源和运作方向，即自制还是外购。这是一个重要的区分，MRP 展开时根据物料类型代码，决定对该物料生成加工计划还是采购计划。物料类型还可以反映物料在计划中的特征，如选择装配中的基本组件和可选件、配套出售件、虚拟件等。

物料分类(Item Class)的作用则主要是方便于库存物料的查询。例如，可按管理要求把物料分为钢材、化工材料、机电配件等；进一步，可把钢材分为普通钢材、特殊钢材、不锈钢钢材，化工材料分为助剂、清洗剂、油漆等，机电配件分为电动机、减速器等。如果管理上需要再细分，可把普通钢材再分为板材、型材、棒材；再要细分，板材又可分为厚板、中板、薄板，型材又可分为角钢、槽钢、工字钢等。

4. 物料编码

物料编码是计算机识别和检索物料的首要途径，也称物料号(Item Number)。有的软件也可以通过物料名称的拼音字母顺序来检索物料，但物料号总是第一选择。

物料编码最基本的要求是物料号的唯一性。所谓唯一性就是不二义，要求同一种物料，不论出现在什么产品上，只能用同一个代码；而不同的物料，哪怕有极细小的区别也不得用同一个代码。

物料编码另一个基本要求是容量可扩展，这表现在编码字段的长度上。物料号多为字符型，但字段长度不能太短，最好能达 15~20 位。位数太少，表达的范围太小，且没有扩展的余地；位数过长则会增加存储空间和录入时间，而且容易出现差错。

在有了"物料类型"和"物料分类"的情况下，物料号可以是无含义的，按顺序数字编号。这样做有很多好处，例如：代码简短、存储量少(6 位数就可以满足约 99 万种物料的编码，即 100 000~999 999)、保证唯一性、不影响发展扩充。而全部采用数字可防止数字同字母的混淆(如 0 和 O，1 和 I，2 和 Z)，方便录入(如可用键盘右侧的数字辅键录入)，提高录入速度，减少差错。

物料号也可以是有含义的，如将总位数分成几段，依次表示产品、部件、零件、版次或其他标识。对选择装配类的产品也可按基本组件、可选件和通用件分别标识。但一般的，若软件可以通过其他代码(如分类码、分组码)查询，在物料号中则不必考虑过多的标识因素，以免增加字段长度。所以说确定物料号时要综合考虑所选软件的支持能力。

多数软件不允许轻易变动设定好的物料号，如要修改，必须先把所有该物料的记录(如库存、加工单、会计科目等记录中有该项物料时)统统对应转换，这是一件十分麻烦的工作。因此，确定物料号的编码原则时要特别慎重，不但要考虑当前的方便，而且要考虑今后发展扩充的需求。

5. 物料主文件

物料主文件(Material Record 或 Item Master)是对每一种物料建立一条类似身份记录而形成的数据库记录表，说明物料的各种参数、属性及有关信息，反映物料与各个管理功能之间的具体联系。其字段有如下一些设计内容。

- 基本信息：物料编码、物料名称、物料类型、物料分类。
- 主要设计管理有关的信息：如设计图号或配方(原料、成分)号、设计修改号或版次、物料的生效日期和失效日期等。
- 主要物料管理有关的信息：如计量单位、成品率、ABC 码、默认的仓库和货位、分类码、现有库存量、安全库存或最小库存量、最长存储天数、最大库存量限额、批量规则及调整因素、循环盘点间隔期等。
- 主要计划管理有关的信息：如独立需求或相关需求标识，需求时界和计划时界，固定、变动和累计提前期，低层码、计划员码、成组码、工艺路线码等。
- 主要销售管理有关的信息：如销售员码、计划价格、折扣计算、佣金、物料在买方使用的代码等。
- 主要成本管理有关的信息：如标准单位成本、实际单位成本、采购费等。
- 主要质量管理有关的信息：如批号、待验期、复验间隔天数、最长保存期等。

3.1.3　MRPⅡ时间定义

谈到计划就离不开"时间"这个概念。MRPⅡ揭示了生产管理的时间关系本质,把计划管理中用到的提前期、计划期、时段、时区和时界这些时间要素,赋以科学的定义和定量,进一步解释了滚动计划,并使之成为一种实效的控制计划的手段。

1. 计划展望期

计划展望期(Planning Horizon)是指某次计划的时间总跨度。通过计划期的计划预见性,可以管理和控制产品生产的全过程。计划展望期通常按 1 个月、2 个月、1 季度、2 季度来设置,可以适当长一点,以完整反映 3 个分界时区的控制规律。MRPⅡ认为,不同产品由于生产周期长短不同,各自的计划期应有所区别。每个产品的计划期长度,应不小于产品的总提前期;总提前期不同,计划期也应当不同。在 MRPⅡ系统中,产品的需求计划是按一个个产品分别单独显示的,计划期是在产品各自的物料主文件中定义的,按不同产品分别设置不同的计划期,而不是一个统一的时间长度。这是 MRPⅡ计划与传统计划管理的一个主要区别。

2. 时段

时段(Time Bucket 或 Time Period)是描述计划的时间单位,依管理实际可以采取日、周、旬、月、季、年等时间跨度。它区别于物料需求的优先级,划分时段的目的是为了规定计划报表显示计划量和计划时间的详细程度,满足统计、结算和报告的需要。由于时间的连续累加性,可以定义时段粒度以缩放显示具体的月计划、季计划和年计划。

由于近期信息总是比较具体可靠,计划可以细化。日常管理使用的报表可以把近期的时段定义为日或周,中期定义为月或季。随着时间向前推进,只要重新设定"计划开始日期",中期计划又成为近期计划。这样,计划人员掌握的需求和供给信息,在时间上总是连续的,而报表总是按近期细、远期粗来显示,真正体现了滚动计划的精神。

在 MRPⅡ标准系统中把以"日"为最小时段的时段设置称为无时段系统(Bucketless),这是对 MRPⅡ软件的一项基本要求。只有以日为最小时段才能编制重复式生产的计划。

3. 时区与时界

客观环境是不断变化的,生产计划应当适应客观变化。但是,如果一味追随变化,朝令夕改,势必造成生产上的混乱。因此,控制计划变动是保证计划可执行程度的重要内容。当需要变动时,要分析变动计划的限制条件、难易程度、需要付出的代价并确定审批权限,从而谋求一个比较稳定的主生产计划。MRPⅡ系统提出了时区(Time Zone)与时界(Time Fence)的概念,向主生产计划员提供了一个对计划实施控制管理的手段,如图 3-2 所示,保证了计划滚动体系的成功执行。

(1) 时界(Time Fence)

时界是 MRPⅡ中计划的参考点,是控制计划变化的时间栏,以保持计划的严肃性、稳定性和灵活性。MRP 设有两个时界点。

● 需求时界(Demand Time Fence，DTF)：需求时界是 MRPⅡ 中的需求时间警戒线，它提醒计划人员，早于这个时界的订单已经在进行最后的总装，除非有极其特殊的紧急情况，绝对不要轻易变动，需要保持稳定。

起点	需求时界	计划时界　计划期
↓	↓	↓　-- →

时区	1 (需求时区)	2 (计划时区)	3 (预测时区)
时段(周、月)	1　　2　　3	4　　5　　6　　7	8　9　10　11　12
跨度	总装提前期	累计提前期(加工/采购)	累计提前期以外
需求依据	合同	合同与预测取舍 . 二者之大值　. 仅合同 . 二者之和　　. 仅预测	预测
生产订单状况	下达	下达及确认	计划
计划变动难易	难，代价极大	系统不能自动更改 人工干预 改动代价大	系统自动更改
计划变动审批权	厂长	主生产计划员	计划员
临时需求	临时需求小于可供销售量	临时需求小于可供销售量 通过主生产计划员	无限制

图 3-2　时区与时界(本图引自参考文献 2)

● 计划时界(Planning Time Fence，PTF)：计划时界是 MRPⅡ 中的计划时间警戒线，它提醒计划人员，在这个时界和需求时界之间的计划已经确认，一些采购或生产周期较长的物料订单已经下达，资金已经投入，材料和能力资源已开始消耗。在这个时区里，如果要修订计划，只能由主生产计划员来控制，判断有无修改的必要以及如何修改。超出计划时界以外的时区则可以灵活自动改动。

(2) 时区(Time Zone)

时区用来表达以特定时间期限划分的时间跨度。在需求时界和计划时界的基础上，MRPⅡ 将计划展望期划分为需求时区、计划时区和预测时区。不同时区的分割点就是时界，表明跨过这一点，编制计划的政策或过程将有变化。

可以看出，提前期越短，即计划时界的跨度越短，留给系统编排计划的余地就越大。为了提高计划的应变能力，应当努力缩短提前期。图 3-2 中定义的时界跨度是一种默认值，也就是说，如果人工不再输入其他数据，系统就按照物料文件上记录的提前期自动设定各个时界。如果计划管理有需要，还可以人工设定，将默认值"覆盖(Override)"、提前或推后。总之，时区和时界的作用是既保持计划的严肃与稳定，又体现制订计划的规范化与灵活性。

4. 提前期

以交货或完工日期为基准，倒推到加工或采购开始日期的这段时间，叫做提前期(Lead Time，LT)。在 MRPⅡ 系统中，有两类重要的提前期——生产提前期和采购提前期。

(1) 生产提前期

生产提前期是由制造工艺路线中每道工序的传送、排队、准备、加工和等待时间构成的。

- 排队时间(Queue Time)：指一批零件在工作中心前等待上机加工的时间。排队时间是影响加工提前期最大的因素，有时可达 80%，它还直接影响在制品的库存量。
- 准备时间(Setup Time)：指熟悉图纸及技术文件，装卡、调整及拆卸工艺装备的时间，相当于我国劳动定额中的准备时间。为了使每个零件平均占用的准备时间小些，批量大似乎有利，但会增加在制品库存，且影响对市场变化的应变能力。准备时间是生产时间的一部分，能力计划要考虑准备时间。
- 加工时间(Run Time)：指占用工作中心加工工件或装配产品、部件的时间。加工时间同工作中心的效率、工装设计、操作人员的技术水平有关。
- 等待时间(Wait Time)：加工完毕的工件在工作中心旁等待这批工件全部加工完成后一起运往下道工序或存储地点的时间。可以把等待时间看做是传送时间的一部分。
- 传送时间(Move Time)：指工序之间或工序至存储地点的运输时间。

能力计划的负荷，只考虑准备时间和加工时间，即实际占用工作中心的时间。排队、等待和传送时间不占用工作中心，只在排进度时考虑。

(2) 采购提前期

采购提前期与生产提前期类似，它是指从采购订单准备到验收入库的整个时间。采购提前期由管理提前期、供应商提前期与验收时间等组成。

从完成订单的概念出发，提前期有如下几种提法。

- 总提前期：是指产品的整个生产周期，包括产品设计提前期、生产准备提前期、采购提前期和加工、装配、试车、检测、包装发运提前期的提前期总和。
- 累计提前期：采购、加工、装配提前期的总和称为累计提前期。
- 管理提前期：订单下达之前的一段时间称为管理提前期，用来计划和准备订单。如果需求紧急，管理提前期可以缩短为零。

总提前期和累计提前期可看成是一种标准提前期。如果从工序的概念出发，在实际运作时，有些工序可以通过采取重叠进行、或分割在多个工作中心上进行等措施，缩短标准提前期，加快物料流动。

3.1.4　MRPⅡ数据文件

1. 物料清单

MRPⅡ系统的运行原理就是利用计算机读出产品的结构组成和所有要涉及的物料来组织生产的。为了便于计算机识别，必须把用图示表达的产品结构转化成某种数据格式，这种以数据格式来描述产品结构的数据文件就是物料清单，即 BOM(Bill of Material)。

BOM 信息被用于 MRPⅡ计算、成本计算、库存管理等。BOM 不仅是 MRPⅡ系统中的重要输入数据，而且是财务部门核算成本、制造部门组织生产等的重要依据。此外，BOM

还是 CIMS/MIS 与 CAD、CAPP 等子系统的重要接口,是系统集成的关键之处,因此用计算机实现 BOM 管理时,应充分考虑它与其他子系统的信息交换问题。

为了便于计算机管理和处理的方便,BOM 必须具有某种合理的组织形式;而且为了便于在不同的场合下使用 BOM,BOM 还应有多种组织形式和格式。作为产品结构树的逻辑反映,BOM 可以是自顶向下分解的形式或是以自底向上跟踪的形式提供信息。但是通常采取直接录入由母件及子件组成的单层关系结构记录于数据表,再依实际用途由软件自动生成完整的结构关系树或者扩展的 BOM。

BOM 有各种输出形式,这些形式取决于它的用途,BOM 的具体用途如下。

- 计算机识别物料的基础依据。
- 编制计划的依据。
- 配套和领料的依据。
- 根据它进行加工过程的跟踪。
- 是采购和外协的依据。
- 根据它进行成本的计算。
- 可以作为报价参考。
- 进行物料追溯。
- 使设计系列化、标准化、通用化。

BOM 是 MRP II 系统中最重要的基础数据,其组织格式设计合理与否直接影响到系统的处理性能。因此,根据实际的使用环境,灵活地设计合理且有效的 BOM 是十分重要的。

对流程行业,产品物料清单既有各种物料的组合,也有各种成分或原材料的配方,其编制原则与建立物料清单是一样的。但是所有属于配方类的物料清单都有保密要求。

2. 设计变更通知

设计变更通知(Engineering Change Order,ECO)是维护物料清单准确性的重要手段。按照 ISO 9001 的要求,设计或工艺的变更都必须有文件标识、审查和批准的程序。在 MRP II 系统中,物料清单的修改必须以设计变更通知为依据。只有先建立设计变更通知文件,才能执行物料清单修改作业。设计变更通知必须编码,并注明日期、更改内容、更改原因、更改人、审批人等;其编码可作为检索标识。

设计变更通常有两种情况:一种属于紧急变更,如由于客户更改技术要求,或涉及质量问题,必须立即更改;另一种属于改进设计,并不急于修改,可在现有库存物料用完后变更,但要修改物料主文件或物料清单中的有效期。

物料清单是企业主要业务部门都要用到的文件,其影响面最大,对它的准确性要求也最高。采取有力措施,正确地使用与维护 BOM 是系统运行期间十分重要的工作,而设计变更对它影响很大,应慎重处理,规范执行。

3. 工作中心

工作中心(Work Center,WC)是各种生产能力单元的统称,主要是计划与控制范畴、而不是固定资产或设备管理范畴的概念。在传统手工管理进行能力平衡时,往往用各类设备组的可用小时数与负荷小时数对比。工作中心把设备组的概念扩大了，除设备外还可以是人员或面积等。

在编制工艺路线之前，先要划定工作中心，建立工作中心主文件。工艺路线中一般每道工序要对应一个工作中心。工作中心又可以成为成本核算的基本单位，属于同一车间所有工作中心发生的费用可作为计算车间成本的基础。

工作中心主要有 4 个方面的作用。

- 作为平衡负荷与能力的基本单元，是运行能力计划时的计算对象。
- 作为车间作业分配任务和编排详细作业进度的基本单元。
- 作为车间作业计划完成情况的数据采集点，也用作反冲的控制点。
- 作为计算加工成本的基本单元。

工作中心的数据有下述类型。

- 基本数据：如工作中心代码、名称和所属车间部门的代码。
- 能力数据：工作中心每日可提供的工时或台时数(或每小时可加工的件数、可生产的吨数)，是否为关键工作中心，平均排队时间等。
- 成本数据：使用工作中心每小时发生的费用，称为费率。工作中心的直接费用包括能源、辅助材料、折旧费、维修费、操作人员工资及附加工资等凡是可以归纳到具体工作中心的费用，按小时消耗或按年度平均消耗和工作时数折算成小时费率。可用人工小时(元/工时)或机器小时(元/台时)计算费率。

关键工作中心是处于能力关键或瓶颈工序的工作中心，必须单独划出，作为粗能力计划的对象。

4. 工艺路线

工艺路线(Routing)是说明产品加工或装配过程的计划性文件。工艺路线的作用如下。

- 计算加工件的提前期，提供运行 MRP 的计算数据。
- 计算占用工作中心的负荷小时，提供运行能力计划的数据。
- 计算派工单中每道工序的开始时间和完工时间。
- 提供计算加工成本的标准工时数据。
- 按工序跟踪在制品。

工艺路线的特点如下。

- 除工序顺序、名称、工作中心代码及名称外，MRP II 系统的工艺路线还把工艺过程和时间定额汇总到一起显示。
- 除列出准备和加工时间外，还列出传送时间(含等待时间)。
- 每道工序对应一个工作中心，说明物料的形成同工作中心的关系，也用来说明工作中心负荷，是由于加工哪些物料形成的。
- 包括外协工序、外协单位代码和外协费用，以及外协工序传送时间。
- 除说明基本的工艺路线外，还要说明各种可能替代的工艺路线，便于在调整计划或主要工艺路线上的设备出故障时替代。

5. 工厂日历

工厂日历也常指车间日历(Shop calendar)，是专门用于排计划的特殊的工作年历。它去掉了工厂休息日和节假日等不能工作的日子，说明企业各部门、车间或工作中心在 1 年中可以工作或生产的有效日期。

MPS 和 MRP 展开计划时，要根据工厂日历，非工作日不能安排任务。系统在生成计划时，遇到非工作日会自动越过。工厂日历要标明休息日、节假日、设备检修日等非工作日期，并能调整工作中心在不同日期的能力，比如周末或第三班加班。

软件应能允许用户自行设置多套工作日历，赋以代码，存储在数据文件里，用于公司、各工厂、不同车间(如受供电供水的限制，公休日不同)、不同工作中心(如设备检修)，甚至成品发运涉及的运输航班的不同需求。由于年计划大纲至少包括 1 年的计划，所以一般工厂年历的长度为 1000 天，约为 3 年。值得指出的是，随着时间的推移，第 4 年的计划将纳入，这时第 1000 天的有效工作日记为 000，以后日期顺序为 001、002，而不必重新修改原计划中的有效工作日。

6. 库存信息

库存信息包括说明物料存放地点的静态信息和说明物料可用量的动态信息。必须先定义仓库与货位，说明物料的存放地点，才能建立可用量信息、已分配量或计划出库量等动态信息。

在 MRPⅡ系统中，仓库和货位不仅有物理性的，即有实际的厂房建筑，也包括租用的库房以及逻辑性定义的库房。仓库和货位在系统中的作用如下。

- 说明物料存在的位置、数量、状态(如是否可以用于需求计算)、资金占用。
- 说明在制品库存与工序之间的关系。
- 跟踪物料(如批号跟踪)。
- 确定领料、提货的顺序。
- 必要时可同会计科目对应。

物料可用量是指在仓库与货位中可以动用的那部分物料，它同仓库中"实际存放"的物料即通常所说的库存台账，在概念和定义上是有区别的。在 MRPⅡ系统中，库存量信息参与物料需求计算，是一个动态的集成信息，它不仅说明在仓库中实际存放的物料库存量，而且说明其中虽未出库，但已预留给某种用途的已分配量或计划出库量。

安全库存是为保证生产活动的正常进行，防止因需求或供应波动引起短缺损失而设的一种库存数量。MRPⅡ承认安全库存的存在，并把它列入 MRP 计算的重要因素。

在 MRPⅡ中，还可以人工输入"不可动用量"，用于那些不允许参与需求计算的数量，例如准备外调的物料或质量尚未定论的物料。

7. 供应商及客户信息

供应商主文件信息，包括供应商代码、名称、地址、邮政编码、联系人、电话号码、银行账号、使用货币、报价、优惠条件、付款条款、交货提前期、税则、交货信用记录、企业对口采购员码等。

客户主文件信息，包括客户代码(说明类型、地区)、名称、地址、邮政编码、联系人、电话号码、银行账号、使用货币、报价记录、优惠条件、付款条款、税则、付款信用记录、销售限额、交货地(Ship-To)、发票寄往地(Bill-To)、企业对口销售员码、佣金码等。

8. 需求信息

企业的经营生产活动是由需求信息引发的；没有需求，就无需产生供给。

市场需求不等于企业的销售计划，更不一定就是企业的生产计划。要根据企业的经营战略和资源条件来决定取舍。需求信息一般包括预测量、合同量和其他需求。

- 预测：预测一般是根据历史销售记录，推测未来的需求。由于行业与产品的市场特性不同，要求采用不同的预测模型和方法，并可利用多种预测方法相互对比。可用一个数值范围来表达预测，说明允差；可按产品大类或系列来预测，因为包罗的范围广，误差就可能小些，再按情况进行分配。对预测结果要经常复核和分析。另外不要把计划完全建立在预测基础上，要时刻注意市场变化，做好需求管理。
- 合同：合同也即订单，表示客户确认下来的需求量，是运行 MRP II 系统的重要依据。向系统输入合同信息时必须先建立客户档案，所有合同必须编码，说明年份、客户类型(如行业及地区)、商品类型、顺序号等。软件的合同管理模块应能执行：在一份客户合同上记录多行物料，不同物料可以有不同的交货期，同一物料也可以有不同的数量和不同的交货期。每一行都必须说明物料号、交货期、数量、单价、客户方的采购单号、客户提出的需求日期等。这些信息将作为计划、提货、开具发票、发运作业的输入数据。
- 其他需求：包括备品备件、展览品、破坏性试验品、企业内各部门之间的协作件、地区仓库提出的补库单等。这些需求可以是独立需求件，也可以是相关需求件。要求软件应设置成可以在 MPS 或 MRP 层人工输入。

9. 财务信息

(1) 会计科目

会计科目是对资产、负债、所有者权益、收入、费用及利润等会计要素进行具体分类的标志，如固定资产、材料、现金、应收账款等。一个会计科目只核算一定的经济内容，全部会计科目则可包括企业会计核算的全部内容。会计科目按提供指标的详细程度不同，分为总分类科目(又称总账科目、一级科目)和明细科目(二级科目)。明细科目又可分为子目(三级科目)和细目(四级科目)。

为了满足会计工作和会计信息系统处理的需要，可以为每一个会计科目编一个固定的号码。这些号码称为会计科目编号，例如，"现金"科目的编号为 1001，"银行存款"科目的编号为 1002 等，一般在国家颁布的会计制度里已有规定。在各会计科目编号之间，留有适当的空号，以便在增添新的会计科目时使用。

可以通过利用会计科目设立的账户来反映和控制资产、负债、所有者权益、收入、费用及利润的增减变化过程。完整的会计科目账户包括资产类、负债类、所有者权益类、成本类、损益类。

MRPⅡ系统每一种物料类型分类都可以同相关的会计科目(如原材料、包装物、低值易耗品、委托加工件、自制半成品、产成品等科目)对应，说明物料的资产价值、成本及差异；对于每一种物料变化都可以用相关的会计科目账户(如材料采购、收入、成本、费用等)来核算，体现物料与资金信息的集成。

(2) 产品成本

成本是企业为生产商品、提供劳务所发生的经济利益的流出。我国现行生产成本按照制造成本制进行核算，与国际接轨。制造成本是制造企业在生产过程中制造产品所直接花费的成本，它包括以下几种。

- 直接材料：直接材料是指制成产品的原料及其零件部分，它是构成产品的基本因素。
- 直接人工：直接人工是指直接改变原料的形态或性质所用的人工。直接人工成本包括各种工人工资。
- 制造费用：制造费用称为间接成本，它是制造业所发生而不能作为直接材料和直接人工的工厂成本。如间接人工、间接材料、房屋和设备的折旧、使用的动力、税金、保险费和维修费等。

直接材料和直接人工的成本总和又称为主要成本，而直接材料、直接人工和制造费用通常称为成本三要素，即料工费。

(3) 成本中心/利润中心

在制品经过每个工作中心都要发生费用，产生加工成本。所以可以以工作中心为基础来进行该部位的成本核算，这就是成本中心。在责任会计制中可以定义一个工作中心或几个工作中心为对象对应于一个成本中心；属于同一车间所有工作中心发生的费用作为计算车间成本的基础。有了成本中心则相应地表达了利润中心。

3.2　MRPⅡ关键技术

管理技术同产品一样，也存在生命力的问题。MRPⅡ历经几十年经久不衰，并且发展越来越深入，这就在于它的实践效益。MRPⅡ的关键绝技在于相关需求、时间分割和能力平衡，这也是 MRPⅡ的三大制胜法宝。MRPⅡ的开拓者奥列弗·怀特先生最初指出："MRP的目标是按反工艺路线的原理，在准确的时间(Right Time)、准确的地点(Right Place)获得准确的物资(Right Material)"，也就是 3R 目标。MRPⅡ正是在上面三大法宝的基础上得心应手，严格按照计划的运作体系，保证企业的物流畅通，把库存减少到最低限度，以实现企业资源(物料、设备、人力、资金)的最佳利用，也即达到 3R 目标，获得最优经济效益。

3.2.1　相关需求

订货点法在处理需求计划上的极大局限,使人们陷入了苦苦的思索中。20 世纪 60 年代中期,美国 IBM 公司的约瑟夫·奥列基博士第一次提出了物料相关需求的概念,把产品中的各种物料分为独立需求和相关需求两种类型,据此可以准确确定生产中各种物料的需求量。这是一个具有重要历史意义的创举,它深刻揭示了产品结构的本质特征,反映了产品生产过程中所包含的本质规律,标志着 MRP II 思想的萌芽,蕴藏着一种制造业标准化管理工具的诞生。物料的"独立需求和相关需求"学说是 MRP 理论体系诞生的奠基石。

独立需求(Independent Demand)是指其需求独立于产品的结构关系,其来源是由其他因素决定,不能从上一级需求派生出本级需求的需求类型,如对产成品、备品备件的需求就属于这种类型。这类需求主要受市场等外部随机因素的影响,需求可经过预测以及历史经验得到。

相关需求(Dependent Demand)则是根据产品的结构关系,直接由上一级需求项目派生出这一级需求项目的需求类型。相关需求可从独立需求中推导出来,由于其库存项目的需求依赖于其他库存项目的需求,其他项目的需求会对这一个项目的需求产生直接影响。

任何制造业的经营生产活动都是围绕其产品开展的,在相关需求的思想下,制造业的产品都可以按照从原料到成品的实际加工装配过程,划分层次,建立上下层物料的层次从属关系和数量构成关系,从而勾画出反映产品特征构成特征关系的产品结构图。以此为基础的生产过程的分析,才能抓住生产的本质规律。

MRP II 就是从产品的结构或物料清单出发,实现了物料信息的集成——一种上小下宽的锥状产品结构:其顶层是出厂产品,属于企业市场销售部门的业务;底层是采购的原材料或配套件,是企业物资供应部门的业务;介乎其间的是制造件,是生产部门的业务。这样,通过一个产品结构就可以把制造业的三大主要部门的业务——销、产、供的信息集成起来,解决了手工管理中经常遇到的产供销相互脱节的现象。产品结构说明了每个物料在产品层次中相互之间的从属关系和数量关系。照此配套,可以了解生产出厂产品必须供应的物料及其数量的多少。

MRP II 根据最终项目的需求,自动计算出构成这些项目的部件、零件,以及原材料的相关需求量。MRP II 首先通过物料清单(BOM)文件将主生产计划中的产品需求进行分解,生成对部件、零件、原材料的毛需求计划,再利用毛需求量、库存情况、计划期内各零部件的订购或在制量的数据,确定在 BOM 各层次上的零部件净需求量及其生产(或采购)计划。经过以上分解,MRP II 将产品计划转化为零部件生产(采购)计划,它准确地计算出了为完成生产计划,应生产出哪些零部件、生产多少,从而回答和解决了生产作业计划中"需要什么样的材料或零部件?需要多少?"这一至关重要的问题。

3.2.2 时间分割

时间分割(也称时间分段)就是将连续的时间流划分成一些适当的时间单元，在不同的时间单元反映库存状态数据，按照具体的日期、计划时区准确记录和存储库存状态数据。MRPⅡ计划的主要特点就是一种分时段计划，它说明了物料需求的优先级，在时间概念上正确地反映了生产实际。按时间分段分别计算物料需求是 MRPⅡ 的一个重要特点。

MRPⅡ 把产品结构放在时间坐标轴上来考察，各物料之间的关联线恰好可表达出物料的加工周期或采购周期，即提前期。依此反映各种物料各自开始的日期或下达计划日期会有先有后，即有优先顺序。这样一个时间坐标上的产品结构(如图 3-3 所示)，把企业的"销产供"物料数量和生成物料所需时间的信息集成起来。MRPⅡ 通过时间坐标上的产品结构，用一种新的概念说明了制造业生产管理经常提到的"期量标准"。时间坐标上的产品结构是一种简化了的网络计划图，是物料需求计划基本原理的核心。有了"物料和时间坐标上的产品结构"的思想，即使没有信息系统，也可以减少许多不必要的差错和混乱。如要压缩交货周期，就要在关键路线上下工夫。

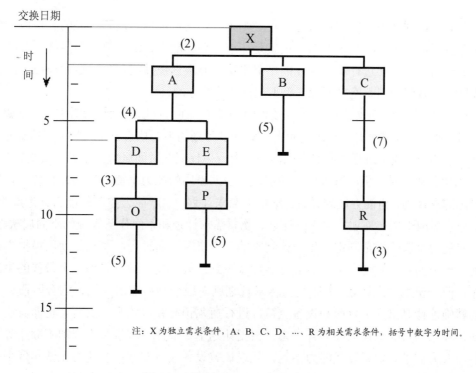

注: X 为独立需求条件，A、B、C、D、…、R 为相关需求条件，括号中数字为时间。

图 3-3 时间坐标上的产品结构图

在时间分段基础上，MRPⅡ 根据最终项目的需求，自动计算出构成这些项目的部件、零件，以及原材料的相关需求量；由项目的交货期计算出各部件、零件的生产进度日程与外购件的采购日程。MRPⅡ 系统是按时间段和提前期来展开 MRP，将产品计划转化为零部件生产(采购)的时间计划的。它不但计算出了为完成生产计划,应生产出哪些零部件、生产多少数量,而且准确地计算出了何时下达零部件生产任务、何时交货。所以 MRP Ⅱ 系统回答和解决了生产作业计划中"材料或零部件何时需要"这一重要问题。

所以,MRP Ⅱ 以物料为对象,划细时间段(取周或天,不是月),区分需求和供给的优先级。这样不仅说明了供需之间品种和数量的关系,更重要的是说明了供需之间的时间关系;不仅说明需用时间,还要根据提前期说明下达计划的时间。MRP Ⅱ 时间分割的特色使得它能有效地克服仅停留于处理与市场界面的物料总量需求的局限,从而深入到企业生产管理的核心层面中去。

从执行计划方面看,客观环境是不断变化的,生产计划应当适应客观变化。控制计划变动是保证计划可执行程度的重要内容。当需要变动时,要分析变动计划的限制条件、难易程度、需要付出的代价并确定审批权限,从而谋求一个比较稳定的主生产计划。MRP Ⅱ 系统提出了时区与时界的概念,也向主生产计划员提供了一个控制计划的手段,保证了计划滚动体系的成功执行。

3.2.3　能力平衡

企业的计划必须是现实和可行的,否则再宏伟的目标也是没有意义的。任何一个计划层次都包括需求和供给两个方面,也就是需求计划和能力计划。每一个层次都要处理好需求与供给的矛盾,要进行不同深度的供需平衡,并根据反馈的信息,运用模拟方法加以调整或修订,做到计划既落实可行,又不偏离经营规划的目标。

在生产运作时,往往在一个跨度较长的时段中,能力可以满足负荷需求,但是如果把时段划细,就可能在某个时段出现超负荷。MRP Ⅱ 计划的主要特点就是一种分时段计划,它在计划展望期全时段上进行不同时限的能力平衡,以保证在时间概念上正确地反映客观世界。

MRP Ⅱ 通过对于生产管理的不同层次,引入不同的能力平衡方法与之相协调,形成包括资源需求计划、粗能力需求计划、细能力需求计划、生产能力控制的能力计划层次体系,它们分别对应于生产规划、主生产计划、物料需求计划和车间作业管理的不同层次。

粗能力平衡计划是制定主生产计划时的一个资源平衡过程,通常是使用模拟方式进行平衡。模拟的目的是使交货延迟的可能性减少到最低程度,最终得到一个最佳的生产组合顺序,即一份主生产计划。(细)能力需求计划则对应于物料需求计划,它分阶段、分工作中心精确地计算出人员负荷和设备负荷,进行瓶颈预测并调整生产负荷。也即其能力需求平衡是根据物料需求计划的展开结果,根据计划中零部件需求量及生产加工顺序等计算出设备、人力需求。如果发现能力不足,就应调整设备人员安排;若能力无法实现平衡,则可将信息反馈到主生产计划功能块,调整主生产计划。这样,形成了"计划—执行—反馈"的闭环系统,因此能有效地对生产过程进行计划控制。

另一方面,MRP Ⅱ 系统具备一定的模拟功能,能模拟核算将来的物料需求而提出任何物料缺料的警告;模拟核算生产能力需求,发出能力不足的警告。这些警告为管理者提供了必要的信息并争取了时间，使管理者能及时进行准备和安排，其效果是有效的、及时的和必要的。

　　MRPⅡ正是在相关需求、时间分割和能力平衡这三大制胜绝技的基础上，正确而深刻地反映了制造业的生产本质和管理规律，获得出奇制胜的成功和使用效益，使得其成为业界公认的、成功的、普遍适用的管理工具。可以说，是否具有"相关需求"和"时间分割"是判定一套软件是否是生产管理软件的分水岭，是否具有"能力平衡"是判定一套生产管理软件是否实用的试金石。

3.3　MRPⅡ使用环境

3.3.1　不同制造环境的生产管理特点

　　通常，按照销售环境可把生产分为备货生产、订货生产、订货组装和专项生产 4 类，如表 3-1 所示。这也就是企业的生产销售环境，即制造环境。在产品寿命周期的不同阶段，销售环境会发生变化，销售策略和计划方法也要随之变化，其安全库存和批量规则的设定也不同。

表 3-1　不同的制造环境

制造环境	生产类型	管理依据	企业举例
备货生产 (MTS)	大批量生产	大批生产的定型产品，主要根据市场预测安排生产；产品完成后入库待销，要进行促销活动	日用消费品、家用电器(自行车、电视机等)等
订货生产 (MTO)	多品种小批量生产	标准定型产品，根据客户订货合同组织生产	电子设备、医疗设备、数控机床等
订货组装 (ATO)	小批量生产	产品成系列，有各种变型，根据合同选择装配	飞机、精密机床、计算机、船舶等
专项生产 (ETO)	单件生产	根据客户要求专门设计，单件或小批生产	豪华游艇、生产线设备、建筑工程等

1. 备货生产

　　备货生产(Make-To-Stock，MTS)即备库存而生产，产品的计划主要根据预测，并在接到用户订单之前已生产出产品。这类生产特征的企业，产品需求一般比较稳定并可以预见，产品规格及品种较少；产品允许保留较长时间；产品存储在仓库中，根据需要随时提取。这类产品如家用电器、日常消费用品等。

2. 订货生产

　　订货生产(Make-To-Order，MTO)是指产品的计划主要根据用户的订单，一般是接到用户的订单后才开始生产产品。这类企业生产的主要特征是产品品种和规格相对稳定，生产和储存这些产品的费用较大或不易储存，市场需求允许在一定时期后交货。这类产品如电子设备、医疗设备、数控机床、汽车等。

3. 订货组装

订货组装(Assembly-To-Order，ATO)是指根据 MTS 方式先生产和储存定型的零部件，在接到订单后再根据订单要求装配成各种产品，以缩短产品的交货期，增强市场竞争力。这类产品的主要特征是具有一些可供选择的产品品种和规格；产品的市场需求量通常比较大，若接到用户订单后才开始生产产品，则交货期太长，不能满足用户的要求。这类产品如飞机、精密机床、计算机、拖拉机、船舶等。

4. 专项生产

专项生产(Engineering-To-Order，ETO)即根据客户专项要求专门设计，这是一种单件或小批生产。这种产品的产品结构较为复杂，一般还要先行特殊设计和采购，产品的生产周期一般很长，生产和存储这些产品的费用较大。专项生产可看成是一种特殊的订货生产，产品是为专门的用户而生产的。这类产品如航天飞机、豪华游艇、生产线设备、建筑工程等。

对于不同的生产销售环境，生产计划的编制也不相同。有的企业是接到用户的订单才生产产品；有的则是根据预测，在接到用户的订单之前已经生产出产品。

对于以上 4 种类型的制造环境，在编制生产计划大纲和主生产计划时，都具有各自的特点。其中 MTS 和 MTO 是基本的制造环境，ATO 方式是前两种的混合。在一个企业中各种模式有可能同时并存。对于来自以上各种市场需求模式的生产方式，MRP Ⅱ 的计划系统均具有较大的适应性。

3.3.2 MRP Ⅱ 对制造业的普适性

制造业生产管理的本质规律可以概括为

- A——要生产什么？
- B——要用到什么？
- C——已经有了什么？
- D——还缺什么？什么时候下达计划？

这 4 个问题是任何制造业都必须回答、带有普遍性的问题，这 4 个问题构成了一个基本方程，可以表示为

$$A \times B - C = D$$

这是一种反映制造企业本质规律的标准逻辑，人们把它叫做"制造业方程式"。

制造业方程式揭示了制造业生产管理活动的根本特征。因为不管是备货生产、订货生

产、订货组装还是专项生产，对所有的制造企业，这种规律既是普遍存在的，也是相同的，人们只能面对它，而不能改变它。

能对这 4 个问题正确回答的管理工具则反映了制造业的本质特点，也就有望成为制造业所渴求的一种工具标准，就像会计账户系统(包括应收账、应付账、总分类账、明细分类账、资产负债权益、标准成本等)成为财会人员标准的管理工具一样。在此之前的各种包括运筹学、工业工程在内的管理技法均未能对此做全面的解答，MRPⅡ第一次完满并循环往复地回答了这个根本问题。

第 1 个问题，MRPⅡ由主生产计划来回答。

第 2 个问题，MRPⅡ由物料清单来回答。

第 3 个问题，MRPⅡ由物料库存与可用量来回答。

第 4 个问题，MRPⅡ由反映物料期量特征的 MRP 来回答。

MRPⅡ以"制造业方程式"为依据来圆满地表达生产运作，使之第一次成为制造业公认的管理工具集合和标准的知识体系，受到广泛的喝彩和不断的追随。

由于制造业方程式的普适性，所以 MRPⅡ对于制造业是普遍适用的。不同企业类型应用 MRPⅡ的计划控制方法如表 3-2 所示。

表 3-2　企业生产类型与计划控制方法

生 产 类 型	产 品 特 点	工 艺 特 点	行 业 举 例	计划控制方法
单件生产	专项设计	项目式、机群式	造船、建筑	项目管理＋MRP
多品种和小批量生产	标准件/可选件	成组单元、柔性制造	精密机床、重型机械	MRP＋GT、MRP＋JIT
大批量生产	标准设计	流水线	汽车、家电	MRP＋JIT
流程型生产	定型设计	连续、合成、分解	化工、冶金	流程＋MRPⅡ

计划与控制是企业管理的首要职能，MRPⅡ为此为管理人员提供了一套强有力的计划和控制的工具，使用这样的工具可以很好地应付生产制造环境中永恒的变化。

总之，MRPⅡ系统的实施，除考虑企业的生产类型外，还应注意企业的销售环境。从表中可以看出，尽管以 MRPⅡ为核心的计划与控制方法因企业的生产类型和销售环境而异，但是所有的计划方法都是以 MRPⅡ为基础的。

3.4　MRPⅡ计划层次

MRPⅡ的计划层次体系有 5 层，即经营规划(BP)、销售与运作规划(SOP)、主生产计划(MPS)、物料需求计划(MRP)、生产作业控制(PAC，或采购作业控制)，如表 3-3 所示。在 5 个层次中，经营规划和销售与运作规划带有宏观规划的性质；主生产计划是宏观向微观过渡的层次；物料需求计划是微观计划的开始，是具体的详细计划；而生产作业控制或采购作业控制是进入执行或控制计划的阶段。通常把前 3 个层次称为主控计划(Master

Planning)，说明它们是反映企业经营战略目标的层次。

表3-3　MRPⅡ计划层次

阶段	计划层次		计划期	计划时段	复核间隔期	主要计划内容	主要计量单位	主要编制依据	能力计划	编制主持人	MRPⅡ软件
	MRPⅡ	对应习惯叫法									
宏观计划(战略的)	企业经营规划(BP)	五年计划 长远计划 企业规则	3~7年	年	年	产品开发、市场占有率；销售收入、利润；经营方针策略；基建技改措施	元	·市场分析 ·市场预测 ·技术发展	企业资源(关键资源、资金、关键材料、能源、面积、技术力量)	企业最高领导(会同市场、设计、生产、物料、财务等部门)	
	销售与运作规划(SOP)	年度大纲 (生产规划) (生产计划大纲)	1~3年	月	月~季	产品大类、产品系列(品种、质量、数量、成本、价格)；平衡月产量；控制库存量或拖欠量	吨或台	·经营规划 ·销售预测	·资源需求计划(固定资产、工时、流动资金、关键材料) ·提出增添能力方案	企业最高领导(会同市场、设计、生产、物料、财务等部门)	
微观计划(战略性)	主生产计划(MPS)	生产进度计划	3~18周	近期：周、日；远期：月、季	周~季	最终成品(品种、数量、进度)；独立需求型物料计划	台或件	·生产规划 ·合同 ·预测 ·今后服务	粗能力计划(RCCP)(关键工作中心) 可行则落实MPS	主生产计划员	软件功能范围
	物料需求计划(MRP)	用料计划	3~18周	周、日	日~周	·产品分解零部件(自制件、外购件) ·相关需求型物料计划 ·确定订单优先级	件(或重量、长度单位)	·主生产计划 ·物料清单 ·工艺路线 ·提前期 ·库存信息	·能力需求计划(CRP)(工作中心) ·采取外协分包、加班、改变工艺路线等措施	主生产计划员分管产品的计划员	
	生产作业控制(PAC，或采购作业控制)	车间作业计划(SFC)	1周	日	小时~日	·执行计划 ·确定工序优先级 ·调度 ·结算	件(或重量、长度单位)	·MRP ·CRP	投入/产出控制	车间计划调度员	

注：(本表引自参考文献2)

1. 第1层次——企业经营规划(BP)

企业的计划是从长远发展规划开始的，这个战略规划层次在MRPⅡ系统中称为经营规划(Business Plan，BP)。企业的经营规划是计划的最高层次，经营规划是企业总目标的具体体现。企业的高层决策者，根据市场调查和需求分析、国家有关政策、企业资源能力和历史状况、同行竞争对手的情况等有关信息，制定经营发展规划。它包括，在未来 2~10 年的时间内，本企业生产产品的品种及市场定位、预期的市场占有率、产品的年销售额、年利润额、生产率、生产能力规划、人力资源建设等。

经营规划作为企业的发展目标，是MRPⅡ系统其他各层计划的总体依据。所有层次的计划，均以经营规划为方向，而不允许过于偏离经营规划。经营规划作为一种较长时间跨度的企业发展目标，具有较大的主观意愿和预测成分，也相应得比较粗略和具包容性。企业经营规划的目标，通常以货币金额表达。

2. 第2层次——销售与运作规划(SOP)

销售与运作规划(Sales and Operation Planning，SOP)的任务是根据企业经营规划的目标，把经营规划中用货币表达的目标转换为用产品系列的销售量和生产量来表达，制定一个均衡的年度运作计划大纲，以便均衡地利用资源，也作为编制主生产计划(MPS)的依据。

在早期的 MRPⅡ流程中，分为销售规划与生产规划两个层次。由于它们之间有着不可分割的联系，特别在市场经济以销定产的环境下，生产规划与销售规划常要保持一致，所以后来合并为一个层次"销售与运作规划"，通常也叫生产规划或产品规划(Production Plan，PP)。但销售规划不一定和生产规划完全一致，例如，销售规划要反映季节性需求，而生产规划要考虑均衡生产。本书将在第 4 章中详细介绍。

3. 第 3 层次——主生产计划(MPS)

主生产计划(Master Production Schedule，MPS)以生产计划大纲为依据，按时间段计划出企业应生产的最终产品的数量，以及交货时间，并在生产需求与可用资源之间做出平衡。主生产计划是计划系统中的关键环节，它承上启下，连接了市场与生产。一个有效的主生产计划保证了生产对客户需求的承诺，它充分利用企业资源，协调生产与市场，实现生产计划大纲中所表达的企业经营计划目标。本书将在第 5 章中详细介绍。

4. 第 4 层次——物料需求计划(MRP)

物料需求计划(Material Requirement Planning，MRP)根据主生产计划对最终产品的需求数量和交货期，推导出构成产品的零部件及材料的需求数量和需求日期，直至导出自制零部件的制造订单下达日期和采购件的采购订单发放日期，并进行需求资源和可用能力之间的进一步平衡。本书将在第 6 章中详细介绍。

5. 第 5 层次——生产作业控制(PAC)

生产作业控制(Production Activity Control，PAC)是计划的最底层，是微观执行层面。它根据由 MRP 生成的零部件生产计划来编制工序排产计划和日常调度控制。本书将在第 9 章中详细介绍。

采购作业计划也属于第 5 个层次，但它不涉及企业本身的能力资源，本书将在第 8 章中介绍。

MRPⅡ中计划与控制的 5 个层次如图 3-4 所示。

划分计划层次的目的是为了体现计划管理由宏观到微观、由战略到战术、由粗到细的深化过程。在对市场需求的估计和预测成分占较大比重的阶段，计划内容比较粗略，计划跨度也比较长；一旦进入客观需求比较具体的阶段，则计划内容比较详细，计划跨度也比较短，处理的信息量大幅度增加，计划方法同传统手工管理的区别也比较大。划分层次的另一个目的是为了明确责任，不同层次计划的制订或实施由不同的管理层负责。在 MRPⅡ中，5 层计划是由粗到细，由长期、中期到短期，由一般到具体的过程，参与计划的人员也从高级决策层到普通工人。

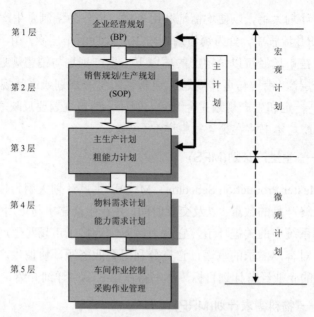

图 3-4　MRPⅡ中计划与控制的层次

　　MRPⅡ贯彻了滚动计划的思想。上一层的计划是下一层计划的依据，下层计划要符合上层计划的要求。如果下层计划偏离了企业的经营规划，即使计划执行得再好也是没有意义的。全厂遵循一个统一的规划，是 MRPⅡ计划管理最基本的要求。

　　企业的计划必须是现实和可行的。计划和控制是 MRPⅡ的目标手段。计划是为达到一定的目标而制定的行动方案；控制则是为保证计划完成而采取的措施。MRPⅡ任何一个计划层次都包括需求和供给两个方面，也就是需求计划和能力计划。MRPⅡ每一个计划层次都要回答 3 个问题。

- 生产什么？生产多少？何时需要？(what? how much? when？)
- 需要多少能力资源？
- 有无矛盾？如何协调？

　　每一个层次都要处理好需求计划与能力供给计划的矛盾；要进行不同深度的供需平衡，并根据反馈的信息，运用模拟方法加以调整或修订。做到计划既切实可行，又不偏离经营规划的目标。MRPⅡ就是在此分层结构的基础上取得计划与控制的极大成功的。

3.5　MRPⅡ管理模式的特点

　　MRPⅡ管理模式的实施，使得企业管理的面貌发生许多具有根本意义的变化。一些手工管理中经常出现的老问题也不再发生了，许多习以为常的落后做法得到根本改善。MRPⅡ的管理模式表现出一些鲜明的特点，具体说明如下。

- 计划一贯性和可行性。MRPⅡ计划层次从宏观到微观，从战略到战术，由粗到细逐层细化，但始终保持与企业经营战略目标一致。"一个计划"是 MRP Ⅱ 的原则精神，它把手工管理中的三级计划统一起来，计划由计划或物料部门统一编制，车间班组只是执行和控制计划，并反馈信息。企业全体员工都必须以实现企业的经营战略目标作为自己的基本行为准则，不允许各行其是，以保证计划的贯彻执行到底。

- 运作推动性。MRP Ⅱ 是一种计划主导型的管理模式，它依靠生产计划的层层分解和执行，推动企业运作和目标的实现。这种推动式的生产管理方式表现了较好的自主性。

- 生产预见性。MRP Ⅱ 在计划展望期里分时间区间进行生产计划的编排，并进行能力平衡，使下达的计划是可执行的，在当前就能够基本预知未来一定时段的加工对象和加工时间。在计划投产之前进行任务的分配和安排，出现突发需求变化时进行模拟仿真，从而使生产过程具有很大的预见性。

- 协作整体性。MRP Ⅱ 是一种系统工程，它把企业所有与经营生产活动直接相关部门的工作连成一个整体，每个部门的工作都是整个系统的有机组成部分。MRP Ⅱ 要求每个员工都能从整体出发，十分清楚自己的工作质量同其他职能的关系，在"一个计划"的前提下，条块分割各行其是的局面将被团队和协作精神所取代。

- 环境应变性。MRP Ⅱ 是一种闭环系统，它要求不断跟踪、控制和反映瞬息万变的实际情况，使管理人员可随时根据企业内外环境条件的变化，提高应变能力，迅速做出响应，满足市场不断变化着的需求，并保证生产计划正常进行。为了做到这点，必须树立全体员工的信息意识，及时准确地把变动了的情况输入系统。

- 决策模拟性。MRP Ⅱ 是生产管理规律的反映，按照规律建立的信息逻辑很容易实现模拟功能。在计划改变等决策之前首先进行模拟，分析"如果……，将会……"的问题，可以预见比较长远的时期内可能发生的问题，以便事先采取措施消除隐患，而不是等问题已经发生，再花几倍的精力去处理。为了做到这点，管理人员必须运用系统的查询功能，熟悉系统提供的各种信息，致力于实质性的分析研究工作；并熟练掌握模拟功能，进行多方案比较，做出合理决策。

- 数据共享性。MRP Ⅱ 是一种管理信息系统，企业各部门都依据同一数据库提供的信息，按照规范化的处理程序进行管理和决策；数据信息是共享的，手工管理中那种信息不通、情况不明、盲目决策、相互矛盾的现象将得到改善。MRP Ⅱ 要求企业员工用严肃的态度对待数据，专人负责维护，提高信息的透明度，保证数据的及时、准确和完整。

- 财物一致性。MRP Ⅱ 包括了产品成本和财务会计的功能，可以由生产活动直接生成财务数据，把实物形态的物料流动直接转换为价值形态的资金流动，保证生产和财务数据的一致性。财会人员及时得到资金信息用来控制成本，以通过资金流动状况反映物流和经营生产情况，随时分析企业的经济效益，参与决策、指导和控制经营生产活动。

- 管理机动性。MRPⅡ按计划的合理安排严格执行，有条不紊，管理具有更大的机动性，可以从忙忙碌碌的事务堆里解放出来，进行深层管理分析和协调控制工作，实施例外管理和重点管理。
- 效益直接性。MRPⅡ系统产生的效益一般是明显和直接的，并且常常是迅速的。MRPⅡ带来的效益包括降低库存、降低成本费用、减少劳动、提高生产率、提高服务质量等。

这些特点表明了 MRPⅡ是一个完整的经营生产管理计划体系，是制造业梦寐以求的得力管理工具，是实现企业整体效益的有效管理模式。

3.6　本 章 小 结

MRPⅡ系统的运行，基于一定的基础数据环境，其静态数据方面主要是物料主文件、客户主文件、供应商主文件、物料清单、生产提前期、采购提前期、工作中心、工艺路线、会计科目等；其动态数据方面则主要是需求信息、库存信息等。系统的运行，能进一步产生大量富有管理价值的中间信息，并以报表或管理分析的方式呈现。

MRPⅡ的管理模式具有深刻的特征，这是它在基于相关需求、时间分割和能力平衡三大关键技术的基础上构建起来的。

通常依销售环境把企业生产分为备货生产、订货生产、订货组装和专项生产 4 类类型，而其中 MTS 和 MTO 是基本的制造环境，ATO 方式是前两种的混合。在一个企业中各种模式有可能同时并存。MTO 生产方式常使企业被动应付，MRPⅡ系统期望纳入更多的 MTS 以掌握运作的主动性。

MRPⅡ的运作机理遵从制造业生产管理关于要生产什么、要用到什么、已经有了什么、还缺什么、什么时候下达计划，这样的思考范式，所以 MRPⅡ对于制造业具有普适性，成为了制造业的管理标准。

MRPⅡ是一个完整的生产管理计划体系，这个计划体系主要包括经营规划(BP)、销售与运作规划(SOP)、主生产计划(MPS)、物料需求计划(MRP)、生产作业控制(PAC)/采购作业控制，5 个层次。它们体现了从宏观到微观，从计划到执行的运作管理过程。

MRPⅡ具有鲜明的特点，表现在其计划一贯性和可行性、运作推动性、生产预见性和整体协作性等几个方面。这些特点充分表明 MRPⅡ是实现制造企业整体效益的有效的管理模式。

关键术语

静态数据/动态数据/中间数据　物料　物料主文件　物料类型/物料分类　物料编码物料清单(BOM)　时段/计划展望期　时区/时界　生产提前期/采购提前期　工作中心　工艺路线　需求信息/库存信息　客户主文件/供应商主文件　会计科目　产品成本　成本中心/利润中心　相关需求/独立需求　制造业方程式　计划层次体系　主计划

思考练习题

(1) 概述 MRP II 的数据环境的主要内容。

(2) MRP II 的物料包括哪些项目？

(3) 进行物料编码要掌握哪些原则？

(4) 物料主文件包括哪些项目？

(5) 讨论物料清单的基本作用。

(6) MRP II 的工作日历有什么特点？

(7) MRP II 的关键技术是指什么？

(8) 举例说明什么是相关需求和独立需求。

(9) 分析说明时间分段对生产管理理念的形成有什么积极意义。

(10) 讨论说明 MRP II 的能力平衡如何保证生产计划的现实性。

(11) 制造业方程式是指什么？为什么 MRP II 能成为制造业普遍适用的标准工具？

(12) MRP II 的生产销售环境有哪些类型？

(13) MRP II 的计划层次包括哪些？它们的计划展望期和时间周期有什么不同？

(14) 讨论说明 MRP II 管理模式的特点。

第4章 MRPⅡ原理：销售与运作规划

【导语】

ERP首先是一种企业运作的管理体系，它的核心是MRPⅡ所表达的一套互相协调、滚动执行的5层计划与控制技法。销售与运作规划(SOP)虽位于MRPⅡ计划体系的第2层次，却是通常MRPⅡ实践运作层面的开端。SOP通过所有产品年生产总量来保证市场年度销售目标的实现，这是全年行动的总纲领(称年度生产计划大纲)，也是个相对粗的年度计划框架，有赖于再由季度或月度性的主生产计划(MPS)来阶段性地具体实现。

本章介绍了作为企业经营规划细化的销售与运作规划的概念及作用，阐述了销售与运作规划的制定方法，详尽介绍了生产计划大纲编制过程和资源需求计划编制过程，最后介绍了计划工作中的需求管理与预测。依此编制的生产计划大纲成为将来编制主生产计划的根据和基础。

4.1 销售与运作规划的概念及内容

销售与运作规划(SOP)是企业经营规划(BP)的阶段性具体实现，它以生产计划大纲的形式，制定了产品类的销售与生产的年度计划，用以协调满足经营规划所需求的产量与可用资源之间的差距，如图4-1所示。

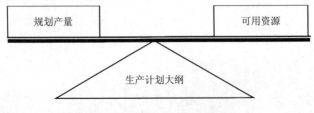

图4-1 销售与运作规划功能

销售与运作规划是企业经营规划的细化。经营规划针对于金额，销售与运作规划则把它转化为数量，说明为了保证年度经营规划目标的实现，应完成的年度销售规划总量；此总数量也大体是年度应生产的规划总量，以此分解为月度生产计划。对企业为满足此生产规划所需要的关键资源，据此能实现在年初就能进行可用性检验，并从容解决。生产计划大纲展现为每一产品类或所有产品类的销售规划和对应的生产规划，它们之间大体平衡，所以总称为销售与运作规划，它位于 MRP II 计划体系的第 2 层次。而所有产品年生产总量应保证经营规划中市场目标的实现。

总之，年度生产计划大纲是销售与运作规划的表现形式，它反映了如下问题。

- 每类产品在未来一段时间内需要制造多少？
- 需要何种资源的多少数量来制造上述产品？
- 采取哪些措施来协调总生产需求与可用资源之间的差距？

4.2 销售与运作规划的作用与意义

销售与运作规划是 MRP II 系统的第 2 个计划层次。销售与运作规划是企业经营战略的具体化，其生产规划是与销售规划对应的生产目标规划，是为了体现企业经营规划而制定的产品系列生产大纲，它更多地体现为一种人机交互的管理决策功能系统。销售与运作规划的作用包括以下几个方面。

- 把经营规划中用货币表达的目标转换为用产品系列的产量来表达。根据经营规划中市场目标的要求，销售与运作规划确定各产品大类在全部产品中各自占的比例，对所有产品类的年生产和销售的金额、数量进行规划。
- 制定一个均衡的月产率，以便均衡地利用资源，保持稳定生产。销售与运作规划考虑企业的规模能力和库存量等限制因素，确定单位时间的产出率，均衡利用资源，稳定生产。
- 协调解决生产总需求与可用资源的矛盾。销售与运作规划预见了未来时间内各产品类的制造数量和资源需求，从容协调了生产总需求与可用资源的矛盾。
- 作为编制主生产计划的依据。以销售与运作规划提供的合理生产规划为框架，为后面主生产计划的顺利制订提供了宏观上的指导，保证了主生产计划制定的可行性和有效性。
- 控制拖欠量(对订货生产 MTO)或库存量(对备货生产 MTS)，提高企业的库存周转率和对外美誉度。
- 为企业其他计划如人员计划、设备计划、技术开发计划的制订提供了基本依据，并为企业经营绩效评估提供了参考依据。
- 指导为满足销售规划所应采取的销售策略，如销售渠道策略和市场广告策略等。

销售与运作规划还起到"调节器"的作用，它通过调节生产率来调节未来库存量和未完成订单量，通过它所控制的主生产计划来调节将要制造和采购的物料量以及在制品量。由于销售与运作规划是所有活动的调节器，因而它也调节现金流，从而为企业管理者提供高度可信的控制手段。

生产规划是制造企业最基本的管理和控制手段。主生产计划和更进一步的明细计划都要由它导出。高层领导必须有效地管理好生产规划。

4.3　销售与运作规划的策略因素

销售与运作规划是在一定的规划策略的基础上制定的，在制定规划之前，必须对一些关联的运作策略因素进行确认，其主要内容如下。

- 规划目标：以全计划期总量为基础，确定适当的生产率，在满足用户需求的同时，控制库存量和未完成订单量，尽可能以均衡的生产率有效地使用企业的生产设备。
- 运作组织：销售与运作规划的输入信息来自市场、生产、工程和财务等部门。销售与运作规划要提交公司决策层批准。在许多企业里每月至少有一次销售与运作规划会议，参加的人员包括市场、生产、工程和财务部门主要负责人等。
- 计划展望期：就是制作销售与运作规划的时间跨度，一般是 1~3 年。计划方案经过批准固定下来后，一般不必对已有的生产计划做重大的改变，但通常每年度要做计划调整和滚动展望。
- 计划周期：计划周期单位通常为 1 个月，也可以选半个月、两个月或 1 季度，以及适应企业生产周期特点的时间间隔。
- 产品类划分：把产品划分成组类，以便于企业管理者用来表示经营策略。它把经营规划中用货币单位表示的计划指标，转换成在生产规划中用产品单位或标准工时来表述。产品类的大小应在总销售额和单位产品之间适当选择。
- 计划审查频率：一般情况下应每月对销售与运作规划审查一次，如果销售未能按计划实现，则应审查得更频繁。在计划展望时间期限内，及时做计划的滚动调整。
- 库存目标：用以指明希望保持的正常库存量或正常的未完成订单量。
- 预测职责：预测是销售与运作规划的输入环节，一般应由市场部门来承担。

4.4　销售与运作规划的制定

从宏观上说，在制定销售与运作规划的过程中，先要确定每个产品类的销售、生产、库存(或未完成订单)的关系，再将所有产品大类汇总，用资源需求计划来平衡负荷与能力，经过调整核实并形成反映销售规划与生产规划的年度生产大纲。销售与运作规划的制定可分为 6 个步骤。

(1) 从各个来源收集资料。

(2) 分解产品类销售规划。

(3) 编制生产计划大纲初稿。

(4) 核定资源需求并调整计划。

(5) 确定生产计划大纲。

(6) 审查并批准生产计划大纲。

销售与运作规划的编制过程如图 4-2 所示。

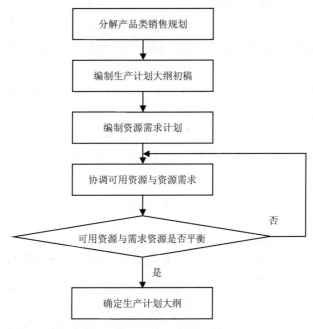

图 4-2　销售与运作规划的编制过程

4.4.1　收集信息

生产规划是直接满足销售规划目标的。在制定销售与运作规划之前，首先需要收集计划、市场、工程、生产及财务各方面的信息，具体内容如下。

- 计划部门的信息：包括销售目标和库存目标，均以金额表示。
- 市场部门的信息：包括各时区产品的销售预测(以产品数量表示)和分销与运输的要求。
- 工程部门的信息：包括资源清单和专用设备需求。
- 生产部门的信息：主要为资源可用性，如可用劳动力、可用机时或工作中心小时、当前库存水平、当前未完成订单的数量等。
- 财务部门的信息：包括单位产品的成本和收入、资金可用性和增加资源的财务能力等。

计划部门、市场部门和工程部门提出的是需求方面的数据，这些需求来自市场和客户，也来自企业自身发展的需要。需求数据的表现形式可以是销售额、产品数量、所需的劳动力、机器和材料。而生产部门和财务部门提供的主要是能力方面的数据，关于劳动力、设备、库存品，以及资金方面的可用性。

销售与运作规划的制定过程是一个需求和能力平衡的过程，而需求和能力数据的正确与否直接影响销售与运作规划的编制与实现的可能性，必须予以足够的重视。

4.4.2　分解产品类销售规划

企业的经营规划得靠销售规划来实现。根据经营规划中市场目标的要求，销售与运作规划的第一步是对销售金额目标进行年度规划，根据产品系列在全部产品中各自所占的比例，确定各产品大类的年销售收入、利润目标等，以符合经营规划要求。

销售规划的样式如表 4-1 所示。企业销售规划可以反映各个产品类分布在计划展望期的每一时区上的销售收入。其汇总总额和经营规划的市场和财务目标应该是相符的，如表 4-1 中，三大类产品的全年销售金额合计值 12600 万元就是企业经营规划所制定的市场销售收入目标值。

表 4-1　企业销售规划

现货生产　　　　　　　　　　　　　当前日期：2012.12.5　　　　　　　　　　　计量单位：万元

产品系列	1 月	2 月	3 月	4 月	5 月	6 月	7 月	8 月	9 月	10 月	11 月	12 月	全年
A001 电动车	350	350	350	350	350	350	350	350	350	350	350	350	4200
A002 摩托车	500	500	500	500	500	500	500	500	500	500	500	500	6000
A003 电动轮椅	200	200	200	200	200	200	200	200	200	200	200	200	2400
销售收入合计	1050	1050	1050	1050	1050	1050	1050	1050	1050	1050	1050	1050	12600

4.4.3　制订生产计划大纲初稿

各类产品的生产计划大纲与其生产环境有关。对于不同的生产销售环境，编制生产计划大纲的方法与步骤不完全相同。这里根据制造系统的生产目标，着重考虑备货生产(MTS)和订货生产(MTO)两种典型的生产环境。在不同的生产环境下，其生产规划有不同的处理方法。

- 对备货生产的产品，先生产成品库存待售，在确定生产率时，要控制年末预期的库存水平。如果库存水平的目标比上一年低，那么每月的生产率就应当比每月的销售预测量低一些，以实现降低库存水平的目标。
- 对订货生产的产品，先有订单后组织生产，在确定生产率时则要控制未完成订单的水平。如果计划本年末要减少未完成订单数量，那么每月的生产率就应比每月的销售预测量高一些，以实现减少年末未完成订单数量的目标。

前面说过，生产计划大纲一般是根据企业经营规划中的 2~7 年市场目标来制定的。生产计划大纲的时间跨度，即计划展望期是 1~3 年，计划周期时段为 1~3 个月。最终的生产计划大纲将作为下一级计划——主生产计划的依据。生产计划大纲编制的不是某一具体产品的产量，而是各产品类的产量。生产计划大纲初稿的详细编制过程参见本书第 4.5 节。

编制生产计划大纲时，主要基于以下三方面因素进行平衡。

- 市场策略：销售需求，市场预测。
- 生产策略：生产方式，设施潜力。
- 库存策略：库存政策，资金水平。

它们通常的平衡方法有两种方案(如图 4-3 所示)。

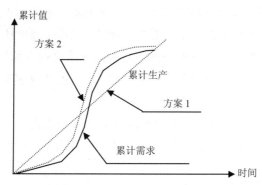

图 4-3　满足生产需求的两种可能方案

方案一：平稳的生产和可变的库存，即在保持生产平稳时考虑改变库存以满足需求。

好处是生产均衡。但一段时间内将供不应求，这样将招致缺货的损失；另一段时间内供过于求，将造成积压库存损失。

方案二：可变的生产和平稳的库存，即在保持库存平稳时考虑改变生产以满足需求。

好处是库存或缺货损失最小，但生产不均衡，有时紧，有时松，这样将导致加班或其他损失。

4.4.4　确定资源需求计划

同销售与运作规划相伴运行的是资源需求计划(Resource Requirements Planning，RRP)。在生产计划大纲的编制过程中，当确定产品系列的生产量时，要考虑生产这些产品系列时需要占用多少有效资源，如果资源不足，应如何协调这些差距，这就是资源需求计划。

资源需求计划所指的资源一般是关键资源，可以是关键原材料、战略物资、进口商品，它们受市场供应能力、供应商生产能力或国家配额的限制；也可以是机器设备规模能力、关键工作中心的工时；甚至可以是资金、场所等。计算时用每一种产品系列消耗关键资源的综合平均指标(如工时/台、吨/台或元/台)来计算。

MRPⅡ是一种分时段的计划体系，计算资源需求量一般同生产规划采用的时间段一致(如分年度与月份)。由于销售与运作规划是宏观性质的年度性指导计划，所以可以先按全年总量笼统计算资源需求量。如果各月的产量基本均衡，则月度资源的丰缺与年度的方向是一致的；如有必要或变化，再按各月度进行详细核算。只有经过按时段平衡了资源供应与需求后的年度生产规划，才能作为下一级计划——主生产计划的输入信息。

资源可用性依不同资源的实际情况而不同。对于资源需求超过可用资源时，将出现资源短缺。在生产规划定稿之前，必须解决这一问题。可以根据具体情况采取措施加以协调。

- 物料短缺：增加物料购买、减少生产总量、用其他供给源、用替换物料。
- 劳动力短缺：安排加班、雇用临时工、转包、减少生产总量、调整生产线。
- 设备短缺：购买新的设备、升级现有设备、转包作业、改变工艺过程、减少生产总量、调整产品类或生产线。

总之，通过编制资源需求计划回答了如下 3 个问题：要用哪些资源来生产需要的产品？是否存在足够的资源来生产需要的产品？如果资源不够，将如何协调这种差距？资源需求与可用资源之间的差距可通过增加资源、减少需求或进行内部调整的方法来解决。在做出协调资源短缺的方案时，应考虑两个因素，即生产规划与资源需求之间的平衡和成本与收入的平衡。

资源需求计划具体编制方法是：分析资源清单，计算资源需求，比较可用资源和需求，协调可用资源和资源需求之间的差距。资源需求计划的详细编制过程参见本书第 4.6 节。

4.4.5　生产规划定稿

销售与运作规划是根据企业经营规划的目标，确定企业的每一类产品在未来年度里(通常为 1 年)，每年每月生产多少及需要哪些资源等。在定稿生产规划之前，应确认对可用资源和提前期所做的调整。如果必须调整生产规划以协调资源短缺，那么这种调整要反映在最后的生产规划总量之中。如果仍能满足经营规划中的市场目标，就不必调整生产总量。通常在满足市场目标时留有一定的余地，调整一般只是针对某类产品或生产线。

由于已有生产计划大纲初稿作为基础，所以生产规划定稿的过程可以缩短。调整定稿后的生产规划(参见表 4-2)应满足经营计划的目标，并得到市场部门、工程部门、生产部门和财务部门认可。

表 4-2　企业产品规划

A001 电动车		期初现货库存 7000 台				当前日期：2012.12.5					计量单位：万元，台	
月　份	1 月	2 月	3 月	4 月	5 月	6 月	7 月	8 月	9 月	10 月	11 月	12 月	全年
销售 金额	350	350	350	350	350	350	350	350	350	350	350	350	4200
规划 销量	3500	3500	3500	3500	3500	3500	3500	3500	3500	3500	3500	3500	42000
生产 金额	320	320	320	320	320	320	320	320	320	320	300	300	3800
规划 产量	3200	3200	3200	3200	3200	3200	3200	3200	3200	3200	3000	3000	38000
库存 量(7000)	6700	6400	6100	5800	5500	5200	4900	4600	4300	4000	3500	3000	3000
规划 周转率	6.3	6.6	6.9	7.2	7.6	8.1	8.6	9.1	9.7	10.5	12.0	14.0	

这里通过库存周转率的变化，可以明显体现出企业管理效益的指标变化。

$$成品库存年周转次数 = \frac{(本时段销售额 + 下两个时段计划销售额)/3}{本时段现有库存额} \times 12$$

4.4.6　批准生产规划

调整后的生产计划大纲要提交上级部门批准。销售与运作规划的具体批准程序依不同的企业而不同。通常，要平衡销售与运作规划和经营规划并且得到下列部门的最终认可：市场部门、工程部门、生产部门、财务部门。

正式的生产计划大纲必须满足经营规划的目标。因为经营规划是公司的最高对策计划，销售与运作规划是经营规划的具体化。如果销售与运作规划与经营规划不一致，经营规划将不能完成，生产规划(或经营规划)就必须加以修正。而正式的生产计划大纲开始成为主生产计划的依据。

销售与运作规划为企业高层领导提供了可见的控制手段。通过有效地管理销售与运作规划，可以使企业的高层领导看到问题的焦点，提前发现问题，并带来选择的机会。销售与运作规划会议应每月召开一次，这是完善规划的关键。销售与运作规划的制定和管理是企业高层领导者的责任。

4.5　生产计划大纲编制

生产计划大纲一般是年度性的，对于不同的生产销售环境，生产规划考虑的侧重点也不同，所以其年度生产计划大纲的编制方法也不同。下面举例说明备货生产与订货生产两种典型生产环境下的生产计划大纲编制过程。

4.5.1　MTS 环境下生产计划大纲编制

对备货生产类型的产品类，生产规划在确定月生产率时，要考虑已有库存量。如果要提高成品库存资金周转次数，年末库存水准要低于年初，那么生产规划的月产量就低于销售规划的预测值，不足部分用消耗库存量来弥补。

在备货生产环境下编制生产计划大纲初稿，是使生产满足销售预测需求量和保持一定的库存量，以此来确定月生产量和年生产量的。

- 编制目标：决定月产量，以满足销售需求，并保持一定的库存水平和平稳的生产率。
- 考虑因素：综合考虑生产与库存，在保持库存与改变生产率的成本花销上权衡。

编制 MTS 生产计划大纲的一般过程是：根据预测需求和库存水平的目标计算总产量，然后将其分配在计划展望期上。具体步骤如下。

(1) 把销售预测数量分配到计划展望期的每一时间段(时区)上。

(2) 计算期初库存水平。

$$期初库存＝当前库存－拖欠订货数$$

(3) 计算库存水平的变化。

$$库存变化＝目标库存－期初库存$$

(如为正值则表示库存增加，如为负值则表示库存减少。)

(4) 计算总生产需求。

$$总生产需求＝预测数量＋库存变化(增减量)$$

(即把预测数量与库存改变量的代数和作为计划期内的总生产需求量。)

(5) 将总生产需求及库存水平变化分配到计划展望期的各个时间段。

分配时通常要按均衡生产要求，保持生产率平稳，并表现出各时间段的库存变化，要求期末库存必须与库存目标一致。

例 4.1 编制 MTS 生产计划大纲

假设某机车厂对 A001 电动车编制生产规划，计划展望期是 1 年，按月划分时区。年末库存目标是 3000 辆，当前实际库存是 7000 辆。根据经营规划，A001 电动车的年预测销售量是 42000 辆。根据这些数据编制生产计划大纲。

第一步：把年预测销售量 42000 辆按月平均分布，每月 3500 辆。

第二步：计算库存变化。

$$库存变化＝目标库存－期初库存＝3000－7000＝（-4000)辆说明库存减少。$$

第三步：计算总生产需求。

$$总生产需求＝预测数量＋库存变化＝42000＋（-4000)＝38000 辆$$

第四步：把总生产需求量 38000 辆按月大体均衡分布，每月 3200 辆，最后两个月不足量可暂定为 3000 辆，以使总量相符。

所得到的生产计划大纲初稿如表 4-3 所示。

表 4-3 MTS 环境生产计划大纲初稿

月 份	1 月	2 月	3 月	4 月	5 月	6 月	7 月	8 月	9 月	10 月	11 月	12 月	全年
销售预测	3500	3500	3500	3500	3500	3500	3500	3500	3500	3500	3500	3500	42000
期初库存 7000													目标库存 3000
预计库存	6700	6400	6100	5800	5500	5200	4900	4600	4300	4000	3500	3000	
生产规划	3200	3200	3200	3200	3200	3200	3200	3200	3200	3200	3000	3000	38000

库存改变：-4000，总生产量：38000。

这里，预计库存的计算使用以下公式：

第 $K+1$ 时区预计库存＝第 K 时区预计库存＋第 $K+1$ 时区生产规划量－第 $K+1$ 时区

销售预测量，$(K=0, 1, \cdots)$

　　第 0 时区预计库存＝期初库存

4.5.2　MTO 环境下生产计划大纲编制

　　对订货生产类型的产品类，生产规划在确定月生产率时，要考虑已接受的订单量。如果要提高客户满意水平，年末拖欠的订单量要低于年初，那么生产规划的月产量就要高于销售规划的预测值，多出部分通过加大生产来解决。

　　在订货生产环境下编制生产计划大纲初稿，是使生产满足预测需求量和拖欠订货量的控制目标。

- 编制目标：决定满足销售预测需求和未完成订单的月生产量和年生产量。
- 考虑因素：综合考虑生产与未完成订单，在提高客户服务水平与改变生产率的成本花销上权衡。

　　编制 MTO 生产计划大纲的过程是：根据预测和未完成订单目标来计算总生产量，将总生产量分布在计划展望期内。具体步骤如下。

　　(1) 把销售预测数量分配到计划展望期的各个时间段上。

　　(2) 按交货日期把期初未完成订单数量分配到计划展望期的相应时间段内。这是本来合同已定下的，当期生产量应大于这个数。

　　(3) 计算未完成订单的改变量。

$$拖欠订货数变化＝期末目标拖欠订货数－当前拖欠订货数$$

$$(未完成订单量减少，拖欠数变化量为负，反之为正。)$$

　　(4) 计算总生产需求。

$$总生产需求＝预测量－拖欠订货数变化$$

　　(5) 把总生产需求分配到计划展望期的各时间段上。

　　分配时应满足预测和未完成订单的目标，各时区产量至少满足本时区的未完成订单量，并保持均衡生产率。同样可以核算出按这样的销售规划与生产规划而运作后各月预计未完成的订单水平。

例 4.2　编制 MTO 生产计划大纲

　　假设某工厂对电动自行车类作生产规划，计划展望期为 1 年，按月划分时区。期末未完成订单数量为 3000 辆，当前未完成订单数量是 7000 辆，年预测销售量是 42000 辆。根据这些数据做如下工作。

　　第一步：把年预测销售量 42000 辆按月平均分布，每月 3500 辆。

　　第二步：把未完成订单按客户交货期分布在计划展望期内，见表 4-4。

　　第三步：计算未完成订单的改变量。

$$拖欠订货数变化＝期末目标拖欠订货数－当前拖欠订货数$$
$$＝3000－7000＝(-4000)辆$$

第四步：计算总生产需求。

$$总生产需求＝预测量－拖欠订货数变化＝42000－(-4000)＝46000 辆$$

第五步：把总生产需求量分配到各月，月产量应满足当月的拖欠并保持均衡生产率。本例把总生产需求量 38000 辆按月大体均衡分布，每月 3830 辆，最后两个月可暂定为 3850 辆，以使总量相符。所得到的生产计划大纲初稿如表 4-4 所示。

表 4-4　MTO 环境生产计划大纲初稿

月 份	1月	2月	3月	4月	5月	6月	7月	8月	9月	10月	11月	12月	全年
销售预测	3500	3500	3500	3500	3500	3500	3500	3500	3500	3500	3500	3500	42000
期初未完成订单 7000	1500	1500	1200	1000	1000	800							期末未完成订单3000
预计未完成订单	410	400	390	380	370	360	350	340	330	320	310	300	
生产规划	3830	3830	3830	3830	3830	3830	3830	3830	3830	3830	3850	3850	46000

未完成订单的改变：-4000，总产量：46000。

这里，第 $K+1$ 个时区预计未完成订单量＝第 K 时区预计未完成订单量＋第 $K+1$ 时区销售预测量－第 $K+1$ 时区生产规划量($K＝0, 1, \cdots$)。

最初，第 0 时区预计未完成订单量＝期初未完成订单量。

由表 4-3 和表 4-4 可见，MTS 和 MTO 方式下的生产计划大纲初稿的编制过程不同，其结果也不同。

4.6　资源需求计划编制

在生产计划大纲的编制过程中，当初步确定了各产品系列的生产量时，还要进行资源需求计划的核定。考虑在生产这些产品系列时，需要占用多少有效资源；如果现有资源不足，应如何协调这些差距。制定资源需求计划的具体方法是：

(1) 分析资源清单。

(2) 计算资源需求。

(3) 比较可用资源和需求。

(4) 协调可用资源和资源需求之间的差距。

制定资源需求计划常采用资源消耗系数法和能力计划系数法。下面举例说明。

4.6.1　资源消耗系数法

例 4.3　用资源消耗系数法确定资源需求

(1) 分析资源清单：资源清单是生产单位产品类所必需的材料、标准工时和机器的记录，并标明材料、劳动力和设备工时的数量。资源清单的具体形式随不同的产品和不同的企业而不同。表 4-5 是制造电动车、摩托车和电动轮椅资源清单的例子。资源清单上的数值是产品类中所有产品的平均值。

表 4-5　资　源　清　单

产　品　类	特种钢/吨	标准工时/小时
A001 电动车	0.0055	23.3
A002 摩托车	0.0087	36.4
A003 电动轮椅	0.0023	12.6

(2) 计算资源需求：一旦确定了生产单位产品类所需的资源量，就可计算出所需的资源总数，方法如下。

● 每类产品的计划生产量与单位需求量相乘。

● 如果资源由几类产品共享，则汇总所有产品类的资源需求。

下面计算在生产电动车、摩托车和电动轮椅时，特种钢和工时的需求量。

● 计算特种钢需求量(见表 4-6)。

表 4-6　特种钢需求量计算表

产　品　类	计划生产量/辆	单位需求量/吨	总需求量/吨
A001 电动车	42000	0.0055	231.0
A002 摩托车	15000	0.0087	130.5
A003 电动轮椅	10000	0.0023	23.0
总量			384.5

● 计算工时需求(见表 4-7)。

表 4-7　工时需求量计算表

产　品　类	计划生产量/辆	单位需求量/小时	总需求量/小时
A001 电动车	42000	23.3	978600
A002 摩托车	15000	36.4	546000
A003 电动轮椅	10000	12.6	126000
总量			1650600

(3) 比较可用资源与资源需求：决定资源可用性的报告或文档，依不同的资源而不同。在计算特种钢的需求量时，可用特种钢的库存水平报告与特种钢的需求加以比较。如果有足够的特种钢可用，则检查所有其他资源，然后定稿生产计划大纲。对于工时可用性，则可查不同的工艺文档。制造类的劳动工时需求一般要与装配类的工时需求分开。

比较资源需求与可用资源，核算出差距，如表 4-8 所示。

表 4-8　资源需求与可用资源的差距比较

资　　源	需求资源数量	可用资源数量	资源差距(- ，+)
特种钢/吨	384.5	300.0	- 84.5(不足)
工时/小时	1650600	1700000	+49400(富余)

(4) 协调可用资源与资源需求：上面的计算指出将有资源短缺。在生产规划定稿之前，必须解决这一问题。

当资源短缺时，要采取必要的措施来协调这一差距：如材料短缺，可采取增加采购，以其他材料代用，寻找其他供给源，减少生产总量等；如人力不足，可采取加班加点，转包，雇用临时工，减少生产总量，重新安排计划等措施；如机器设备不足，则可采取购买新的机器，改进旧设备，改变工艺过程，转包工序，减少生产总量，重新计划等方法。

4.6.2　能力计划系数法

例 4.4　用能力计划系数法确定资源需求

制定资源需求计划也常采用能力计划系数(Capacity Planning Factor，CPF)法。能力计划系数是表示单位生产量占用的制造过程中某种资源的关系。能力计划系数可以通过历史数据由产量与所用资源大致地经验估算。

利用能力计划系数法编制资源需求计划的方法如下：

(1) 利用历史的经验数据计算 CPF。

(2) 根据 CPF 和计划产量计算能力需求。

假设电动自行车的生产过程可分为 4 个主要工序——主要工序、辅助工序、精加工和装配。在过去 6 个月中，在一条生产线上，有不同的产品型号使用上述生产制造设备。在这 4 个工序用 47000 个直接工时，完成了这种系列产品 5800 辆(已折算为产品系列的综合单位)。生产计划大纲下年度的生产计划为 42000 辆。

在过去 6 个月生产 5800 辆电动车产品，共用 47000 个工时，分配如表 4-9 所示，以此核算出单位产品所用工时；并以现计划生产的 42000 辆电动车，计算出所需的能力资源需求。

表 4-9　加工能力需求量计算表

生 产 过 程	工时/小时	所占百分比/%	单位产品所用工时/小时	所需资源/小时
基本工序	12000	25.53	2.069	86 898
辅助工序	21000	44.68	3.621	152 082
精加工	5000	10.64	0.862	36 204
装配	9000	19.15	1.552	65 184
合计	47000	100.00	8.104	340 368

然后，比较可用能力资源与能力需求(见表 4-10)，全面检查劳动力和机器的可用性。在确认劳动力、机器设备的能力资源需求时，须注意不同月份的均衡满足。

表 4-10　能力需求与可用能力资源比较表

生 产 过 程	所需能力资源/小时	可用能力资源/小时	能力差距(-，+)/小时
基本工序	86898	90000	+3102
辅助工序	152082	140000	- 12082
精加工	36204	30000	- 6204
装配	65184	83000	+17816
合计	340368	343000	+2632

4.7　需求管理与预测

4.7.1　需求管理

在市场经济活动中，一切的活动都是围绕着需求来进行的。以客户为核心的企业运作需要了解准确的市场需求，以此引领整个运营中的生产、库存、采购和分销计划，使得企业能够满足客户对其各种产品的需求。而且企业不仅需要了解和捕捉客户需求，还需要善于创造客户需求，用发展的眼光和辨证的方法分析客户需求，发现潜在需求，并把它转化为现实需求。

需求管理的目的就是有效地预测和调整客户需求，提高预测准确性，提高及时交付率，并降低库存投资，提高资产周转率。从信息系统的角度，需求管理的目的就是要提供准确可靠的需求信息。因为需求信息是 MRPⅡ系统运作的原动力，由需求触发供给和生产。只有需求信息可靠，MRPⅡ系统生成的计划才有意义。

需求信息一般包括预测量、合同量和其他需求，这些信息要由企业有关部门协同提供给 MRPⅡ系统运行。需求预测是对产品未来市场需求的预估。做好需求预测，可使企业生产有更好的预见性，从而指导企业平稳地运营。

4.7.2　预测与计划

预测就是对未来情况的预计和推测，它遵循事物演变的逻辑来推断和寻找事物发展的规律，求得科学的认识和应用。市场需求预测就是根据主观经验、客观条件和历史资料，即根据过去和现在的已知情况，估计未来的产品销售量。

在 MRP Ⅱ 中，预测可用于计划各层次中，成为计划过程密不可分的部分。在 MRP Ⅱ 中，计划的前 3 个层次，即经营规划、生产计划大纲和主生产计划的编制都离不开预测。实际上，在企业规划性的决策中，包括资金预算、库存管理、销售订单承接、交货期承诺、生产能力的要求、新产品研发，人力资源的需求，都跟预测有关。

预测按时间长短划分，可以分为短期预测、中期预测和长期预测。短期预测期一般为 3 个月至 1 年；中期预测期一般为 2~5 年；长期预测期一般为 5 年以上。预测的精度一般随着时间的延长而下降。所以，短期预测的精度较高，而中长期预测则相对粗略一些。由于 MRP Ⅱ 体现了一种近期计划与长期计划相协调的自动机制，所以各种期限类型的预测方法均能提供相适应的支持。

在预测工作中，根据需要一般确定 3 种时间范畴：预测展望期、预测时间单位和预测检查期。预测展望期指预测工作覆盖的总时间；预测时间单位指对预测展望期划分的时间间隔，在 MRP Ⅱ 系统里要与相应的计划周期相适应；预测检查期是指预测数据保持使用的期限，亦即重新进行一次预测的周期。例如，经营规划的展望期为 2~7 年，预测以年为时间单位；生产计划大纲的展望期为 1 年，预测以月为时间单位；主生产计划的展望期为 1 季度或 1 个月，预测以周为时间单位。预测检查期可以用月、季、年为单位。

计划工作中进行预测所需要的数据可分为企业内部数据和外部数据。企业的内部数据包括市场销售数据、维修件使用及采购数据、生产控制数据等，这些数据来自销售部门、维修服务部门和生产控制部门。外部数据是指与产品需求有关的市场条件和因素的数据，如市场调查数据、国内外的经济形势和政治条件、国家政策和有关法律、竞争对手的情况等数据，这些数据来自企业的外部。

预测的准确与否直接关系到计划制定的好坏。预测的精度与所用数据的质量和样本大小有关，提供的数据愈精确，样本数愈大，得到的预测结果愈准确；反之，则偏差可能很大。要注意，不要把计划完全建立在预测基础上，要时刻注意市场变化，做好需求管理。

4.7.3　预测的方法

预测按其方法性质划分，基本上分为定性预测和定量预测两类。定性预测是仅依据经验和分析能力，利用所掌握的信息资料而进行的判断预测，主要的定性方法有调查研究法、德尔菲(Delphi)方法、历史类比法、经验估计法等。定量预测则着重于事物发展的具体数量变化规律，利用数学模型来推理预测，定量方法有时间序列预测法、因果回归预测法等。

移动平均法和指数平滑法是典型的时间序列预测法，在 MRP Ⅱ 中可用于年度销售与运作规划和主生产计划的预测。

趋势外推法则属于因果回归预测法，是根据过去经济现象逐期增减变动的数量或比率，研究经济发展变化的规律性，预测未来发展的趋势，通常适用于长期趋势预测。在 MRP Ⅱ 中可用于对企业经营规划的预测。

对于一些具有周期趋势的商品项目，可利用周期预测模型，综合考虑周期或季节因子、趋势因子以及循环波动的影响。

有时在预测时可用多种预测方法相互对比，并经常复核预测结果，因为预测常不是可以一次定案的。

4.7.4　需求预测的应用

在 ERP 的管理与实施中，需求管理常以一个需求预测管理的选择方式整合在系统中，通过客户订单的实际结果来检验预测的效果，同时通过销售过程的数据分析给预测人员一个有价值的反馈，表现为一个人机过程。

对于不同的产品特点，表现了不同的需求类型，如有平稳型需求、增长型需求、规律波动型需求，甚至随机性需求，这要求软件系统能提供相应的预测方法作为功能选项。

需求预测作为企业销售与运作规划之用，编制年度生产计划大纲。首先预测出一个全年的总销售量，并分解到月度。可按产品大类或系列来进行需求预测，这样包罗的范围广，误差可能小些。可用一个数值范围来表达预测，说明允差。

需求预测还应用在各阶段性的主生产计划的编制中。由于主生产计划的展望期有适当长的时间间隔如 1 季度，此时销售订单尚未全部接收到，所以利用这些分时段的预测值可预先参与主生产计划的排产，以进行生产要素的提早准备。

按照需求预测值进行主生产计划的排产而下达的订单，可以看作是一种在接到客户订单之前的"虚拟订单"，虚拟订单将来再由客户的实际订单来实现，所以先以此虚拟订单作为核算主生产计划的基础是合理的。一旦有了实际的销售订单，要适时冲销产品的需求预测值(即"虚拟订单")，以避免重复计算库存量。对于一揽子订单，这其实是一种由客户制定的需求意向，还不是真正意义上的销售订单，它只是以合同的形式认定总量，具体的需求预测要逐期再由分期销售订单来确认。

4.8　本　章　小　结

销售与运作规划(SOP)以企业经营规划(BP)为目标，通常以年度生产计划大纲的形式，制定了产品类的销售规划与生产规划，它们之间大体平衡，所以总称为销售与运作规划。它位于 MRP Ⅱ 计划体系的第 2 层次，却是通常 MRP Ⅱ 实践运作层面的开端，通过所有产品年生产总量来保证市场年度销售目标的实现。这是全年行动的总纲领，也是个相对粗的年度计划框架，有赖于再由季度或月度性的主生产计划来阶段性地具体实现。

可根据 MTS 或 MTO 两种不同生产销售环境来制订年度生产计划大纲。编制年度生产计划大纲要协调年度规划产量与可用资源之间的差距，可依产品大类和资源清单，采用资源消耗系数与能力计划系数方法来编制资源需求计划，并进行稀缺资源的及早准备。

需求是 MRPⅡ系统运作的原动力，应做好需求管理工作。为能更主动地掌握市场，MRPⅡ系统期望通过科学的预测，纳入更多的 MTS 以实现企业运作的主动性，利用 MRPⅡ系统提供的全面信息，从容地运作企业。

关键术语

经营规划　销售与运作规划　销售规划/生产规划　生产计划大纲　产品大类　资源清单　资源需求计划　资源消耗系数　能力计划系数　需求管理　需求预测

思考练习题

(1) 分析说明销售与运作规划与经营规划的关系。

(2) 销售与运作规划的作用是什么？

(3) 如何制定销售与运作规划的计划周期？

(4) 销售与运作规划的制定一般经过哪几个步骤？

(5) 制定销售与运作规划时要用到哪几方面的信息？

(6) 编制生产计划大纲时应考虑哪几个因素的平衡？

(7) 简述在备货生产(MTS)环境下生产计划大纲初稿的编制过程。

(8) 简述在订货生产(MTO)环境下生产计划大纲初稿的编制过程。

(9) 简述资源需求计划的具体编制方法。

(10) 简述需求管理的主要内容。

(11) 在 MRPⅡ计划体系里为什么也需要预测？预测可用在 MRPⅡ计划系统的哪些层次？

(12) 完成 MTS 下的生产计划大纲的编制。

某公司的经营计划目标为：完成全年游戏机市场销售额的 10%。据预测，全部市场的年销售额 4800 万元。要做到全年均衡销售，预计关键部件每月可提供 9000 台；现有能力工时为每月 800 小时。初始库存为 1500 台；未完成订单 100 台，期末所需库存 800 台。资源清单如下：

产品	关键部件	劳动力/小时	单台收入/元
游戏机	10	1	500

参照书中例子，要求：

- 按月编制生产计划大纲初稿，并填写相应的表格。
- 分析资源清单，计算并列出资源需求。
- 比较可用资源与需求。

(13) 完成 MTO 下的生产计划大纲的编制。

　　某公司的经营计划目标为：完成全年游戏机市场销售额的 10%。据预测，全部市场的年销售额 4800 万元。要做到全年均衡销售，预计关键部件每月可提供 9000 台；现有能力工时为每月 800 小时。期初未交货数量 1400 台，交货日期为：1 月 750 台；2 月 400 台；3 月 200 台；4 月 50 台；期末未交货数量：800 台。资源清单如下：

产品	关键部件	劳动力/小时	单台收入/元
游戏机	10	1	500

参照书中例子，要求：

- 按月编制生产计划大纲初稿，并填写相应的表格。
- 分析资源清单，计算并列出资源需求。
- 比较可用资源与需求。

第5章 MRPⅡ原理：主生产计划

【导语】

主生产计划是全年各阶段如月度、季度性的产品计划，是对年度生产规划的阶段性的实际执行。通过若干期主生产计划的滚动性执行，从而保证全年销售与运作规划(SOP)的实现。主生产计划综合考虑客户订单和市场预测，从而获得一个平稳的生产体系。本章从主生产计划的内容与作用出发，分析了 MPS 编制的基本原则以及 MPS 计划对象的选取，详细介绍了 MPS 基本原理、编制思路以及有关需求和库存状态指标的数量计算，并以实例介绍了此 MPS "两阶段表格法"编制的具体步骤，最后分析了主生产计划的运行与控制问题。

5.1 MPS 概念及内容

主生产计划(Master Production Schedule，MPS)是对企业生产计划大纲的阶段实现，以编制产成品的详细的加工计划，实现产品需求与生产能力之间的平衡，如图 5-1 所示。

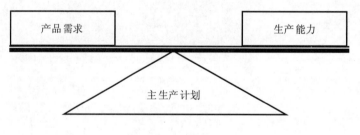

图 5-1 主生产计划功能

主生产计划(MPS)将生产计划大纲的大类计划转换为具体的产品计划，它按时间分段计划企业应生产的最终产品的数量和交货期，说明在可用资源的条件下，企业在一定时间内，应该生产什么？生产多少？什么时间生产？这是个实际的详细的成品产出计划，它给出了特定产品在每个计划周期的生产数量。

编制主生产计划是 MRPⅡ 的主要工作内容，主生产计划的编制要以生产计划大纲(年度生产规划)为依据，并结合预测和客户订单的情况，来安排将来各周期中应提供的产品种类和数量。主生产计划的结果体现了生产计划大纲乃至销售与运作规划的要求。

在运行主生产计划时要相伴运行粗能力计划，只有经过按时段平衡了供应与需求后的主生产计划，才能作为下一个计划层次——物料需求计划的输入信息。而主生产计划必须是现实可行的，需求量和需求时间都必须是符实的。主生产计划编制和控制是否得当，在相当大的程度上关系到 MRPⅡ 系统的成败。

5.2　MPS 作用与意义

主生产计划是 MRPⅡ 的一个重要的计划层次，它起着承上启下，从宏观计划向微观计划过渡的作用，它驱动了整个生产和库存控制系统，是 MRP 系统不可缺少的输入。主生产计划的质量对整个企业的生产经营活动起着决定性的作用。

主生产计划在制造业中广泛应用，它是联系市场销售和生产制造的桥梁，使生产计划和能力计划符合销售计划要求的优先顺序，并能适应不断变化的市场需求；同时，主生产计划又能向销售部门提供生产和库存信息，提供可供销售量的信息，作为同客户洽商的依据，起到了沟通内外的作用(参见图 5-2)。

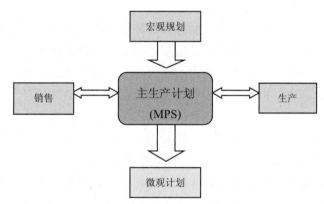

图 5-2　主生产计划的作用

作为年度生产规划与物料需求计划之中间环节的主生产计划，能有效地化解纯粹为满足客户订单的被动生产矛盾。由于能在年度生产规划量的框架下，预先充分考虑了合理的需求预测量来参与排程，通过人工干预、均衡调节，从而能得到一份相对稳定和均衡的生产计划，也进一步保证了微观层面的物料需求计划的均衡性和稳定性，这正是生产运作管理的目标要求。

如果说销售与运作规划(SOP)还相对是宏观规划指导性的话，主生产计划则开始切入实际运作层面，触发和主导了计划体系的真正运行。它在 MRPⅡ 系统中起着"主控"的作用，决定了后续的所有计划及制造行为的目标，这也是它称为"主"生产计划的根本含义。因为主生产计划把企业规划同日常的生产作业计划关联起来，为日常作业的管理提供了一个"控制把手"，驱动了一体化的生产计划与库存控制系统的运作。

总之，主生产计划是生产计划大纲的延伸，也是物料需求计划的基础。主生产计划在MRPⅡ系统中的位置是一个上下内外交叉的枢纽，地位十分重要。

5.3　MPS 编制原则

主生产计划可以说是以企业的能力为基础，通过均衡地安排生产实现生产规划的目标，使企业在客户服务水平、库存周转率和生产率方面达到目标要求，并及时动态更新计划，保持计划的切实可行和有效性。主生产计划中不能有超越可用物料和可用能力的生产需求。在编制主生产计划时，应遵循以下基本原则。

- 最少项目原则：用最少的项目数进行主生产计划的安排。要根据不同的制造环境，选取产品结构不同的级次，进行主生产计划的编制，使得在产品结构这一级的制造和装配过程中，产品(或部件)选型的数目最少。如果 MPS 中的项目数过多，就会使预测和管理都变得困难，难以控制和评审。
- 独立具体原则：只列出实际的、具体的可构造项目，这些项目产品具有特定的型号规格，可分解成可识别的零件或组件。这就是实际要采购或制造的项目，而不是项目组(产品类)或计划清单项目。
- 关键项目原则：列出对生产能力、财务指标或关键材料有重大影响的项目。对生产能力有重大影响的项目，是指那些对生产和装配过程起重大影响的项目，如一些大批量项目，造成生产能力的瓶颈环节的项目或通过关键工作中心的项目。对财务指标而言，指的是与公司的利润效益最为关键的项目，如制造费用高、含有贵重部件、昂贵原材料、高费用的生产工艺或有特殊要求的部件项目，也包括那些作为公司主要利润来源的，相对不贵的项目。而对于关键材料而言，是指那些提前期很长、很难制造或供应厂商有限的项目。
- 全面代表原则：计划的项目应尽可能全面代表企业的生产产品，以保证计划的主体性和有效性。MPS 应覆盖被该 MPS 驱动的 MRP 程序中尽可能多数的组件，以反映关于制造设施，特别是瓶颈资源或关键工作中心的完整信息，避免片面性。
- 适当裕量原则：留有适当余地，无论是最终项目产品或者零部件，考虑以适当的预测量和冗余量，提高系统的可靠性和稳定性。对于执行时间也是如此，考虑预防性维修设备的时间，可把预防性维修作为一个项目安排在 MPS 中，也可以按预防性维修的时间来减少工作中心的基础能力。
- 基本稳定原则：在特定的期限内应保持基本稳定，严格执行。主生产计划制订后在有效的期限内应保持适当稳定，那种只按照主观愿望随意改动的做法，将会引起系统原有合理的正常的优先级计划的破坏，削弱系统的计划指导能力。

5.4　主生产计划的对象

主生产计划的计划对象主要是把生产计划大纲中的产品大类具体化以后的明细产品，

通称"最终项目(End Item)"。主生产计划就是对最终项目的需求日期和数量的说明。

最终项目通常是独立需求件，对它的需求是由外部条件决定的。但是由于计划范围和销售环境不同，从满足最少项目数的原则出发，作为计划对象的最终项目也可以按不同的标准选取，可以是产品、主要组件、虚拟物料单中的组件，甚至可以是产品结构中最高层次上的单个零件。

5.4.1　MPS 对象选择

下面从产品结构特征出发，分别介绍对应于这些不同形式产品的 MPS 计划对象，并分析它们所对应的三种销售制造环境及其 MPS 的计划对象选取(如图 5-3 所示)。

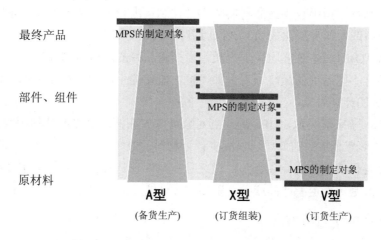

图 5-3　不同产品结构和生产方式 MPS 的计划对象

1. A 型结构产品的 MPS 对象

A 型结构产品形式指用较多种原材料和部件制造出少量品种的标准产品，这时产品、备品备件等独立需求项目通常成为 MPS 计划对象的最终项目。

备货生产(MTS)的企业产品通常均属于此类，而且其需求量基本来自于市场预测，其参与计划的数量已经在上一层次的销售与运作计划里决定，这时只要对其大类产品进行分量分解就可以得到。

通常针对产品系列下有多种具体产品的情况，有时要根据市场分析估计各类产品占系列产品总产量的比例(如图 5-4 所示)。此时，生产规划的计划对象是系列产品，而 MPS 的计划对象是按预测比例计算的具体产品。每种的需求量是用占产品系列总数的预计百分比来计算的。产品系列同具体产品的比例结构形式，类似一个产品结构图，通常称为计划物料单或计划 BOM。

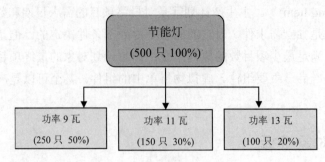

图 5-4　大类物料计划量分解

2. V 型结构产品的 MPS 对象

V 型结构产品形式指用较少的原材料或零部件制造出较多品种的产品，这时一般选择较少种类的原材料或零部件层次成为 MPS 计划对象的最终项目。

订货生产(MTO)的企业通常均属于此类，用少量品种的原材料和部件，根据客户的要求生产出各种各样不同品种的最终项目，如飞机、船舶的生产，则可以选择原材料和部件等项目成为 MPS 的计划对象。

T 形结构产品与 V 形类似，MPS 的计划对象可以放在接近最终产品的中间产品，或者相当于 T 形或 V 形产品结构的低层，以减少计划物料的数量。

而如果产品是标准设计或专项加工，最终项目一般也选择在产品结构中 0 层的最终产品，这种形式一般是标准定型产品或按订货要求设计的产品。

3. X 型结构产品的 MPS 对象

X 型结构产品形式指用较多种原材料或零部件，以较少的中间产品种类，又制造出较多品种的产品，这时可以选择数量较少的中间产品级次作为 MPS 计划对象的最终项目。

订货组装(ATO)的企业其产品结构通常均属于此类，这种形式的产品通常为一个系列，结构基本相同，表现为模块化产品结构，都是由若干基本组件和一些通用部件组成。每项基本组件又有多种可选件，有多种搭配选择(如轿车的发动机、颜色、座椅的不同等)，从而可形成一系列多种规格的变形产品，可将主生产计划设立在基本组件级。在这种情况下，最终项目指的是基本组件和通用部件。这时主生产计划是基本组件(如发动机、车身等)的生产计划。

5.4.2　最终装配计划(FAS)

一般地，对于一些由标准模块组合而成的、型号多样的、有多种选择性的产品(如个人计算机)，可将 MPS 设立在基本零部件这一级，不必预测确切的、最终项目的配置，辅助以成品的最终装配计划(Final Assembly Schedule，FAS)来简化 MPS 的处理过程。

FAS 也是一个实际的生产制造计划，它可表达用户对成品项目的、特定的多种配置需求，包括从部件和零配件的制造到产品发货这一部分的生产和装配，如产品的最终装配、测试和包装等。对于有多种选择项的项目，采用 FAS 时，可简化 MPS 的编制。可用总装进度安排出厂产品的计划，用多层 MPS 和计划 BOM 制订通用件、基本组件和可选件的计划。这时，MPS 的计划对象相当于 X 形产品结构中"腰部"的物料，顶部物料是 FAS 的计划对象。用 FAS 来装配组合最终项目，仅根据用户的订单对成品装配制定短期的生产计划。MPS 和 FAS 的协同运行，实现了从原材料的采购、部件的制造到最终产品交货的整个计划过程。

　　例如，计算机制造公司可用零配件来简化 MPS 的排产。市场需求的计算机型号，可由若干种不同的零部件组合而成，可选择的零配件包括：6 种 CPU、4 种主板、3 种硬盘、1 种软驱、2 种光驱、3 种内存、4 种显示器、3 种显卡、2 种声卡、2 种 Modem、5 种机箱电源。基于这些不同的选择，可装配出的计算机种类有 $6×4×3…=103\,680$ 种，但主要的零配件总共只有 $6+4+3+…=35$ 种，零配件的总数比最终产品的总数少得多。显然，将 MPS 定在比最终产品(计算机)这一层次低的某一级(零配件)比较合理。经过对装配过程的分析，确定只对这些配件进行 MPS 的编制，而对最后生成的 103680 种可选产品，将根据客户的订单来制订最终装配计划。这种生产计划环境即是面向订单装配。实际编制计划时，先根据历史资料确定各基本组件中各种可选件占需求量的百分比，并以此安排生产或采购，保持一定库存储备。一旦收到正式订单，只要再编制一个总装计划，规定从接到订单开始，核查库存、组装、测试检验、发货的进度，就可以选装出各种变型产品，从而缩短交货期，满足客户需求。

　　表 5-1 列出了 MRPⅡ各种销售制造环境下 MPS 的计划对象与计划方法。

表 5-1　各种制造环境下 MPS 的计划对象与计划方法

销 售 环 境	计 划 依 据	MPS 计划对象	计 划 方 法	举　　例
备货生产(MTS)	主要根据市场预测安排生产；产品完成后先入库，逐渐销售	独立需求类型物料	单层 MPS 制造 BOM 计划 BOM	大批生产的定型产品，如日用消费品
订货生产(MTO)	根据客户订货合同组织生产	独立需求类型物料	单层 MPS 制造 BOM	标准定型产品
订货组装(ATO)	产品成系列，有各种变型，根据合同选择装配	通用件、基本组件及可选件	多层 MPS 总装 FAS 计划 BOM 制造 BOM	标准系列产品，有可选项
专项生产(ETO)	根据客户要求专门设计	独立需求类型物料	单层 MPS 制造 BOM	单件或小批生产

5.5　MPS 基本方法

5.5.1　MPS 时间基准

MPS 按照时间基准进行计划编制。主生产计划的时间基准主要有计划展望期、时段以及时区和时界。

1. 计划展望期

主生产计划的计划展望期一般为 3~18 个月；对于 MPS，计划展望期应至少等于总的累计提前期或多出 3~6 个月。(参见图 3-2)。

2. 时段

时段，即微观计划的时间周期单位。主生产计划的时段可以按每天、每周、每月或每季度来表示。当月的生产与装配计划一般是按周编排的，并且常常是按天表示。时段越短，生产计划越详细。

3. 时界

时界是在 MPS 中计划的参考点，是控制计划变化的参考与根据，用以保持计划的严肃性、稳定性和灵活性。MPS 设有两个时界点：需求时界(DTF)和计划时界(PTF)。

典型的 MPS 把需求时界 DTF 设定在最终装配计划的提前期，或者宽裕一些。偏离实际的预测要在需求时界点之前从需求计划中排除。DTF 标记了预测被废弃的日期。由于提前期太短，在 DTF 内，计划单纯由客户合同需求来驱动。PTF 总是大于或等于 DTF。在计划时界 PTF 以内，MPS 系统不能自动确定 MPS 订单计划，而只能由主生产计划员确认安排。在 PTF 这个时间以后，MPS 将自动编制主计划订单，但必须由主计划员审核调整。

4. 时区

在需求时界和计划时界的基础上，MPS 将计划展望期划分需求时区、计划时区和预测时区。不同时区的分割点就是时界，表明跨过这一点，编制计划的政策或过程将有变化(图 3-2 详细标明了时区与时界的关系)。

MPS 通过设立这 3 个时间区间，以此确定订单从一类状态变化到另一类状态时计划与控制的重点。主生产计划将生产订单分成 3 种不同的状态，即计划状态、确认状态和下达状态。

- 计划订单：所有的订单只是系统生成的建议性计划订单，在情况出现变动时允许系统自动修改。
- 确认订单：计划订单的数量和时间可以固定，计算机不能自动修改，只有计划员可能修改。
- 下达订单：下达生产的订单，授权制造指定的数量。它是系统控制的重点。

在 PTF 以内，由主计划员来计划订单，PTF 之外，则由计算机程序来编制。主生产计划员核实计划订单以后，对系统生成的计划订单做必要的调整(如改变提前期、批量或安全库存的默认值)，在物料、能力、数量和时间上都没有问题后，对计划订单加以确认，形成确认的订单，准备下达。下达订单一般要经过一定的程序(如打印)，把加工单下达给生产车间，把采购单下达给供应商。

MRPⅡ系统提出了时区与时界的概念，向主生产计划员提供一个控制计划的手段。时界表明了修改计划的困难程度。修改的时间越接近当前时间，则修改的困难越大。确认订单和下达订单系统都不能自动修改，以保持计划的稳定性。如果要改，只能人工修改，或把订单状态改回到计划状态，再由系统修订。

5.5.2　MPS 报表

主生产计划一般按每种产品分别显示生产计划报表。报表的生成主要根据预测和合同信息，显示该产品在未来各时段的需求量、库存量和计划生产量。报表的格式有横式和竖式两种。

横式报表主要说明需求和供给以及库存量的计算过程，见表 5-2。横式报表便于看出需求计算、库存状态、可供销售量等信息以及其运算关系，反应了主生产计划的编制过程。报表分表头和表体两部分：表头中的信息主要取自物料主文件，这些信息除现有库存量会随时间变动，属动态信息外，其余都是静态信息；在表体部分，预测量与合同量取自销售管理子系统，这是运算 MPS 首先要输入的动态信息。系统运算后生成的中间信息有：净需求量、预计可用库存量(PAB)、计划接收量、计划产出量和计划投入量，以及可供销售量(ATP)等，它们表现出分时段的数量特征，体现了主生产计划的实用性。

表 5-2　主生产计划典型报表格式(横式报表)

物料号：100001　　物料名称：电动车　　计划日期：2012.02.28　　计划员：张三

现有库存量：80　　安全库存量：50　　批量：100　　　　　　　批量增：100

提前期：1　　　　　需求时界：3　　　　计划时界：8　　　　　单位：辆

时　段	当期	1	2	3	4	5	6	7	8	9	10	11
		03/04	03/11	03/18	03/25	04/01	04/08	04/15	04/22	04/29	05/06	05/13
预测量		60	60	60	60	60	60	60	60	60	60	60
合同量		110	80	50	70	50	60	110	150	50		20
毛需求		110	80	50	70	60	60	110	150	60	60	60
计划接收量		100										
PAB 初值	现有	70	-10	40	70	10	50	-60	-10	30	70	10
预计库存量	量 80	70	90	140	70	110	50	140	90	130	70	110
净需求量			60*	10*		40*		110*	60*	20*		40*
计划产出量			100	100		100		200	100	100		100

（续表）

时　段	当期	1	2	3	4	5	6	7	8	9	10	11
		03/04	03/11	03/18	03/25	04/01	04/08	04/15	04/22	04/29	05/06	05/13
计划投入量		100	100		100		200	100	100		100	
可供销售量		70	20	−20		−10		90	−50	50		80

注：*表示净需求中包括了补充安全库存的需求量。(本表改自参考文献 2)

竖式报表则对照地显示供给(订单下达状况)和需求(任务的来源)的来源及处理状况，见表 5-3。它能追溯需求(如合同、预测等)的来源，查找订单是为了满足哪些需求才生成的，订单的状况以及对订单出现例外情况时应采取哪些处理措施。竖式报表的表头部分和横式报表完全相同。报表的供给部分说明对生产计划的要求。在措施栏中，系统提示主生产计划员应注意处理的事项，如应提前、应推迟、应取消、应确认、应下达、补安全库存等。例如在加工栏中，对已下达订单则标明加工单号，对未下达订单则标明订单状态，如计划、确认等。报表的需求部分说明需求量和需求来源，如果是合同则标明合同号，不是合同则说明依据来源，如预测。需用日期同计划产出日期是对应的。最右侧说明库存结余，也就是预计可用库存量。

表 5-3　主生产计划典型报表格式(竖式报表)

物料号：100001　　物料名称：电动车　　　计划日期：2012.02.28　　计划员：张三

现有库存量：80　　安全库存量：50　　　批量：100　　　　　　批量增量：100

提前期：1　　　　需求时界：3　　　　　计划时界：8　　　　单位：辆

	供　　　给				需　　　求			库　存
措施	加工单号	产出量	投入日期	产出日期	毛需求	需用日期	需求追溯	结余
					110	2012/03/04	合同 511	70
下达	203041	100	2012/03/04	2012/03/11	80	2012/03/11	合同 513	90
	203111	100	2012/03/11	2012/03/18	50	2012/03/18	合同 524	140
					70	2012/03/25	合同 533	70
	203251	100	2012/03/25	2012/04/01	50	2012/04/01	合同 535	
确认					10	2012/04/01	预测	110
					60	2012/04/08	合同 546	50
	204081	200	2012/04/08	2012/04/15	110	2012/04/15	合同 549	140
	204151	100	2012/04/15	2012/04/22	150	2012/04/22	合同 552	90
	计划	100	2012/04/22	2012/04/29	50	2012/04/29	合同 560	
安全					10	2012/04/29	预测	130
库存					60	2012/05/06	预测	70
	计划	100	2012/05/06	2012/05/13	20	2012/05/13	合同 566	
					40	2012/05/13	预测	110

MPS 报表包括了计划、生产、销售、库存等多方面的信息集成。企业的销售、计划、生产、物料、仓库等各个部门都可以从 MPS 的报表中得到各自所需的信息，按照同一信息进行决策。

如果企业有多种产品的生产，则可以利用上面各种产品的主生产计划横式报表，抽取"计划产出量"部分，合并成为一种全企业的综合生产计划表，如表 5-4 所示。它按同样的时间跨度编排成矩阵式结构，横向是计划时间，纵向是产品，计划时段保持一致。

表 5-4　全企业综合生产计划表

时　　区	需求时区		计　划　时　区				预　测　时　区					
时段(周)	1	2	3	4	5	6	7	8	9	10	11	12
14 寸电动自行车	100		300	100		100		100		200		100
16 寸电动自行车		100		300			300			100	200	0
18 寸电动自行车	200		300		100	100		100	200		200	0
20 寸电动自行车		100	200			200		200		100		200
24 寸电动自行车	200	100	100			100		200		100	200	0

5.5.3　制定 MPS 的工作方法

主生产计划编制是 MRP Ⅱ 的核心工作内容。主生产计划的编制，重点包括编制项目 MPS 初步计划、进行粗能力平衡和调整 MPS 初步计划三个方面，涉及的工作包括收集需求信息、编制主生产计划、编制粗能力计划、评估主生产计划、下达主生产计划等。制定 MPS 初步计划时，可以从上一次的 MPS 入手，也就是对前一次的计划版本进行修改和更正。制订主生产计划的基本工作，可表述为以下程序。

1. 确认需求来源

在 MRP Ⅱ 中，主生产计划针对的是独立需求的项目，以此来安排指导生产。在编制主生产计划时，独立需求主要是销售预测和客户订单的综合，其他需求来源还包括未交付的客户订单、最终项目的预测、工厂内部的需求、维修件、客户可选件和附件。除此之外，还要考虑预防维修所产生的需求。

未交付的订单是指那些未发运的订单项目，可以是上期没完成拖欠下来，或是新的指定在本期内要求供货的项目；预测是用现有的和历史的资料来估计将来的可能需求；工厂内部需求是将一个大的部件或成品作为最终项目产品来对待，以满足工厂内其他部门的需要，如汽车厂中的发动机分厂生产的发动机可视为工厂内部需求；备件是指销售给使用部门的一些零部件，以满足使用维护时更换的需要，如电视机厂生产的显像管等。客户的选件和附件在销售时独立于成品，是根据客户的需要而配置的，这些选件也是独立需求。

由于在制定年度生产规划时已充分考虑了预测因素，形成了完善的年度生产规划体系，所以在编制主生产计划时，可直接根据年度生产规划大纲和计划清单确定对每个最终项目的生产预测。它在一定程度上反映了某产品类的生产规划总生产量中预期分配到该项产品的部分，同样可用于指导主生产计划的编制，使得主生产计划员在编制主生产计划时能遵循生产规划的目标。

2. 计算毛需求量

根据生产预测、已收到的客户订单、配件预测以及该最终项目作为非独立需求项的需求数量，计算毛需求。需求的信息来源主要有：当前库存、期望的安全库存、已存在的客户订单、其他实际需求、预测、其他各项综合需求等。除预测与订单合同外，有时把其余各项单独列出为"其他需求"。某个时区的毛需求量即为本时区的客户合同订单、未兑现的预测和非独立需求之关系和。这里，MPS 的毛需求量已不再是预测信息，而是具有指导意义的生产信息。上面"关系和"指的是如何把预测值和实际的合同值等组合得出毛需求，这在各个时区的取舍方法是不同的。

为了保证 MPS 的准确和可靠性，以及为其后的 MRP 打下基础，必须保证需求数据的准确性。如果过低地估计了需求，可能造成原材料短缺，临时增加任务使生产周期延长，生产过程失控；如果估计过高，则可能造成库存品和在制品增加，资源闲置和资金积压。

3. 计算计划产出量和预计可用库存量

根据毛需求量和事先确定好的订货策略和批量，以及安全库存量和期初库存量，计算各时区的主生产计划产出量和预计可用库存量。

首先计算预计可用库存量。可用库存量同"现有量"不同，它是现有库存中，扣除了预留给其他用途的已分配量，可以用于需求分配的那部分库存。预计可用库存量满足不了毛需求以及安全库存目标的需求时，就出现了净需求。净需求是一个触发器，以此触动 MPS 的批量排产。

在计算过程中，如预计可用库存量为正值，表示可以满足需求量，不必再安排主生产计划量；当预计可用库存量低于安全库存水平时，就要计划安排一个该周期主生产计划的生产批量，使主生产计划的生产批量在考虑制造和库存目标的同时尽可能与需求接近，从而推算出 MPS 在计划展望期内各时段的生产量和生产时间，给出一份在生产提前期条件下安排生产的主生产计划备选方案。在此过程中，要注意均衡生产的要求。

当毛需求是以预测值为准计算，预测值大于合同量而取预测值时，主生产计划员在判断是否需要补充"短缺"时要根据预测的可靠性、能力资源和库存状况，在确认前做些分析。这也是为什么订单要确认后下达的原因之一。

4. 计算可供销售量供销售部门决策选用

由于按设定的批量投产，计划产出量常会出现大于净需求的情况。此外，若预测值大于合同量，而毛需求取预测值，按此运算也会出现产出量大于需求量的情况。除了合同量是硬性需求以外，在某个计划产出时段范围内，计划产出量超出下一次出现计划产出量之前各时段合同量之和的数量，则是可以随时向客户出售的，这部分数量称为可供销售量(ATP)。可供销售量是一个颇有价值的数据，这个数量信息可供销售部门机动决策选用，以应付一些不速之客的零星需求，它也是销售人员同临时来的客户洽商供货条件时的重要依据。因此，称之为可供销售的，或直译为可承诺的。

5. 进行粗能力计划核算

粗能力计划是对生产中所需的关键资源进行计算和分析。关键资源通常指瓶颈工作中心、关键供应商、有限自然资源、专业技能、不可外协的工作、资金、运输、仓库等。粗能力计划用于核定主要生产资源的情况，即关键工作中心、人力和原材料能否满足 MPS 的需要，以使得 MPS 在需求与能力之间取得平衡。进行粗能力平衡，主要是：编制资源清单；根据资源清单来计算 MPS 初步计划的需求资源；对于关键的工作中心，将需求资源与可用资源进行比较、调整。

粗能力计划的编制方法主要有资源清单法和分时间周期的资源清单法。具体算法在第7 章中详细介绍。资源清单是 MPS 中单位产品项目所需的各个工作中心的工时记录。根据资源清单，按初步的 MPS 所规定的生产计划计算每一个工作中心的资源需求，可分产品项目、按月分工作中心来汇总资源需求。最后，要查对工作中心文件，将工作中心的能力与需求进行比较。如果需求超出了能力，就要进行调整，或调整能力，如选择加班，或将有些项目转到其他工作中心处理；如果需求仍大于能力，可调整需求，返回调整 MPS 的初步计划。再不行，可将问题移交管理部门处理。如果经平衡，需求和能力达到一致，则将结果递交管理部门审批。

6. 评估和调整主生产计划

一旦初步的主生产计划测算了生产量，测试了关键工作中心的生产能力并对主生产计划与能力进行平衡之后，初步的主生产计划就确定了。下面的工作是对主生产计划进行评估，对存在问题提出建议，同意主生产计划或者否定主生产计划。

如果需求和能力基本平衡，则同意主生产计划。

如果需求和能力偏差较大，则否定主生产计划，并提出修正方案。

如果能力和需求不平衡，主计划员应该首先进行调整，力求达到平衡，调整的方法是：

- 改变预计负荷，可以采取的措施主要有：重新安排订单、拖延订单、终止订单、订单拆零、改变产品组合等。
- 改变生产能力，可以采取的措施主要有：改变生产工艺、申请加班、外协加工、加速生产、雇佣临时工等。

7. 批准和下达主生产计划

这里还要再对主生产计划初稿相对于生产计划大纲进行分析。MPS 应该和生产计划大纲保持一致，也就是 MPS 中产品类的总数应该等于相应周期内的生产计划大纲的数量。然后，向负责进行审批的人提交 MPS 初稿及分析报告，等待审批；MPS 经过正式批准后，作为下一步制订物料需求计划的依据。正式批准后的主生产计划，应下达给有关的使用部门，包括生产制造部门、采购部门、工程技术部门、市场销售部门、财务部门以及其他有关人员等。

通过以上流程可以看出，MPS保证销售规划和生产规划与规定的需求(需求什么，需求多少和什么时候需求)及所使用的资源相协调。它着眼于销售什么和能够制造什么，从而为车间制定一个合适的"主生产进度计划"，并且以粗能力数据调整这个计划，直到负荷平衡。然后，主生产计划作为物料需求计划MRP的输入，MRP用来制订所需零件和组件的生产作业计划或物料采购计划。当生产或采购不能满足MPS的要求时，采购系统和车间作业计划就要把信息返回给MPS，形成一个闭环反馈系统。

MPS实质地说明了企业计划生产什么、生产多少、什么时候生产，而MRPⅡ的其他计划和工作都是围绕MPS目标进行的。正是从这个意义上，可以说MPS是MRPⅡ的起点。

5.6 主生产计划表的编制

5.6.1 主生产计划表的计算

主生产计划的计划展望期一般为3~18个月，一般按周或月分解。编制的初步计划应满足客户的要求，库存量不应低于安全库存水平，应很好地利用人力、设备和材料，使库存保持在合理的水平上，并实现均衡生产的要求。主生产计划的基本运算逻辑如图5-5所示。在制定主生产计划的过程中涉及到一系列的量，现对它们的计算方法分述如下。

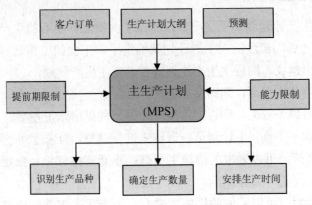

图5-5 MPS输入输出逻辑

1. 需求预测

除了明确的客户合同外，独立需求的预测是MPS的第二个数据来源。大部分独立需求是对最终项目或产成品的需求，这取决于市场外界因素，需要进行预测。好的软件会提供多种预测模型，利用数据库里存储的历史数据进行预测。

在年度生产规划体系下，预测量也可能反映某产品类的生产规划量，此时对于总生产量中预期分配到各个具体独立项目(产品)的部分，通常可使用以百分比计划物料清单来分解运算得出。当客户订单的实际需求逐渐明确，实际需求可以取代预测值。

2. 毛需求量(Gross Requirements，GR)

根据销售预测、已收到的客户合同、备件预测以及该最终项目作为非独立需求项的需求数量，计算毛需求。除预测与合同外，有时把其他包括厂际需求、备品备件、分销量等单独列出合并称为"其他需求"。

如何把预测值和实际的合同值组合得出毛需求，这在各个时区的取舍方法是不同的。这里假定合并为仅考虑预测值和实际的合同值两个因素，具体的关系组合方式如下。

方式 1：毛需求量＝预测量。这里不考虑合同量，适合于存货型生产企业。

方式 2：毛需求量＝合同量。这里预测量只作为参考，适合于订货型生产企业。

方式 3：毛需求量＝预测量或合同量中最大者。这适合于既有预测又有合同的企业。

方式 4：毛需求量＝预测量＋合同量。

方式 5：毛需求量(在需求时区)＝合同量；毛需求量(在需求时区外)＝预测量。

方式 6：毛需求量(在需求时区)＝合同量；毛需求量(在需求时区外)＝预测量或合同量中最大者。

方式 7：毛需求量(在需求时区)＝合同量；毛需求量(在预测时区)＝预测量；毛需求量(在计划时区)＝预测量或合同量中最大者。

按 MRPⅡ计划时段分解的毛需求计算的例子见表 5-5，这里假定 3 与 4 时段之间为需求时界，6 与 7 时段之间为计划时界。

表 5-5　反映预测和合同的 MPS 毛需求量

时段	1	2	3	4	5	6	7	8	9
需求预测量	100	200	300	150	150	200	100	200	100
合同订货量	300	200	250	200	250	200	150	100	100
方式 1：毛需求	100	200	300	150	150	200	100	200	100
方式 2：毛需求	300	200	250	200	250	200	150	100	100
方式 3：毛需求	300	200	300	200	250	200	150	200	100
方式 4：毛需求	400	400	550	350	400	400	250	300	200
方式 5：毛需求	300	200	250	150	150	200	100	200	100
方式 6：毛需求	300	200	250	200	250	200	150	200	100
方式 7：毛需求	300	200	250	200	250	200	100	200	100

通常可设定需求时界以内各时段的毛需求以合同为准，需求时界以外的时段以预测值或合同值中较大的数值为准。

在需求时间区内，订单已经确定，客户需求便取代了预测值，此区间内的产品数量和交货期一般是不能变动的；在计划时区内，需要将预测需求和实际需求加以合并，通常采用实际需求或预测数值中较大者。计划时区表示企业已安排生产，或已确认的计划，不能由 MPS 自动改变，需要变动时应由高层领导人员批准；在预测时区内，由于对客户的需求知道得很少，只好利用预测，预测时区内的产品数量和交货期可由系统自动进行变更。

3. 计划接收量(Scheduled Receipts)

主要指在该阶段可能接收到的数量，如以前已在执行中的订单预期在未来交付的数量，它们往往出现在比较初始的位置，如表 5-5 时段 1 的 100 就表示在计划日期前已在执行的将在计划日期之后到达的下达订单数量。人工添加的接收量也可在此行显示。

4. 净需求量(Net Requirement，NR)

净需求量是指满足毛需求和安全库存裕量的目标数量。

$$净需求量＝毛需求量－计划接收量－可利用库存量$$
$$＝毛需求量－计划接收量－(现有库存－安全库存－已分配量)$$

其中，可利用库存量是现有库存扣除安全库存和已分配量后的可参与分配的库存部分。粗略地说，当现有库存量足够满足毛需求和安全库存的需求时，净需求量为零。

5. 预计可用库存量(Projected Available Balance，PAB)

可用库存量是现有库存中，扣除了预留给其他用途的已分配量，可以用于需求计算的那部分库存。

$$预计可用库存量＝前一时段末的可用库存量＋本时段计划接收量－$$
$$本时段毛需求＋本时段计划产出量$$

上式中若右侧前三项计算的结果为负值，说明如果不给予补充，将出现短缺，因此在本时段需要有一个计划产出量予以补充，从而推算出 MPS 的生产量和生产时间。

6. 可供销售量(Available To Promise，ATP)

可供销售量(ATP)是在主生产计划量满足实际需求量后的剩余，也有称可承诺量、待分配量。其计算方法如下：

$$可供销售量(ATP)＝本时段计划产出量＋本时段计划接收量－$$
$$本次至下一次出现计划产出量之前各时段合同量之和$$

如果在某一个时区内合同需求量大于计划产出量，即出现负的 ATP 值，则可以进行调整，有时直接把负值舍去而把正值保留，也可以利用早先时区的可供销售量中进行折扣。

7. 累计可供销售量

这是可供销售量的简单时序累计值。从最早的时段开始，某时段的累计 ATP 等于前一个时段为止的累计 ATP 加上本时段的独立 ATP 量。直接利用累计 ATP 扣减之前的各个额外需求量之和，作为衡量本时段总共还可以灵活支配的总数量，所以它使用时更为直观。这里软件应有累计可供销售量的功能，把早期未销出的可供销售量自动转入以后各期。

5.6.2　主生产计划表编制示例

主生产计划的编制可以利用 MPS 报表来直观推算。它是根据毛需求量和事先确定好的订货策略和批量，以及安全库存量和期初库存量，计算各时段的主生产计划接收量和预计可用库存量，并根据预计可用库存量情况选择批量生产，形成一份主生产计划报表。主生产计划报表的全部推算过程如下。

(1) 推算毛需求。毛需求由预测值和实际的合同值组合得出。

(2) 计算当期预计可用库存量。考虑已分配量计算计划初始时刻当期预计库存。

$$当期预计可用库存量＝现有库存量－已分配量$$

(3) 推算 PAB 初值。考虑毛需求推算特定时段的预计库存量。

$$PAB\ 初值＝上期末预计可用库存量＋计划接收量－毛需求量$$

(4) 推算净需求。考虑安全库存推算特定时段的净需求。

$$当 PAB\ 初值≥安全库存，净需求＝0$$
$$当 PAB\ 初值<安全库存，净需求＝安全库存－PAB\ 初值$$

(5) 推算计划产出量。考虑批量推算特定时段的计划产出量。

$$当净需求>0，计划产出量＝N\ ×批量$$

$$满足：计划产出量≥净需求>(N－1)×批量$$

(6) 推算预计可用库存量。推算特定时段的预计库存量。

$$预计可用库存量＝计划产出量＋PAB\ 初值$$

(7) 递增一个时段，分别重复进行(3)~ (6)，循环计算至计划期终止。

(8) 推算计划投入量。考虑提前期推算计划期全部的计划投入量。

(9) 推算可供销售量。在有计划产出量时往后倒推到上一个计划产出量位置进行计算。

例 5.1　假定某叉车厂期初库存为 160 台，安全库存量为 20 台，生产批量为 200 台，需求时界 2，计划时界 6，则 MPS 计划如表 5-6 所示。

表 5-6　主生产计划运算报表

时　区	需求时区		计　划　时　区				预　测　时　区					
时段(周)	1	2	3	4	5	6	7	8	9	10	11	12
预测量			80	80	80	80	80	80	80	80	80	80
合同量	72	100	92	40	64	112	0	8	0	60	0	0
毛需求	72	100	92	80	80	112	80	80	80	80	80	80

(续表)

时　　区	需求时区		计　划　时　区				预　测　时　区					
PAB 初值	88	-12	96	16	136	24	-56	64	-16	104	24	-56
净需求		32		4			76		36			76
MPS 计划产出量		200		200			200		200			200
预计库存量 PAB	88	188	96	216	136	24	144	64	184	104	24	144
可供销售量 ATP	88	8		-16			192		140			

在例 5.1 中，首先根据预测和实际需求合并得到确定的毛需求。在需求时间区(第 1~2 周)内，毛需求就是实际合同需求；在计划时间区(第 3~6 周)内，毛需求是预测和实际需求中数值较大者；在预测时间区(第 7~12 周)内，毛需求为预测值。

然后，根据期初库存量 160 与第 1 周的毛需求 72 相减得到 PAB 初值 88，大于安全库存 20，所以没有净需求；在第 2 周期，由于第 1 周期末的库存量为 88 不能满足第 2 周期 100 的毛需求，缺少 12，即 PAB 初值＝88－100＝-12<20，加上补充到安全库存 20 的需要，所以净需求为 12＋20＝32，这时应启动 MPS 的生产，按生产批量完成 200 台的产出，以满足净需求；依此类推，用上一期末的预计库存量减去本期的毛需求，如果小于安全库存 20，则安排计划产出量来补充，数量为 200 的整数倍数，并相应地计算出可供销售量等数值指标。具体计算如下。

时段 1：　PAB 初值＝160－72＝88>20

净需求(NR)＝0

计划产出量＝0

预计库存量(PAB)＝160－72＝88

可供销售量(ATP)＝160－72＝88

时段 2：PAB 初值＝88－100＝-12<20

净需求(NR)＝20－(-12)＝32

计划产出量＝200

预计库存量(PAB)＝88＋200－100＝188

可供销售量(ATP)＝200－100－92＝8

时段 3：PAB 初值＝96－80＝16<20

净需求(NR)＝20－16＝4

计划产出量＝200

预计库存量(PAB)＝96＋200－80＝216

可供销售量(ATP)＝200－40－64－112＝-16

依此类推，从而得到一系列预计的 MPS 数量。

例 5.2　假定某电子厂对物料号为 100001 的电子游戏机编制主生产计划表。现有库存量 80 台，安全库存量 50，生产批量为 100，批量增量 100，生产提前期是 1，需求时界 3，计划时界 8，第 1 周有计划接收量 100，则主生产计划编制如表 5-7。

表 5-7　主生产计划运算报表

时　区		需　求　时　区			计　划　时　区					预　测　时　区		
时段(周)	当期	1	2	3	4	5	6	7	8	9	10	11
预测量		60	60	60	60	60	60	60	60	60	60	60
合同量		110	80	50	70	50	60	110	150	50		20
毛需求		110	80	50	70	60	60	110	150	60	60	60
计划接收量		100										
PAB 初值	现有	70	-10	40	70	10	50	-60	-10	30	70	10
预计库存量	量80	70	90	140	70	110	50	140	90	130	70	110
净需求			60	10		40		110	60	20		40
计划产出量			100	100		100		200	100	100		100
计划投入量		100	100		100		200	100	100		100	
可供销售量		70	20	-20		-10		90	-50	50		80

　　在例 5.2 中，首先根据预测和实际需求合并得到确定的毛需求。在需求时区内，毛需求等于实际合同需求；在计划时区内，毛需求是预测和实际合同需求中数值较大者；在预测时区内，毛需求就是预测值。

　　然后，在第 1 周，根据期初库存量 80 加上期初计划接收量 100，减去第 1 周的毛需求 110，得到 PAB 初值 70，大于安全库存，没有净需求；在第 2 周期，由于第 1 周期末的预计库存量为 70 不能满足第 2 周期 80 的毛需求，PAB 初值-10，加上补充到安全库存 50 的需要，所以净需求为 50-(-10)=60，这时应启动 MPS 的生产，按生产批量完成 100 台的产出，以满足净需求；依此类推，用上一期末的预计库存量减去本期的毛需求，如果小于安全库存 50，则安排计划产出量来补充，数量为 100 的整数倍数，并相应地可计算出可供销售量等数值指标。具体计算如下。

　　　　时段 1：PAB 初值＝80＋100－110＝70>50
　　　　　　　净需求(NR)＝0
　　　　　　　计划产出量＝0
　　　　　　　预计库存量(PAB)＝70
　　　　　　　可供销售量(ATP)＝80＋100－110＝70
　　　　时段 2：PAB 初值＝70－80＝-10<50
　　　　　　　净需求(NR)＝50-(-10)＝60

　　　　　　　计划产出量＝100(提前 1 个时段安排计划投入生产)

　　　　　　　预计库存量(PAB)＝70＋100－80＝90

　　　　　　　可供销售量(ATP)＝100－80＝20

　　时段 3：PAB 初值＝90－50＝40<50

　　　　　　　净需求(NR)＝50－40＝10

　　　　　　　计划产出量＝100(提前 1 个时段安排计划投入生产)

　　　　　　　预计库存量(PAB)＝90＋100－50＝140

　　　　　　　可供销售量(ATP)＝100－50－70＝－20

　　依此类推，从而得到一系列预计的 MPS 数量和库存状态信息，这就完成了 MPS 初稿的编制。

5.7　MPS 实施与控制

5.7.1　MPS 的实施问题与控制

　　主生产计划是闭环计划系统的一个关键部分，它实现了产成品项目需求与生产能力之间的平衡。主生产计划的质量在很大程度上决定了企业的生产组织效率和资源的利用。主生产计划的质量欠佳，将会影响工厂资源的利用，或是超负荷使用，或是大量劳动力或设备的闲置；主生产计划不稳定、不可靠，将可能出现很多紧急订单，或造成大量在制品积压，占用大量资金；将会降低对用户的服务水平；最终将失去整个计划编制系统的可靠性，不能及时交货，造成经济损失，失去客户，影响市场的占有。

　　主生产计划正式批准、投放后，在实际生产过程中，由于来自生产、市场和采购方面的原因，这些因素直接或间接地影响计划的实际执行，使得 MPS 的计划生产量和实际生产量之间会有差异，所以需要对 MPS 的实施过程进行监测和控制。

1. 生产活动对 MPS 会产生直接的影响

　　为保证 MPS 的执行，必须监测生产制造过程情况，这时需要测定 MPS 的实际生产量与计划生产量之间的偏差，并确定产生这些偏差的原因。在生产中由于能力的变化，前一个周期任务的延期完成、废品的产生都可能影响 MPS 的完成。另外，如停机、停工、准备时间的变化、可用原材料的减少等也都是影响 MPS 完成的因素。为此，应常保有一些过剩的能力以便对付计划外的需求，并提高 MPS 的计划裕量。实际上预测量的加入排产，对于平衡生产过程的连续稳定性，抵抗市场销售的波动冲击，具有非常重要的意义。

2. 采购和市场行为对 MPS 具有间接影响

　　在采购实施中，影响 MPS 的常常有三个问题：即采购订单完成拖期、提前期不准确、已采购项目的拒收。因此，要对采购行为进行监控，包括对供应商的仔细选择，对供应商行为的了解和控制，以及在交货过程中运输问题的解决等。这些问题除了可以返工修正外，甚至可能导致 MPS 的重新修改。

对于市场销售方面，市场实施包括检查预测需求与实际顾客订单之间的差异，以及在固定计划周期内预测需求变化的频度和大小。当实际的需求与预测需求发生较大偏差时，其结果将影响库存水平，造成或高或低的结果，也影响能力计划，使其失去平衡，最终将导致顾客服务质量的下降。因此，要遵循三条原则，即发生重大的变化立即告知；考虑改变产品组合以满足顾客订单对样式变化的要求；考虑预测需求变化对 MPS 的影响。

3. MPS 的运作控制

虽然随着客观环境的不断变化，主生产计划也应当适应客观变化。但是，如果一味追随变化，朝令夕改，势必造成生产上的混乱。因此，控制计划变动是保证计划可执行程度的重要内容。

为了寻求一个比较稳定的主生产计划，人们提出了需求时界和计划时界的概念，从而向生产计划人员提供一个有效的控制计划手段。需求时界提醒计划人员，早于这个时界的计划已在进行最后装配阶段，不宜再做变动；计划时界提醒计划人员，在这个时界和需求时界之间的计划已经确认，不允许系统自动更改，必须由主生产计划员来控制；在计划时界以后的计划是系统可以自行改动的。

MPS 的修改应着重考虑的因素主要有：所用物料是否增加？成本增加了没有？是否影响对用户的服务水平？MPS 的可信度是否严重下降？要分析变动 MPS 计划的限制条件、难易程度、需要付出的代价并确定审批权限，从而谋求一个比较稳定的主生产计划。

总之，主生产计划是生产计划大纲的延伸，也是物料需求计划的基础。主生产计划的质量对整个企业的生产经营活动起着决定性的作用，必须特别加以注意。

5.7.2　主生产计划员

在实施 MRPⅡ系统的企业里，一般均设置主生产计划员(Master Scheduler)一职。主生产计划就是由专职的主生产计划员负责编制的。在 MRPⅡ应用系统里，主生产计划员是一个非常关键的岗位，对这个岗位的人员有较高的素质要求，必须能做到以下几点。

- 非常熟悉 MRPⅡ计划与控制的原理与方法，富有权威和远见。
- 能灵活熟练地对主生产计划进行判断和调整，有把握全局的主控技能。
- 熟悉产品和生产工艺，了解车间作业情况，有生产指挥调度能力。
- 知道如何建立产品的搭配组合，以减少生产准备，合理利用资源。
- 知道如何安排通用零部件的生产，保持生产的均衡性，缩短交货期。
- 熟悉物料性能和采购供应情况，预见可能发生的问题，防患于未然。
- 熟悉销售合同来源及客户要求，能准确把握和科学地进行市场预测。
- 熟悉财务成本核算体系，有财务管理分析能力，能进行作业成本控制设置。

- 保持同销售、设计、物料、生产、财务等部门的联系，富有沟通协调能力。
- 把核实和调整 MPS 系统生成的计划订单作为日常工作，保证 MRPⅡ系统正常运行。

5.8 本 章 小 结

在 MRPⅡ的计划层次中，主生产计划是一个承上启下的富有意义的重要环节。主生产计划在综合平衡了客户需求和可用库存的现状后，依据生产的实际情况，综合平衡了生产需求和可用资源的矛盾，获得一个详细的、合理的、可行的产品出产进度计划。

编制主生产计划时，应在基于最少项目原则、独立具体原则、关键项目原则、全面代表原则、适当裕量原则和基本稳定原则的基础上，选择适当的计划对象。

MPS 报表集成了计划、生产、销售、库存等多方面的信息。MPS 报表的格式有横式和竖式两种。横式报表主要说明需求和供给以及库存量的计算过程，竖式报表则能追溯显示供给(订单下达状况)和需求(任务的来源)的来源和处理状况。

主生产计划的编制，重点包括编制项目 MPS 初步计划、进行粗能力平衡和调整 MPS 初步计划三个方面，涉及到毛需求、净需求、计划产出量、计划投入量，预计可用库存量(PAB)和可供销售量(ATP)的计算。可供销售量可应付一些额外的需求。

实施 MRPⅡ系统的企业里，一般均设置主生产计划员，负责 MPS 的编制和运行控制。

关键术语

最终项目　最终装配计划(FAS)　MPS 报表　毛需求量　净需求量　计划产出量/计划投入量　预计可用库存量(PAB)　可供销售量(ATP)　计划接收量　计划物料单(计划 BOM)主生产计划员

思考练习题

(1) 主生产计划的作用是什么？

(2) 说明主生产计划编制对象的选择原则。

(3) 分析比较几种毛需求计算方式的使用场合和优缺点。

(4) 分析主生产计划两个时界点的控制意义。

(5) 净需求量是如何产生的？求净需求量有何意义？

(6) 可供销售量是如何产生的？求可供销售量有何意义？

(7) 可供销售量出现负值时表示什么？如何进行调整？

(8) 说明制订主生产计划的步骤。

(9) 分析说明修改主生产计划的两种方式的应用时机。

(10) 分析说明"两阶段法"和"一步规划法"制订 MPS 的异同点。

(11) 一家仪表制造商使用一个 MRP 系统来控制它的生产过程。正常情况下，它的标准化产品都能获得稳定的订单，它的特制产品也会收到有特殊需求的顾客的订单。偶尔，它也会收到一些国外顾客的一次性订单。公司还将提供全面维修、备件供应和展览服务作为竞争战略的一部分。请问，该公司输入 MRP 系统的需求信息由哪些要素组成？

(12) 已知一个 MPS 项目的期初库存为 275；安全库存为 50；MPS 批量为 200；销售预测：第 1~8 周均为 200；实际需求：第 1~8 周依次为：180、250、185、230、90、200、50、30。讨论并分别考虑各种毛需求规则，计算预计 MPS 的数量和预计可用库存量，完成该 MPS 项目初步计划的制定。

(13) 按照表 5-8 主生产报表表头条件填写完整的主生产计划报表。

表 5-8　主生产计划报表格式

物料号：203001　　物料名称：喷墨打印机　　计划日期：2013.02.28　　计划员：李四
现有库存量：80　　安全库存量：50　　批量：100　　批量增量：100
提前期：2　　需求时界：3　　计划时界：8　　单位：台

时段	当期	1	2	3	4	5	6	7	8	9	10	11
		03/04	03/11	03/18	03/25	04/01	04/08	04/15	04/22	04/29	05/06	05/13
预测量		60	80	80	60	60	60	60	60	60	60	60
合同量		110	90	70	70	50	60	80		50		20
毛需求												
计划接收量												
PAB 初值	现有											
PAB	量 80											
净需求												
计划产出量												
计划投入量												
可供销售量												

(14) 为上面(13)题的主生产计划横式报表，编制对应的主生产计划竖式报表。

(15) 某企业生产 1 种产品，产品生产的批量为 20，提前期为 2 周，需求时界为 2 周，计划时界为 5 周，安全库存为 10，当前可用库存为 40，第 1 周的计划接受量为 20，已知所接受的订单情况和销售预测，试根据表 5-9 制定该产品的主生产计划。

表 5-9　主生产计划报表格式

时段	当期	1	2	3	4	5	6	7	8	9	10
		3/01	3/08	3/15	3/22	3/29	4/05	4/12	4/19	4/26	5/03
预测量		10	10	0	10	20	20	20	10	20	30
订单量		32	30	26	0	24	0	0	15	18	21
毛需求											
计划接收量											

(续表)

时段	当期	1	2	3	4	5	6	7	8	9	10
		3/01	3/08	3/15	3/22	3/29	4/05	4/12	4/19	4/26	5/03
PAB 初值											
预计库存量											
净需求											
计划产出量											
计划投入量											
可供销售量											
调整后 ATP											

(16) 某电视机厂要对物料号为 202001 的 29 英寸高清晰度电视机编制主生产计划表。现有库存量 180,安全库存量 50,生产批量为 100,批量增量 100,生产提前期是 2。计划开始日期是 2013 年 6 月 1 日,计划时段单位是周,计划展望期为 11 周,需求时界 3,计划时界 8,销售预测第 1 周到第 11 周均为 200;实际第 1 到 11 周已签订的合同量依次为:280、200、190、230、190、150、250、230、170、160、110。编制该项目的主生产计划报表。

(17) 比较 MRP Ⅱ 不同的计划层次中,预测的具体应用,包括预测目标、预测数据的来源、预测展望期、预测周期,以及所涉及人员。

第6章 MRPⅡ原理：物料需求计划

【导语】

第 5 章的主生产计划(MPS)反映的是产成品的计划。而生产进程中还要考虑下层大量具体的零部件的需求，这就是本章要讲述的物料需求计划(MRP)的内容。本章从 MRP 概念及内容出发，分析了 MRP 的作用与意义，详细介绍了物料清单(BOM)的类型和使用，分析了 MRP 基本原理、编制思路和有关计算，最后详细列举了 MRP 的编制过程以及 MRP 的运行使用，使读者对 MRP 的工作原理有个全面的了解。

6.1 MRP 概念及内容

物料需求计划是对主生产计划的细化，用以协调生产的物料需求和物料库存之间的差距，如图 6-1 所示。

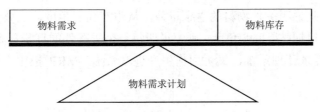

图 6-1 物料需求计划功能

要对复杂生产过程进行控制，必须随时检查一切必备的物料是否能满足需要。个别物料的短缺往往会引起严重的连锁反应，使生产陷于停顿。主生产计划只是对最终产品的计划，而一个产品可能由成百上千种相关物料组成、一种物料也可能会用在几种产品上、不同产品对同一个物料的需用量又不同，如果把企业所有产品的相关需求件汇合起来，数量相当巨大。而且，不同物料的加工周期或采购周期不同，需用日期也不同。要使每种物料能在需用日期配套备齐，满足装配或交货期的要求，又要在不需要的时期不过量占用库存，还要考虑合理的生产批量甚至安全库存，如此需要进行大量数据运算，靠手工管理是难以想象的。以计算机软件算法为基础的 MRP 系统提供了令人满意的解决方案，有效地克服了手工管理难以解决物料短缺和库存量过大的症结。

物料需求计划以产成品的实际主生产计划为基础，来测定下层组成物料的需求时间和准确数量，提供未来物料供应计划和生产计划。物料需求计划根据产品结构的具体特征，将主生产计划具体分解成零部件的生产进度计划，以及原材料(外购件)的采购进度计划，确定自制件的投产日期与完工日期、原材料(外购件)的订货采购日期和入库日期。

6.2　MRP 作用与意义

物料需求计划是 MRP Ⅱ 系统微观计划阶段的开始，是 MRP Ⅱ 的重要特征。MRP 是 MPS 需求的进一步展开，也是实现 MPS 的保证和支持。MRP 是一种分时段的优先级计划，它根据 MPS、物料清单和物料可用量，计算出企业要生产的全部加工件和采购件的需求量；按照产品出厂的优先顺序，计算出全部加工件和采购件的需求时间，并提出建议性的计划订单。

在制造业的生产经营活动中，为了使得生产连续不断地有序进行，同时又满足波动不定的市场需求，需要对原材料、零部件、在制品和半成品进行合理储备；但是原材料、零部件和在制品的库存要占有大量资金，甚至会因为计划不周而产生积压浪费。为加快企业的资金周转，提高资金的利用率，需要尽量降低库存。MRP 正是为了解决这一矛盾提出的，它既是一种较精确的生产计划系统，又是一种有效的物料控制系统，用以保证在及时满足物料需求的前提下，使物料的库存水平保持在最小值内。

MRP 遵循 JIT 的思想，实现适时、适量的生产与采购，尽量减少生产中的在制品，压缩外购物件的库存量，缩短生产周期，保证按期交货。MRP 最终要提出每一个加工件和采购件的建议计划，除说明每种物料的需求量外，从生产加工角度，还要说明每一个加工件的开始日期和完成日期；从采购角度，则要说明每一个采购件的订货日期和入库日期。所以，MRP 既可用作需求计划系统，又可用作生产进度系统。MRP 把生产作业计划和物料供应计划统一起来。

6.3　物料清单(BOM)

企业所制造的产品构成和所有要涉及的物料，是基本的运作对象。MRP Ⅱ/ERP 系统中，为了便于计算机识别，必须把用图示表达的产品结构(产品结构树)转化成某种数据格式，这种以数据格式来描述产品结构的格式文件就是物料清单，即 BOM。它完整地表达了产品组成关系，即描述了制造产品所需要的原材料与零件、部件、总装件之间的从属关系和数量关系，所以又常被称为产品结构表，或简称 BOM 表。

在 MRP Ⅱ 中物料一词是一个广义的概念，它是所有产品、半成品、在制品、原材料、配套件、协作件、易耗品等与生产有关的物料的统称。由于这一概念的扩展，使得能全面反映包含原材料、自制品(零部件)、成品、外购件和服务件(备品备件)这些更大范围的物料之间的必然联系。

在 MRPⅡ系统里，BOM 是相当关键的基础数据，这是一份计划工作用的管理文件，它是物料需求系统(MRP)的主要输入之一。在介绍 MRPⅡ工作原理时，总假定存在着一个能正确、完整地表达产品结构的 BOM 表。

6.3.1　产品结构的描述

MRP 的运行就是遵从产品制造的基本规律，即依赖于产品的结构信息，按产品的结构规律来进行物料的需求分解。所以首先要对产品结构进行形式化表达。

1. 产品结构树与 BOM

用产品结构树来反映产品结构比较直观，它形如一棵倒长的树，根在上面，树杈在下面，图 6-2 就是一个简单的产品结构树。这是生产(或组装)一副眼镜的有关产品结构树。

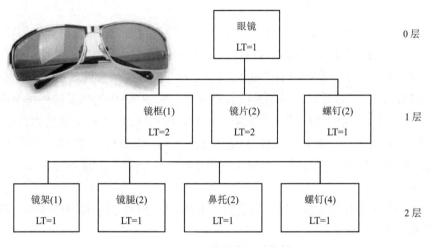

图 6-2　眼镜的产品结构树

通常树根部反映的是最终产品项目(0 层，如眼镜)，以后依次是组成产品的部件或组件(1 层，如镜框、镜片)、零件(2 层，如镜架、镜腿、鼻托)、原材料(3 层)等。其中 0 层为最高层，1 层其次，数越大层次越低。

如果说产品结构树从视觉上比较直观地反映了产品结构，那么物料清单则是以一种特殊的格式将产品结构存储于计算机中，在计算机上进行 MRP 运算时所需的产品结构数据都是用 BOM 来描述的。由于 BOM 常用来反映产品结构的有关信息，所以也叫产品结构文件。

在 BOM 中，它包含了一个产品在生产或装配时所需的全部组件、零件及原材料的清单，它不仅能反映一个产品的物料构成项目，同时还指出这些项目之间的实际结构关系，即从原材料、零件、组件、部件直到最终产品，每一层次间的隶属和数量关系。例如图 6-2 所述的产品结构用 BOM 来描述则是如表 6-1 所示的形式。

表 6-1 所示的 BOM 是最常见的内缩式物料清单，BOM 还有其他多种形式，将在 6.3.2

节中讲述。

表 6-1　一副眼镜的 BOM

产品物料号：20000　　　　　　产品名称：眼镜　　　　　　层次：0

物　料　号	物 料 名 称	数　量	计 量 单 位	层　次
20100	镜框	1	副	1
·20110	镜架	1	个	2
·20120	镜腿	2	支	2
·20130	鼻托	2	个	2
·20099	螺钉	4	个	2
20300	镜片	2	片	1
20099	螺钉	2	个	1

在 BOM 中，每一个关系都定义成"母项/从属子项"的形式，并给出从属子项的数量。同时，一个关系中的某个从属子项也可以在其他关系中充当"母项"，从而形成了项目之间的层次从属关系。一个产品的所有"母项/从属子项"关系的集合就表达了"产品结构"。BOM 就其实质而言是一份反映产品结构的数据文件。在 BOM 中列出了构成每个上属母项的零部件和材料，以及它们之间的数量关系。显然，BOM 给出了两个最基本的重要信息：

● 一个上属项(产品、部件、组件等)是由哪些下属项(原材料、配件、零件等)所组成的。同理，也可以说明某个下属项应用于哪些上属项。上属项即母项，下属项即子项。

● 一个上属项对构成它的下属子项的数量要求。BOM 给出了每个子项在其母项中的需要量。

仍以图 6-2 相关需求中的产品眼镜为例。对于眼镜来说，部件镜片、镜框为子项，眼镜为母项；而在部件镜框与零件镜架、镜腿的关系中，镜框成为母项，镜架、镜腿则成为子项。从图形上看，产品眼镜是一个多层次的金字塔形结构。结构表中的每一层都有编号。结构表的最顶层，即相当于最终产品的一层为 0 层，称为最终项目。

一般地，一个 BOM 文件至少应包括三个数据项：标识代码、需求量(单位母项所需该子项的数量)、层次码(该项目在结构表中相对于最终项目的位置)。除此之外，BOM 中还可包括子项的多个层面的详细说明，如来源、成品率、提前期、ABC 码、有效时间、财务成本等方面的信息。正是由于提供了这些丰富的产品结构信息，使得对生产过程的全面控制和管理成为可能。

2. 低位码(LLC)

在产品结构表中，物料的层次码反映了某项物料相对于最终项目的位置。通常把最顶层的物料层次码定为 0，与顶层直接相连的层次码定为 1，以此类推，层次码可以顺推为 2、3、4、……、N。

但在结构表中，存在着同一物料项同时出现于表中不同层次的现象，这种项目称为多层次通用件。一个多层次通用件可能出现在同一产品的不同层次上，也可能出现在不同产品的不同层次上。在核算某项物料的总需求量时需要全面考虑其在不同层次上、不同产品上的使用情况，具体分解到哪里截止、具体计算到哪一层，软件系统里要能明确断定。为提高 MRP 工作效率，引入最低层次码——"低位码"(Low Level Code)来辅助控制。

所谓"低位码"，是指某个物料在所有产品结构树中所处的最低层次。如图 6-2 眼镜产品结构树中的零件螺钉分别处于产品结构树的 1 层和 2 层，于是螺钉的低位码就是 2，而其他零件的低位码数与它们位于产品结构树的层次相同。如果还有一个产品使用零件螺钉，且此时零件螺钉处于该产品结构树的第 4 层，于是螺钉的低位码就应为 4。

每个物料有且仅有一个低位码，在 MRP 展开时，对项目的计算先辨别低位码，然后只在最低层次上进行最后合并运算。各种软件运算低层码的方法会有不同，可由人工设定，也可由系统在每建立或维护一次 BOM 时自动修订。

6.3.2　BOM 的基本格式

BOM 是 MRP Ⅱ系统中最重要的基础数据，其组织格式设计和合理与否直接影响到系统的处理性能。因此，根据实际的使用环境，灵活地设计合理且有效的 BOM 是十分重要的。为了便于计算机管理和处理的方便，BOM 必须按照某种合理的组织形式存储，而且为了便于在不同的场合下使用 BOM，BOM 还应能转换成多种表达形式和格式。

在将产品结构的数据(BOM)输入 MRP 软件系统后，可以使输入的数据生成各种不同格式的 BOM，并可对其进行查询，它能根据用户的不同格式要求显示出来。由于 BOM 是由多个母件与子件所组成的关系树，一般的，BOM 可以采用自顶向下分解的形式或者自底向上跟踪的形式提供信息。分解是从上层物料开始将其展开成下层物料，跟踪则是从底层物料开始得到上层物料。

BOM 一般有如下常用的格式。

1. BOM 典型格式

● 多层 BOM——缩行展开

多层 BOM 是从最终产品开始，在每一上层物料下以缩行的形式列出它们的下属物料和构成数量，从而按缩行展开形成的一种完全分解表。缩行展开的格式是以产品制造的方式来表示产品的，同一层次的所有物料都显示在同一列上，一般是缩排式的。如表 6-1 所示就是眼镜的多层 BOM 结构。

● 单层 BOM——单层展开

单层 BOM 是直接对每一上层物料所使用的所有下层物料形成多条数据记录，每条记录表明直接用于母件中的每个组件以及数量。如上面产品眼镜的单层 BOM 结构如表 6-2 所示。

表 6-2　一副眼镜的单层 BOM 结构

记 录 号	母件(物料号)	子件(物料号)	装 配 数 量	单 位
1	眼镜(20000)	镜框(20100)	1	副
2	眼镜(20000)	镜片(20300)	2	片
3	眼镜(20000)	镙钉(20099)	2	个
4	镜框(20100)	镜架(20110)	1	个
5	镜框(20100)	镜腿(20120)	2	支
6	镜框(20100)	鼻托(20130)	3	个
7	镜框(20100)	镙钉(20099)	4	个

把单层 BOM 连接在一起就形成多层 BOM,可用来表明直接或间接用于制造各级母件的所有子件。由于采用多个单层展开就能完整地表示产品的多层结构,所以 ERP 信息系统录入时一般是直接录入单层 BOM,再由软件算法自动生成多层 BOM,并可根据需要输出其他一些形式的 BOM。

2. BOM 的输出形式

● 汇总 BOM——汇总展开

汇总展开的结构分解表列出了组成最终产品的所有物料的总数量(如表 6-3 所示)。它可用于快速估计完成一定数量装配的总需求。这种格式并不表示产品生产的方式,但却有利于产品成本核算、采购和其他有关的活动。

表 6-3　一副眼镜的汇总 BOM 结构

产品物料号:20000　　　　　　　产品名称:眼镜　　　　　　　层次:0

物 料 号	物 料 名 称	数 量	计 量 单 位	说 明
20110	镜架	1	个	
20120	镜腿	2	支	
20130	鼻托	2	个	
20099	螺钉	6	个	
20300	镜片	2	片	
20100	镜框	1	副	

● 单层追踪——单级反查表

单层追踪格式显示直接使用某物料的上层物料(如表 6-4 所示),这是反查一种物料被用在哪里的清单,它指出的是直接使用某物料的各上层物料。

表6-4　一副眼镜的单层追踪 BOM 结构

记录号	子件(物料号)	母件(物料号)	装配所需数量	单位
1	镜框(20100)	眼镜(20000)	1	副
2	镜片(20300)	眼镜(20000)	2	片
3	镙钉(20099)	眼镜(20000)	2	个
4	镙钉(20099)	镜框(20100)	4	个
5	镜腿(20120)	镜框(20100)	2	支
6	鼻托(20130)	镜框(20100)	3	个
7	镜架(20110)	镜框(20100)	1	个

- 缩行追踪——多级反查表

缩行追踪的完全回归表指出了某零件在所有高层物料中的使用情况，它可查找直接或间接地使用某零件的所有高层物料(如表 6-5 所示)。采用这种格式很有价值，因为它将最终产品(或者说主生产计划中的项目)的需求分解成具体零件的需求，以此建立所有低层零件需求计划。如果低层零件计划存在问题，通过跟踪就能确定对这一零件产生需求的上层物料。

表6-5　一副眼镜的单层追踪 BOM 结构

序号	子件(物料号)	母件(物料号)	装配所需数量	单位
1	镜框(20100)	眼镜(20000)	1	副
2	镜片(20300)	眼镜(20000)	2	片
3	镙钉(20099)	眼镜(20000)	2	个
4	镙钉(20099)	镜框(20100)	4	个
5	镙钉(20099)	·眼镜(20000)	1	个
6	镜腿(20120)	镜框(20100)	2	支
7	镜腿(20120)	·眼镜(20000)	1	支
8	鼻托(20130)	镜框(20100)	3	个
9	鼻托(20130)	·眼镜(20000)	1	个
10	镜架(20110)	镜框(20100)	1	个
11	镜架(20110)	·眼镜(20000)	1	个

- 汇总追踪——汇总反查表

汇总追踪回归一览表指出了某物料在所有高层物料中被使用的情况(如表 6-6 所示)，可用于查找直接或间接使用该物料的所有高层物料直至产品。"所需数量"表示装配成该层次的物料所需的零件总数。在决定生成某物料需求的上属物料以及评价工程设计变化的效果时，汇总追踪格式很有价值。

表 6-6　　一副眼镜的汇总追踪 BOM 结构

序　号	子件(物料号)	母件(物料号)	装配所需数量	单　位
1	镜框(20100)	眼镜(20000)	1	副
2	镜片(20300)	眼镜(20000)	2	片
3	镙钉(20099)	眼镜(20000)	6	个
4	镙钉(20099)	镜框(20100)	4	个
5	镜腿(20120)	镜框(20100)	2	支
6	镜腿(20120)	镜框(20100)	2	支
7	鼻托(20130)	眼镜(20000)	3	个
8	鼻托(20130)	镜框(20100)	3	个
9	镜架(20110)	眼镜(20000)	1	个
10	镜架(20110)	镜框(20100)	1	个

● 末项追踪格式

末项追踪格式又称末项反查表，它仅仅列出使用某个零件的那些末项。

3. 矩阵式的 BOM

矩阵式的 BOM 是对具有大量通用零件的产品系列进行数据合并后得到的一种 BOM。这种形式的 BOM 可用来识别和组合一个产品系列中的通用零件。在表 6-3 的输出格式中，"物料名称"列出的是各种通用零部件，"产品"列的上部列出了各个最终产品，下面的数字表示装配一个最终产品所需该零件的数量。对于有许多通用零件的产品，这种形式的 BOM 很有用处。但矩阵式 BOM 无法标示产品制造的方式，它没有指出零件之间的装配层次，因此不能用于指导多层结构产品的制造过程。

表 6-7　　矩阵式的 BOM

物　料　号	物　料　名　称	计量单位	产　　品			
			9W 节能灯	11W 节能灯	15W 节能灯	18W 节能灯
1910	灯管	厘米	48	51	57	60
1120	导丝	克	5	5	5	5
1220	荧光粉	克	4	5	7	9
1130	惰性气体	毫升	4	4	8	8
1850	电路板	个	1	1	1	1
1410	灯座	个	1	1	1	1
1610	灯头	个	1	1	1	1
1090	胶水	克	25	30	35	40
1080	汞	克	2	2	2	2

4. 加减 BOM

这种 BOM 有时又称为"比较式"BOM，或"异同式"BOM。它以标准产品为基准，并规定还可以增加哪些零件或去掉哪些零件。一个特定的产品就被描述为标准产品加上或减去某些零件。加减 BOM 能有效地描述不同产品之间的差异，但不能用于市场预测，也不太适用于 MRP。

5. 计划 BOM(Planning BOM)

计划 BOM 是根据产品结构和工艺流程特点，把某一层的特定相似组件作为"最终项目"(即模块化处理)，是嵌套于主物料清单的小模块物料清单。这种模块化的 BOM 用于帮助物料的明细需求核算，可简化主生产计划。

6.3.3　BOM 的构造原则

BOM 是系统中最重要的基础数据库，它几乎与企业中的所有职能部门都有关系，BOM 构造的好坏，直接影响到系统的处理性能和使用效果。因此，根据实际环境，灵活地构造合理和高效的 BOM 是十分关键的。就一般情况而言，构造 BOM 有如下一些经验原则。

- 先从单层 BOM 做起，所有单层物料单输入后，产品 BOM 就可由系统自动生成。
- 划分产品结构层次应尽量简单，便于维护，便于减少库存事务处理次数。
- 要考虑库存控制和批量控制的要求和制约，结合工艺路线来研究层次关系。
- 结合工艺控制点和生产组织方式尽量进行 BOM 扁平化的处理和实现。
- BOM 中零件、部件的层次关系要反映实际装配过程，方便生产加工订单处理。
- 结合工艺路线，按装配顺序录入母件的全部子件。
- 在 BOM 中，每一个物料项目必须有一个唯一的编码。
- 对于同一个物料项目，不管它出现在哪些产品中，都必须具有相同的编码。
- 对于相似的物料项目，不管它们的差别有多么小，也必须使用不同的编码。
- 只有建立了物料主文件的物料才能用于物料清单。
- 建立物料清单之前先要核实物料主文件，确认所有数据都是合理、正确和完整的。
- 原则上，需要列入计划的一切物料都可以包括在物料清单中。
- 有时为了强化某些工装、模具的准备工作，还可以将这些工具构造在 BOM 中。
- 对于在产品结构上可以有多种选择的某些物料，要确定替代原则和方法。
- 根据生产实际，也可以将一些重要的"生产准备工作过程"纳入计划中。
- 为了管理上的需要，有时可以将同一零件的不同状态视为几个不同的项目，构造在产品的 BOM 中。如为了质量检测需要可把不同加工阶段视为不同零件。
- 对于一些过渡件、同类件、零星可选件等临时组件，在 BOM 中设置"虚拟件"，以简化 MRP 的编程过程，减少零件之间的影响。
- 对于一些通用件、基本组件、可选件，可建立"模块化物料清单"，以提高效率。

- 为了使不同部门能获取物料的不同信息，最后要扩展 BOM 中每个项目的属性，例如，计划方面、成本方面、库存方面、订单方面。
- 物料清单的变更一般使用规范的设计变更通知，执行审查、批准和文件标识的控制程序。
- 对流程行业，产品物料清单既有各种物料的组合，也有各种成分或原材料的配方，其编制原则同建立物料清单是一样的。配方类的物料清单常有保密要求。

6.3.4　BOM 的应用扩展

BOM 的用途很多，可用于 MRP 计算、成本计算、库存管理等方面。根据不同的用途，BOM 形成许多种类：设计图纸上的 BOM、工艺 BOM、采购 BOM、制造 BOM、计算成本的成本 BOM、保养维修 BOM 等。

1. 设计 BOM(Engineering BOM)

设计 BOM 又称工程 BOM，因为它是由产品工程设计部门根据设计图纸规范上的产品装配图和产品组成明细表产生的，用于描述产品设计结构，并作为其他 BOM 如工艺 BOM、制造 BOM、采购 BOM 等的基础。

2. 工艺 BOM(Process Planning BOM)

工艺 BOM 在设计 BOM 的基础上，表达了产品的制造工艺以及零部件的装配方式。据此可形成产品的工艺目录文件。

3. 制造 BOM(Manufacturing BOM)

制造 BOM 用于表达最终产品的装配，列举出制造最终产品所必需的可选特征。制造 BOM 在工艺 BOM 的基础上，详细描述了产品制造过程的全部因素(包括装置、材料、工具和工艺路线)及其关联关系(如配套使用)，为 ERP 系统提供直接的输入信息。

4. 采购 BOM(Buying BOM)

采购 BOM 是采购部门根据制造 BOM 中零部件的外购和外协信息而制定的产品外购件、外协件的 BOM 清单，同时也可根据自制件的工艺 BOM，制定自制件的 BOM 清单。

5. 成本 BOM(Costed BOM)

成本 BOM 用于计算产品的标准成本。成本物料单的格式类似基本物料清单的格式，反映产品的结构关系，说明每个物料的成本构成，包括材料费、人工费和间接费以及总值等。这种 BOM 格式有助于确定模拟成本和进行价值分析，它从成本构成说明物料的单件价值及其合计值，体现了物料和资金信息的集成。

此外，BOM 还是 ERP/CIMS 与 CAD、PDM、CAPP 等子系统的重要接口，是系统集成的关键之处。用计算机实现 BOM 管理时，应充分考虑它与其他子系统的信息交换问题。

总之，BOM 有各种形式，这些形式取决于它的用途，BOM 的具体用途如下。

- 是计算机识别物料的基础依据。
- 是编制计划的唯一依据。
- 是进行成本计算的依据。
- 是配套和领料的依据。
- 是采购和外协的依据。
- 是进行加工过程跟踪的方向。
- 是进行物料追溯的线索。
- 可以作为事先报价的参考。
- 使设计系列化、标准化、通用化。

6.4　MRP 基本方法

6.4.1　MRP 的运行原理

物料需求计划(MRP)是根据产品需求和预测来测定未来物料供应和生产计划，提供物料需求的准确时间和数量。物料需求计划的基本原理是根据产品结构的具体特征，将主生产计划具体分解成零部件生产进度计划和原材料、外购件的采购进度计划，确定自制件的投产日期与完工日期，原材料、外购件的订货采购和入库的日期。MRP 同样遵循 JIT 的思想，实现适时、适量的生产与采购，尽量减少生产中的在制品，压缩外购物件的库存量，缩短生产周期，保证按期交货。图 6-3 是 MRP 系统的处理逻辑图。

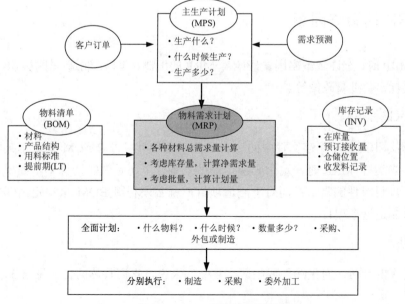

图 6-3　MRP 系统处理逻辑图

可以看出，MRP 有三种输入：主生产计划、物料清单和库存状态记录(Inventory，INV)。

这里 MPS 是针对最终产品的生产计划，包括生产需求数量和完成时间，生产需求数量包括已有的订单量及市场预测得到的需求量。BOM 是一种产品结构的表达，表示完成某一最终产品时所需的零件、部件的数量及其相互关系。库存状态记录表示企业仓库中现存有零件部件的情况，作为扣减项。

MRP 的输出是加工计划、采购计划(有时也包括外包计划)。MRP 的运行机制或称算法是依据 MPS 规定的最终产品生产的数量和时间要求，以及零部件库存、在制品数据、前期计划执行情况和生产提前期等决定采购计划与加工计划的。

MRP 以 MPS 计划量为主依据而触发排程，在同样的计划时间周期和阶段里，通过更微观层面的物料加工计划或采购计划来保证 MPS 的实现，解决了生产制造领域里"生产什么、要用到什么、已有什么、还缺什么"的典型管理问题。MRP 需用的输入信息和处理问题对应关系汇总如表 6-8 所示。

表 6-8　MRP 处理的问题与所需信息

处 理 的 问 题	需 用 信 息
1. 生产什么？生产多少？何时完成？	1. 现实、有效、可信的 MPS
2. 要用到什么？	2. 准确的 BOM
3. 已有什么？	3. 准确的库存信息
已订货量？到货时间？	下达采购订单的跟踪信息
已分配量？	预定提货单、配套领料单
4. 还缺什么？	4. 批量规则、安全库存、成品率
5. 下达订单的开始日期？	5. 提前期

6.4.2　MRP 的策略因素

在编制 MRP 时，有许多策略因素影响着 MRP 的编制，包括：制造/采购标识、提前期、安全库存、损耗率、批量政策等。

1. 制造/采购标识码

制造/采购标识码属于库存文件中的一个项目，通常用字母 P 或 M 来表示某物料是采购或是制造。当运行 MRP 时，这个码决定是做采购订单还是做制造订单。如果是采购项目，无需产生项目组件的需求；而对于制造项目，就必须利用 BOM 来决定由哪些零件、部件或材料来制造这个项目。

2. 提前期

提前期是个时间量。对采购件或制造、装配件来说，它们具体的含义见第 3 章。

3. 安全库存

安全库存是为了预防由于某种原因造成的不可预料的物料短缺，而在库存中保存一定数量的项目，这个数量叫安全库存量。

4. 损耗率

在生产的各个环节中，有各种各样的损耗。因此在计算物料需求时，要考虑到各种损耗系数。

- 组装废品系数：装配件在装配过程中的零件损耗。例如：装配产品 A 时，估计有 5% 的玻璃管毁坏，因此在生产 A 所需的玻璃管毛需求时要增加组装时的损耗部分，如装配 100 件 A 的订单，按有 105 个玻璃管部件的需求(100×105%)。

- 零件废品系数：对于一定数量的订单，预计入库存时，会有一定百分比的减少，零件废品系数是对订单数量而不是对毛需求的调整。例如，产品 A 需求的零件废品系数为 2%，在组装时的组装废品系数为 5%。针对该需求制定 MRP 时，首先考虑 2% 的废品系数，计算产品 A 的计划订单数。计划订单数量要比需求的多 2%，如 A 需求为 100 时，订单应为 102，然后根据计划订单数量再考虑组装 A 时的组装废品系数，在这种情况下，A 项目 102 的订单对玻璃管的毛需求量应为 108(102×105%)。

- 材料利用率：材料利用率与零件废品系数是一个问题的不同表示，都表示预计的生产损耗。材料利用率是有效产出与总输入的比率，即

$$材料利用率＝有效产出/总投入$$

或

$$总投入＝有效产出/材料利用率$$

例如：某装配件的材料利用率是 95%，那么为了得到 100 件的产成品，就要有 106 个装配件才能保证(100÷95%＝105.3)。

5. 批量政策

实际计划生产或采购的交付数量和订货数量未必等于净需求量，这是由于在实际生产或订货中，加工、订货、运输、包装等都必须是按照一定的整批数量来进行的，以获得规模效益，节省运输和采购成本，或者获得批量折扣等。物料批量过大，加工或采购的费用减少，但占用的流动资金过多；批量过小，占用流动资金减少，但增加了加工或采购的费用。因此，物料批量的选择是项重要的工作，批量的计算方法较多，这里仅介绍以下几种。

- 直接批量法(Lot For Lot)。直接批量法是物料需求的批量等于净需求量，也称按需订货法(As Required)，见表 6-9。这种批量的计算方法往往适用于生产或订购数量和时间基本上能给予保证的物料，或者所需要的物料的价值较高、不允许过多地生产或保存的物料。

表 6-9　直接批量法

周次	1	2	3	4	5	6	7	8	9
净需求量	50	30	0	120	40	10	5	0	40
批量	50	30	0	120	40	10	5	0	40

- 固定批量法(Fixed Order Quantity)。固定批量法是指每次的加工或订货数量相同，但加工或订货间隔期不一定相同，一般用于订货费用较大的物料。固定批量的大小是根据直观分析和经验判断而决定的，也可以以净需求量的一定倍数作为批量。表 6-10 是以 60 为一批，第 1 周净需求量为 50，批量为 60，剩余为 10；第 2 周剩余 10 不能满足第 2 周净需求量 30，再设定一批，结果剩余 40。第 3 周没有净需求量，剩余仍为 40；第 4 周剩余的 40 不能满足净需求量 120，再设定一批，数量为 120(批量的 2 倍)以满足需要，结果剩余 40；以下各周类同。

表 6-10　固定批量法

周次	1	2	3	4	5	6	7	8	9
净需求量	50	30	0	120	40	10	5	0	40
批量	60	60	0	120	0	60	0	0	0
剩余	10	40	40	40	0	50	45	45	5

- 固定周期法(Fixed order Time)。固定周期法是指每次加工或订货间隔周期相同，但加工或订货的数量不一定相同的批量计量方法。一般用于内部加工自制品生产计划，为的是便于控制。订货间隔的周期可以根据经验选定。如表 6-11 所示，第 1、2、3、4 周净需求量总和为 200，批量为 200，间隔 3 周，再设定一批量为 55，以便满足第 5、6、7、8 周净需求量总和的要求；然后再间隔 3 周设定一批量为 60，当然 60 是为了满足第 9、10、11、12 周净需求量总和的要求。

表 6-11　固定周期法

周次	1	2	3	4	5	6	7	8	9
净需求量	50	30	0	120	40	10	5	0	40
批量	200				55				60

- 经济批量法(Economic Order Quantity，EOQ)。经济批量法是指某种物料的订购费用和保管费用之和为最低时的最佳批量法。订购费用是指从订购至入库中所需要的差旅费用、运输费用率；保管费用是指物料储备费、验收费、仓库管理费、所占用的流动资金利息费、物料储存消耗费。EOQ 法一般用于需求是常量和已知的，成本和提前期也是常量和已知的，库存能立即补充的情况之下，即它是用于连续

需求的、库存消耗是稳定的场合。因此，对于需求是离散的 MRP 方法来说，库存消耗是变动的，此时 EOQ 方法的效率不高。

除了以上几种常用批量计算方法之外，尚有其他一些方法，这里不一一列举了。

6.4.3　MRP 的工作方法

MRP 是 MRP II 计划系统的一个核心部分。MRP 计划的编制，重点包括向上承接主生产计划(MPS)、进行细能力平衡和调整、下达生产与物料作业计划三个方面，涉及的工作包括核实 MPS、编制物料 MRP、编制细能力计划、评估生产与物料作业计划、下达生产与物料作业计划等。制定 MRP 计划时，应该从其对应期间的 MPS 入手。制订 MRP 的基本工作，可表述为以下程序。

1. 承接和核实主生产计划

当生产计划大纲决定了企业中每类产品将生产多少、需要多少资源后，就由主生产计划按时间段来计划最终产品的数量和交货期。主生产计划就是该大纲的具体体现。主生产计划是"推动"物料需求计划系统运行的根源，它是影响 MRP 运行效率与效果的主要输入，决定了 MRP 系统实际运作的目标。不合理的主生产计划量，不仅生产系统实现不了，也会打乱企业的固有管理结构。所以核实和承接主生产计划量是 MRP 运算的第一关。

2. 逐层分解与合并运算零部件的毛需求量

最基本的毛需求量，是根据主生产计划量进一步考虑产品结构特征来决定的。从 BOM 中能得到有关主生产计划项目中的零部件及原材料的数量和结构关系信息，MRP 正是根据主生产计划和这种结构信息进行各种物料毛需求量的计算的。对于多层次通用件，则要严格按照时间规律把它们进行合并处理，不可笼统求个总量。有时也要考虑一些零部件的独立需求预测和外部零部件订货的需求计划，这可以以数据文件形式直接作为 MRP 系统的单独输入文件。每一项物料每一个运算层次均要严格按时间区段核算出相应的毛需求，以进一步平衡。

3. 计算零部件的计划产出量和计划投入量

以毛需求为基础，零部件的计划产出量安排有赖于库存状况和事务规律。在库存文件中，包含着各种库存物料的状态数据(现有库存量、计划接收量、已分配量、提前期、订货策略……)，每项库存事务处理(入库、出库、报废……)都要改变相应的库存物料的状态数据，后者又在 MRP 计算需求量的过程中被引用和修改，它们互相关联、动态统一。库存物料的计划产出量状况，正是基于库存事务规律和产出批量特征的，它进一步影响着计划投入量的安排。

4. 分析零部件的来源，生成加工生产计划和物料采购计划

计划投入量是根据计划产出量的要求，考虑了生产与采购提前期后的对应指标(有时需

要考虑损耗情况)，它决定了对各项物料的最终需要量。这个量是重要的决策依据，包括生产决策或者采购决策均依据该项物料的来源定夺。所以辨识了该物料是本厂内部制造的或者外部采购的以后，就可以利用计划投入量形成物料加工生产计划或物料采购计划。由于针对的物料是多种多样的，所以一次 MRP 运算完后的结果，就可以形成两份重要的计划执行文件——加工生产计划和物料采购计划。

5. 细能力计划的检验和调整

细能力计划是对 MRP 计划中所需的所有资源进行计算和分析。这不仅包括关键资源、关键工作中心、关键供应商、专业技能等，也包括人力、原材料、资金、运输、仓库等所有的企业要素。

细能力计划功能是以物料需求计划的输出作为输入，根据计划的零部件需求量和生产基本信息中的工序、工作中心等信息计算出设备与人力的需求量，各种设备的负荷量，以便判断生产能力是否足够。若发现能力不足，则进行设备负荷调节和人力补充；如果能力实在无法平衡，可以再返回至 MPS，调整产品的主生产计划。这也是一个闭环反馈系统的基本特征。

6. 批准和下达执行作业计划

从 MPS 到 MRP 实际上是属于同一个时间周期从粗到细的两个不同计划层次，细计划产生之后，接下去就是计划的执行。如果某物料是需要企业内部加工的，就产生一个生产制造指令，并下达加工单到相应的车间班组进行生产；如果是需要采购或托外加工的，就产生一个采购订单或委外加工订单。

MRP 方法包括在逻辑上相关的一系列处理步骤、决策规则以及数据记录(这些数据记录也可看成是系统的输入)。MRP 在物料需求与物料库存之间做出平衡。由于 MRP 的运行是基于计算机软件系统自动运行的，只要算法保证正确，设计合理，其运算质量是有可靠保证的，关键的是现存的数据记录的准确性和新导入的主生产计划量的合理性。

MRP 的方法遵循了制造业的基本运作规律，对于制造业的一些现实的管理问题，从 MRP 逻辑中刚好可以得到这些基本答案，如表 6-12 所示。

表 6-12　现实问题与 MRP 答案

现 实 问 题	MRP 答 案
1. 将制造什么？	按主生产计划制造
2. 用什么东西来制造？	根据物料清单
3. 具备些什么？	已有库存
4. 还需要些什么？	生产计划和采购计划

6.4.4　MRP 计划重排方法

根据 MRPⅡ 的运行控制规律，每次运行 MPS/MRP 都是基于一定的计划展望期的基础上的。计划生成之后，希望能在计划展望期里得到完整执行。但是，随着时间的推进和业务的进展，经过一段时间后，许多情况都可能发生改变，甚至可能导致订单无效。这些可能的改变情况包括：

- 工程设计改变。
- 新的客户订单陆续进来。
- 客户原有订单数量和交货日期改变。
- 供应商拖期发货或数量不足。
- 工作订单提早或拖期完工。
- 生产废品率比预期的高或低。
- 关键工作中心或工作单元损坏。
- 计划中使用的数据有错误。

为了保持 MRPⅡ 系统运行的准确和可靠，在发生上述变化情况时，必须再次运行 MPS/MRP 进行处理，其再启动方式有两种：一种是全重排法，一种是净改变法。

1. 全重排法

全重排方法(Regeneration，又称再生法)是将整个主生产计划重新进行全面运算，求出每一项物料按时间分段的需求新数据。使用全重排方法时，主生产计划中所列的每一个最终项目需求都要加以分解，每一个 BOM 文件都要被访问到，每一个库存状态记录都要经过重新处理，系统要处理大量的数据。

通常主生产计划是定期重建的，利用全重排法进行处理时，每次所有的需求分解都是通过一次批处理作业完成的。在每次批处理作业中，每项物料的毛需求量都要重新加以计算，每一项计划下达订单的日程也要重新安排。

由于全重排方法按一定时间间隔定期进行批处理，所以在两次批处理之间发生的所有变化，如主生产计划的变化、产品结构的变化，以及计划因素的变化等，都要累积起来，等到下一次批处理作业一起处理。因此，设定全重排计划的时间间隔时，要进行综合衡量，要从经济上考虑其合理性。就制造业 MRPⅡ 系统的应用经验来说，全面重排计划的时间通常在计划展望期的第三阶段——预测期，间隔通常为一到两个月。由于时间跨度相对较长，所以常使得系统执行到后期时反映的状态总是在某种程度上滞后于现实状态。

2. 净改变法

净改变法(Net Change)是只对因改变而受到影响的那些物料需求进行分解处理。它采用频繁地甚至连续地进行局部分解，取代了以较长间隔定期进行全面分解的处理方式。净改变式系统中的局部分解是指：

- 每次运行系统时，都只需要分解主生产计划中的一部分内容。
- 由库存事务处理引起的分解只局限在所分解那个项目的下属层次上。
- 只对当前状态与以往状态的净改变差异进行处理，对库存的变化迅速地做出反应。

净改变法由于缩小了每次做需求计划运算的范围，而且分解只是局部的，自然处理的数据量也少，从而可以简单、灵活地启动计划的重排，提高重排计划的频次，使得主生产计划表现为一个连续存在的计划，而不是一份一份间断产生的计划。在任何时候都可以通过增加或减去各种需求量的净改变量而不断更新主生产计划与物料需求计划。

相对于全重排方式，净改变方式事实上是一种计划更新的特殊形式，它使系统能够减少每次发布主生产计划后进行需求计划运算的工作量；能及时地对状态变化迅速做出反应，对计划中的变化进行处理；能连续地更新，及时地产生输出报告，从而可以尽早通知管理人员采取相应的措施。

3. MRP 两种重排方法的比较

以上两种方式的主要输出是一样的，因为不论以何种形式执行 MRP 系统，对同一个问题只能有一个正确的答案。两种方式的输入也基本上是相同的，只是在物料库存状态的维护上有些不同。

两种方式最主要的不同之处在于计划更新的频繁程度以及引起计划更新的原因。第一种方式中的计划更新通常是由主生产计划的变化引起的；而第二种方式中的计划更新则主要是由库存事务处理引起的。

第一种方式从数据处理的角度看，效率比较高。但由于每次更新要间隔一定周期，所以不能随时反映出系统的变化。第二种方式可以对系统进行频繁的，甚至是连续的更新，但从数据处理的角度看，效率不高。

从理论上讲，一个标准的 MRP 系统只能采用以上两种形式中的一种，但在实际应用中却很难分出两种形式的界限。一个全重排式系统可能会渗入一些净变化系统的特点，反之亦然。实际上，一般 MRP Ⅱ 软件系统都提供两种运行方式可供选择。在国外应用系统中，多数采用全重排式系统，其原因主要是净改变系统对企业的生产环境要求较高，对管理人员素质和训练也要求甚高，但系统的自清理能力较差，频繁地调整计划失去了生产的相对稳定性，使生产组织者难以适应。

通常的做法是在一定程度上有意识地延迟对某些变化的初反应，不需要对个别的变化连续不断地做出调整，而是把这些变化积累起来，定期采取相应的措施进行处理。

6.4.5　MRP 报表

MRP 报表也有横式和竖式两种形式。MRP 报表的格式同 MPS 报表基本上是一样的。

横式报表的样式见表 6-13。从表中可以看出，MRP 报表的表体栏目同 MPS 报表几乎是相同的，只是没有预测、合同和可供销售量等项。因为 MRP 的计划对象是相关需求件，它的毛需求是由上层物料的计划投入量确定的，同预测或合同没有直接关系；而且因为非最终产品，所以也没有可供销售量。

表 6-13　MRP 报表格式(横式)

物料号：100001　物料名称：ATX 电源　　计划日期：2013.02.28　计划员：张三

现有库存量：40　安全库存量：10　批量：50　已分配量：5　提前期：2　低层码：2　单位：个

时　段	当期	1	2	3	4	5	6	7	8	9	10	11
		03/04	03/11	03/18	03/25	04/01	04/08	04/15	04/22	04/29	05/06	05/13
毛需求		14		50		39						
计划接收量		50										
预计可用库存量	35	71	71	21	21	32	32	32	32	32	32	32
净需求						28						
计划产出量						50						
计划投入量				50								

竖式报表的格式同 MPS 的报表格式也是类似的。它可用于追溯上层关联工序需求和措施下达情况。

当物料有备件或其他需求时，报表格式应增加一栏"其他需求"。它一般指不经物料清单展开或由人工添加的需求。

MRP 是根据确认的 MPS，通过物料清单展开的。MRP 计划是否还要再确认，一般说，按日产出率制订作业计划的情况下，MRP 不需要确认；对人为变更了系统设置的提前期或批量规则的情况，则需要确认，以免在修订计划时，系统再更改经人工设定的参数。无论是计划订单还是确认订单，系统都可以转换为下达订单。

每项物料有各自的 MRP 计划报表，单从这样的报表还不能判定 MRP 计划是否可行。MRP 计划是否可行，要通过能力需求计划来验证调整，使负荷与能力平衡后，计划才是可行的。然后，在可行的 MRP 报表基础上，制作生成计划加工单和计划采购单，并下达执行。

在上面 MRP 计划报表的基础上，可以生成全部物料分别对应各时间阶段的物料 MRP 汇总报表。

因为实际应用的报表项目更全面，所以也更庞大复杂，手工无法胜任，一般可由软件系统根据需要自动生成。

6.5　MRP 的编制

6.5.1　MRP 的计算方法

MRP 系统的核心是计算物料需求量，MRP 在计算物料需求时要涉及到以下各个量。

- 毛需求量(Gross Requirement)
- 净需求量(Net Requirement)
- 已分配量(Allocations)
- 现有库存量(Projected on Hand)
- 可用库存量(Promise Available Balance)
- 计划接收量(Scheduled Receipts)

其中毛需求量加上已分配量为总需求量，这里的已分配量是尚保存在仓库中但已被分配掉的物料数量；已分配量应从现有库存量中减去，剩下的才是可分配量。现有库存量加上计划接收量为可达到的库存量。将总需求量减去可达到的库存总量就是真正的需求量，即净需求量。以上各因素组成的计算公式如下。

$$毛需求量＝相关需求量＋独立需求量$$
$$相关需求量＝母件需求量×本级用量因子$$
$$净需求量＝毛需求量＋已分配量－计划接收量－现有库存量$$
$$可用库存量＝现有库存量－安全库存－已分配数量$$

在计算了净需求量之后，需要下达的生产计划和采购计划的数量和时间不一定等于净需求的时间和数量，因为还要受到批量和提前期的影响。

MRP 的输入输出算法原理如图 6-4 所示。

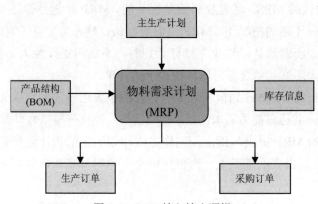

图 6-4　MRP 输入输出逻辑

在 MRP 系统中，每当主生产计划或库存状态或产品结构发生变化时，都要重新安排净需求和库存储备计划。在编制计划的过程中，MRP 系统根据对各个库存物料的总需求来分配现有库存量，并复查各个已下达的订货时间是否仍有效，以便决定净需求量。为了满足净需求，系统为每一个库存物料建立一个计划订货日程表，其中包括即将下达的订货数据，也包括今后订货的数据。计划订货的批量是由使用系统的管理人员按规定的批量确定方法计算得到的。MRP 系统输出的关于物料需求和储备情况的信息总体，形成了总体的物料需求计划。

MRP 的编制方法一般按下面的 4 个步骤进行。

第 1 步：根据产品的层次结构，逐层把产品展开为部件与零件，生成 BOM 表。

第 2 步：根据规定的提前期标准，由产品的出厂期逆序倒排编制零件的生产进度计划表，再按主生产计划量决定零件的毛需求量。

第 3 步：根据毛需求量和该零件的可分配库存量，计算净需求量；再根据选择批量的原则和零件的具体情况，决定该零件的实际投产批量和日期。

第 4 步：对于外购的原材料和零配件，先根据 BOM 表按品种规格进行汇总，再分别按它们的采购提前期决定订购的日期与数量。

编制 MRP 时是先不考虑生产能力的约束的，所以在排好零件进度表以后，要按进度计划的时间周期，分工种核算各产品的生产负荷，并汇总编制能力需求计划(Capacity Requirement Planning，CRP)，以便进行能力与负荷的平衡。

如果使用计算机进行以上工作，可把主生产计划输入计算机中，物料清单和库存量分别储存在数据库中，经过计算机计算，便可输出一份完整的物料需求计划。

6.5.2　MRP 的报表运算

实际上，利用横式报表可以直观地进行每个物料 MRP 的推算。它的逻辑关系很简单，其运算过程也用不着复杂的数学模型。这里为表达方便起见，把它的形式做些变换处理，即把报表上部表头部分的项目集中放到左边，形成如表 6-11 所示的形式，这就是参考文献 2 里推介的直观的形式。它实际上是由三个部分构成的，即报表左边的限制条件部分，右边上部的成品部分 MPS 报表(仅摘录计划产出量和计划投入量)及右边下部的物料 MRP 报表。用表 6-14 可以说明 MRP 的报表及运算方法。

1. 表头栏目

对表头栏目各项说明以下。

- 批量。它在本表里对采购件而言是订货批量，对加工件而言是加工批量，它们均可按对应的批量规则确定。它决定了计划投入量常要大于净需求，也即计划产出量并不总是等于净需求。
- 已分配量。指库存量中仍在库中但已为某订单配套而不可动用的数量。在计算预计可用库存量时，已分配量要从现有库存量中扣除，然后再运算 MRP。
- 安全库存量。安全库存量与已分配量不同，它的数量仍包括在预计可用库存量中，只是当库存量低于安全库存量时，系统会自动生成一些净需求量，以补充安全库存。
- 低层码。低层码是该物料出现在系统中各种产品中最低的那个层次。MRP 运算时，只在到该最低层次时，才把 MPS 中所有产品对该物料形成的需求量汇总起来，合并计算它们在各个时段的需求量。

表 6-14　MRP 运算表

低层码	提前期	现有量	分配量	安全库存量	批量	物料号	时段	当期	1	2	3	4	5	6	7	8	9
0	1				1	X	MPS 计划产出量										
							MPS 计划投入量										
0	2				1	Y	MPS 计划产出量										
							MPS 计划投入量										
1	2	25			5	A	毛需求										
							计划接收量										
							(PAB 初值)										
							预计库存量										
							净需求										
							计划产出量										
							计划投入量										
2	2	40	5	10	20	C	毛需求										
							计划接收量										
							(PAB 初值)										
							预计库存量										
							净需求										
							计划产出量										
							计划投入量										

2. 表体栏目

MRP 报表的表体栏目同 MPS 报表几乎相同，推算过程也几乎相同。主要的差别在于毛需求的确定上。

MRP 的计划对象是相关需求件，它的毛需求是由上层物料的计划投入量确定的。某时段下层物料的毛需求是根据上层物料在该时段的计划投入量和上下层数量关系计算的。当物料同时有独立需求与相关需求时，把独立需求加到相应时段的毛需求。要考虑低位码对不同层次物料毛需求的汇总，考虑不同产品对物料的总毛需求。

由毛需求引发净需求。这里辅助设置"PAB 初值"以进行净需求的判断和核算。进行净需求核算要考虑安全库存量的要求。根据净需求量的计算公式、批量和提前期等条件就可以推算出物料需求计划，即产生零部件生产计划和原材料、外购件的采购计划。这个推算过程是从最终产品开始层层向下，一直推算到所采购的原材料和外购件为止的。

其他项目量的计算在前面章节里已有介绍，下面说明 MRP 报表的运算过程。

报表的全部推算过程如下。

(1) 推算物料毛需求。考虑相关需求和低层码推算计划期全部的毛需求。

$$毛需求量＝相关需求量＋独立需求量$$

(2) 计算当期预计可用库存量。考虑已分配量计算计划初始时刻当期预计库存。

$$当期预计可用库存量＝现有库存量－已分配量$$

(3) 推算 PAB 初值。考虑毛需求推算特定时段的预计库存量。

$$PAB 初值＝上期末预计可用库存量＋计划接收量－毛需求量$$

(4) 推算净需求。考虑安全库存推算特定时段的净需求。

$$当 PAB 初值≥安全库存，净需求＝0$$
$$当 PAB 初值<安全库存，净需求＝安全库存－PAB 初值$$

(5) 推算计划产出量。考虑批量推算特定时段的计划产出量。

$$当净需求>0，计划产出量＝N×批量$$
$$并满足：计划产出量≥净需求>(N-1)×批量$$

(6) 推算预计可用库存量。推算特定时段的预计库存量。

$$预计可用库存量＝计划产出量＋PAB 初值$$

(7) 递增一个时段，分别重复进行(3)~(6)，循环计算至计划期终止。

(8) 推算计划投入量。考虑提前期推算计划期全部的计划投入量。

正常的 MRP 报表一般仅反映单一种物料，有时也把多个产品和多种物料合并在同一张表，因为它们与所反映的物料有直接的关联和数量关系。如产品 X 和 Y 对物料 C 是共用关系,而物料 A 对 C 是相关需求关系，因此就可直接在此合并报表里进行物料 C 的 MRP 的推算。只是此报表的逻辑关系较为复杂，需要更多的抽象思维。

6.5.3　MRP 报表运算示例

为便于理解和掌握 MRP 报表的运算方法，下面利用同一套示例数据，以分步的形式举例说明 MRP 的运算过程。

以 X、Y 两种产品为例，两种产品包含的层次子件和需用的数量(括号内数字)及产品结构树见图 6-5。假定两种产品已经过主生产计划推算出计划投入量和产出量，其与所含物料的提前期、批量、安全库存、现有量、已分配量等均为已知。

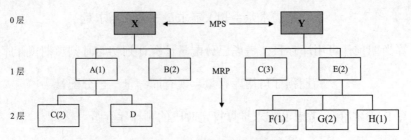

图 6-5　X、Y 产品结构图

例中 A、B 是产品 X 的 1 层子件，C 是 X、Y 两种产品的通用件，但在两种产品中所处的层次不同(1 和 2，所以低层码是 2)，需用的数量也不同。各种物料的需求量是由上向下层进行分解的，如 X、Y 的需求量是由主生产计划确定，A、B 的需求量是由 X 确定，C 的需求量是由 X、Y 确定的。

例 6.1　推算毛需求——推算 Y 对 C、E 的投入需求

下面以 Y 产品中的 C、E 两个子件(为简化，暂不考虑其他零部件)为例，推算 Y 对 C、E 形成的毛需求，如表 6-15 所示。

表 6-15　推算 Y 对 C、E 的毛需求

层次码	提前期	物料	时段	当期	1	2	3	4	5	6	7	8	9
0	1	Y	MPS 计划产出量			10			20			15	5
			MPS 计划投入量		10			20			15	5	
1	1	C	毛需求		30			60			45	15	
1	3	E	毛需求		20			40			30	10	

例如，在时段 1，Y 的计划投入量为 10，引发对 C 的毛需求为 30；对 E 的毛需求为 20。

例 6.2　推算毛需求——推算 X 对 A、B 的投入需求

下面以 X 产品中的 A、B 三个子件为例，推算 X 对 A、B 形成的毛需求，如表 6-16 所示。

表 6-16　推算 X 时 A、B、C 的毛需求

层次码	提前期	物料	时段	当期	1	2	3	4	5	6	7	8	9
0	1	X	MPS 计划产出量		20	15		15		15			10
			MPS 计划投入量	20	15		15		15			10	
1	1	B	毛需求		30		30		30			20	
1	2	A	毛需求		15		15		15			10	

在时段 1, X 的计划投入量为 15, 引发对 A 的毛需求为 15; 对 B 的毛需求为 30。

利用前面 A 计划期各阶段毛需求的结果, 可循环推算其各时段的 PAB 初值(例 6.3)、净需求(例 6.4)、计划产出量(例 6.5)、计划投入量(例 6.7)、预计可用库存量(例 6.6), 如表 6-14 所示。这里就要考虑 A 的提前期、批量、安全库存、初始库存等对要素投入需求的影响。

例 6.3 推算 PAB 初值

推算 A 的 PAB 初值(考虑毛需求、初始库存、计划接收量), 如表 6-17 所示。

例 6.4 推算净需求

推算 A 的净需求(考虑安全库存), 如表 6-17 所示。

例 6.5 推算计划产出量

推算 A 的计划产出量(考虑批量), 如表 6-17 所示。

例 6.6 推算预计可用库存量

推算 A 的预计库存量, 如表 6-17 所示。

表 6-17 推算 A 的 PAB 初值、净需求、计划产出量和预计库存量

层次码	提前期	现有量	分配量	安全库存	批量	物料	时 段	当期	1	2	3	4	5	6	7	8	9
1	1	5		10		A	毛需求		15		15		15			10	
							计划接收量										
							(PAB 初值)		-10		-15		-10			-10	
							预计可用库存量	5	0	0	5	5	0	0	0	0	
							净需求		10		15		10			10	
							计划产出量		10		20		10			10	
							计划投入量		10		20		10		10		

在时段 1, A 现有库存量为 5, 计划接收量 0, 不能满足毛需求 15, PAB 初值-10, 说明将出现短缺, 所以净需求量是 10, 故需要引发 1 个批量的计划产出 $1 \times 10 = 10$, 以补足短缺, 即计划产出量 10。从而预计可用库存量 $= 10 + 5 - 15 = 0$。安全库存无需求。

但在时段 3, C 的前期可用库存量 0 不能满足毛需求 15, 系统显示负值 -15(PAB 初值), 说明将出现短缺, 计算出净需求量是 15, 故需要引发两个批量的计划产出 $2 \times 10 = 20$ 以补足短缺, 即计划产出量 20。从而预计可用库存量 $= 20 + 0 - 15 = 5$。

例 6.7 推算计划投入量

推算 A 的计划投入量(考虑提前期), 如表 6-18 所示。

例 6.8 推算毛需求

推算 A 对 C 的投入需求, 如表 6-19 所示。这是在 A 的计划投入量的基础上, 考虑 A

对 C 的结构需求。

表 6-18　推算 A 的计划投入量和 A 对 C 的毛需求

层次码	提前期	现有量	分配量	安全库存	批量	物料	时段	当期	1	2	3	4	5	6	7	8	9
1	1	5			10	A	毛需求		15		15		15		10		
							计划产出量		10		20		10		10		
							计划投入量	10		20		10		10			
2	2	40	5	10	20	C	毛需求			40		20		20			

例 6.9　推算毛需求——推算 X、Y 对 C 的总毛需求

下面以 X、Y 产品中的共用 C 子件为例，推算 X、Y 对 C 形成的总毛需求，如表 6-19 所示。

表 6-19　推算 X、Y 对 C 的总毛需求

层次码	提前期	物料	时段	当期	1	2	3	4	5	6	7	8	9
0	1	X	MPS 计划产出量		20	15		15		15			10
			MPS 计划投入量	20	15		15		15			10	
0	1	Y	MPS 计划产出量			10		20				15	5
			MPS 计划投入量		10		20				15	5	
2		C	X 对 C 毛需求			40		20			20		
1		C	Y 对 C 毛需求		30			60			45	15	
2	2	C	C 总毛需求		30	40		80			65	15	

例如，在时段 4，将 X 对 C 件的投入需求 20 与 Y 对 C 件的投入需求 60 合并，生成 C 件在时段 4 的毛需求为 20＋60＝80。

例 6.10　推算 PAB 初值、净需求、计划产出量、计划投入量、预计可用库存量

同样，利用前面 C 各阶段毛需求的结果，可循环推算其计划期各时段的 PAB 初值、净需求、计划产出量、计划投入量、预计可用库存量(PAB)等，如表 6-20 所示。这里也是要考虑 C 的提前期、批量、安全库存、初始库存等对其需求的影响。

表 6-20　推算 C 的 PAB 初值、净需求、计划产出量和预计库存量

层次码	现有量	分配量	安全库存	批量	物料	时段	当期	1	2	3	4	5	6	7	8	9
2	30	5	10	30	C	毛需求		30	40		80			65	15	
						计划接收量		15								

（续表）

层次码	现有量	分配量	安全库存	批量	物料	时　段	当期	1	2	3	4	5	6	7	8	9
						(PAB 初值)		10	−30		−50			−55	20	
						预计可用库存量	25	10	30	30	10	10	10	35	20	
						净需求			40		60			65		
						计划产出量			60		60			90		

计划初始现有库存量 30，已分配量 5，所以计算出当期预计可用库存量为 25。

在时段 1，C 的毛需求 30，而 C 现有库存量为 25，计划接收量 15，故可以满足，预计可用库存量 10，也刚好满足安全库存的需要，所以无净需求，无安排计划产出量的必要。

但在时段 2，C 的前期可用库存量 10 不能满足毛需求 40，系统显示负值–30(PAB 初值)，说明将出现短缺，合并考虑安全库存 10 的要求，计算出净需求量是 40，故需要引发 2 个批量的计划产出 2×30＝60 以补足短缺，即计划产出量 60。从而预计可用库存量＝60＋10−40＝30。

例 6.11　推算计划投入量

推算 C 的计划投入量(考虑提前期)，如表 6-21 所示。

表 6-21　推算计划投入量

层次码	提前期	现有量	分配量	安全库存	批量	物料	时　段	当期	1	2	3	4	5	6	7	8	9
0	1				1	X	MPS 计划产出量		20	15		15		15			10
							MPS 计划投入量	20	15		15		15			10	
0	2				1	Y	MPS 计划产出量			10		20				15	5
							MPS 计划投入量	10		20				15	5		
2	1	30	5	10	30	C	毛需求		30	40		80			65	15	
							计划接收量	15									
							(PAB 初值)		10	−30		−50			−55	20	
							预计可用库存量	25	10	30	30	10	10	10	35	20	
							净需求			40		60			65		
							计划产出量			60		60			90		
	2						计划投入量		60		60			90			

按 C 的提前期为 1 时段倒排计划，在时段 1 生成 C 的计划投入量 60，才能满足在时段 2 有 60 个产出的需求。

至此，完成了物料 C 在计划期内全部需求计划的数量运算。实际上可以直接利用由 XY(因共用关系)和 AC(因相关需求关系)组合的合并报表进行推算，见例 6.12。

例6.12　推算合并 MRP 报表

利用合并 MRP 报表推算 C 的物料需求计划，如表 6-22 所示。

表 6-22　合并 MRP 报表

低层码	提前期	现有量	分配量	安全库存	批量	物料	时　　段	当期	1	2	3	4	5	6	7	8	9
0	1			0	1	X	MPS 计划产出量		20	15		15		15			10
							MPS 计划投入量	20	15		15		15			10	
0	1			0	1	Y	MPS 计划产出量			10		20				15	5
							MPS 计划投入量		10		20				15	5	
1	1	5		0	10	A	毛需求	20	15		15		15			10	
							计划接收量										
							(PAB 初值)		-10		-15		-10			-10	
							预计可用库存量	5	0	0	5	5	0	0	0	0	0
							净需求		10		15		10			10	
							计划产出量		10		20		10			10	
							计划投入量	10		20		10			10		
2	1	30	5	10	30	C	毛需求		30	40		80			65	15	
							计划接收量		15								
							(PAB 初值)		10	-30		-50			-55	20	
							预计可用库存量	25	10	30	30	10	10	10	35	20	
							净需求			40		60			65		
							计划产出量			60		60			90		
							计划投入量		60		60			90			

6.6　本　章　小　结

MRP 是 MRPⅡ原理的核心。物料需求计划(MRP)以产成品的实际主生产计划为基础，来推算下层组成物料的需求时间和准确数量，并以制造/采购标识码提供物料的生产计划或采购计划。MRP 既是一种较精确的生产计划系统，又是一种有效的物料控制系统。

物料清单(BOM 表)是产品结构的数据文件，它描述了制造产品所需要的原材料与零部件之间的从属关系和数量关系。低层码(LLC)指出某个物料在所有产品结构树中所处的最低层次，起控制核算进程之用。

BOM 有单层 BOM/汇总 BOM、单层追踪 BOM/汇总追踪 BOM、矩阵 BOM 多种表达形式。根据不同的用途，BOM 有许多种类：设计 BOM、工艺 BOM、采购 BOM、制造 BOM、成本 BOM 等。

MRP 可借助 MRP 表来直观推算和理解，运算中考虑的策略因素包括物料的安全库存、生产或采购提前期、现有库存量，以及批量规则等。

随着时间的推进，前次计划执行到后阶段，必须再次滚动运行 MPS/MRP，可采取全重排法和净改变法进行处理。

关键术语

产品结构　物料清单(BOM)　低层码(LLC)　MRP 报表　单层 BOM/汇总 BOM　单层追踪 BOM/汇总追踪 BOM　矩阵 BOM　计划 BOM/模块化 BOM　综合毛需求　安全库存批量规则　提前期　全重排法　净改变法

思考练习题

(1) 相关需求与独立需求分别是什么？

(2) 批量规则有哪几种，它们有何优缺点？

(3) 比较生产批量规则与库存批量规则的异同。

(4) 分析在 MRP 中不同位置考虑损耗率的影响。

(5) 安全库存是如何参与净需求的计算的？

(6) 说明 MRP 系统使用计划提前期的意义。

(7) 说明在什么情况下可使用模块化物料清单。

(8) 说明确定净需求量的根据。

(9) 说明确定计划产出量的原则。

(10) 画出 MRP 报表运算的流程简图。

(11) 在横式 MRP 报表里，当物料有备件或其他需求时，设置的栏目"其他需求"一般添加计算给哪个量？

(12) 一个公司在决定某一时间的零件订购数量时，可以使用哪些不同的方法？如果它在任何时候都只订购本计划期内的需求数量，将给生产带来哪些有利的和不利的影响？

(13) 复方丹参注射液的产品结构如图 6-6：①写出对应的单层 BOM 与汇总 BOM 表；②并写出各物料的低层码；③写出单层追踪 BOM 与汇总追踪 BOM 表。

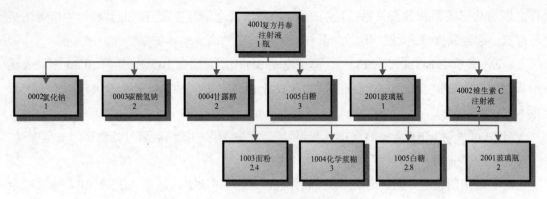

图 6-6　复方丹参注射液的产品结构

(14) 填写完成如表 6-23 所示的 MRP 报表。

表 6-23　MRP 报表

提前期	现有量	分配量	安全库存	低层码	物料号	时　段	当期	1	2	3	4	5	6	7	8
2	40	10	10	2	C	毛需求		24		40		45	5	24	
						计划接收量		30							
						(PAB 初值)									
						预计库存量									
						净需求									
						计划产出量									
						计划投入量									

(15) 已知产品的产品结构如图 6-7 所示,并且已知部件 A 的提前期为 1 周,批量为 30;零件 B 的提前期为 2 周, 批量为 100, 安全库存 80；零件 C 的提前期为 3 周, 批量为 25。试根据上章表 5-9 运算确定的主生产计划, 计算零件 B 在各个时段的物料需求。

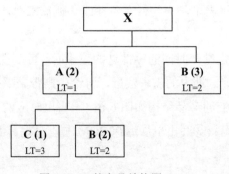

图 6-7　X 的产品结构图

(16) 某最终产品 X 的产品结构图如图 6-8 所示，其第 5 周至第 12 周的 MPS 数据如表 6-24。如果不考虑第 5 周前的留存库存和计划接收量，计算物料 A、B、C、D 的需求计划。

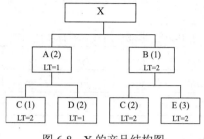

图 6-8　X 的产品结构图

表 6-24　第 5~12 周的 MPS 数据

周次	5	6	7	8	9	10	11	12
MPS 需求	100	100	40	80	100	150	200	100

(17) 已知产品 A 的物料清单，物料需求计划中的 4 个输入——主生产计划单、物料清单、独立需求和库存文件如表 6-25 的(a)、(b)、(c)、(d)所示。编制物料 A、B、C 的物料需求计划。

表 6-25　物料清单

(a) 主生产计划单

周期	1	2	3	4	5	6	7	8
产品 A	10	10	10	10	10	10	10	10

(b) 物料清单

物料	层	用量
A	0	
B	1	2
C	1	1

(c) 独立需求

周期	1	2	3	4	5	6	7	8
物料 C	5	5	5	5	5	5	5	5

(d) 库存文件

物料	计划收到(周)								现有库存	已分配量	提前期	批量
	1	2	3	4	5	6	7	8				
A		10							10	5	1	30
B				40					20	5	1	10
C			30						30	5	1	50

(18) 一家工厂生产某种大型机械产品 A。A 由 2 个 B 和 1 个 C 组成，每个 B 由 D (1 个)、E(2 个)和 F(1 个)组成，每个 C 需要 G(1 个)和 H(3 个)。这些零部件的现有库存和提前期如表 6-26 所示。

表 6-26　零部件的现有库存和提前期

物料	A	B	C	D	E	F	G	H
存货/个	20	40	30	20	20	10	20	20
提前期/周	2	1	2	2	1	1	2	1

现在顾客要求第 8 周时交付 120 件的产品 A。

- 请画出该 A 产品的产品结构图。
- 请画出该 A 产品的缩排式 BOM 和汇总式 BOM。
- 草拟出产品 A 的几套主生产计划安排方案。
- 选择一种主生产计划安排方案，计算出该 A 产品的物料需求计划。
- 讨论产品 A 的几种主生产计划安排方案的优缺点。

(19) 参照下章图 7-3 确定的产品 A 的物料结构以及表 7-4 确定的主生产计划：①假定各物料的提前期均为 1 周，批量规则均为按需定量，试计算各物料的需求计划。②假定批量规则改为各物料固定批量，如 40，则各物料的需求计划结果如何？③假定批量规则改为各物料固定周期，如 2 周用量，则各物料的需求计划结果又如何？

第7章 MRPⅡ原理：能力需求计划

【导语】

前面章节介绍的年度生产规划、主生产计划、物料需求计划是否有能力实施，生产任务能否按计划完成，都需要进行一番检验和调整，这就是能力需求计划。能力计划用以分析已有资源能力和生产负荷的差距。本章介绍了能力计划层次体系，重点介绍了粗能力需求计划和细能力需求计划两大部分的内容，详细具体地介绍了粗能力需求计划和细能力需求计划的编制过程。其中，粗能力计划(RCCP)是与主生产计划相伴运行的能力计划，它仅对 MPS 所需的关键生产能力做一粗略的估算，给出一个能力需求的概貌。而细能力需求计划(CRP)是对 MRP 所需能力进行核算的一种计划管理方法，它把物料需求转换为能力需求，估计可用的能力并确定应采取的措施，以便协调能力需要和可用能力之间的关系。

7.1 能力计划层次体系

能力需求计划是对生产过程中所需要的能力进行核算，以确定是否有足够的生产能力来满足生产需求的计划方法。能力需求计划将生产需求转换成相应的能力需求，估计可用的能力并确定应采取的措施，以协调生产负荷和生产能力的差距，如图 7-1 所示。

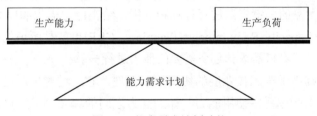

图 7-1　能力需求计划功能

能力需求计划协调能力需要和可用能力之间的关系，用于分析和检验生产计划大纲、主生产计划和物料需求计划的可行性。生产计划能否顺利实施，生产任务能否按计划完成，是否能达到既定的生产指标，都需要在能力需求计划中进行平衡。

在能力计划中，对于生产管理的不同层次，有不同的能力计划方法与之相协调，形成了包括资源需求计划、粗能力需求计划、细能力需求计划、生产能力控制的能力计划层次体系，如表 7-1 所示。它们分别对应于生产规划、主生产计划、物料需求计划和车间作业管理的不同层次，如图 7-2 所示。

表7-1　能力计划层次体系

能力计划名称	对应的生产计划	计划展望期	计 划 周 期	计 划 频 度	使用计算机
资源需求计划	生产规划	长期	季、月	每月	可用
粗能力需求计划	主生产计划	中长期	月	需要时	用
细能力需求计划	物料需求计划	中期	月、周	每周	用
生产能力控制	车间作业管理	短期	周、天	每周	不用

　　资源需求计划(Resource Requirements Planning，RRP)是与生产计划大纲对应的能力计划，表示在生产规划确定产品系列的生产量时，要考虑生产这些产品系列需要占用多少有效资源，如果资源不足，应如何协调这些差距。

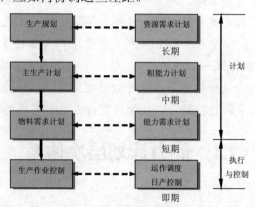

图7-2　能力计划层次

　　粗能力需求计划(Rough-Cut Capacity Planning，RCCP)是与主生产计划相伴运行的能力计划，是对生产中所需的关键资源进行计算和分析，给出能力需求的概貌。

　　能力需求计划(Capacity Requirements Planning，CRP)也就是所谓的细能力需求计划。细能力需求计划对全部物料需求计划所需要的能力进行核算。

　　生产能力控制则用于车间作业层的协调控制管理，它通过对生产过程中各种实时状况的监测来发现实际生产过程中使用能力与计划能力之间的偏差，并通过控制手段处理偏差，使生产按计划稳定地正常运作。

7.2　能力计划的作用与意义

　　编制生产计划大纲、主生产计划和物料需求计划初稿后，还要分析这些计划是否可行，主要是分析是否有足够的物料和生产能力。如果有物料，可是没有足够的生产能力，则无法完成原有的生产指标；反之，如果有足够的生产能力，而没有必需的物料，生产能力也只好闲置起来停工待料。如何保证生产所需的物料，这是在库存管理控制和物料需求计划中进行管理的，而生产能力的平衡则需要在能力需求计划中进行管理。

能力需求计划是 MRPⅡ中的重要反馈环节。MRPⅡ系统正是克服了基本 MRP 系统的不足之处，在软件中增加了生产能力计划、生产活动控制、财务管理等功能，形成了闭环 MRP 系统。在 MRPⅡ中首先集中于生产计划的编制，在每一个计划级，先编制生产计划，然后用能力需求计划评价这个计划，最后采取必要的措施使计划得以实施。生产计划大纲、主生产计划等是否可行，生产设备是否有保证，生产负荷是否合理，这些问题都需要通过能力需求计划来进行平衡，以此修正生产计划，达到生产状况的最佳均衡。

如果发现能力不足，可以进行设备负荷的调节和人力的补充。如果能力实在无法平衡，可以调整产品的主生产计划。也就是说，当工作单元出现大的超负荷或低负荷时，能力需求计划用以保证工作单元的生产均衡。由此可知，能力需求计划(CRP)在 MRPⅡ中起着重要的反馈作用。根据实际情况，当生产负荷不平衡时，对于近期的已下达到生产部门的计划，一般不再变更；对于中期或长期的尚处于计划部门的计划，可作适当的调整。能力需求计划体系为此提供了有效的武器。

能力需求计划还能对企业的技术改造规划提供有价值的信息，找出真正的瓶颈问题，是一种非常有用的计划平衡工具。

7.3　能力计划的基础数据

CRP 的数据环境主要有：工作中心文件、工艺路线文件、已下达车间订单、MRP 计划订单和车间日历等，以及主生产计划文件、库存状态文件、批量计算规则和提前期。

1. MRP 计划订单

计划订单是 MRP 输出的尚未下达的订单。它记录有通过 MRP 的运行计算出的产品零部件的净需求量和需求日期。MRP 计划订单将占有工作中心的负荷。

2. 已下达车间订单

已下达车间订单指已释放或正在加工的订单，它占用了工作中心的一部分能力。订单上表示每种零部件的数量、交货期、加工工序、准备时间和加工时间、工作中心号或部门号及设备号等。做 CRP 时必须将这些因素考虑进去，同时为了 CRP 的准确性必须根据生产进度对其进行实时维护。

3. 工艺路线文件

工艺路线文件描述依产品结构加工或装配需要的各步骤信息。工艺路线文件主要信息有以下几种。

- 加工工序描述。

- 工序顺序。
- 替换工序。
- 工具。
- 定额工时(准备时间和加工时间)。

4. 工作中心文件

工作中心文件除了包括计算工作中心定额能力的必要信息之外，还包括如下编制订单计划的必要信息。

- 排队时间——在每个工作中心的平均排队时间。
- 运输时间——在各工作中心之间的运输时间。

有时这些信息也放在工艺路线文件中。

5. 车间日历

车间日历(或工厂日历)是车间专用的用于编制计划的一种特殊形式的日历，它不同于普通的自然日历，而是按可用的工作日编制的，它表示出顺序计数的工作日，并除去周末、节日、停工和其他不生产的日子。表 7-2 是车间日历的例子。

表 7-2　车间日历

1月						
			1	2 001	3 002	4
5	6 003	7 004	8 005	9 006	10 007	11
12	13 008	14 009	15 010	16 011	17 012	18
19	20 013	21 014	22 015	23 016	24 017	25
26	27 018	28 019	29 020	30 021	31 022	

2月						
						1
2	3 023	4 024	5 025	6 026	7 027	8
9	10 028	11 029	12 030	13 031	14 032	15
16	17	18 033	19 034	20 035	21 036	22
23	24 037	25 038	26 039	27 040	28 041	

3月						
						1
2	3 042	4 043	5 044	6 045	7 046	8 047
9	10	11 048	12 049	13 050	14 051	15

4月						
30	31	1 064	2 065	3 066	4 067	5
6	7 068	8 069	9 070	10 071	11 072	12
13	14 073	15 074	16	17 075	18 076	19 077

(续表)

16	17	18	19	20	21	22
	052	053	054	055	056	057
23	24	25	26	27	28	29
	058	059	060	061	062	063

20	21	22	23	24	25	26
	078	079	080	081	082	
27	28	29	30			
	083	084	085			

对于不同的对象如工作中心，车间日历还可以具体细分为各个工作中心的专用日历。

在能力需求计划计算中，需要考虑的主要因素是生产基本信息和物料需求计划。生产基本信息来自工作中心文件、工艺路线文件、订单信息等。物料需求计划的信息主要用于 MRP 计划订单。CRP 输入为物料需求计划和生产基本信息，输出至采购。此外，CRP 与车间控制及物料需求计划也有实际反馈信息。

7.4　工作中心能力核算

工作中心(Work Center，WC)是指完成某种加工的设备或设备组。工作中心是 MRPⅡ系统组织生产的基本单元，也是进行作业安排、执行能力需求计划和进行成本核算的基本依据。为了安排能力需求计划，根据设备和劳动力状况，将能够执行相同或相似工序的设备、劳动力组成一个工作中心生产单元。

在 MRPⅡ/ERP 系统里，实际上可以依管理的需要自由定义工作中心。但工作中心不宜过大，否则使能力核算过粗，生产过程难以控制；工作中心的划分也不宜过小，否则生产计划过分呆板，生产调度不够灵活。总之，工作中心的划分要有利于生产计划的完成，它可以是一个作业班组，也可以是现行作业的几个班组。

工作中心为生产进度安排、核算能力、计算成本提供了一个单位基准。通过 CRP 进行能力核算的前提条件是必须有正确的工作中心能力数据，因此必须首先建立与维护工作中心能力。

1. 工作中心能力的核算

工作中心的能力用在一定的时间内完成的产出率来表示，需要考核的主要是工作中心的实际能力和定额能力。工作中心能力的核算是 CRP 处理过程中的一个关键部分。核算工作中心能力通常按以下步骤进行。

(1) 选择计量单位。通常用于表示能力的单位有：

- 标准小时(时间)。
- 千克或吨(重量)。
- 米(长度)。
- 件数(数量)。

能力与负荷的计量单位必须一致。在离散型生产中多用加工单件所需的标准时间作为计量单位，即小时/件。在重复式生产中多用单位小时的产量作为计量单位，即件/小时。

在流程工业中多用日产量或班产量作为计量单位, 如吨/日。

(2) 计算定额能力。定额能力是在正常的生产条件下工作中心的计划能力。定额能力不一定为最大能力。工作中心的定额能力是根据工作中心文件和车间日历中有关信息计算而得到的。计算定额能力所需的主要信息有:

- 每班可用操作人员数。
- 可用的机器数。
- 单机的额定工时。
- 工作中心的利用率。
- 在该工作中心每天排产的小时数。
- 每天开工班次。
- 每周的工作天数。

$$工作中心的定额能力 = 可用机器数或人数 \times 每班工时 \times 每天的开班数$$
$$\times 每周的工作天数 \times 利用率 \times 效率$$

$$工作中心利用率 = 实际投入工时 \div 计划工时$$

$$工作中心效率 = 完成的定额工时 \div 实际投入工时$$

$$完成的定额工时 = 生产的产品数量 \times 按工艺路线计算的定额工时$$

其中, 可用机器数或人数, 是指对能力起限制作用的机器或人的数量; 实际投入工时, 是指实际用在产品上的工时。计划工时还包括预防性维修、机器损坏、材料短缺、工作缺勤及其他工作的时间。

例如, 某企业某工作中心由 6 名工人操作 6 台机床, 每班 8 小时, 每天 1 班, 每星期 5 天, 利用率为 80%, 效率为 90%, 则一周的定额能力为 $6 \times 8 \times 1 \times 5 \times 0.80 \times 0.90 = 172.80$ 定额工时。

(3) 计算实际能力。实际能力是通过记录某工作中心在某一生产周期内的产出来决定的, 也称历史能力。计算实际能力时, 可以取给定时间周期内的总产出工时的平均值。

2. 工作中心能力的维护

为了维护能力需求计划的准确性, 一般都需要将定额能力与实际能力相比较。在实际应用中, 要求定额能力与实际能力完全一致是不现实的, 因此有一些可接受的允许误差。例如在上述的计算中, 定额能力是 172.80 标准小时, 而实际能力是 142 标准小时, 如果允许误差是 5%, 那么定额能力将大大超过可接受的实际能力。建议调查一下产生差异的原因, 通过分析来修正一个或多个用于计算定额能力的系数。

定额能力是能力需求计划处理过程的主要输入之一, 为了使定额能力有效, 它必须与实际能力差不多。如果两个数字不一致, 可能有以下几点原因。

- 实际能力的测定期间对该工作中心来说可能不具代表性。
- 工作中心的效率或利用率不准确。

- 该工作中心可能会有以下改变：
  - ♦ 停机——停机时间超过计划数。
  - ♦ 工人——工人是否有效地使用机器。
  - ♦ 维护——预防性维修改变。
  - ♦ 加班——是否过分地加班而降低效率。
  - ♦ 产品组合——产品组合是否改变。
  - ♦ 缺勤——缺勤的水平是否高于计划。
  - ♦ 零件短缺——是否有很多零件报废。
  - ♦ 工程改变——是否有额外的工程改变。
  - ♦ 操作人员的熟练程度。

核定和维护工作中心能力是 CRP 的一项重要工作，可通过分析投入/产出的小时工作量来修正工作中心能力。

为了保证工作中心有持续可靠的能力，一定要做好设备的预防性维护制度，保证设备的完好率。同时要抓好质量管理，消除废品和返修件，防止因追加任务而破坏能力需求计划。MRPⅡ软件一般对设备故障和质量事故都可设置原因码，供管理人员分析改进。

7.5　粗能力需求计划

与主生产计划相伴运行的能力计划是粗能力计划(RCCP)。粗能力计划仅对主生产计划所需的关键生产能力进行粗略的估算，给出一个能力需求的概貌。粗能力计划的处理过程是将成品的生产计划转换成相关的工作中心的能力需求。由于能力计划的编制过程直接表达了主生产计划与执行这些生产任务的加工和装配工作中心的能力供求关系，所以它可以在能力的使用方面评价主生产计划的可行性。

7.5.1　粗能力需求计划的对象和特点

粗能力计划的编制忽略了一些基本信息，以便简化和加快能力计划的处理过程。粗能力计划通常是对生产中所需的关键资源进行计算和分析。关键资源通常是指：

- 关键工作中心，其处于瓶颈位置。
- 特别供应商，其供应能力有限。
- 自然资源，其可供的数量有限。
- 专门技能，属稀有资源。
- 资金。
- 仓库。
- 运输。
- 不可外协的工作等。

由于粗能力计划一般只考虑关键工作中心等关键资源能力，所以粗能力计划是一种计算量较小，占用计算机机时较少，比较简单、粗略、快速的能力核定方法。关键工作中心随产品结构而变化，关键工作中心在工作中心文件中定义后，系统会自动计算关键工作中心的负荷。

粗能力计划配合主生产计划的处理过程，一般每月处理一次。即使主生产计划的计划周期为周，但粗能力计划也可以每月做一次，将主生产计划中每周的生产量汇总为月的生产量，这样转换成对以月为计划周期的主生产计划而编制粗能力计划，更加便于进行能力管理。

配合主生产计划运行的粗能力计划是一种中期计划，因此一般仅考虑计划订单和确认订单，而忽略近期正在执行的和未完成的订单，也不考虑在制品库存。但对关键资源的能力核算，则既要考虑计划订单和确认订单，也要考虑近期正在执行的和未完成的订单。

粗能力计划可以在物料需求计划之前编制，对主生产计划进行能力需求计算。粗能力计划也可以在主生产计划之前编制，对生产计划大纲进行能力需求验算。做好粗能力计划是后面运行细能力需求计划的先决条件，会减少大量反复运算能力需求计划的工作。

粗能力计划的优点如下。

- 可用粗能力计划进行生产计划初稿可行性的分析与评价。
- 集中关键资源，而不是面面俱到，影响效率。
- 不涉及工艺路线和工作中心的具体细节。
- 能力计划的编制比较简单，计算量少。
- 实施所要求的前提条件较少。
- 减少后期能力需求计划的核算工作。

粗能力计划的缺点如下。

- 忽略了现有库存量和在制量的影响，无法反映计划的动态实际变化。
- 平均批量和生产提前期是假设值，与实际值将产生执行偏差。
- 只包含关键资源，无法彻底保证计划的可信度。
- 对短期计划无用。

编制粗能力计划时，关键工作中心的负荷表现于能力报表，通常也用分时段的直方图来对比直观表示，时段的长度与主生产计划一致。对超出工作中心可用能力的负荷，在直方图上用特殊方式(如加粗、变色、闪烁等)表示。

能力同负荷有了矛盾必须调整，超出能力的任务是不可能完成的。调整后主生产计划由主生产计划员确认，确认后的 MPS 作为 MRP 运行的依据。对于企业只有一条装配流水线的情况，只需以它为关键工作中心运行粗能力计划，不再需要运行能力需求计划，从而大大减少能力核算的人力、物力消耗或时间拖延。

7.5.2　粗能力需求计划的编制方法

粗能力计划是对生产中所需的关键资源进行计算和分析。运行粗能力计划可分两个步骤。首先建立资源清单，说明每种产品的数量及各月占用关键工作中心的负荷小时数，同时与关键工作中心的能力进行对比；其次，在产品的计划期内，对超负荷的关键工作中心要进一步确定其负荷出现的时段。

主生产计划的计划对象主要是产品结构中 0 层的独立需求型物料，但是这个独立需求件的工艺路线中往往并不一定直接含有关键工作中心，因为关键工作中心往往是在它下属低层某个子件的工艺路线上才出现的。所以编制粗能力计划，首先要确定关键工作中心的资源清单(能力清单)。

主生产计划的资源清单是根据物料清单(BOM)和工艺路线文件得到的。资源清单列出了项目所用物料的结构和数量。工艺路线文件包括了在工厂安排生产任务确定能力需求所要用到的信息，该文件包括每个制造件和装配件的信息，如每个工件在哪儿加工、所需工装、每道工序所用的单件定额工时和生产准备时间等；而资源清单则描述了项目生产制造所需的生产资料及生产地点。资源清单样式参见表 7-3 所示。

表 7-3　资源清单样式

关键工作中心		产品计划数量及月负荷小时					月能力/小时		
编码	名称及能力单位	A	B	C	D	E	需用	可用	最大
		15	60	20	10	30			
1100	冲床/小时	25	30	30	5	40	130	140	160
4230	车床/小时	30	80	40	10	50	210	256	320
5200	装配/平方米	300	100	50	30	20	500	500	500

编制粗能力计划，首先要建立资源清单(能力清单)或分时间周期的资源清单。因此，粗能力计划的编制有两种方法：资源清单法和分时间周期的资源清单法。

1. 用资源清单法编制粗能力计划

利用资源清单法编制粗能力计划通常按下列步骤进行：

(1) 定义关键资源。

(2) 从主生产计划中的每种产品系列中选出代表产品。

(3) 对每个代表产品确定其单位产品对关键资源的需求量。确定的根据包括主生产计划、物料清单、工艺路线、定额工时、平均批量等。

(4) 对每个产品系列，确定每月的主生产计划产量。

(5) 将主生产计划中的计划产量与资源清单中定义的资源需求量相乘。

(6) 将每个产品系列所需的能力加起来，得到对应计划的总能力需求。

下面举例来说明根据 BOM 和工艺路线文件如何得到能力清单，进而如何根据能力清单编制粗能力计划。

例 7.1 某产品 A 对应的产品结构、主生产计划、工艺路线文件见图 7-3、表 7-4 和表 7-5 所示。在图 7-3 中，零件 D、G、H、I 为外购件，不消耗内部的生产能力，无需在能力计划中考虑。

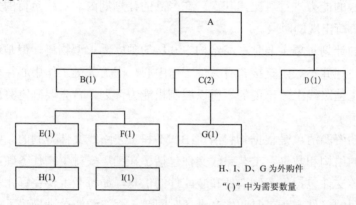

图 7-3　产品 A 的产品结构图

表 7-5 产品 A 的工艺路线文件表中，给出单件加工时间、平均批量和工序生产准备时间，时间单位为定额工时。这里，生产准备时间的分配应基于每个零件的订货批量，从"平均批量"得到单件生产准备时间。即：

$$单件准备时间＝生产准备时间÷平均批量$$

例如，零件 A 的单件准备时间为 0.40÷20＝0.0 200 定额工时。

有了产品结构 BOM 和工艺路线文件，就可以编制能力清单，其过程如下。

表 7-4　已知产品 A 的主生产计划

周次	1	2	3	4	5	6	7	8	9	10
主生产计划	25	25	20	20	20	20	30	30	30	25

表 7-5　已知产品 A 的工艺路线文件

零件号	工序号	工作中心	单件加工时间	生产准备时间	平均批量	单件准备时间	单件总时间
A	101	30	0.09	0.40	20	0.0 200	0.1100
B	201	25	0.06	0.28	40	0.0 070	0.0670
C	301	15	0.14	1.60	80	0.0 200	0.1600
	302	20	0.07	1.10	80	0.0 138	0.0838
E	401	10	0.11	0.85	100	0.0 085	0.1185
	402	15	0.26	0.96	100	0.0 096	0.2696
F	501	10	0.11	0.85	80	0.0 106	0.1206

(1) 首先计算出在每一个工作中心上全部项目的单件加工时间。其公式为

$$加工件数×单件加工时间$$

在 WC-10 中，有 1 件 E 和 1 件 F，所以工作中心 10 的单件加工时间为

$$1×0.11＋1×0.11＝0.22 \text{ 定额工时/件}$$

在 WC-15 中，有两件 C 和 1 件 E，所以工作中心 15 的单件加工时间为

$$2×0.14＋1×0.26＝0.54 \text{ 定额工时/件}$$

由此，计算出其他工作中心的单件加工时间为：

$$WC\text{-}20 \quad 2×0.07＝0.14 \text{ 定额工时/件}$$
$$WC\text{-}25 \quad 1×0.06＝0.06 \text{ 定额工时/件}$$
$$WC\text{-}30 \quad 1×0.09＝0.09 \text{ 定额工时/件}$$

(2) 计算每一个工作中心上全部项目的单件生产准备时间。其公式为

$$加工件数×单件准备时间$$

由此，计算出各工作中心的单件准备时间为：

$$WC\text{-}10 \quad 1×0.0085＋1×0.0106＝0.0191$$
$$WC\text{-}15 \quad 2×0.0200＋1×0.0096＝0.0496$$
$$WC\text{-}20 \quad 2×0.0138＝0.0276$$
$$WC\text{-}25 \quad 1×0.0070＝0.0070$$
$$WC\text{-}30 \quad 1×0.0200＝0.0200$$

(3) 计算出每个工作中心单件总时间。其公式为

$$单件加工时间＋单件准备时间$$

这样，就得到了单件成品对所有工作中心所需求的用定额工时数表示的产品 A 的能力清单，如表 7-6 所示。

表 7-6　产品 A 占用的能力清单

工 作 中 心	单件加工时间	单件生产准备时间	单件总时间
10	0.22	0.0191	0.2391
15	0.54	0.0496	0.5896
20	0.14	0.0276	0.1676
25	0.06	0.0070	0.0670
30	0.09	0.0200	0.1100
合计	1.05	0.1233	1.1733

最后，根据产品 A 的能力清单和主生产计划，计算出产品 A 的粗能力计划，即用产品 A 的主生产计划表(表 7-4)中每个周期的计划产量乘以能力清单中各工作中心的单件总时间值，就得到了用能力清单编制的以总定额工时表示的能力计划。计算出的产品 A 总定额工时的能力计划结果如表 7-7 所示。这里假设主生产计划的描述对最后一些工序用开工日期表示，而不是用需要日期表示。例如，第 7 周各个工作中心总定额工时计算为：

$$WC\text{-}30 \quad 30 \times 0.1100 = 3.30 \text{ 定额工时}$$
$$WC\text{-}25 \quad 30 \times 0.0670 = 2.01 \text{ 定额工时}$$
$$WC\text{-}20 \quad 30 \times 0.1676 = 5.03 \text{ 定额工时}$$
$$WC\text{-}15 \quad 30 \times 0.5896 = 17.69 \text{ 定额工时}$$
$$WC\text{-}10 \quad 30 \times 0.2391 = 7.17 \text{ 定额工时}$$

表 7-7　产品 A 的能力计划

工作中心	拖期	周次										总计
		1	2	3	4	5	6	7	8	9	10	
30	0	2.75	2.75	2.20	2.20	2.20	2.20	3.30	3.30	3.30	2.75	
25	0	1.68	1.68	1.34	1.34	1.34	1.34	2.01	2.01	2.01	1.68	
20	0	4.19	4.19	3.35	3.35	3.35	3.35	5.03	5.03	5.03	4.19	
15	0	14.74	14.74	11.79	11.79	11.79	11.79	17.69	17.69	17.69	14.74	
10	0	5.98	5.98	4.78	4.78	4.78	4.78	7.17	7.17	7.17	5.98	
合计	0	29.34	29.34	23.46	23.46	23.46	23.46	35.20	35.20	35.20	29.34	287.46

用资源清单进行粗能力计划编制，资源清单的建立与存储比较简单。一旦建立了资源清单，则可对不同的主生产计划重复使用。只有当它们所依赖的信息变化很大时，才需要修改这个清单。用这种方法，可以仅对关键资源(瓶颈环节)建立和使用资源清单。这样简化了能力计划的编制、维护和应用，并且由于计算量小，如果没有计算机，用计算器也可以进行能力计划的编制。

但是这种方法也存在着缺点和不足。首先，它忽略了提前期，即与累计的制造提前期相比，如果主生产计划所用的计划周期越长，那么所生成的负荷图就越可靠。所以如果主生产计划的计划周期短，而制造提前期长，那么能力需求计划在时间性上的精度就差。其次，用这种方法在编制能力计划的过程中，没有考虑在制品或成品的库存，所以对负荷的估计偏高。为了克服资源清单没有考虑提前期的缺点，又提出了分时间周期的资源清单。

2. 分时间周期的资源清单法

用资源清单来编制能力需求计划的方法没有考虑制造提前期，为了克服这一缺点，可以采用分时间周期的资源清单。分时间周期的资源清单法与资源清单法基本类似，差别只在于把对资源能力的需求按时间周期分配，将各种资源需求分配在对应的一段时间内，称为分时间周期的资源清单。分时间周期的资源清单法编制的关键点如下。

- 画出某类代表产品的工序网络图。
- 计算该产品的分时间周期的能力清单。
- 根据主生产计划和每个代表产品的能力清单，求出分阶段的能力计划。

建立分时间周期的资源清单所需的附加信息是时间周期。用时间周期把能力需求量和工序网络图进行时间的划分，就构成了按时间周期编制能力需求计划的基础，它表明按照制造工序，在整个提前期范围内，资源需求量是如何分布的。

分时间阶段的时间周期应该与主生产计划相对应。如果这个周期是周，那么主生产计划也应当按周给出；如果计划周期是月，那么主生产计划的计划量就应当按月给出。但不论选择哪种时间周期，它必须小于累计的提前期，否则分时间周期就没有意义了。

由于划分了时间周期，所以建立和维护这些清单，需要付出更多的努力。用分时间周期资源清单生成能力需求计划，要花费更多的计算时间，但它最后生成的能力计划比没考虑时间因素的能力计划更加可信。对于工艺阶段和工序生产制造周期长，而计划周期相对较短的企业，如重型机器制造厂，其粗能力计划采用分时间周期资源能力清单法比较合适。

例 7.2 现在仍用上例来说明分时间周期资源清单和粗能力计划的建立，其过程如下。

(1) 建立分时间周期资源清单

这里用周作为计划周期。假设产品 A 的累计制造提前期为 4 周，每道工序的提前期为 1 周。在物料需求计划(MRP)从毛需求到净需求的物料需求分解过程中，对项目 C 和 E 计划提前期为 2 周，对项目 A、B 和 F 计划提前期为 1 周。其情况可用工序网络图来表示，见图 7-4 所示。

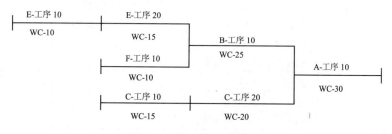

图 7-4　产品 A 的工序网络图

假设产品 A 的主生产计划给定了最后一道工序的开工日期，而且图 7-4 中最后的装配工序用 1 周，这道工序所需的能力也恰好落在对应主生产计划数量的同一周。生产子装配件 B 的装配工序 10 和零件 C 的最后一道工序 20，都要求 1 周的计划制造时间，对这些工序的加工正好安排在最终装配前的这一周，即这些负荷的提前期为 1 周。在图 7-4 的工序网络图中，对所有的工序都给出了各自的提前期值。例如，对零件 E 的加工，第 1 道工序 10 将在指定的主生产计划出现的那周的 3 周前，而第 2 道工序 20 则在指定的主生产计划出现的那周的两周前，也就是指定的主生产计划出现的第 2 周。

根据产品 A 的产品结构(图 7-4)、工艺路线文件(表 7-5)和工序网络图(图 7-4)，可以确定出它的分时间周期的资源清单如表 7-8 所示。

例如，对于零件 C 而言，根据产品结构，零件 C 的用量数为 2；根据工艺路线文件，零件 C 的加工需要两道工序。第 1 道工序 10 在工作中心 15 加工，单件加工时间为 0.14，单件准备时间为 0.02，则加工时间 $RT=2×0.14=0.28$，准备时间 $ST=2×0.02=0.04$；第 2 道工序 20 在工作中心 20 加工，单件加工时间为 0.07，单件准备时间为 0.0138，则加工时间 $RT=2×0.07=0.14$，生产准备时间 $ST=2×0.0138=0.0276$。由于假设产品 A 的累计计划提前期为 4 周，每道工序的提前期均为 1 周。如果以产品 A 的主生产计划需求日期定为 0 计算相对周期，则零件 C 的第 1 道工序 10 应在相对周期 - 2 时开工，第 2 道工序 20 应在相对周期 - 1 时开工，这样才能满足在相对周期 0 时产品 A 的加工需要。以同样的方法可以确定出其他每个项目的加工时间和生产准备时间。

表 7-8　产品 A 的分时间周期资源清单

工作中心	对某一主生产计划数量的相对周期			
	- 3	- 2	- 1	0
30				项目 A，工序 10 RT=1×0.09=0.09 ST=1×0.020=0.020 0
25			项目 B，工序 10 RT=1×0.06=0.06 ST=1×0.0070=0.0070	
20			项目 C，工序 20 RT=2×0.07=0.14 ST=2×0.0138=0.0276	
15		项目 C，工序 10 RT=2×0.14=0.28 ST=2×0.02　=0.04		
15		项目 E，工序 20 RT=1×0.26=0.26 ST=1×0.0096=0.0096		
10	项目 E，工序 10 RT=1×0.11=0.11 ST=1×0.0085=0.0085	项目 F，工序 10 RT=1×0.11=0.11 ST=1×0.0106=0.0106		

(2) 计算主生产计划单个量的资源需求

有了分时间周期资源清单和主生产计划，就可以计算主生产计划某个周次的计划量所引发的能力资源需求。

为了说明用分时间周期资源清单编制能力计划的方法，假设以产品 A 的主生产计划(见表 7-3)周期的第 7 周的计划量所引起的能力需求为例，表 7-8 是产品 A 的分时间周期资源清单，其计算过程如下。

在主生产计划周期的第 7 周产品 A 的计划量为 30，相应的工作中心 10 的能力需求为：

对零件 A：$30×0.11＝3.30$

在第 6 周，有零件 B 和 C，分别在工作中心 25 和工作中心 20 中加工。其能力需求如下。

对零件 B：$30×0.0670＝2.01$

对零件 C：$30×0.1676＝5.028≈5.03$

在第 5 周，有零件 E、C 和 F，其中零件 E 和零件 C 在工作中心 15 中加工，零件 F 在工作中心 10 中加工。其能力需求如下。

对零件 E：$30×0.2696＝8.088$

对零件 C：$30×0.320＝9.6$

则工作中心 15 的负荷能力为：$8.088＋9.6＝17.688≈17.69$

而在工作中心 10 的一周能力需求如下。

对零件 F：$30×0.1206＝3.618$

在第 4 周，零件 E 在工作中心 10 中加工，则能力需求如下。

对零件 E：$30×0.1185＝3.555$

至此，第 7 周主生产计划引发的能力需求的计算过程结束，其结果见表 7-9。可以看出，对于产品 A 在第 7 周的主生产计划需求量，根据工序网络图，要计算第 7、6、5、4 周的有关工作中心的负荷能力。这也是用分时间周期的资源清单和用资源清单编制粗能力计划的主要差别。

表 7-9　单个计划量产生的能力计划

工作中心	拖期	周　次										总计
		1	2	3	4	5	6	7	8	9	10	
30								3.30				
25							2.01					
20							5.03					
15						17.69						
10					3.555	3.618						
合计					3.555	21.308	7.04	3.30				

(3) 计算全部主生产计划量的资源需求计划

全部主生产计划量所产生的能力需求计划，就是把上面各个单个计划量所产生的能力需求分时间段对应累加而成，见表 7-10。

表 7-10　用分时间周期资源清单产生的能力计划

工作中心	拖期	周　次										总计
		1	2	3	4	5	6	7	8	9	10	
30	0	2.75	2.75	2.20	2.20	2.20	2.20	3.30	3.30	3.30	2.75	
25	1.68	1.68	1.34	1.34	1.34	1.34	2.01	2.01	2.01	1.68	0	

(续表)

工作中心	拖期	周　　次										总计
		1	2	3	4	5	6	7	8	9	10	
20	4.19	4.19	3.35	3.35	3.35	3.35	5.03	5.03	5.03	4.19	0	
15	29.48	11.79	11.79	11.79	11.79	17.69	17.69	17.69	14.74	0	0	
10	14.33	4.78	4.78	4.78	5.97	7.17	7.17	6.58	3.02	0	0	
合计	49.68	25.19	24.01	23.46	24.65	31.75	34.10	34.61	28.10	9.170	2.75	287.46

例如，对于工作中心 10，在第 5 周这一周既有第 7 周计划量的 30 件 F，也有第 8 周计划量的 30 件 E，则能力需求如下。

对零件 F：30×0.1206＝3.618

对零件 E：30×0.1185＝3.555

因此工作中心 10 的第 5 周负荷能力为：3.618＋3.555＝7.173≈7.17

同理，在第 4 周，除了有第 7 周计划量的 30 件 E，还有第 6 周计划量的 20 件 F，则能力需求如下。

对零件 E：30×0.1185＝3.555

对零件 F：20×0.1206＝2.412

因此工作中心 10 的第 4 周负荷能力为：3.555＋2.412＝5.967≈5.97

所以，用主生产计划表的数量乘以每个工作中心的单件加工时间和单件准备时间，把落在同一周的能力需求量相加，就得到用分时间周期资源清单而产生的能力计划。

7.6　能力需求计划

7.6.1　CRP 概述

这里的能力需求计划是细能力需求计划，是对具体物料需求计划所需能力进行核算的一种计划管理技术。

物料需求计划的对象是物料，物料是具体的、形象的和可见的；能力需求计划的对象是能力，能力是抽象的，且随工作效率、人员出勤率、设备完好率等的变化而变化。能力需求计划是将物料需求转换为能力需求，估计可用的能力，并确定应采取的措施，以便协调能力需求和可用能力之间的关系。因此，生产计划能否顺利实施、生产任务能否按计划完成、能否达到既定的生产指标，都需要在能力需求计划中进行平衡。

细能力需求计划把 MRP 的计划下达生产订单和已下达但尚未完工的生产订单所需求的负荷小时，按工厂日历转换为每个工作中心各时区的能力需求。运行能力需求计划，是根据物料需求计划中加工件的数量和需求时段、它们在各自工艺路线中使用的工作中心及占用时间，对比工作中心在该时段的可用能力，生成能力需求报表的。

所以说，CRP 与 MRP 有类似之处，也是围绕着以下几个问题而进行。

- 生产什么？何时生产？
- 使用什么工作中心？负荷(即需用能力)是多少？
- 工作中心的可用能力是多少？
- 分时段的能力需求情况如何？

这个过程可用图 7-5 关于 CRP 的输入/输出模型来表示。

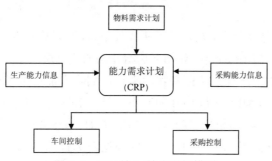

图 7-5　CRP 输入/输出逻辑模型

对于 MRP 包含的产品结构中的每一级项目，MRP 分时间将制造订单的排产计划转换成能力需求，并考虑制造过程中排队、准备、搬运等时间消耗，使生产需求切实成为可控制的因素。此外，CRP 考虑了现有库存和在制品库存，使主生产计划所需的总能力数量更准确。由于订单计划是 MRP 产生的，其中考虑了维修件、废品和安全库存等因素，与之对应的能力需求计划也相应地考虑了这些因素，使能力估计更加切实可行。

细能力需求计划同粗能力计划一样，在屏幕上用直方图显示(参见图 7-6)，同时也用报表方式，说明每个时段的负荷小时、若干时段累计负荷小时及累计可用能力。如果个别时段负荷超过能力，但在某个时期的累计负荷没有超过累计能力，说明是有可能调整的。

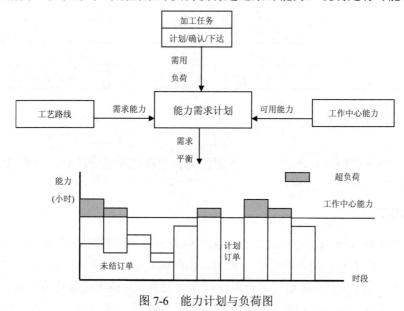

图 7-6　能力计划与负荷图

　　总之，能力需求计划是把物料需求转换为能力需求。它不但考虑 MRP 的计划订单，还要考虑已下达但尚未完成的订单所需的负荷；它还要结合工作中心的工作日历，考虑工作中心的停工及维修等非工作日，确定各工作中心在各个时段的可用能力。

　　但能力需求计划只说明能力需求情况，提供信息，不能直接提供解决方案。处理能力与需求的矛盾，还是要靠计划人员的分析与判断，通过模拟功能寻找解决办法。能力需求计划有追溯负荷来源的功能，可查明超负荷的现象是由什么订单引起的，便于计划人员调整计划时分析参考。

　　MRP/CRP 反复运算调整后，如果仍无法解决矛盾，则要修正 MPS。只有经过 MRP/CRP 运算落实后，才能作为 MRP 的建议计划下达给计划的执行层。

　　MRP Ⅱ 系统中，主生产计划阶段和物料需求计划阶段都要求进行能力平衡，编制能力平衡计划。由于 MRP 和 MPS 之间内在的联系，所以 RCCP(粗能力需求计划)和 CRP(细能力需求计划)之间也是一脉相承的。实际上，MRP/CRP 的运算是建立在 MPS/RCCP 的基础上的，CRP 是对 RCCP 的深化。它们之间的区别见表 7-11。

表 7-11　粗能力需求计划和细能力需求计划的区别

项　　目	粗能力计划(RCCP)	细能力计划(CRP)
计划阶段	MPS	MRP、SFC
计划对象	独立需求件	相关需求件
主要面向	主生产计划	车间作业计划
计算参照	资源清单	工艺路线
能力对象	关键工作中心	全部工作中心
订单范围	计划及确认	全部
现有库存量	不扣除	扣除
提前期计算	提前期偏置	准备、加工提前期
批量计算	因需定量	批量规则
工作日历	企业通用日历	工作中心日历

7.6.2　CRP 制定方式

　　实际上，CRP 的制定有两种方式：无限能力计划和有限能力计划，两者的主要区别在于处理超负荷时的方式不同。

1. 无限能力计划

　　无限能力计划(Infinite Capacity Planning)在做物料需求计划时不考虑企业能力的限制，而是直接将该工作中心上的各负荷进行相加，以此确定能力的需求。在负荷工时大于能力工时的情况下，为超负荷。对超过部分可进行负荷调整，负荷调整策略有：延长工作时间，使用替代加工级别，转移工作中心负荷，做出购买的决策，选择替代工序，进行外协加工等；甚至无奈地采取极端措施，如延期交货或者取消订单。负荷与能力平衡工作是反复进行的，直至得到较为满意的计划方案为止。由于无限能力计划是一种自然的、直观的、简便的处理能力需求的方式，大多数 MRP Ⅱ/ERP 软件都是按照这种方法设计的。

2. 有限能力计划

有限能力计划(Finite Capacity Scheduling)是预先考虑能力限制的计划编制方式。由于考虑了能力限制，某个工作中心的负荷工时总是不会超过该工作中心的能力工时的，因此不会出现工作中心超负荷的现象。按照负荷分配选择方式，有限能力计划又分为有限顺排计划和优先级计划。

有限顺排计划(Finite Forward Scheduling)假定能力是固定不能调整的，因而计划可完全由计算机自动编排。有限顺排计划通常适用于某种单一的工作中心或较难调整的能力单元，有时它也可以用在短期或近期车间作业进度编排上。有限顺排计划对头道工序往往是有效的，对后续工序则会增加复杂性，甚至可能影响交货期。不少软件都设置了有限顺排计划的功能。

优先级计划是指根据订单状况等因素为计划负荷指定一个优先级，按照优先级分配给工作中心负荷。当工作中心满负荷时，优先级较高的计划负荷先执行，优先级别低的计划被推迟。这种方式保证可工作中心工作的有序化，并反映了市场和客户的需求实际状况。这种方法由于按优先级别分配负荷，不会产生超负荷，基本可以不做负荷调整。

MRP Ⅱ的出发点首先是满足客户和市场的需求，这是计划工作的基本原则。因此，一般在编制计划时，首先进行需求的优先级计划，然后再进行能力的计划。经过多次反复运算、调整落实，才转入下一个层次。如果不说明需求的优先级，工作中心负荷的顺序就无所依从。只有先不考虑能力的约束，才能谈得上对能力的计划。如果考虑了能力的约束再做需求计划，这样的计划有可能不一定符合客户和市场的需求日期，因而会偏离 MRP Ⅱ的计划原则。如果某个工作中心在某个时段由于加工了优先级低的物料，使优先级高的物料排不上号，不能按计划加工，从表面上看似乎是一种能力不足的现象，而实质上是资源没有有效利用。因此，必须先有优先级计划，能力计划才有意义。

7.7　本 章 小 结

能力需求计划用以分析已有资源能力和生产负荷的差距。对于年度生产规划、主生产计划、物料需求计划和车间作业管理的不同层次，有不同的能力计划方法与之相协调，形成了包括资源需求计划、粗能力需求计划、细能力需求计划、生产能力控制的能力计划体系。

CRP 的数据参数包括工作中心文件、工艺路线文件、车间日历、库存状态文件、批量计算规则和提前期等。

工作中心为生产进度安排、核算能力、计算成本提供了一个单位基准。必须首先建立与维护工作中心能力。

粗能力计划的编制有两种方法：资源清单法和分时间周期的资源清单法。

粗能力计划仅对主生产计划所需的关键生产能力进行粗略的估算，它将成品的生产计划转换成相关的关键工作中心的能力需求，以评价主生产计划的可行性。

细能力需求计划把 MRP 的计划下达生产订单和尚未完工的生产订单所需求的负荷小时，按工厂日历转换为每个工作中心各时区的能力需求，生成能力需求报表。参照负荷图，对超负荷的工作中心要进一步调整。

根据处理超负荷时的方式不同，能力需求计划有两种制定思路：无限能力计划和有限能力计划。无限能力计划在做物料需求计划时不考虑企业能力的限制，而是直接将该工作中心上的各负荷进行相加，以此确定能力的需求。有限能力计划则预先考虑能力限制，可采用有限顺排计划或优先级计划进行排程。

关键术语

粗能力需求计划(RCCP)　细能力需求计划(CRP)　工作中心(WC)　资源清单　能力清单　工艺路线　车间日历　无限能力计划/有限能力计划　能力负荷图

思考练习题

(1) 能力计划层次体系包括哪几个层次？

(2) RCCP 和 CRP 分别对应于哪个层次的生产计划？

(3) 粗能力需求计划的对象主要指哪些？

(4) 粗能力需求计划有何优缺点？

(5) 简述利用资源清单法编制粗能力计划的步骤。

(6) 简述利用分时间周期的资源清单法编制粗能力计划的步骤。

(7) 简述能力需求计划和粗能力计划的区别。

(8) 为什么说能力需求计划核算的能力数量更准确？

(9) 工作中心是什么？有何作用？

(10) 如何计算工作中心的定额能力及实际能力？

(11) 能力需求计划的制订有哪两种方式？

(12) 无限能力计划法就是不考虑能力的约束吗？

(13) 编制能力需求计划时需要哪几方面的信息？

(14) 分析能力需求计划的编制思路。

(15) 如何计算工作中心的负荷？

(16) 为什么说粗能力需求计划与细能力需求计划之间是一脉相承的？

(17) 在能力需求计划中能力不平衡时应如何处理？

(18) 画出第 7.5.2 小节例 7.2 中零件 E 的计划订单倒序排产图。

(19) 写出表 7-10 中各工作中心上拖期负荷量的计算过程。

(20) 某企业某工作中心由 5 名工人操作 5 台机床，每班 8 小时，每天 1 班，每星期工作 5 天，机床利用率为 805%，效率为 90%，则一周的定额能力为多少？

第8章　MRPⅡ原理：企业物料管理

【导语】

在 MRPⅡ系统中，企业物料作业管理属于执行层次的活动，是供应链上物流的实务运作，是对企业计划的实现与支持。本章主要包括采购管理与库存管理两大基本内容。要实现按期交货满足客户需求，第一个保证的环节就是采购作业，它直接关系到计划的执行。在产品成本中，原材料和外购件往往占的比重很大，因此，降低采购费用是提高企业利润率的一项重要措施。采购作业管理的目标就是用最低的采购成本、最小的库存保证生产活动的连续进行。库存管理是库存物料计划与控制有关的业务，库存管理要同计划管理结合起来。库存管理的目标是保证有足够的库存，按时地满足各种需要。库存管理的首要任务是根据产品计划的要求控制库存量，并保证库存信息准确，满足客户和市场需求。

8.1　采购作业管理

运行 MRPⅡ的结果一方面是生成计划的生产订单，另一方面就是生成计划的采购订单。制造业的一个共同特点就是必须购进原材料才能进行加工，必须购进配套件、标准件才能进行装配。生产订单的可行性在很大程度上要靠采购作业来保证，企业生产能力的发挥，在一定程度上也要受采购工作的制约。为实现按期交货，满足客户需求，首要的保证就是采购作业。采购提前期在产品的累计提前期中占很大的比例，不可轻视。

此外，外购物料的价值和费用在很大程度上影响着产品的成本和企业利润。在库存物料价值上，如果在制品或产成品的库存量能得到有效的控制，那么占有库存资金的主要部分将是外购物料。因此，采购作业管理直接影响库存价值。在采购作业中，同样可运用物料的 ABC 码，有重点地管理采购件。

8.1.1　采购与自制决策

物料的两类重要的来源就是采购或自制，它决定了企业不同的活动方向，是一项颇为根本性的决策，其根本依据是成本。管理部门要决定一个项目应该自制还是外购，要进行必要的分析，并综合采购部门、生产控制、工业工程以及制造部门进行辅助决策，因为这些部门也有这方面的大量相关信息。有时 ABC 分类重点管理法也能辅助决定物料项目的来源倾向——即自制或外购。

一般来说，外购具有如下优点。

- 降低开支：在投资成本、仓库储备、附加设备、运作管理及人员方面减少开支。
- 专业化：采用高效率的设备集约优化，而且改变设计时不浪费设备或库存的投资。
- 新技术：对于行 业不断出现的新技术可以充分利用，不断提高产品的质量和性能。
- 竞争：通过竞争报价，有机会获得产品的最低成本，按计划交货。
- 经验：利用供应商的行业优势和经验，获得扩展的收益。

自制具有以下的优点。

- 成本：可能需要较少的库存和较低的单位成本。
- 质量：可以直接控制物料质量。
- 资源：对本来空闲的设备和人力，最大限度地加以利用。
- 交货：可靠地保障交货数量和交货时间。
- 提前期：若有必要，可以更有把握地压缩时间进度。
- 专长：利用公司里可能拥有的任何供应商所不具备的专门知识或技能。
- 保密：便于对有保密要求的设计信息进行控制。

8.1.2 采购订单管理

在运作 MRP Ⅱ 系统时，利用 MRP 的运算结果输出建议期的采购订单和加工订单。对建议的采购订单进行人为调整，确定各采购订单上的物料、采购数量和到货日期，然后将确认后的采购订单导入采购模块，即开始了采购订单的生命周期。

采购订单是采购计划的执行指令。每一份采购订单都包含相应供应商的信息和所采购物料的信息。一份采购订单可包含交货期不同的多个物料项目，但一般只对应一个供应商。因此，把采购订单编号和供应商代码作为采购订单表头导入系统，而把不同交货期的各物料作为采购订单项目输入，这样允许通过多次增加采购订单项目来增补采购单。对系统中已经存在的采购订单，可进行查询、修改和删除，以保证系统中采购订单的正确性和适时性。

为了跟踪采购计划的实际执行情况，在信息系统里通常设置以"订单状态"的数据字段来反映计划的进展情况，并控制软件运作的规范流程，如订单的计划状态、开出状态、冻结状态、报交状态等。不同的 MRP Ⅱ 软件采用不同含义的代码来表示采购订单的状态。下面以某 MRP Ⅱ 软件为例介绍采购订单的状态、生命周期及管理，其采购订单的状态分类及代码如表 8-1 所示。

表 8-1　采购订单的执行状态与代码

阶　　　段	计　划　阶　段				完　成　阶　段				
订单状态	计划	计划冻结	开出	开出冻结	取消	无计划	报交	缺欠报交	超量报交
状态代码	P	PL	O	OL	CN	N	F	FS	FL

　　在 MRP 的输出报告中给出了有关采购项目的建议订单，经过人为调整，确定了物料的采购执行计划，计划员将确认的采购计划以采购订单的确认形式提出，此时采购订单状态为计划(P)或开出(O)。此后可根据实际情况进行增加、修改、删除和查询采购订单；如果不允许再变动，则进行冻结处理。

　　之后将采购订单分别交给对应的供货商，最后接收采购订单上的各物料项目。当采购物料到货时，库房根据采购订单进行接收。如果接收数量与采购订单上的采购数量相同，则该采购项目的状态自动变为已报交(F)；如果接收数量少于采购订单上的采购数量，则在接收时可以确定该采购项目以短缺方式完成，采购订单的状态将显示为缺欠报交(FS)；如果接收数量多于采购订单上的采购数量，则该采购项目的状态自动变为超量报交(FL)。

　　通过检查系统中采购订单的状态即可知道采购任务的完成情况。也可以通过修改采购项目状态，来控制短缺还是超量完成。如果采购订单上的采购项目状态均为 F、FS 或 FL，则认为该采购订单上的采购任务已经完成，该采购订单的生命周期结束。

　　对于 MRP II 所产生的计划采购订单，要核准采购的必要性和采购条件的正确性。采购订单完成，要进行应付账款结算，费用差异分析，供应商评价并登录，维护采购提前期数据，维护订货批量调整因素。

8.1.3　采购作业过程

　　通常的采购过程主要有下列一些执行步骤：

(1) 供应市场调研；

(2) 确认采购需求；

(3) 供应商询价与选择；

(4) 调整采购申请单；

(5) 下达采购订单；

(6) 跟踪采购订单；

(7) 验收入库；

(8) 支付货款。

以上采购过程的这些步骤组成一个典型的采购周期(Purchasing Cycle)。在这个采购周期里，具有决定意义的环节似乎是选择供应商，因为这是牵涉到采购成本的问题，甚至提升到商业秘密的高度。

　　传统的企业采购模式，常常出现这样的提前期综合症：为应付临时的紧急加工需求，经常提出紧急采购，但当生产部门知道需要什么材料时，采购部门已经来不及完成这些材料的采购了；供应商不能及时供货，采购人员先是通知，接着是恳求，进而责骂、威胁供应商；供应商承诺的日期到了，但是无法交货；生产部门把责任推给采购部门，采购部门则把责任推给供应商；供应商则说非常抱歉，机器故障，无法按时交货，如此等等。由于采购与供应的不协调，在传统的生产管理模式下，采购员与供应商总是处于矛盾的旋涡中。

供应商的材料或能力短缺，使得其不得不延长供货期，这迫使采购员得增加采购量以应付较长的使用间隔，而这又加重了供应商的材料或能力短缺问题。即使供应商逐渐解决了其短缺问题，提前期恢复了常态，但可能采购人员却取消了订单。其结果可能是采购企业超量采购了，而原供应商却得不到订单，无事可做。这些均是采购工作缺乏计划性和约束性的结果。

8.1.4　采购计划法

与 MRP Ⅱ 模式相配合的是一种采购计划法，它利用 MRP Ⅱ 系统，向供应商提供一份一揽子的采购计划(Blanket Order)。这个一揽子的采购计划一般是 1 年左右的时间，一次性地在年初签约，规定一个比较笼统的供给总量、月供货频次和价格基准，具体的月供货明细计划则由每月的 MRP 结果来逐次决定。

这份供应商采购计划排程是一份合同连带执行的计划，除了能预知全年的总量外，对于近期的采购已经能够比较具体详细，并兼看远至未来两三个月的供应准备，分期多次供货而不需要频繁订约和改变。随着计划日程的推进，近期的具体详细采购量得到确认后，供应商必须严格按照要求的时间和数量来供货。而未达时间的采购量安排，供应商如果供货有困难可以及早提出，以尽早采取预应措施。

如图 8-1 所示就是一份典型的供应商采购计划排程。

供应商	材料	1 月份已确认的订单				已承诺的订单			
		第 1 周	第 2 周	第 3 周	第 4 周	2 月	3 月	…	全年总量
A001	C001	300	500	400	200	1300	1000	…	15000
A002	C001	450	370	510	280	1000	1400	…	15000
A003	C002	400	300		200	1200	800	…	10000
A004	C003	350	240	100	200	1000	1000	…	10000
A005	C003	200	220	220	220	800	1000	…	8000

图 8-1　供应商排程举例

由于 MRP Ⅱ 系统提供了三级的计划体系，按照滚动计划的方法，可以方便地定期更新物料的采购计划，从而保持供应商排程计划的有效性。

使用这份计划可以很好地改善企业和供应商之间的业务关系，即使供应商的交货提前期发生变动，也可以由供应商自行去调整而无需再改变计划，因为已经早有了 3 个月甚至更长的采购计划做安排了，他们有足够的时间去调整。

所以，企业同供应商的关系不再仅仅是讨价还价的关系，而是一种合作伙伴关系。采购的物料质量可靠又有保证，可按照需用时间由供应商直接送货到生产使用点，从而大大简化了采购程序。双方可以建立比较长期的战略合作关系，互惠互利。

8.1.5　供应商评审

1. 物料采购标准

物料采购标准是指采购物料的根本需求，这个基本是在产品设计与计划时就决定了的，主要包括物料的质量、数量、时间、价格等特性。

- 质量

质量规格是采购的原材料、零部件必须满足特定的使用要求，达到特定的性能规范。保证好的质量是采购部门的职责。为了获得要求的质量，就需要准确的技术规格指标，也就是确切的物料描述，因而应该与生产、工程部门一起协作，保证对所有物料提出准确、适当的技术性能要求。

- 数量

数量基本由产品的结构关系决定。采购足够数量的物料是保证系统正常运行的前提。没有一定的量的保证，不但可能增大采购成本，而且会影响采购任务的完成。

- 时间

时间表达了交货的期限和速度。进行采购决策时，考虑交货可靠性比提前期还重要。如果说较长的提前期是不理想的话，那么不可靠的提前期会引起生产混乱，从而导致制造部门严重的低效率和浪费与损失。

- 价格

价格反映了产品的基本性能，稳定于一定的性价指标。特定的产品功能对应于一个正常的市场价格水平。选择供应商时，价格是一个主要考虑因素，但不总是最终的决定因素。只有供应商的质量与服务水平合适时，才能考虑价格因素。为了确定最好的定价，应该以质量、服务及价格为基础来分析报价单。

2. 供应商选择

在确定供应商排程时，以及供应商报价单被接受以前，都有一个正式的供应商资格审批过程。上述物料的采购标准是对供应商的基本要求，供应商要能在功能质量、交货数量、时间期限、产品性价 4 个方面达到可接受的水平。一般地，选择供应商应基于如下几个方面的综合评价，可以采用特定的模型方法进行客观规范评价。

- 价格：在质量与服务水平相同的情况下，选择价格最低者。
- 生产能力：确定供应商能满足多大的需求量，以及是否能满足波动高峰需求。
- 技术灵活性：供应商应能适应特定要求的工程设计水平与计划的变化。
- 提前期：交货提前期较长或不稳定交货将影响供应商的位置评价。
- 可靠性：随着零件和消耗品等采购的计划化，可靠性的重要性也提高。
- 售后服务：技术支持、维修服务与持续的备件库存对运作保证有特别的意义。
- 交通地点：有附近便捷的供应商供应是个好的选择，可有效降低运输成本。

- 制造过程：供应商的制造工艺可能对采购物料的外观、性能及可靠性有影响。
- 管理与财务状况：管理混乱或资金不足常常意味着供应商不稳定。

评价和审定供应商不只是采购部门的职能，这个过程的实施应采用评审小组的方法。这个小组由来自生产制造、工程技术、工业工程、质量检验、物料库存等部门的代表组成。

对于关键的供应商，评审之前通常包括参观供应商的生产设施，检查质量控制程序、生产控制系统、财政稳定性，以及生产能力等。评审通常在企业的评审小组与潜在供应商之间经过商洽后确定，并经最后的核准。

供应商资格审批过程应是一个连续的、经常重复的过程。因为，价格可能变化，规格可能变化，供应商的行为可能变化，新的供应商可能成为可用的选择。

对于评审认证后的供应商，要及时建立有关供应商档案记录的信息，其中包括：

- 供应商代码、名称、地址、电话、联系人。
- 商品名称规格、供方物料代码。
- 价格、批量要求、折扣、付款条件、货币种类。
- 发货地点、运输方式。
- 供应商信誉记录、按时交货情况、质量及售后服务情况。
- 供应商技术水平、设备和能力。

功能完善的 ERP 软件系统一般设有供应商关系管理的功能模块(SRM)。

8.1.6　采购工作的变化

MRP II 的运作带来采购管理观念的转变，表现在：

- 企业的产品质量要从采购件抓起，从供方这个源头上抓起。
- 企业对合作供应商的选择更加慎重和规范。
- 供需双方不再是讨价还价的买卖关系，而是一种相互依存的合作伙伴关系。
- 企业的采购员起到供方计划员(Vendor Scheduler 或 Supplier Scheduler)的作用。
- 买方与供方共同有效地管理进度。
- 双方共同协调运输工作，保证供应及时，不忽视运输计划。

MRP II 系统的实施对采购管理人员的素质提出了更高的要求，其主要职责包括：

- 深入细致地了解供方情况，做好"供方计划员"的工作。
- 参与分析决定一个零部件是企业自制还是外购。
- 参与产品设计选用材料、配套件的价值分析。
- 参与采购预算的编制。
- 参与研究确定每种采购件的批量规则和安全库存量或安全提前期。
- 研究缩短采购提前期和保证按优先级供货的措施。
- 工艺路线中的外协工序，统一由采购部门负责，选择协作单位，制订外协计划。

所以实施 MRP II 的企业里，应设有专职物料经理来负责包括物料采购的全面工作。

　　一个实施了 MRP II 的企业，采购管理人员的工作方式将发生明显的变化：催促订货的时间下降，而调查研究寻求降低成本的时间增加；在周密和有预见的计划指导下，能够在留有足够的采购提前期的条件下适时下达采购单，减少了混乱；通过将同类件合并，增加了订货批量和折扣率，使采购成本下降。这说明实施 MRP II 系统明显地提高了企业的采购管理效能。

8.2　库存计划管理

　　库存管理是企业生产管理过程的重要组成部分。库存是联系供应、生产、销售的枢纽。它的主要功能是在供、需之间建立缓冲区，达到缓和用户需求与企业生产能力之间、最终装配需求与零件配套之间、零件加工工序之间、生产厂家需求与原材料供应商之间的供需矛盾。MRP II 模式下的库存管理，同样强调一个计划性，这就是库存计划管理。

8.2.1　综合库存管理

　　综合库存管理(Aggregate Inventory Management)是按状态和功能进行管理，而不是针对单个项目进行管理。综合库存管理侧重财务，它强调库存成本和各类库存所带来的效益，并对库存成本、顾客服务和工作效率进行效益分析。综合库存管理在基于库存管理方针的基础上实施库存分级管理，以综合库存计划为主要形式实现对库存的整体财务控制。

1. 库存状态

　　库存管理首先是对物流的控制。各企业的物流过程和库存状态都不相同。根据物流过程的特点，库存状态分为产成品、在制品、原材料、外购件、维修件，以及备品备件等。图 8-2 是一种一般性反映库存状态的物流过程。在集成的信息系统里，每一种库存状态均有相应的会计科目与之对应。

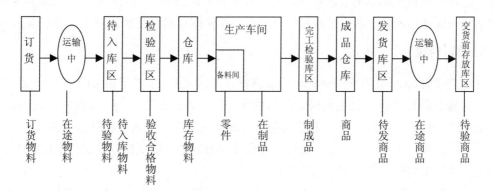

图 8-2　库存状态流程图

2. 库存管理方针

库存占用企业的大量资金，为降低库存占用资金，企业应保持最低限度的库存水平。另一方面，用户服务水平的高低又同库存项目有直接的联系，因此平衡库存投资与服务水平之间的关系就成为库存管理的中心。库存管理水平的高低直接影响到企业的生产效率和服务水平。有效选择库存管理方法，不仅会促进销售、改善生产秩序、做到均衡生产，而且会降低库存占用资金，最终使企业获得好的经济效益。

库存管理在于保证物流的均衡高效运作。在满足生产需要的情况下，应尽量使库存保持在最低水平。库存管理方针追求一个好的综合库存管理过程，避免提出急剧改变库存的要求。

- 确定允许的库存活动水平。

高层管理要审查和批准各类库存状态的计划水平。这个计划作为安排未来活动的预算，并规定允许的实施水平。要降低或提高当前库存水平，需要经历相当一段时间。因此，短期库存活动的目标要现实，政策要逐渐变化。阶段性改变要进行控制，防止出现突然的、意外的问题和副作用。

- 制订项目库存管理的策略。

针对不同项目的库存水平，制定相应的政策，以保证综合库存水平。库存水平由订货时间和数量决定，而这些量的确定取决于项目水平策略，如再订货点、计划提前期、安全库存量和经济订货批量等。对整体原则的改变，要估计到其对整体库存水平、设备数量和采购订单数量的影响。

- 保持库存记录的准确性。

库存记录的准确性至关重要。不断地改进工作，以追求 100%的准确性是库存工作的目标。上层管理要监督整体库存记录准确性的变动趋势，以确保各类库存记录有较高的准确性。

- 实施库存计划并监督实施。

实施库存计划意味着检查实际库存活动，将其与计划对比，并加以控制，保证按计划执行。管理应该根据准确的实际检测，检查库存是否达到规定的目标。如果检测结果表明库存活动偏离计划许多，就要采取相应措施，从而使库存水平重新达到允许的范围。

3. 物料经理

在一些推行 MRPⅡ系统的企业，把与物料有关的业务，如生产控制、库存控制、物料搬运、运输、外协外包、利废利材、采购供应和厂内外仓库等，由一位物料经理(Material Manager)统一领导。物料经理的主要职责是：既要保证供应、保证物料按质按量按计划正常流动，满足客户和市场的需求，又要千方百计降低成本、降低库存，提高库存周转次数，也就是加快资金周转。其主要工作还包括：

- 确定物料管理的方针和策略。会同生产、计划、财务部门协助企业领导确定各种物料的库存水准和资金限额；确定 ABC 分类原则；确定订货批量规则及调整因素。

- 掌握物料信息，监控计划执行。
- 会同设计和成本部门在选用物料时进行价值分析和成本控制。
- 提高物料管理人员的素质，保证物流畅通。
- 按规定提出各种物料报告。

物料经理对所有采购工作统一领导，全面考虑采购的资金流出，也有效地控制了企业的资金预算。

4. 库存分级管理

根据库存管理决策在管理范围和重要性上的不同，可以将库存管理分为综合级和单独项目两个级别，分别实施不同的库存管理事务。也可以将其分为综合级、中间项目组级和单独项目级 3 个级别，这要视企业库存管理的要求而定。

(1) 综合库存管理

综合库存管理制定总的库存管理政策、计划、经营目标及其实施。它包括确立用户服务水平，库存投资预算和生产、库存策略，库存管理系统的分析和设计，以及选择库存分配方法等。可见，综合库存管理这一级，将市场、生产、财务目标及活动集中到一起综合分析研究，制定出相应的决策。

综合库存计划对成品、在制品、原材料、外购件、维修件以及备品备件等编制计划。这一计划编制又是在分析与汇总了库存系统所要提供的所有功能的基础上完成的。

(2) 项目级库存管理

项目级的库存管理包括对装配件、子装配件、零部件和采购物料的管理。项目级的决策包括 ABC 分类、自制件和采购件决策，以及库存补充订货策略和订货批量计算方法。对原材料库存的决策影响企业实现在制品库存管理目标的能力，而对在制品库存的决策则影响企业实现成品库存管理目标的能力。

(3) 物料存储与管理

物料存储与管理实现库存管理的事务处理功能。它包括物料的实际存储方式、物料移动的管理、保持库存记录准确的方法等。

在生产中对物料要进行动态管理。无论是采取集中管理还是分散管理，在物料的搬运过程中，要保证所需的物料送到所需的地方，而且要确保库存记录的正确性。

(4) 分配库存管理

分配库存是指制造厂与用户之间的所有库存，主要是成品库存。分配库存管理的目的是在需要的地方和时间，以合理的成本提供库存，这也表现了一种运输决策问题。分配库存管理的要求视企业的实际情况而定。

8.2.2　综合库存计划

综合库存管理着眼于综合库存计划。综合库存计划规定了全年库存水平的整体目标和各主要库存状态(如最终产品、在制品、原材料/采购件、维修用备件)的目标。编制综合库存计划是企业资金预算的重要方面。没有好的综合计划，整体库存可能超出或低于允许的范围。没有好的综合库存计划做指导，低层管理对各项目做出的决策，势必导致库存总投资超出或低于允许的范围。

综合库存计划是企业年度计划的一部分。由于已经有年度生产计划大纲为基础，依据产品结构和工艺路线，综合库存计划可以给出每一种主要库存状态允许的数量范围与资金范围，其编制过程与资源需求计划的编制是一致的。对于以数量方式表达的综合库存计划，还应进一步转换为库存物料的资金需求计划。最终综合库存计划的形式类似于生产计划的形式。

编制综合库存计划时必须为每一种库存状态编制计划；库存预算应明细到工厂物流所需的库存状态所对应的科目；分项库存状态应该与财务系统的正式库存科目相对应。下面首先针对产成品、在制品、原材料/采购件、维修作业用品等几种不同的库存状态制定相应的、详细的分项库存计划，然后汇总平衡，编制企业综合库存计划。

1. 成品库存计划

成品库存计划可以按产品编制，也可以按生产计划中产品类编制。该计划展望期一般为 1~3 年、时间段通常为 1 个月、检查周期通常按月。

成品库存计划主要基于各种库存用途，如季节库存、运输库存、安全库存和批量库存。

- 季节库存。季节库存一方面使生产需求均匀化，另一方面为销售高峰季节做准备。可以在淡季时继续生产以应付销售高峰季节时需求，或在高峰期转移生产，如可以在衬衫生产线上改生产羽绒服。这能在没有大量的季节性库存的情况下，使全年保持相同的生产水平。在季节库存计划中，要计算库存基本费用和用于改善生产水平的费用，取得最佳效益。

- 运输库存。编制运输库存计划，要考虑分销系统所需的产品运输库存。要考虑每天平均运输额，以及发运前平均准备天数，包括接收和安排发运的时间。

- 安全库存。安全库存是为防止实际需求超过计划需求而制定的库存，以防止因缺货而造成的损失，同时便于更好地为客户服务。但是安全库存过大，则安全库存费用也高。编制安全库存计划时，应综合衡量。可以按项目或按组确定安全库存。在分销系统中，安全库存可以集中在一个地点存储，从而减少综合安全库存的需要量。

- 批量库存。如果是大批量生产，成品超过当时客户需求的数量，应暂时存储在仓库中。平均起来，仓库中常会存放一半批量的成品。因此，需要根据财会和数据处理报告来估计费用。尽管是粗略的估计，但仍能根据该估计做出一些合理的决策，因此批量库存也应列入计划。

上述各类成品库存的累加形成了综合成品库存，表 8-2 是其综合成品库存计划表。综合成品库存反映了成品库存的总体计划水平，是库存产成品资金预算的直接来源。

表 8-2　成品库存计划　　　　　　　　　　　　　　单位：万元、万件

用　途	1 月	2 月	3 月	4 月	5 月	6 月	7 月	8 月	9 月	10 月	11 月	12 月
安　全	150	150	150	150	150	150	150	150	150	150	150	150
运　输	60	60	60	60	60	60	60	60	60	60	60	60
批　量	200	200	200	200	200	200	200	200	200	200	200	200
季　节			100	150	100	0	0	0	0	0	0	0
合计金额	410	410	510	560	510	410	410	410	410	410	410	410
合计数量	41	41	51	56	51	41	41	41	41	41	41	41

2. 在制品库存计划

在制品的库存体现于在制品成本值。要确定在制品平均库存金额，需要估计生产中项目成本的累加增值过程。图 8-3 中反映了项目是如何增加成本的，它按一定的比例连续增值。在开始生产时，原材料已经投入，从图中可以看出，50%的费用是生产开始时投入的原材料费用，随着项目的加工过程不断地发生，劳务费和企业管理费按一定比率增长。在这种情况下，平均在制品金额等于材料费用加上消耗工时和设备费用的一半。

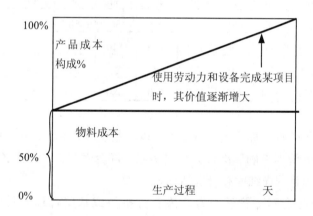

图 8-3　产品成本连续均匀增加的过程

如果在制品的成本不是连续增加，则可以借助记录增值过程的时段图表，分时分次累加投入的原材料和随后不断消耗的辅助材料和加工工时，从而核算出在制品的库存成本。

3. 原材料/采购件库存计划

原材料/采购件分为批量、安全和预计库存三类。批量库存同成品库存一样，两者差别在于原材料/采购件的费用只包括材料费用和运费。

安全库存是为了缓冲拖期交货、质量问题拒收和产量变化。安全库存根据安全提前期

估算。如果安全期按一周计划，那么安全库存就是一周内生产消耗的材料费。

原材料和采购件的预计库存通常满足供货中断时期的需求。供应商因停产和气候情况造成的交通中断，都有可能导致供货中断。如果预计供应商将提高价格或由于其他原因而造成供应中断，对这种情况可以增加预计库存。

4. 服务备料库存计划

维修用的备品备件和耗材也是一类重要的占用资金的库存项目，通常根据以往的库存水平和计划生产水平来制定维修服务用料的综合水平。因为这些项目往往以独立需求的形式出现，其计划预算类似于成品的安全库存和批量库存。

5. 综合库存计划

综合库存计划是在有关部门对不同库存状态的计划进行审查的基础上，提出修改意见，并按照正式的计划程序，汇总平衡而成的。最终综合库存计划的形式类似于生产计划的形式，如表 8-3 所示。

表 8-3　综合库存计划(允许的波动±2%)　　　　　　　　单位：万元

库存状态	1 月	2 月	3 月	4 月	5 月	6 月	7 月	8 月	9 月	10 月	11 月	12 月
成　品	410	410	510	560	510	410	410	410	410	410	410	410
在制品	60	60	90	80	70	60	60	60	60	60	60	60
部　件	80	90	80	80	70	50	50	50	50	50	50	50
原材料	160	170	160	150	140	140	140	140	140	140	140	160
维修备件	20	20	20	20	20	20	20	20	20	20	20	20
总　计	730	750	860	890	810	690	680	680	680	680	680	700

综合库存管理不仅规定库存的整体水平，以满足生产、市场、工程和财务计划的要求，还通过对各个项目的管理来确保综合计划的实施。综合库存管理提出各库存状态的库存水平要求，指导每个项目的详细库存管理活动。

大多数工厂的综合库存管理由专职库存分析员或基层管理人员进行分析、整理和编制。

8.2.3　库存管理策略

1. 库存管理标准

库存管理是库存物料计划与控制的基本业务。评价库存管理的标准主要如下。

- 库存信息准确，保证管理决策和信息执行系统的需求。
- 客户服务水准，保证生产和销售的正常需求。

- 库存占用的资金额，控制在企业预算之内。
- 库存资金周转次数，要超出竞争对手。

$$库存资金周转次数(次)= \frac{产品年销售成本(元)}{库存年平均占用资金额(元)}$$

库存资金周转次数(Inventory Turnover)是一项重要的企业业绩考核指标，说明库存流动资金用于实现企业年销售收入的周转速度，反映了企业的物流存货运作能力。通过实施MRPⅡ，既要增加销售收入，又要提高库存资金周转次数。

2. 库存费用与库存量控制

库存管理要根据产品计划的要求来控制库存量。库存量控制强调一个计划性，库存量应当是计划的结果。库存管理如果不同计划管理结合起来，就不能说明库存物料的品种、存储数量和时间是否合理。库存管理除了保证库存信息准确，满足客户和市场需求计划外，还有一项重要任务是按计划控制库存量，加速库存周转，降低成本。

控制库存量可以从库存目的和库存费用两个方面来考虑。库存目的主要是为了保证生产和销售正常进行而设置的安全库存、季节库存、批量库存、在途库存和囤积库存。库存费用要考虑 4 个因素。

- 物料价值：物料的单位标准成本或计划价格，一般在物料主文件中有记录。
- 订货费用(Acquisition Cost 或 Ordering Cost)：指为了获取物料需要支付的费用。订货费同订货批量和次数有关；订货费或订货成本通常在物料主文件中记录。
- 保管费用(Carrying Cost)：指为了保存物料所支付的费用。现代管理把占用资金的机会成本也计入保管费中。保管费通常用占库存价值的百分比来估算。
- 短缺损失(Cost Of Stock Out)：由于物料出现短缺造成停工待料的损失，紧急订货的额外开支，未按期交货造成的客户索赔、撤销订货甚至丧失市场等的经济损失。

3. 安全库存与安全提前期

库存管理的基本要求是保证有足够的库存，按时地满足各种需要。如果不能准确确定需要多少物料项目以及多长时间才能得到它时，就很难达到这个目标。设置安全库存以提供额外的物料储备，从而能满足需求或供给中不可预见的波动。因为在订货周期内未收到补充进货之前，有消耗完库存的危险，会引起缺货损失。

有两种通用的方法可以减少库存短缺的可能性。第一是增大批量，但它引起批量库存投资增大，因此这种方法并不是一种理想的办法。第二是小批量多批次，对于按订单装配生产的项目，储备半成品状态的通用组件和部件，保持少量的安全库存，接到订单后按客户要求生产，就可有效满足计划的执行。这里牵涉到确定合理安全库存量的问题。因为安全库存过大，则安全库存费用也高；过小则难以应付库存短缺的需求。编制安全库存计划时，应综合衡量。

安全库存通常用库存量来表示。只要未来周期的库存水平达到或低于一定的数量，就生成该项目的采购或制造计划订单。安全库存也可用时间单位来表示，叫做安全提前期。当要防止交货误期时，这种方法最常用，这样其下达制造或采购补充订单要早于期望的提前期。

例如零件 X233 正常提前期为 20 天，但偶尔交货花了 25 天，这样多了 5 天就是安全提前期；若平均每天耗用量为 10 个零件，则 5 天的消耗量 50 个就是应考虑的安全库存量，应提前 25 天就下达订单才能保证需求。

一般的，安全库存量主要针对供需数量不确定性大的物料；对时间不确定性大的物料，如受运输条件变动影响的采购件，可采用安全提前期。

确定安全库存通常有两种方法：判断法与统计分析法。统计分析法需要历史数据来表明在需求量或供应时间上的偏差。通常这类历史数据不易得到或者无法指望它能够指示未来趋势。在这种情况下，就应使用判断法来确定安全库存水平。

对于一般的库存项目，例如 C 类项目，可采用判断法确定安全库存量，即根据以往的管理经验确定一个合适的数量，并隔一定时间视具体情况进行调整。

对于重要的库存项目，可用统计分析法确定安全库存量。具体的步骤是：

(1) 确定统计周期，并取得该周期内的预测量和实际需求量，计算预测误差和绝对误差。

(2) 计算平均预测误差(MAD)。

(3) 确定用户服务水平及对应的安全因子。

(4) 计算安全库存量。

安全库存数量的多少取决于需求或提前期的客观存在和预测的变化程度。由于预测偏差的存在引起缺货的不可避免，需要在满足提前期库存的基础上，再考虑对于不可预测的变化，也就是测量误差，以减少实际需求超过预测值与安全库存之和的可能性。平均预测误差(即 MAD)是测量不确定程度的一种很有用的方法，并用于统计计算安全库存。图 8-4 表明了利用 MAD 计算安全库存的过程。

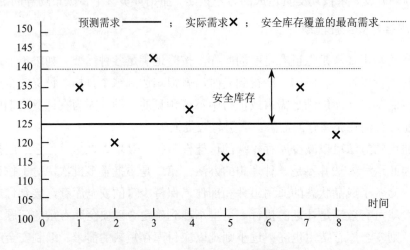

图 8-4　用 MAD 计算安全库存

例如，某公司对某项目在过去 8 个预测周期内的预测数量和实际需求数量如表 8-4 所示，并在表中求出预测误差和绝对误差。

表 8-4　预测误差测量法(MAD)计算实例

预 测 周 期	实 际 需 求	预 测 单 位	预 测 误 差	绝 对 误 差
1	131	125	6	6
2	120	125	−5	5
3	141	125	16	16
4	130	125	5	5
5	119	125	−6	6
6	120	125	−5	5
7	134	125	9	9
8	121	125	4	4

根据前 8 个周期中每个周期的预测及实际需求，把这些绝对误差加起来，再除以预测周期数，即得 MAD，就可以计算预测误差。

$$MAD=绝对误差总和/预测周期数=56/8=7$$

这意味着，平均来说该项目的预测误差是 7 个单位。

接着进一步确定该项目的用户服务水平，找出对应的安全因子。实际计算安全库存量，要求找出保证了理想的服务水平的正确安全因子，及度量预测误差的正确方法。这取决于不同的项目管理所要求的保护水平及成本影响。通常宏观的库存计划确定了服务水平策略，即不缺货的订货周期概率，表明对订货周期应该多大而不致产生缺货。例如，该项目是一个维修件，而且在维修件目录中是"B"类项目管理策略，每月订货 1 次，则该项目 95% 的服务水平代表了在 95% 的订货周期中不应缺货，即大约 2 年有 1 次缺货。表 8-5 是关于用户服务水平与安全因子值的样本对应表。

表 8-5　服务水平与安全因子值样本表

服务水平/%	50	75	80	90	94	95	96	98	99
安全因子	0.00	0.84	1.05	1.60	1.95	2.06	2.19	2.56	2.91

知道 MAD 和安全因子后，就可以确定安全库存。计算安全库存的公式为

$$安全库存=MAD×安全因子$$

如上例，查表知 95% 的服务水平对应的安全因子为 2.06，则

$$安全库存=7×2.06=14.42 \text{ 或 } 15(单位)$$

所以若确定该项目的用户服务水平为 95%，则表明该项目在 95% 的订货周期中不应缺

货。若该项目是每个月订一次货，则 95%的服务水平说明可能每两年有一次缺货。为此在平均基础量 125 的基础上加上安全库存 15，即库存保持在 140 个单位时，就能实现 95%服务水平的目标。

从公式中可以看出，减少安全库存有两种方法：一是降低不可测变化(减少 MAD)；二是接受较高的风险水平(减少安全因子值)。

安全库存是为防止实际需求超过计划需求而制定的库存。通过审核加工工序，来决定是否有必要为全部最终项目设置安全库存。应特别留意一些需求没规律的项目，和许多周期内无需求的项目，以及与预测严重偏差的项目，对它们进行专门检查，从而判断这些项目是否全部需要储备；如果需要储备，则判断这些项目是否需要集中在一个地点存放。

由于各存放地点不可能同时使用量都很大，因此在分销系统中，安全库存可以集中在一个地点存储，从而减少综合安全库存的需要量。

4. 订货批量

确定批量是物料管理的一项重要工作，对加工周期的长短有很大影响。它是期量标准中"量"的标准。批量或为静态(固定的)或为动态的(对每张订单都进行计算)。静态方法包括固定订货法和经济订购法。动态方法包括按需订货，固定周期需求等。采用正确的订货批量技术是减小提前期与库存的有效方法，包括确定批量规则和在此基础上的批量调整方法两个方面。

- 固定批量法(Fixed Order Quantity，FOQ)：由于受生产、运输或包装规范的限制，不论需求量多少都必须按照最小批量或标准批量来订货。
- 直接批量法(Lot-For-Lot，有时简写为 L4L)：是完全根据需求量来决定订货量。这种因需定量的订货方法可以保持库存量最小，是一种体现准时制生产思想的动态方法。
- 固定周期法(Fixed Period Requirements)：人为设定一个时间间隔，每次按这段时间的用量来订货，也称"定期用量法"。
- 经济批量法(Economic Order Quantity，EOQ)：这是一种运筹学介绍的传统方法。EOQ 寻求总费用(保管费与订货费之和)最少条件下的经济订货批量。

$$EOQ = \sqrt{\frac{2US}{IC}} \ (件)$$

式中，U——年需求量(件)；

　　　S——每次订货费(元/次)；

　　　I——年保管费占年平均库存值的百分数(%)；

　　　C——物料单价(元)。

订货量调整主要基于现场的变化，考虑损耗和物流运输实际，制定订货增量策略。

- 损耗。损耗有三种情况，在上述计算得出的订货量基础上再考虑损耗。
    - ♦ 成品率(Yield)。成品率是一种必要的合理损耗，如材料利用率。

♦ 缩减率(Shrinkage)。缩减率也是一种自然的损耗，是不可避免的。

♦ 废品率(Scrap)。一种可以设法通过质量保证体系来减少或避免的损耗。出现废品时，要通过重新下达订单来弥补，要记录多消耗的材料、人工和成本，以及造成废品的原因。

$$综合损耗率＝成品产出率×(1-缩减率)×(1-废品率)$$

确定计划产出量时，要按照批量规则和订货增量。在计算计划投入量时，还要在计划产出量的基础上考虑损耗率。考虑了损耗率的计划投入量计算公式如下：

$$计划投入量＝\frac{计划产出数}{损耗率}$$

● 物流运输实际主要是要考虑包装、运输装置与条件，采取规模取整。

● 订货增量是在计算批量基础上增加的部分，订货增量主要有三种方式。

♦ 按基准值的倍数。

♦ 超出部分因需定量。

♦ 按某个数量的倍数增量。

5. 订货策略

订购策略是当需要订购物料项目时在特定的订货时间发出的决策方式。基本的订货策略包括订货点系统法、周期审查系统法、经济批量法、双箱系统法、物料需求计划等。不同性质的项目在不同的环境下可以采取不同的订货策略，但是这些订货策略基本上是针对于独立需求而言的，只有"物料需求计划"才能适应于相关需求情形的物料采购。

这些系统可能是手动的或自动的，而且可能多种订购策略都是可用的。当需要订购一个物料项目时，利用各种订购策略来确定订货时间，发出通知信号。

(1) 订货点系统法

在订货点系统法中，只要库存量降到预定水平，即订货点(Order Point，OP)，便发出采购订单请求。该方法适合于具有相对连续性、稳定性需求的独立项目。

订货点(OP)数量等于预期使用量或预期提前期中的需求加上安全库存。预期使用量是提前期基于预期需求率的总需求，需求率来源于项目的预测。

例如，若需求率是每星期 15 件，提前期预计为 4 周，则这期间预计需求为 60 件，若安全库存为 20 件，则订货点计算公式为：$OP＝15×4＋20＝80$ 件。这意味着，当现有库存达到或低于 80 件时，就应该订购该物料项目。

(2) 周期审查系统法

一些项目常常以有规律的、固定的时间间隔订购和发货，这时可以采用固定周期审查系统法。通过周期性地审查库存系统或者直观地盘点现有库存，以确定系统的订货时间。该订单数量应等于提前期和审查期期间的估计需求量和安全库存之和。订单数量在这些固定时间间隔末才予以确定，而后发放。

该方法适合用于易耗品、易腐品，例如制造过程中使用的润滑剂、溶剂等，有贮藏寿命限制的水果、蔬菜和奶制品采用该法也比较理想。

(3) 双箱系统法

这是一种用于确立何时再订货的常用方法。该方法是将库存量分为两部分(订货点数量和剩余数量),并分别存放在两个箱子中或任何类型的存储地方。其中一个箱子存放订货点数量(订货量＋安全库存),另一个箱子存放剩余数量。当需求消耗完剩余数量并开始消耗订货点数量时,就开始发放订单。

双箱法适用于管理有较短提前期的低值品,如办公用品和普通金属构件。堆放在制造区中的易耗品,通常利用这类系统可得到有效管理。

(4) 物料需求计划(MRP 系统)

该方法可用于相关需求的项目,利用需求拆零及分时段计划来确定需要量与相关需求项目的订单发放时间。基于物料清单,利用每阶段主生产计划与物料需求计划的分解与排程结果,可以得到全面的物料投入的期量需求,进行集中采购或连续采购,甚至采用战略性的供应商排程法的计划采购,以应付生产实际中纷繁复杂而又不断变化的物料需求,这也是 MRP 系统的优越性。

8.3　物料仓储管理

8.3.1　物料存储

理想的情况是物流从它最初进入工厂到发货出厂之间不应该有闲置或间断。实际上,这种理想的情况几乎没有。在许多制造过程中,库存物料是必需的,以填补非正常的紧急采购和制造,还可满足如运输延误之类的例外情况。作为半成品的物料在工序之间暂存,是因为在工作中心之间批量加工需求或能力节拍限制;而完工产品存储则是为了满足用户立即发货的要求。所以物料的存储管理也是物料管理的基础内容。

1. 库房管理职责

库房是物料的贮藏室,提供给物料一个安全的存放地点。通过存储控制,保证库房存储适当数量的项目,当需要的时候,能提供满足质和量要求的物料。

大多数工厂里,库房管理的职责是物料管理和库存控制。库房管理应对库房的操作和库存记录的准确性负责。库房管理的主要职责如下:

- 接收并保管指定的物料。
- 授权发放物料或其他供应品。
- 维护准确的库存记录和物料安全。
- 盘点库存。

- 为安全和有效而规划库房布局。
- 维护整洁安全的库存环境。

2. 库存事务处理

在综合库存管理的基础上，库存管理的日常工作是库存事务处理。库存事务包括三个方面。

- 物料位置变化的管理：存放位置的变化即物料的移动。
- 物料数量变化的管理：在存放位置未变的情况下发生数量的变化。
- 物料价值变化的管理：在存放位置和数量都未变化的情况下，物料的价值由于质量、过时废弃等原因在金额(标准成本)上的调整。

企业应当列出日常经营生产活动中都有哪些库存事务，并分析这些事务同什么物理位置发生关系、涉及哪些会计科目、借贷关系如何、又涉及哪些订单。软件对每一种库存事务都要明确定义。达到这个意义上，可以说实现了库存物流与信息流、资金流的集成。

3. 存储方式

用于存储物料的方式依特定的制造环境而定。最常用的两种存储方式是依物料使用地点的存储和集中式存储。

(1) 使用地点存储

这种形式的存储通常用在大量重复生产或"拉式"制造环境。在"拉式"制造环境中，存储地点被认为是入库或出库的库存点。关键是最低限度地保持库存水平和存储点的合理组织。每一种物料和每一种工具必须注明存储空间，制订库房保管制度和清洁制度。采用这种方式的优点有：

- 使用之前物料已经备好。
- 消除了物料送进取出的过程。
- 不需要物料保管员。
- 节约了集中存储的大部分成本。
- 需要时物料易于存取。

只要记录准确并且需存储的物料容量能控制，这种存储方法就是可取的技术。通常，当大量重复生产或及时生产技术已把库存降低到易于管理的水平时，采用这种存储技术。

(2) 集中式存储

集中式存储是所有的库存及控制库存的职责都集中在一个中心地点。有三种经常使用的组织集中存储地点的方法。

- 定点存放：一个项目规定一个永久的地点，该地点能容纳项目的最高存储水平。
- 随机存放：允许物料放在任何空闲的存储地点，该方法节省空间。
- 分区存放：对各项目赋予指定的存放区间，在区间里各个项目存放是随机的，分区存放，既节省空间又提供了定位项目的逻辑方法。

这些方法可单独使用或结合使用于集中存储的环境，也可用于不同存储地点的联合环境，关键是尽可能利用存储空间。应用集中式存储技术的优点是：

- 易于控制物料使用权。
- 易于保持库存记录的准确性。
- 可节省安全库存的资金占用(因用户共享库存)。
- 大量的物料存储无需制造人员的干涉。
- 对特殊项目(如易碎的、高价值的、需冷冻或隔离潮湿的)集中保管，费用成本低。

4. 物料移动

物料移动不是随意地从一个地方移动到另一个地方，而是需要精心地协作和计划，这就需要详尽的记录。如果没有适当的记录来做保证，就不可能知道物料在什么地方，发放或接收的是否为正确的项目和正确的数量，以及是否确实拥有所记录的现有量。

在库房中，物料移动有如下几种类型。

- 接收：在存储地点接收物料，送到存储设备中去。
- 移动：物料在库房内从一个地点移到另一地点，例如将物料挑拣出来以备发放。
- 发放：将物料从存储设施移出，例如给客户发货，或者向加工部门发料。

为了控制所有物料的移入和移出，应有几个特定的步骤。根据具体的业务，实际步骤顺序会有所不同，但是不能超越任何一个步骤。

(1) 识别物体：确认物料已移到正确的地点。

(2) 核实数量：通过点数或者称重来核实物料移动的数量。

(3) 记录发生的业务：库房里物料的接收、移动以及发放。

(4) 执行业务：实现业务的完成。

总之，计算机应设置恰当的功能，以便准确、及时地反映要领什么料和已领什么料。在分拣物料时，应及时记录和处理信息，以免遗忘和失误，影响库存记录准确。

8.3.2　ABC 分类法

一般情况下，库存物料项目存在着这样的规律：少数库存项目占用着大部分库存资金，相反大多数的库存项目只占用小部分库存资金。这也就是帕累托原理(Pareto Principle)中的"20－80 现象"，即 20%的物料占 80%的价值。利用库存与资金占用之间的这种规律对库存项目进行分类，便是库存管理中的"ABC 分类法"。其中：

A 类库存项目往往占有 65%~80%的库存资金，而其品种和数量只占库存项目总数的 10%~20%。

B 类库存项目占有 10%~15%的库存资金，品种占 20%~25%。

C 类库存项目占有 5%~10%的库存资金，品种占 60%~70%。

1. ABC 分类方法

ABC 分类法是根据项目的重要性进行分组，确定每个项目的重要级别，最重要者为 A，最不重要者为 C。其决定给每个物料项目重要级别的依据如下。

- 年周转金额数。
- 单位成本。
- 生产该项目耗用的物料稀缺程度。
- 生产该项目所要求的资源、人力及设备的可利用程度。
- 失窃危险性、储存期限及批控制的要求。
- 提前期的长度及变化程序。
- 库存短缺造成的损失。

一种最常用的 ABC 分类法是根据项目金额进行分类，它针对库存物料的累积百分比不同而划分，其步骤如下。

(1) 确定每个物料项目的年计划使用量。

(2) 每个物料项目的年计划使用量乘以项目成本，得到总的年金额耗用量。

(3) 把所有物料项目总的年金额耗用量加起来，确定所有物料总的年金额耗用量。

(4) 每个物料项目的年金额数除以总金额，得到每个项目占总金额耗用量的百分比。

(5) 检查清单，按年金额值降序列出这些物料项目。

(6) 检查年金额和项目数的分布情况，并根据其相对年金额和项目总数的百分比对物料项目进行分组。

(7) 考虑影响物料项目重要性的其他因素，调整分类。比如，对于一些极其庞大的项目、单位成本较高的项目以及有限存储期的项目，如果必要的话，可以把项目的级别提高。

2. ABC 分类管理

用 ABC 原理来进行库存的分类管理，可采用不同的控制方法，把管理重点放在数量虽少但影响面大的物料上(这也称为"重点管理法")。

- A 类项目(最高优先级)要求：
  - ◆ 经常审查需求量、订货量和安全库存。
  - ◆ 经常盘点，而且允许误差低。
  - ◆ 立即更新库存记录。
  - ◆ 密切跟踪并催货，减少提前期。
  - ◆ 经常预测和估价。
- B 类项目(中等优选级)要求：控制方法类似于 A 类，但不那么频繁。
- C 类项目(最低优先级)要求：
  - ◆ 不需经常清点，准确性要求较低。
  - ◆ 简单的维护库存记录与订货技术。
  - ◆ 较大的订货量及安全库存(若是独立需求)。
  - ◆ 较少的实体跟踪(这些项目可存放在便于生产使用的区域)。
  - ◆ 可采用机器自动控制以减少人工操作。

ABC 分类技术实行重点有效地分级管理与控制，把综合计划与项目级策略联系到一起。在下述诸方面，ABC 原则均是一些有效的管理策略。

- ♦ 提前期的控制。
- ♦ 自制/外购决策。
- ♦ 确定盘点周期。
- ♦ 确定安全库存策略。
- ♦ 设置用户服务水平。
- ♦ 确定预测的项目及预测周期。
- ♦ 建立预测跟踪信号。

ABC 技术应用策略根据项目的重要性，进行相应程序的必要控制。在进行库存分析时强调严格控制 A 类项目(最重要的项目)，但应基于市场销售计划，考虑未来需求，预计销售变化，及可能的工程变化。因为影响决策的条件可能会变化，所以还应该经常进行审查，确保只有那些特别需要保管的项目列为 A 类项目。

8.3.3　循环盘点法

库存信息是运行 MRP II 的基础数据，其准确性非常重要，经常进行库存盘点是提高库存信息准确性的主要方法。除了通常的期末全面盘点方法以外，还可以采用循环盘点法(Cycle Counting，也称周期盘点法)来进行有效管理。

循环盘点法以物料的 ABC 分类法为基础，区别对待 A、B、C 不同类型的物料，规定不同的盘点间隔期和允许的盘点误差，进行轮番盘点，实现了全面管理与重点管理相结合的库存管理策略。

1. 循环盘点方法

循环盘点法首先对于 A、B、C 三类不同类型的物料，规定了不同的盘点间隔期和允许的盘点误差，如表 8-6 所示。

表 8-6　ABC 物料划分及盘点

ABC 分类	占总品种数的比例/%	占总价值的比例/%	盘点间隔期	允许盘点误差/%
A	10~20	60~80	每月一次	±1
B	15~30	15~30	每季一次	±2
C	60~80	10~20	每年一次	±5

这里对于 A 类物料进行重点管理，所以每月盘点 1 次；C 类物料比较次要，所以每年盘点 1 次；B 类则每季度盘点 1 次。经过 1 年的周期下来，所有的物料均得到全面盘点，最次要的 C 类物料起码盘了 1 次，而重要的 A 类物料则得到多次循环盘点，共盘了 12 次。

可以比较衡量平均每天盘点工作的劳动量。从库存清单列表头部开始按次序进行盘查，全年盘点的物料项目总次数就等于物料项目数乘以其每年各自盘点频率，每天平均进行盘点的物料项目个数等于全年盘点总次数除以每年的工作日数。

利用此示例的循环盘点安排，其全年的盘点总次数和平均每天的盘点次数计算如下。

$$
\begin{array}{ccccccc}
 & \text{项目数} & & \text{每年盘点频率} & & & \\
\text{A 类} & \text{——} & 150 & \times & 12 & = & 1\,800 \\
\text{B 类} & \text{——} & 1500 & \times & 4 & = & 6\,000 \\
\text{C 类} & \text{——} & 8500 & \times & 1 & = & 8\,500 \\
\end{array}
$$

总计：	16 300
每年工作日：	250
每天盘点数：	65

所以采用循环盘点法，全年的盘点总次数为 16300 次，每天的盘点次数是 65 次。仓管人员工作就比较轻松，可以腾出更多的时间进行物料的价值分析。

而如果采用全面盘点法，假设每季度全面盘点 1 次，则全年总盘点次数为 40600 次，平均每天盘点 163 次，工作量增加 1 倍多。这样反而可能出现 A 类物料无法逐月保证，而不重要的 C 类物料多次盘点也意义不大。

2. 循环盘点法的优点

- 循环盘点法实现了全面管理。虽然针对于不同的物料分类施以不同的盘点周期进行盘点，但是经过 1 个循环周期下来(通常是 1 年)，所有的物料均得到盘点，最不重要的 C 类物料也起码盘点了 1 次。

- 循环盘点法实现了重点管理。由于 A 类重要物料的盘点周期较短，经过 1 个循环周期下来(通常是 1 年)，A 类重要物料得到多次盘点，实现了对 A 类物料的重点管理和最严控制，B 类物料控制就较松。

- 循环盘点法可以在不中断生产的情况下进行盘点。循环盘点法可以完全或部分地消除由于盘点而造成的停产的现象。因为盘点按计划安排，进度从容，工厂不必为盘点而让生产停下来，毕竟生产的停顿会造成人力的浪费和经常性的加班。

- 循环盘点法能周期性地及时发现问题所在并采取措施。由于周期性的盘点，在一个盘点周期里所有的物料均被顾及，重点的 A 类还多次盘点到，使得在一年内可连续地找出出现问题的地方，而不是等到年终才发现，这样就可以保证问题出现时能及时解决。

- 通过循环盘点能提高盘点人员的素质。通过循环盘点工作，盘点人员能建立分类管理与重点管理的理念，懂得 ABC 分类技术，熟练地识别零件，获得准确的记录，调整偏差，找出解决系统错误的方法，使得库存记录更准确。

3. 循环盘点的组织安排

- 首先对库存记录的物料项目根据 ABC 分类法进行分类。分类时不仅要考虑库存物料项目的价值不同，也要考虑物料项目的使用频度。
- 确定不同类型物料的盘点间隔。根据仓库的人力资源条件和控制程度决定，例如可以 A 类项目每月盘点 1 次，B 类项目每季度盘点 1 次，C 类项目每年盘点 2 次。
- 循环盘点小组的人数取决于库存量的多少、盘点的频率、存储地点的数量，以及预计二次重盘点的程度等。
- 准备库存事务的日常文件，完整记录从盘点到计算库存结束之间的库存活动。
- 设置循环盘点报告，每份循环盘点报告应记录所盘点物料的项目代码、存放地点、账面记录数量和实际盘点数量。
- 可在某工作日的结束安排循环盘点，保证续后的生产可安排在次日正常进行。
- 尽量在非生产班次进行循环盘点，减少交叉工作干扰，并保证在循环盘点后的次日可正常进行生产。
- 对某个库存物料进行循环盘点后，立即把盘点数量标记在库存项目上，并及时记录各日的变化情况，在工作日结束时收集起来统一处理。如果所有的生产已完成，盘点可以与最新记录相比较。
- 由于循环盘点可在不中断生产的情况下进行，而生产进程总是要发生库存的变化，因此需要制定一个严密的工作步骤，及时对生产领料与盘点交叉时余额进行冲减。
- 在所有的地点进行盘点，包括收料、检验、领料、分阶段领料、包装和装货。

总之，保证库存记录的准确性是仓库管理中的一项重要工作，这是每个工作人员应该牢记的基本职责。循环盘点要求工作人员必须认识盘点工作的重要性，认真完成。负责循环盘点的工作人员应具有专门的知识和素质，并对此项工作的详细过程非常了解，保证循环盘点有最好的工作效率。通常 MRP Ⅱ 软件同时提供循环盘点和期末全面盘点功能。

4. 循环盘点数据的分析检验

应对循环盘点报告和实际库存记录项目进行分析，计算库存记录准确度百分比。循环盘点如果发现差错，在修订数据之前需要有一个核实的步骤。对于出现的偏差，如果是在计数容限范围以内，则将库存记录调整为盘点结果；如果偏差超出计数容限，则找出导致偏差的原因并努力改进。可从以下几方面入手分析出现的偏差。

- 由于库存管理事务没有做到实时处理，或由于录入疏忽造成数据不符等，此时应补做库存管理事务，由系统自动更正数据，而不要用人工直接修订数据。这种先核实再修订的方法，通常称为二步循环盘点法。
- 检查所有明显的需求量与已分配量，判断它们是否仍将需求。有些物料发出却没有(记录)处理过的项目可能是不再需求的项目。
- 明确刚刚完成的父项订单其库存子项是否已经做了数据更新记录。发料的数量应该包括完成父项产品的出产量、废品量和返工量所需的全部子项数量。

- 检查所有订单的未完成数量，并判断其是否已经到货。从供应商那里收到的物料和已经生产出来的物料应追加到记录上。
- 有时业务活动已经发生，记录余额已经结算，但还未实际盘点。因此，在循环盘点报告中每项实际的记录都应附有相应的日期时间以方便于数量推算，减少现有库存余额与实有数量之间的差异。

5. 其他盘点技术

还有其他一些盘点的方法可以选用，如分区分组法、存放地点审查法等。

- 分区分组法：分区分组法是将库存项目按所在的区域分组后而进行的盘点，用以提高盘点的效率。这种方法常用于分区存放系统，除了原辅材料分区分类外，在制品、产成品或中间库存的分类盘点中也得到应用。分区管理员以一个固定周期进行盘点，每次对每个区整个盘查一次，并与库存记录相比较。
- 存放地点审查法：通常每个库房内都有很多货位，如果物料放错了地方，正常的周期盘点就不能进行。存放地点审查法用于准确地确定物料的有效存放地点，它只需要检查物料号而不需要检查物料的数量。使用这种方法时，所有的货位都做了编号，每个盘点周期对特定的物料进行检查，通过对每个货位上的物料号与库存记录进行比较，核实每个库存物料项目所在的货位。

理想情况下，一个周期盘点同时使用几种方法。选择盘点的方法取决于库存系统的实际情况。对于快速周转或可能出现随机存储的物料项目，分区分组法是有效的方法；对于多货位的库房，ABC 分类循环盘点法和库存存放点审查法结合在一起将会更加有效。

即使在最好的环境下要做到准确的盘点也是很困难的。使用一些技术可以加快盘点，提高盘点的准确性，这些技术如：称重盘点(使用地磅和台秤)、按次序堆放(未盘点的库存项目不要放在隐蔽处)、用标准容器，等等。

8.4　库存信息管理

由于企业的生产经营活动是对物料而展开的，同时库存信息是 MRP 的重要输入信息之一，因此，保证库存信息的完整及其准确性是库存信息管理的首要目标。而利用完整准确的库存信息，可以进行有效的经济活动分析和管理控制。

1. 库存记录信息

对于物料控制，完整准确地记录库存信息是最基本的要求。事实表明，保持的记录不准确，既影响生产，也影响效益。没有良好的记录，物料将会被放错位置，接收或分配到的是不正确的数量，使用部门所需求的物料实际上很可能无法实现，甚至妨碍整个工厂的运转，以及用户服务与经营效益。

尽管各工厂库存记录的方法不同，但实际控制库存活动所需信息的形式却是基本相同的。库存记录信息一般包含如下基本项目。

- 项目号：库存记录的唯一识别。
- 项目描述：对库存项目的简要描述。
- 计量单位：如件、米、个等。
- 平均单价：库存项目的平均价格。
- 项目来源：标明物料项目是外购的(P)还是自制的(M)。
- 项目库位：标明当前存放物料项目的位置和现有量。
- 安全库存：为应付风险而设定的一个基本量。
- 现有量：在库房中实际上存在的数量。
- 入库量：在一次处理中加入到库存中的数量。
- 出库量：在一次处理中从库存中取出去的数量。
- 执行中的订单：即将入库的采购订单或加工订单，以及数量。
- 已分配量：为已确认的需求预留下来的数量，如已下达的加工订单占用量。
- 可用量：现有量与执行中的订单减去占用量，对将来需求是可用的数量。
- 业务处理标识：有关的代码，标明业务处理的类型，它是库存记录的数据输入源，如计划接收量和计划发出量。
- 提前期：采购提前期或制造提前期。

无论是计算机系统还是手工系统，都具有相似类型的信息，没有这些库存记录信息，物料和物料的移动都是不能计划和控制的。在不同的企业，由于实际管理过程的不同，库存项目信息也有所不同，应根据实际的需要，设计库存信息内容。

2. 库存信息维护

保证库存项目信息的准确性，其意义重大。它不仅是进行有效库存管理的前提条件，而且是正确地编制生产计划、保证用户交货期的重要前提。

由于库存记录数据是编制物料需求计划的启动数据，所以非常重要。如果对某项物料的库存记录数据不准确，那么该项物料的计划将是不正确的，由此产生的订单也是错误的，根据订单展开得到的所有下层物料项目的毛需求也是错误的。因此计划的编制失去了意义。其结果是从 MRP 系统产生大量的错误建议，这将失去用户的信任，迫使他们退回到原有的缺料单，从而导致 MPR II 实施的失败。一般地说，库存信息的不准确，会导致过量的库存，或很高的废弃率；也可能导致计划不足，造成物料短缺或利润降低，影响到计划的执行和客户服务。

MRP II 系统追求 95%以上的库存准确率(允许一定的容差)。不准确的库存信息可能导致物料的浪费甚至整个生产过程的混乱。例如：物料短缺，不能按计划进行生产，降低生产率，逾期交货，过量的库存，销售量的减少。那么，为了维护库存信息的准确性，必须首先分析造成库存信息不准确的原因，针对不同的原因，采取措施，加以预防和制止。

一般情况下，造成库存信息不准确的原因主要有以下几点。

- 不健全的库存管理制度。

- 非库存管理员进行的事务处理。
- 不精确的数量记录。
- 不准确的项目标识。
- 不及时或遗漏的出/入库记录。
- 库存项目库位不准确或混乱。
- 丢失库存记录。
- 烦琐的项目编码。
- 没有周期性的库存盘点。
- 缺乏必要的库存分析。
- 库存管理员缺乏责任心。

针对上述情况，为了保证库存信息的准确性，应注意解决好以下问题。

- 职业教育：对所有的库存管理人员进行必要的业务培训，增强其责任心和参与感。
- 数据规划：对库存信息进行全面的规划与设计，保证其完整性、一致性及无冗余。
- 周期盘点：它是在一年中有效地进行连续盘点的好方法。
- 处理工具：提供必要的工具以方便于账务记录的管理，包括自动化事务处理系统。
- 使信息流和物流同步，即及时地记录与处理物料的流动情况。
- 制定严格的库存管理制度。

3. 库存信息分析

通过综合库存管理、项目级管理及物料的具体转移控制，可获得计划和管理成品、半成品和原料库存的简明和精确的信息。计算机系统可以利用这些信息进行处理、查询、结算、盘点和维护，从而最大限度地协调好供应时间与投入时间、生产转换和运输、产品完工时间和发送到用户或市场时间等的不一致，进而减少库存费用，稳定生产水平和提高服务水平，做到适时、适量、适质、适价供应，保证生产的顺利进行。

为了达到库存管理的目的，应随时动态地了解库存情况，及时发现问题，采取有力措施加以解决。通常情况下，动态地了解库存情况的有效途径是设置各种库存信息分析功能。主要的库存信息分析有库存积压分析，短缺超储分析，资金占用分析。

- 库存积压分析

一般情况下，积压库存项目定义为超过所规定的积压日期外的期间所形成的积压，可用如下公式表达：

如果

　　　当前日期－该项目最后一次出库日期－规定的积压日期＞0

则

　　　　　积压天数＝当前日期－该项目最后一次出库日期

　　　　　积压数量＝现有库存量

　　　　　积压金额＝积压数量×平均价格

- 短缺超储分析

根据库存项目的可用量、最高储备量和安全库存，可定义超储项目和短缺项目。

如果某库存项目的可用量＞最高储备量，则该项目为超储项目。

其中：

$$超储量＝可用量－最高储备量$$
$$超储金额＝超储量×平均价格$$

如果某库存项目的可用量＜安全库存，则该项目为短缺项目。

其中：

$$短缺量＝安全库存－可用量$$
$$短缺金额＝缺短数量×平均价格$$

- 资金占用分析

对于特定的仓库和一定数量的库存项目，用于资金占用分析的计算方法如下：

$$资金总金额＝\Sigma(每种库存项目现有量×平均价格)$$
$$某种项目占总额百分比＝(该种项目的资金占用)/资金总金额×100\%$$
$$某类项目占总额百分比＝(该类项目的资金占用)/资金总金额×100\%$$

8.5　本章小结

本章介绍了在 MRPⅡ系统中作为物料管理主要内容的采购作业管理和物料库存管理两大部分的知识。

首先依据成本决定物料的两类重要来源：采购或自制，它决定了企业不同的活动方向。

在采购作业管理中，传统的采购作业过程有许多弊端，所以 MRPⅡ系统采取以供应商排程为基本的采购计划法，这是一揽子的采购计划，一次签约多次供货。这种模式给采购工作带来许多变化，对供应商评审不是基于价格，而是考虑数量和稳定性；供需双方不再是讨价还价的买卖关系，而是一种合作伙伴关系。企业的采购员起到供方计划员的作用。买方与供方共同有效地管理进度，共同协调运输工作。

MRPⅡ模式下的库存管理，同样强调一个计划性。综合库存管理在基于库存管理方针的基础上实施库存分级管理，以综合库存计划为主要形式实现对库存的整体控制。

综合库存计划规定了全年库存水平的整体目标和各主要库存状态(包括最终产品、在制品、原材料/采购件、维修用备件)的目标。

库存管理策略要做好库存费用和库存量控制，确定安全库存与安全提前期，确定订货批量和订购策略等。

物料仓储管理包括库房管理基本工作，要考虑物料的集中或分散存储方式，做好物料移动信息的及时维护。

维护库存信息的准确性对于 MRPⅡ的运行有重要意义。循环盘点法是一种有效的方法，有许多优越性，它在库存物料的 ABC 分类管理法基础上实施。

关键术语

采购申请　采购订单　订单状态　采购计划法　供应商排程　物料存储　ABC 分类
重点管理　循环盘点法　库存状态　综合库存管理　综合库存计划　安全库存　安全提前
期　订货批量　订货策略　库存记录

思考练习题

(1) 为什么说采购与自制决策是企业根本的决策？

(2) 分析传统采购方式的过程与局限性。

(3) 采购计划法如何实施？什么是供应商排程？

(4) 现代采购观念的转变表现在哪几个方面？

(5) MRP Ⅱ 如何进行供应商评审？

(6) 物料经理的工作职责包括哪些？

(7) 物料有哪些库存状态？

(8) 分析比较综合库存管理与项目库存管理的异同点。

(9) 如何制定综合库存计划？

(10) 用 ABC 分类法对库存项目进行分类的具体方法是什么？

(11) 分析比较 ABC 分类法已在企业管理的哪几个方面得到应用？

(12) 举例设计循环盘点法的盘点方案。

(13) 推导订货量法 EOQ 公式。

(14) 分析比较因选取不同的分类指标对 ABC 分类级别产生的影响。

(15) 库存积压是指什么？如何进行库存积压分析？

(16) 库存费用包括哪些？实现库存控制可采取哪些方法？

(17) 列举采用按需订货方法订货的项目，并说明原因。

(18) 分析比较提前期和维修服务水平改变时对安全库存的影响。

(19) 举例说明服务水平和安全因子的经济意义。

(20) 为了保证库存信息的准确性应采取哪些措施？

(21) 设某厂有 5 个批量生产的成品项目，平均每个批量项目占用库存资金 2000 元。试估算其成品的综合批量库存。

(22) 某公司设有两个分销仓库，汽车把货物从工厂成品车间运来暂时保管。仓库 1 和仓库 2 的平均月运输量分别为 25 万元和 35 万元；一个月按 30 天计算，平均每月有 10 万元的货物直接发给用户；货物运往仓库 1 和仓库 2 分别需要 4 天和两天，加工和准备发送成品需要 1.5 天。请依此编制该公司成品综合运输的库存预算计划。

(23) 设有一种维修件仅有独立需求，在周预测系统中 MAD 为 50 单位。若提前期为 1 周，服务水平为 99%，则安全库存应为多少？

(24) 采用 ABC 分类法对表 8-7 中的项目进行分类。设定 A 类项目占总价值的 70%，B 类占 20%，C 类占 10%。

表 8-7　仓库物料项目统计表

序号	物料编码	物 料 名 称	单　价	年 需 求 量	按金额排序	占总值百分比	ABC
1	301001	PC 机箱(含电源)	340	50			
2	301002	单热插拔架	370	100			
3	301003	三个一组热插拔架	1210	10			
4	301004	四个一组热插拔架	1860	10			
5	301005	15"显示器	1050	30			
6	301006	17"显示器	1540	20			
7	301007	鼠标	130	50			
8	301008	键盘	130	50			
9	301009	UPS 电源	1850	100			
10	301010	DVD 光驱	490	60			
11	301011	8 口切换主机(手动)	3660	50			
12	301012	8 口切换主机(自动)	4850	50			
13	301013	3COM 网卡	50	200			
14	301014	RELTEK 网卡	40	100			
15	301015	485 转接卡	120	100			
16	301016	串口转换器	100	400			
17	301017	INT 千兆网卡	360	80			
18	301018	CPU 卡	3550	100			
19	301019	CACHE 128 加速器	1070	100			
20	301020	6 类双绞线	300	2			
21	301021	2 芯通信线	150	3			

(25) 某公司需要采购 X 产品 2500 件，需求条件是交货提前期必须小于 6 周；单件价格要低于 20 元。现有 3 家供应商可供选择，有关各家公司情况见表 8-8。请分析比较，审定出一家合适的供应商，并说明选择的原因。

表 8-8　供应商情况表

比较项目	A 公司	B 公司	C 公司
质量	3 年前没安装新设备时有 3 次劣质的历史，最近 3 次已没有缺陷，且质优	过去收到订单，不能接受的超过 2%，但它们已改进了，保证不接受率为零。而且该公司不仅负责它的零部件缺陷，也负责导致的产品缺陷	以前尚未收到过该公司的质量消息，但收到其他 3 家公司提供的合格率报告
服务	报价提前期一般是 6 周，最近 6 次发货提前期：第 1 次 4 周、第 2 次 7 周、第 3 次 5 周、第 4 次 7 周、第 5 次 8 周、第 6 次 6 周	报价提前期一般为 6 周，最近六次发货提前期是：6 周、6 周、5 周、6 周、6 周	该公司已保证提前期最大为 6 周
报价	最近 6 次分别是：16.5 元、17 元、18.5 元、18.5 元、18.5 元、17.8 元	最近 6 次询价是：17 元、17元、17.5 元、18 元、19.5 元、20.2 元	报价每件 24 元，订货超过 2 000 件时，给予不超过 20%的折扣

第9章 MRPⅡ原理：生产作业管理

【导语】

生产作业管理是针对用于车间层面的作业运作管理，是 MRPⅡ系统中的执行层次。对于通常的离散式的车间生产组织，车间作业生产常指多品种小批量的生产，生产任务按该批量形成生产订单，在综合考虑材料、能力、提前期和工具的可用性的基础上，形成车间生产任务表，主要以加工单的方式下达，并对工作中心的作业进行调度控制。本章介绍车间作业任务准备、车间生产作业任务和生产订单的下达处理，JIT 生产管理方式，以及生产作业日产控制等生产管理问题。

9.1 车间生产作业任务

车间生产作业是 MRP 系统的执行层次，只是执行计划，而不能改动计划。具体来说，车间生产作业任务包括核实 MPS/MRP 计划订单、生成车间任务表、下达加工单、生产作业调度、下达派工单、在制品管理和产品完工入库等一些基本工作和计划内容，如图 9-1 所示。

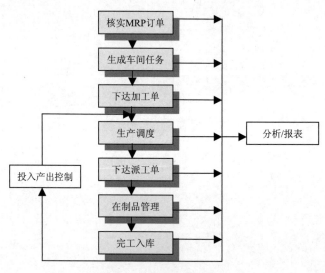

图 9-1 车间生产作业任务

9.1.1　MRP 订单的核实与准备

虽然 MRP 计划订单是按物料需求计划的原理编制的，并且通过能力计划做过能力平衡，但在生产控制人员正式批准下达投产之前，必须仔细地核实车间的实际情况，检查物料、能力、提前期和工具的可用性，解决计划与实际间存在的问题，最后建立与落实车间任务，做出各产品(物料)加工的车间进度计划(加工单)；并根据物料短缺报告所说明的物料在任务单上的短缺量，帮助管理人员及时掌握有关情况，采取相应的措施，并及时加以解决。

作为生产控制人员，要通过计划订单报告、物料主文件和库存报告、工艺路线文件和工作中心文件及工厂日历来完成以下生产任务准备工作(见图 9-2)。

- 根据工艺路线确定加工工序。
- 确定所需的物料、能力、提前期和工具。
- 确定物料、能力、提前期和工具的可用性。
- 解决物料、能力、提前期和工具的短缺问题。

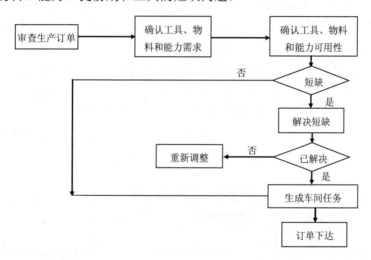

图 9-2　生产任务的准备与下达

9.1.2　生成车间任务表

物料需求计划提供的是各种物料的计划需求日期(也可以有开始投入日期)。有的物料可有多条加工路线，由多个车间完成，但这是由生产计划员根据理想状态的物料制定的，并没有真正下达给生产车间。物料需求计划为订单规定的计划下达日期，对于真正将计划下达给车间而言仍然是一个推荐的日期。

这个步骤的任务就是要把上述核实过的物料需求计划订单明确下来，下达给具体的车间。一般来说，由于企业的不同车间都可以完成相同的加工任务，而且不同的车间可能会有不同的加工工艺路线，因而必须把物料需求计划明确下达给某个车间加工，当然也允许把同一个物料需求计划分配给不同车间。

作为车间任务的生产订单通常以报表形式给出，也称为车间任务主文件，是对每一任务订单的记录，用于存储描述订单特征、状态及优先级的主要数据。通常包括：下达的任务号、MRP 号、需要加工的物料代码和名称、需求量、需求日期、计划开工日期、计划完成日期等数据项。表 9-1 就是一个车间任务表的示例。

表 9-1　车间任务表

任务号	MRP 号	物料代码	需求量	需求日期	车间代码	计划开工日期	计划完工日期
A001	M110	90100	330	2013/08/12	WS20	2013/08/09	2013/08/12
A002	M120	90100	400	2013/08/20	WS20	2013/08/15	2013/08/20
A003	M130	90102	200	2013/08/20	WS20	2013/08/22	2013/08/25

这里，车间任务的优先级主要根据 MRP 要求的计划产出日期确定，也可以采用紧迫系数来确定。紧迫系数(Critical Ratio，CR)是可用时间与计划提前期的比较，是评价提前期是否足够的临界比。可用时间是开工日到计划完工日之间的时间，当可用时间小于计划提前期，则提前期不足完成订单；反之则提前期足够。

紧迫系数则是剩余可用时间与计划提前期的动态比值，其计算公式为：

$$CR = \frac{\text{剩余可用时间}}{\text{计划提前期}} = \frac{\text{计划交货日期} - \text{当前日期}}{\text{计划提前期}}$$

如表 9-2 所示，对于 A、B、C 三个订单，其订单产品的生产提前期是 20 天，当前日期是 2013 年 3 月 3 日，则可以计算出各订单产品的紧迫系数。

表 9-2　CR 值计算列表　　　　　　　　　　　　　(当前日期：2013.3.3)

订　　单	交货日期	剩余可用时间	计划提前期	CR 值
A	2013.4.2	30	20	30/20＝1.5
B	2013.3.23	20	20	20/20＝1.0
C	2013.3.13	10	20	10/20＝0.5

当 CR 值大于 1(如 A)，表示提前期足够，能完成订单；当 CR 值等于 1 时(如 B)，则刚好可按时完成；而 CR 小于 1 时(如 C)，则表示剩余时间不够，应采取紧急措施。至于 CR 为负值，说明订单已经超期了。

紧迫系数也是一种确定工序优先级的方法，可用于运行中的生产调度。

9.1.3　下达加工单

根据上面步骤生成的车间任务，则可将每份订单任务独立表达为其工序作业计划，独立下达到车间，也就是生成加工单，并下达给具体的初始执行车间。

加工单(work order)是一种面向被加工件说明物料加工计划的文件，包括物料的加工工序、工作中心、工作进度及使用的工装设备等。

加工单的格式同工艺路线报表很相似，见表 9-3。它的表头和左侧各栏的信息取自工艺路线文件，只是增加了加工单号、加工单需用日期、每道工序的开始日期和完成日期。

表 9-3　加工单的典型格式

订单号：A2010620

物　料　号：9018　　　　　　需用数量：1000 件　　　　　　计划日期：2013.06.30

物料名称：18W 节能灯　　　　需用日期：2013.08.20　　　　　计　划　员：李江

| 工序 | 工序名称 | 工作中心 | | 标准时间/小时 | | | 本工序总时间 | 计划进度 | |
		编号	名称	准备	加工	其他		开始日期	完工日期
10	弯管	1010	弯管工段	2.0	0.032	…	34.0	2013.07.10	2013.07.13
20	涂烤	2010	涂烤工段	3.0	0.030	…	33.0	2013.07.14	2013.07.17
30	封口	3010	封口工段	1.0	0.020	…	21.0	2013.07.17	2013.07.19
40	冲针扣丝	4010	扎丝工段	2.0	0.016	…	18.0	2013.07.19	2013.07.21
52	胶灯管	5030	胶合工段	1.0	0.013	…	14.0	2013.07.21	2013.07.23
56	合盖	6010	合成工段	1.0	0.012	…	13.0	2013.07.23	2013.07.24
60	老练	7030	老化室	5.0	0.100	…	105.0	2013.07.24	2013.07.29
70	丝印	8001	(外协)	…	…	…	(240.0)	2013.08.01	2013.08.10
80	包装	9015	包装工段	…	0.015	…	15.0	2013.08.11	2013.08.12

车间任务经过确认以后，需要对任务的物料再次进行落实，也就是对车间任务进行物料分配，完成物料分配后才可以下达加工单，确保任务的执行。所以说加工单应是已经充分考虑了工具、材料、人力和设备等要素的可执行性的加工订单。

加工单表达了工艺路线的多工序加工过程，可以跨车间甚至厂际协作。加工单类似于手工情形下的工票，有时也采用分拣单、传送单、任务袋等来下达生产任务。分拣单主要是工具和材料的分拣清单。传送单则用来记录物料从一个存储地传到另一个存储地的移动。任务袋中包括了生产订单所需的全部信息资料，一般有工艺路线、产品或部件的装配图、记录工时的工票、物料清单等，所有的资料被放入一信封或袋中发放到车间。

9.1.4　生产调度

当生产车间里多项物料在同一时区分配给同一个工作中心加工时，需要对物料的加工顺序进行排序，对生产进度情况进行监视、控制与调整。这就是生产调度，即对工作中心的作业进行排序。

生产调度的目的表现在以下 4 个方面。

● 将作业任务按优先级编排。优先级高的作业任务先安排。

● 提高设备和人力的利用率。合理的生产调度使设备和人力利用率得到提高。

● 保证任务如期完成以满足交货期。按时按量完成生产任务是基本要求。

● 完成任务时间最短、成本最低。合理的生产调度将减少时间和资源的浪费。

实际生产过程中的各种任务的组合编排是比较复杂的，在现实的技术水平条件下，企业可以根据具体的生产情况来设置本企业的排序方案，制定某些适用规则，尽量使车间的日常生产过程通过生产调度达到既定的目标。

企业常用的生产调度措施有：平行顺序作业，加工单分批，压缩排队、等待和传送时间，替代工序或改变工艺，以及其他措施如加班加点、调配人力等。无论是采用哪种生产调度措施，最终都以围绕上面的 4 个目的来进行生产管理。

平行顺序作业是当工作在上一个工作中心完成了一定数量，不等全部加工完就部分地送到下一个工作中心去加工。平行顺序作业可以缩短加工周期，但是由于增加了传送次数，传送时间增加了，搬运费用也相应增加，也就是说成本会增加。另外，考虑传送的批次时要注意上、下工序加工时间的比值，如果前道工序加工时间很长，或者各道工序加工时间呈无规律的长短时间，有些工作中心会出现窝工等待。因此有些工序还会在全部加工完成后再传送给下道工序，形成平行顺序作业和依次顺序作业交替使用的现象。

加工单分批的方法是把原来一张加工单的数量分成几批，由几张加工单来完成，以缩短加工周期。每批的数量可以不相同。采用加工单分批或分割的方法只有在用几组工作中心能完成同样的工作时才有可能。每组工作中心都需要准备时间，使准备时间增加，还可能需要几套工艺装备，成本也会增加。有时候上道工序由一组工作中心完成，下一道工序分为由两组不同的工作中心加工，然后又由一组工作中心来完成第三道工序，这种分合交替的作业经常会发生。

9.1.5　下达派工单

加工单生成后，根据各工作中心当前在加工任务与排队任务等生产情况，进行各个工序的生产作业安排，即下达派工单。派工单(Dispatch list)也称为调度单，是一种面向工作中心说明加工优先级的文件，说明工作中心在一个阶段时间内所要完成的生产任务。

派工单是一种典型的详细任务分配形式，其格式见表 9-4。它表达已安排的任务量和执行状态，说明哪些工件已经到达，正在排队，应当什么时间开始加工，什么时间完成，加工单的需用日期是哪天，计划加工时数是多少，完成后又应传送给哪道工序。它还说明哪些工件即将到达，什么时间到，从哪里来。

表 9-4　派工单的典型格式

工作中心：7030　　　　　　名称：老化室　　　　　　日期：自 2013.05.03 至 2013.05.31

物料号	物料名称	加工单号	工序号	数量		日期			剩余时间		上工序工作中心	下工序工作中心
				需要	完成	开始	完成	订单	准备	加工		
正加工的产品												
9011	11W 灯	A201087	60	220	180	20130503	20130504	20130506		5	6020	8010
9018	18W 灯	A201098	60	250	25	20130504	20130506	20130509	2	25	6030	8020
已到达的产品												
9009	9W 灯	A201120	40	220		20130506	20130507	20130512	2	22	6010	8010
9011	11W 灯	A201376	60	380		20130507	20130510	20130513	4	40	6020	8010
9018	18W 灯	A201501	60	180		20130510	20130511	20130530	1	18	6030	8020
将到达的产品												
9018	18W 灯	A201241	60	100		20130512	20130512	20130531	1	10	6030	8080
9022	22W 灯	A201347	70	500		20130512	20130517	20130605	5	50	6050	8500
9011	11W 灯	A201432	60	230		20130518	20130520	20130528	2	25	6020	8010
…	…	…	…	…	…	…	…	…	…	…	…	…

　　有了派工单，车间调度员、工作中心的操作员对目前和即将到达的任务就一目了然。如果在日期或小时数上有问题，也容易及早发现，采取补救措施。通常，应当把控制的重点放在关键工作中心上。

　　订单的资料下放到车间后，就应对实际的生产过程加以控制以保证订单执行。如果生产进行得很正常，那么可以看到订单顺利按生产流程处理，订单的下达、执行、物料(或工件)的转移都正常进行。然而，由于生产中意外情况有可能发生，如机器故障、次品出现等，必须对工件在加工流程中的移动进行监视、控制和调整。

9.2　准时制生产(JIT)

　　20 世纪 70 年代末期，日本制造业在石油危机的冲击下，发动了一场向浪费挑战的生产管理革命。以日本丰田汽车制造公司为代表的制造业，首先发展并形成了一种以消除制造过程中的一切浪费为宗旨的准时生产(Just in Time，JIT)制造管理理念，取得极大成功。在 20 世纪 80 年代末期，管理学者们又提出将两者结合起来的观念，也就是将 JIT 嵌入 MRPII 系统中，达到理想的效果。

9.2.1 JIT 概念

JIT 方法，即在正确的时间(Right Time)、正确的地点(Right Place)做正确的事情(Right Thing)，以期达到零库存、无缺陷、低成本的理想生产模式。

JIT 的基本概念是指在所需要的精确时间内，按所需要的质量和数量，生产所需要的产品。它的理想目标是 6 个"零"和 1 个"一"，即零缺陷、零储备、零库存、零搬运、零故障停机、零提前期和批量为一。为此，主张精简产品结构，不断简化与改进制造与管理过程，消除一切浪费，包括过量生产、部件与操作者的移动和等待时间、劣品的制造过程、物料储存等。

JIT 生产管理模式的最终目标是获取企业的最大利润。JIT 最基本的方法是降低成本，排除一切浪费；JIT 最主要的手段是适时适量地生产、弹性配置作业人数及质量保证。图 9-3 表达了 JIT 模式的体系结构。实际上，JIT 不仅是一种生产控制方法，还是一种管理的哲理，它主张消除一切对最终目标不增加价值的活动，视这些活动为垃圾并将它们消除在萌芽状态。

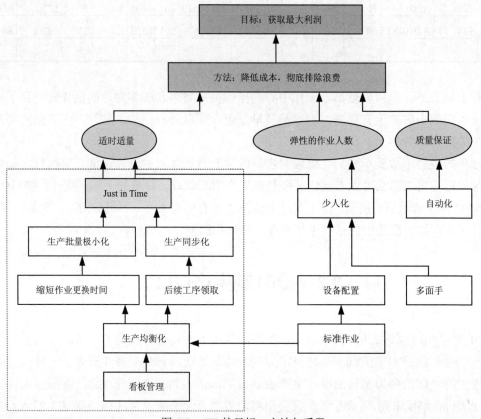

图 9-3　JIT 的目标、方法与手段

9.2.2　JIT 生产方式

1. 看板管理

JIT 生产中常用"看板"(Kan Ban)来传递工序之间的需求信息与库存量，每个看板只在上下工序之间传递，每道工序之间都有看板。

JIT 是一种追求无库存、彻底排除浪费的生产与管理模式。为此，对某一零件的加工在数量与完成时间上的要求，是由下一道工序状况决定的。若下道工序拥挤阻塞，上道工序就应减慢或停止，这些信息均靠看板来传递。

丰田的 JIT 生产方式通过看板管理成功地制止了过量生产，实现了"在必要的时刻生产必要数量的必要产品(或零部件)"，从而彻底消除在制品过量的浪费，以及由之衍生出来的种种间接浪费。事实上，丰田公司以看板管理为手段，制止过量生产，减少在制品，从而使产生次品的原因和隐藏在生产过程中的种种问题及不合理成分充分暴露出来，然后通过旨在解决这些问题的改善活动，彻底消除引起成本增加的种种浪费，实现生产过程的合理性、高效性和灵活性。这才是丰田准时制生产方式的真谛。

2. 拉式生产

与 MRPⅡ的"推"式生产管理模式相对照，JIT 是一种"拉"式生产管理模式。拉式作业方式和原有的推式作业方式最大的不同就在于物料移动指令的不同。

推式作业方式是根据生产计划系统(MPS)和物料需求计划(MRP)下达生产加工订单(生产工票)，根据生产工票将物料配套发往各个工作中心的。上工序完工后生产工票与加工完成的物品向下道工序传递；在上工序未完工之前，下工序等待物料、组件加工。这样，会形成一定的生产物料库存，因而和拉式作业相比有明显的不足之处。

拉式作业方式的物料移动来自于下道工序。JIT 作业负责安排实行适时、适量、适地生产，当总装计划(FAS)下达后，后工序向上道工序领取本工序所需的组件进行组装；当上一工序的加工组件数量不能满足下道工序的组装要求时，产生需求信息，通过"看板"来传递工序之间的需求信息。这种物料需求指令方向来自于后道工序，由后道工序向前道工序传递加工与需求指令的作业方式称为"拉式作业"。"看板"的目的是为了控制在制品库存，即需要时才进行生产，物料才被拉动。拉式作业大大地减少了在制品库存及排队等候时间，并简化了优先级控制与能力控制，简化了工序跟踪，减少了事务处理的工作量，因而可以降低管理费用。

3. 反冲法核销成本

反冲法就是事后扣减物料库存的方法，该方法可以起到简化物料发放与接受、提高生产效率的作用。反冲法适用于生产节拍较短的重复制造作业(如总装配线)，前提是物料清单准确率达到 100%，以及生产的统计数(完工产品数、废品数)准确无误。同时，在使用反冲法前，要设立反冲法计算的工序起点与结束点，因为反冲法要根据生产出的成品与报废品数量以及产品的物料清单来计算核销物料库存与加工工时。

4. 按生产率安排生产计划

传统的离散型车间生产按加工订单(即生产工票)下达生产任务,而 JIT 生产管理采用按生产率(时产、日产)来安排生产计划,无需下达生产工票。生产计划一般是最终组装计划,合理有效的产品投产顺序计划下达到最后一道工序,真正的生产指令是由前面的工序通过看板发出的。生产安排以生产率为基准,既要平衡能力又要平衡物流。

9.2.3　MRPⅡ 与 JIT 结合

MRPⅡ 和 JIT 的集成是这两种生产管理方法进行互补的一条有效途径。可将 MRPⅡ 作为企业的计划系统,而用 JIT 作为计划的执行系统——生产控制系统。换句话说,在描述粒度较大的上层管理中可能采用物料需求计划来管理控制,而在描述粒度较小的下层控制协调中,则应采用"工艺工序调度"控制策略,如图 9-4 所示。

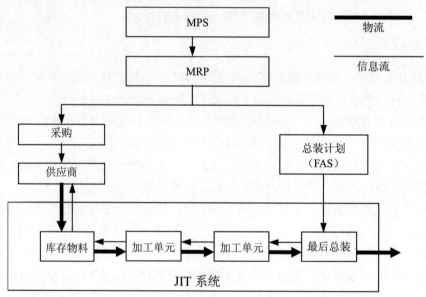

图 9-4　MRPⅡ 与 JIT 结合

这种方式也称之为"具有 JIT 管理方式的 ERP 系统"。它扩展了原有的理论体系,更能使生产精益求精,其系统有以下功能:

- 时间周期最短(每日或更短)。
- 根据生产率制定计划(用生产率生成器保存订单,防止浪费)。
- 随时更新。
- 组件的自动发送。
- 随时查询库存余额。
- 不需车间订单的能力。

- 随时可更新订单计划。
- 随时更改每日或每周的销售计划。
- 通过模拟能力，改变能力计划。
- 不用订单号，以事务接受确定的计划订单(FPO)。
- 适应 JIT 计算、质量体系和减少库存的功能。
- 更好地与供应商进行接洽。
- 生成看板卡的能力。

系统运作时，由 MPS 生成 CRP 与 MRP，同时生成各种计算与说明的其他信息，计划员根据这些信息(同时含物流平衡计算)调整由 MRP 生成的 JIT 生产线的装配计划或总装配计划并下达计划任务；根据在制品(WIP)库存信息，生成各工序的"拉出表"，分配物料到生产线；加工物料不断流动，"拉出表"(根据流出物品与上道工序的 WIP 物料库存自动生成)不断传递工序间的需求信息；由完工物品反冲物料消耗及生产成本。

在现实生产中存在着大批量重复生产和流程式生产，这种生产一般具有简单、物料流动迅速、能力固定和周期性计划这 4 个基本特性。因此许多企业采用了拉式生产方式，在生产控制中，利用看板管理和准时制技术，达到高的设备利用率。

9.3　车间生产作业控制

9.3.1　控制生产任务的关键信息

为了执行生产活动控制，应该依靠一些关键的文件数据与报告信息，包括任务文件、基础文件、车间信息这三个主要资源，以核定生产订单，监控生产任务的执行。

1. 基础文件

基础文件包括 3 种重要的文件：物料主文件、工艺路线文件和工作中心文件。

物料主文件是许多计划或控制活动(如 MRP 库存管理、成本估算等)所必需的。它对每一物料有一条记录，内容包括物料特征、库存状态和标准成本等内容，另外还用到下列数据。

- 物料号：分配给物料的特定项目号。
- 物料名：物料项目的名称。
- 生产提前期：主要根据生产给定批量的项目所需时间来确定。
- 当前库存：目前该物料项目的库存量。
- 已分配量：分配给预计未来订单的该物料项目数量。
- 可用量：当前库存与已分配量之差。
- 批量：某段时间该物料项目生产的一般数量。

- 替代零件：可用于替代本项目的其他物料项目的数量。

工艺路线文件则列出生产该项目的所有加工工序和加工顺序，包括特殊工序和替换工艺路线，记录了各工序的工序号、工序名、准备时间、加工时间等内容。

工作中心文件则对工作中心主要数据，如工作中心号、能力、替换工作中心、排队时间等作业记录。工作中心文件和工艺路线文件反映加工的基本标准和定额需求。

2. 任务文件

有两个重要的任务文件：车间任务主文件(即车间任务表)和车间任务详细文件(即加工单)。

这里要分析车间任务主文件对于每一任务订单的执行情况和状态，主要包括下列动态与静态数据。

- 加工任务号：对于每份或每批特定的计划加工的订单的标号。
- 任务数量：订单所要加工的产品数量。
- 已完工量：经过最后一道工序和最后检验的产品数量。
- 废品数量：在每一加工步骤中产生的废品个数。
- 原料投入量：仓库发出的生产该产品所需的原料或零组件数量。
- 交付日期：完成订单加工，交货的日期。
- 优先级：用于将订单与其他订单进行加工先后排序的一个值。
- 未完成量：订单总量减去已完成数量和废品数量后的余量。

车间任务详细文件(即加工单)提供了对生产过程的每道工序、生产调度、优先级变化等信息记录的分析，包括以下静态与动态数据。

- 工序号：标记某工序的特定号码。
- 工序名：对该道工序的简单解释。
- 准备工时(计划和实际)：进行加工以前(如设备安装等)准备过程所需的时间。
- 加工工时(计划和实际)：对项目进行加工所需的时间。
- 完成量报告：该作业完成量中符合质量要求的数量。
- 废品量报告：在加工时或加工完毕后所检验出的不合格品的数量。
- 交货日期：重新安排计划时的订单计划完成日期。

3. 车间信息

分析报表主要是对车间的日常生产情况的反馈信息，用于对车间生产的监控。分析报表的主要对象包括物料和能力可用来报表、加工单状态报表、工序状态报表等报表。

通常情况下，用于监视和控制生产过程的主要报表与信息有：

- 投入/产出报告。
- 拖期订单报告。
- 物料短缺报告。
- 设备状态报告。

- 车间人员反馈的信息。

从车间工作进展中得到的最新反馈信息是很关键的，这可以查每天由车间人员填写的车间生产报告，也可能是从工段长或其他车间人员那里反馈的，或通过更正规的系统提供。无论如何，车间内设立一套信息汇报网络是十分重要的。下达订单给车间的决策就是根据每天的工作进度、车间存在的问题做出的。

9.3.2　作业日产控制

1. 车间生产监控概述

理想的车间运作状态在于追求物畅其流，均衡地、正常地完成生产任务。生产过程有一定的时间、空间规律。在制品的生产需要一定的时间周期。受产出能力的限制，订单的投放必须按一定频率，而不是随机无序地或者一次性倾盆而出(参见图 9-5 所示)。

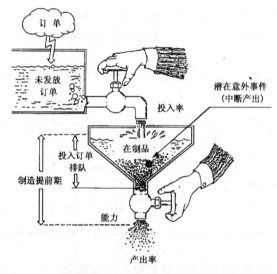

图 9-5　订单的投入/产出示意图

如果车间的日常生产很正常，完全与计划相符，那么就无需对生产情况进行监控了。但实际的情况并非都是十全十美的，总会出现或发生这样或那样的问题，例如生产拖期、加工报废、设备故障等。因此，要对车间的生产过程进行经常性的监视、控制和调整。

进行车间作业控制，需要进行以下三个方面的工作。

- 控制标准：控制标准就是经过一定的排序规则排序得出的作业计划。在制订好的计划中规定的产品的品种、数量、质量、交货期都是进行作业控制的基本标准。车间作业控制的最根本的目的就是有效地完成生产计划，达到这些生产作业计划的标准。
- 控制信息：生产控制信息是指生产过程中需要采集的数据，根据这些数据进行分析可以得出目前作业过程的进行状况。如果分析结果认为出现问题，就要及时采取措施纠正。但采集的生产控制信息必须有效，利于分析，也就是说要设好控制点。

● 控制措施：即针对生产作业中产生的偏差，要根据收集到的信息资料，分析其产生的原因，并采取有效的措施加以解决。

为了实时解决车间作业计划中的各种问题采取各种控制措施时，应考虑如下因素。

● 采取某个措施可能会产生什么样的后果？

● 今天的问题解决了明天是否会产生更大的问题？

● 对某个订单采取的措施会不会影响其他的订单？

● 采取措施的目标是否能使生产接近计划？

车间作业控制采取的措施都是围绕以上问题来展开的。

2. 投入/产出报告

投入/产出报告，也叫"输入/输出报告"，是衡量能力执行情况的方法。通过投入/产出报告了解生产进展的情况，分析出现的问题，对失控的状况进行纠正。另外，还可通过投入/产出报告，来控制计划和控制排队时间和提前期。表9-5是一份典型的投入/产出报告。表中工作中心WC30，允许偏差15小时，一周期的能力150小时，计划订单需求量125小时。

表9-5　投入/产出报告例一

周　　　期	1	2	3	4	5	6
计划投入	150	150	125	130	140	130
实际投入	150	130	150	150	130	
累计偏差	—	− 20	5	25	15	
计划产出	150	150	120	120	140	130
实际产出	125	140	140	140		
累计偏差	− 25	− 35	− 15	5		

在表9-5中，第2周期实际投入与计划投入的偏差为 − 20，实际产出与计划产出偏差为 − 10，说明实际生产能力比投入的工作负荷落后，在这种情况下，必须采取措施纠正，否则第3周还下达125小时总任务将是不明智的。

在生产管理中，应对生产订单的计划投入与实际投入、实际投入和实际产出及计划产出与实际产出做出比较，以分析计划和生产中出现的问题，见表9-6。

表9-6　投入/产出分析

对　比　结　果		原　因　分　析
计划投入与实际投入 (分析加工件)	计划投入>实际投入	加工件推迟到达
	计划投入＝实际投入	加工件按计划到达
	计划投入<实际投入	加工件提前到达

(续表)

对　比　结　果		原　因　分　析
实际投入与实际产出 (分析在制品)	实际投入＞实际产出	在制品增加
	实际投入＝实际产出	在制品维持不变
	实际投入＜实际产出	在制品减少
计划产出与实际产出 (分析工作中心)	计划产出＞实际产出	工作中心落后计划
	计划产出＝实际产出	工作中心按计划
	计划产出＜实际产出	工作中心超前计划

(1) 计划投入与实际投入

将计划投入与实际投入做比较的目的在于监视加工订单进入某工作中心的情况。

当某工作中心计划投入大于实际投入时，通常表明加工任务拖期到达该中心，此时应检查前序工作中心，以确定拖期原因；当计划投入与实际投入相等时，加工任务按计划到达工作中心；若计划投入小于实际投入，则说明加工任务提前到达，应检查前序工作中心的生产定额，很可能在原制定的计划中低估了工作中心能力。

(2) 实际投入与实际产出

这项比较告诉管理人员，报告上每个工作中心是否都完成了进入该中心的所有加工任务，指出了加工中心的实际未完成任务及等待加工队列情况。当实际投入大于实际产出时，说明工作中心未完成任务较多，应考虑减少投入或加快产出；若两者相等，表明已有任务已完成，另一种情况是有未完成任务，而该任务量保持不变；当实际投入小于实际产出时，则表明末完成任务或加工等待队列减少。

(3) 计划产出与实际产出

投入/产出报告中给出的最后一项比较是计划产出与实际产出，这一比较表明工作中心执行计划的好坏。对两个比较的分析，可以确定问题出现在哪个工作中心。大多数情况下，计划投入与计划产出相等。若某工作中心计划产出大于实际产出，表明工作中心落后于生产进度，往往会引起后序工作中心计划投入大于实际投入。

如果计划产出等于实际产出，则工作中心按计划进度生产。此时应注意的问题是生产率。当计划产出小于实际产出时，工作中心超前计划，这可能意味着该工作中心正在追补前期拖欠任务，或意味着生产定额过低，应重新审查。这种情况很可能导致后序工作中心产生积压的工作任务，因为从这个工作中心来的工件比预期快。

投入/产出报表还可以用来分析物料流动和排队状况。排队时间相当于已下达订单但尚未完成的"拖欠量"，并不意味着一定是脱期。排队时间的变化可用下式表示：

$$时段末的排队时间＝时段初的排队时间－产出量＋投入量$$

如果要减少排队时间，就必须使产出量大于投入量。永远不要投入超过工作中心可用能力的工作量。当拖欠量增大时，不加分析地用延长提前期(放宽工时定额)的办法，过早地下达过多的订单，则增加投入只会增加排队时间，积压更多的在制品，人为地破坏了优先级，从而造成了更多的拖欠量，形成恶性循环。由于能力问题造成的拖欠量只能从能力入手来解决。

3. 车间控制信息

对通过生产过程的工件流进行监视与控制的信息源还包括拖期订单报告、物料短缺报告、机床状态报告等内容，必须对这些信息加以记录及分析，以便更好地进行控制。除此之外，另一种有关生产实施情况的重要报告是车间信息。它是从车间人员反馈的信息，与投入/产出报告相比，这种反馈信息提供的是有关生产进程的最新消息，而没有收集数据和生成投入/产出报告的拖延时间。

上述信息比较全面地反映了企业生产过程中的动态信息、可能存在的问题和潜在的问题，为了保证车间生产按计划进行，必须随时地了解上述信息，以便对生产过程中出现的问题能够及时处理，并预测可能会出现的问题，采取有力的预防措施，将影响生产的隐患消除在萌芽状态。

除了提供当前生产进展的情况和问题外，车间人员还可提供在何时某工作中心会发生严重瓶颈现象的情况。当待加工任务超过确立的限定值或允许值时，工件的流通将变得缓慢，该工作中心将出现瓶颈现象。正确地确立限定值，将有助于瓶颈现象的判断与解决。限定值应大小合适，太小了会产生不必要的警报，太大则可能会扩大问题。车间人员往往以件数来计量工作任务，确定偏差是否超出限定值。

对于不同的企业，上述信息可能具有不同的形式和内容。例如，有些企业可能没有正式的书面报告，而是依靠管理人员和生产的一线工人提供情况。每个人都应重视对工艺和产品质量的控制，为了及时报告出现的问题，应该建立有效的报告机制。为了更有效地进行控制，还可以建立车间信息网络。

9.3.3　生产问题处理

尽管每个计划员都尽量预测可能发生的问题并力图编制切实可行的计划，但计划毕竟是预先编制的，生产中还总是要出现问题的。有效的生产管理意味着应预见问题并准备迅速应变和正确地解决问题。只有快速而正确地做出反应并解决，才能减少停机时间，维护排产计划，减少返工并节省资金，避免产生大量的拖期任务。对于投入/产出报告中出现超出允许偏差或限度的情况，生产控制人员应分析产生问题的原因，采取纠正措施，同时相应地修改作业计划。

一般地，车间产生的问题多数是由于缺少工具、物资、加工能力而没有按计划完成任务，这些问题包括物料短缺，废次品物料、机器停机、出勤问题、人为失误，紧急设计改变和市场引起的对生产需求的变化等。

1. 物料短缺

物料短缺可以使一个工作中心停工或威胁其正常工作。尽管在订单下达过程中已做出巨大努力保证物料可用性，但由于在生产中出现如物料数量订错、发至工作中心的数量出错、物料清单出错等问题，物料短缺的情况仍时有发生。一旦发生物料短缺，应对发生原因做出分析。

- 在物料清单中的物料需求量是否正确？
- 适当的数量发到工作中心了吗？
- 利用率/报废率是否超出定额值？
- 报废定额是否正确？应提高否？
- 是人员失误或机器失灵造成的吗？

同时，还要将情况汇报给有关人员，防止问题再次发生。但工作人员的首要任务则是应使工作中心启动并运转起来。此时，类似于订单下达计划中的措施，可以采取使用同等或高档的替代品、调整批量并等待物料以完成订单、完成部分产品或停机重新安排生产等办法。对于人的失误、物料报废、机器故障等原因，也应及时进行调整修补。

2. 废次品物料

废次品是指发送到工作中心或由工作中心生产加工的一些有缺陷的物料。如果这些物料过多，有可能阻滞生产加工。当发生此类问题时应考虑：

- 送到工作中心的物料是否有缺陷？若没有，则在哪儿首次发现这些有缺陷物料？
- 是否长期以来存在设备方面的问题？
- 该机器从上次加工出标准产品后，有何不同？发生了何种变化？
- 操作员是否进行了相应的培训？

应迅速地判断出产生废次品的原因，在首次发现问题的地方着手调查，系统地检查所有的运行环节(包括供应商)，对问题进行确定并纠正。从长远考虑，可在所有的生产环节中引入质量管理，编制设备预修计划并对人员进行培训。然而，在短期内，应尽快地解决问题，以便继续生产。此时，可以采取以下措施：

- 对废次品进行返工。
- 要求维修部门或设计部门采取措施。
- 产品降级。
- 将其视为物料短缺问题。

如果选择返工，那么受影响的工作中心(假设废品的出现不是在该中心)，在完成返工任务后，继续加工下一优先级别高的工件。对于高档产品出现缺陷，则可将其降级进行生产。另外，也可视其为物料短缺，此时可用解决物料短缺的办法解决。

3. 机床停机

机床停机是指因机床出现故障无法工作时的任何停机情况。分析停机原因时，应考虑机床和机床操作人员两方面的因素。诸如：

- 有缺陷的物料是产生机床故障的原因吗？
- 日常的维护性保养进行如何？
- 是按规程操作与运行机床吗？
- 自从上次机床正常运行以来有何变化？

为解决机床停机可以编制预防性维修计划，制定正确物料质量控制方法和对人员进行必要的培训。而当发生停机时，可采取的措施包括：

- 请维修或工程部门来修理。
- 将任务转到备用机床上加工。
- 将任务委托外部加工。
- 停机，重新编排计划，等待修复。
- 安排加班或增加开工次数。

在此期间，应根据不同的情况，采取相应的解决措施，同时也要考虑采取措施后可能产生的另一些问题。

4. 出勤问题

出勤问题对生产能力的影响也是十分重要的。它影响着生产计划，特别是劳动密集的工序。如果缺勤或迟到的职工，掌握着他人未掌握的关键技巧，问题会更严重。

处理缺勤的方式方法取决于公司人事政策。解决这类问题的理想方法是对职工进行交叉培训以便能承担多个工种的任务。这样，当出现岗位缺勤时可以迅速地重新指定人员到所需的工作中心。但是，这样做需要时间和费用，它是一种预防措施。而生产过程中，尽管已经做过能力需求计划的估计，仍可能因出现缺勤问题而影响生产，对此可采取的措施有：

- 重新指定经过交叉培训的人员。
- 指定一组候补人或临时人员。
- 雇用临时工。
- 安排加班。
- 委托外协加工。

5. 人为失误

人为失误是许多生产问题产生的原因。当确认是人为失误时就应检查：

- 造成失误的人员是否接受了该项工作的培训？
- 该人员过去是否已证明是可以胜任这项工作的？
- 是否有合适的工具和设备来做这项工作？
- 该人员是否不能适应这种仅是偶尔出现的情况？

针对上述问题，可以采取一些预防性的措施，包括专门、深入的培训，进行监控以保证车间按正确规程生产，进行岗位指导或提供参考资料，对作业进行重新设计。

尽管培训常被看成是开销很大的事而不是一种正常需要，但适当地培训职工付出的费用可以从减少差错和降低生产成本中得到补偿。不过，要使这种培训取得最大收效，还应保证工作环境有助于实施培训中规定的正确规程。因此，所进行的培训应当反映实际的和正确的规程。另外，对如何处理很少发生的一些情况，提供有关的指示或参考资料是必要的，这些资料可以是一些卡片或图表。最后，当某一工作点反复出现差错时，应考虑重新设计作业，以便从根本上得到改变。

9.3.4　外部变化处理

上述所有生产中的问题，一般都可按各自的预防性对策和纠正措施予以解决。然而，生产中还常常发生设计改变和市场导向的变化，这已超出生产控制人员的控制范围，就必须依靠工程部门和设计部门。例如，由于严重的安全事故、节省成本或功能改善等原因，必须对某产品或工艺做一些紧急设计改变，此时无法采取预防性措施，而且编制计划的时间也很少，而这种改变将对生产中工装、物料、机床、文档、生产工艺及完成该作业所需要的技能等产生影响。为此，工程部门应分析这种改变带来的影响，以确定采取的措施，如立即停止受影响工序，重新安排这些订单。而生产控制人员的责任是确保所有为执行这种改变所需的条件，如工具、物料、设备、文档或培训等。

另外，当市场导向发生变化，必须对用户订单做修改、增加或删除，要对计划做变更。这时则必须对可用性、优先级等重新加以详细计划。

当生产控制人员遇上生产中问题，不论是何种类型，或决定采取何种纠正手段，都将涉及对订单信息做些改动，特别是应重新审阅生产调度表。这些修改应能反映出订单数量、优先级方面发生的变化。最后，还应及时地将所做的决定有效地通知各部门。

工程设计改变是对产品或生产工艺进行的任何改变或修改。这种改变对生产的计划和管理有一系列影响，甚至是灾难性的。例如，可能发生物料返工，物料和成品的废弃，文档不精确，不知道新工艺、新产品生产率，不知道生产问题等。它要求在工装、物料、设备和工艺路线方面做出变动，有的还要求新技能。因此，工程部门与各责任部门要密切配合，必须在仔细地做出安排后，方可实施工程技术改变。

工程设计改变一般是出于对安全、降低成本和改进性能的考虑。与安全有关的工程改变是为了消除或减少使用及制造该产品的危险，引起事故的产品可能会导致企业破产。通过工艺和产品方面的改变，可适当降低产品成本。为了提高产品达到其设计目标的能力和可靠性，也可以进行工程设计改变。如表 9-7 是一些工程设计改变的例子。

表 9-7　生产工艺和产品设计改变

原　　因	对工艺的改变	对产品的改变
安全	安装一台具有安全性的新机器	重新设计一种完全没锋刃的玩具
成本	在工作站之间安装传送带，以减少物料传输管理费用	在电接点上减少金的用量
性能	将机加工件改成粉末冶金件，以减少产生粘结和磨损引起的表面不平度	用更大规模的芯片取代计算机芯片

按照工程设计改变的紧急程度，可以分成如下三类：危急设计改变、紧急设计改变和常规设计改变。

- 危急设计改变：是必须立即执行的改变，它不考虑对成本、库存或当前生产流程的影响。安全、质量或性能方面的问题，例如产品的可靠性有问题时，会引起危急设计改变。由于危急设计改变的本质，它的计划性很差，改变的类型也难以控制，花费巨大。
- 紧急设计改变：是比危急设计改变紧急性差一些的改变。一般的，紧急设计改变是由于要降低成本或改进质量而提出的。在分析这样改变对降低成本的效果时，应考虑为实施这一改变而应付的开销。对紧急设计改变，应尽可能早地进行。必须仔细对这项设计改变进行规划，以便计算总的成本开支。
- 常规设计改变：是生产运作中常见的对结构材料、替换件、工艺路线的改变，与一些成本开支减少或功能改变有关，其潜在的收益相对较小。所以进行这类改变时，应使改变的成本保持到最小，对生产的影响也最小。

由于设计改变对一些生产环节可能产生严重的负面影响，因此不论是采取危急的、紧急的，还是常规的设计改变，都应使实施改变引起的影响最小。进行设计改变的各方面都应在工厂的文档、计划编制和处理规范中加以考虑。

有三组人对设计改变的效果及成本起决定的作用，他们是设计/制造工程人员、生产计划人员和车间人员。工程师对设计改变的成功实施影响最大，对该项改变的设计、开发和实施负主要责任。计划排产人员则通过分时间周期安排零件生产和减少废品，使设计改变的影响最小。对车间人员应提供必要的培训，并提供机会对新处理过程进行实习。此外，车间人员将提供一些重要反馈信息，以描述对产品和工艺的改进意见，通知工程设计人员加以改进。

9.4 车间数据采集

及时、准确、有效地采集车间状况数据，对有效地下达订单和控制日生产是至关重要的。如果没有掌握有关前一天生产的数据，下达订单和进行控制将十分困难。同时，纠正生产中的缺陷时将缺乏可靠的依据，会造成车间出现低效率和混乱状况。车间数据不仅是生产控制所必需的，其他部门如劳资部门、质量管理部门和工程部门也需要对车间数据进行管理。计划人员不掌握详细的车间作业情况，就无法履行职责。对车间状况无效地记录和错误地分析，将使新计划也变得无效。

采集车间数据有助于制订计划、控制生产、保证质量，还可以建立实际生产成本档案。但是，要达到这样的结果，需要相应的组织和有效的方法去收集、储存和分析数据，并将结果通知有关人员。数据管理系统的首要任务就是采集正确的数据。

采集数据的方法应简便、易行，以免干扰生产。组织一个数据采集系统，过大或过小都是有害的，还应避免记录错误、数据不完整、汇报拖期、过多书面工作、重复采集过程和采集数据的责任不协调等问题。这些问题会影响生产作业效率，增加成本。但是，完美的数据采集系统不是一步到位的，它需要不断地改进。

1. 数据采集系统

一个数据采集系统，应具备收集和整理数据，储存和核对数据以及发送数据的功能。系统通过一些仪器设备，集中地存放和记录信息，并以一定的方式将信息传给需要信息的人员。

一般地，可将数据采集系统分为手工系统、计算机系统、手工与计算机相结合的系统。手工系统中，数据以文档形式存放。而计算机系统，依靠联机终端，采集实时的信息，进行储存和传送。对于二者相结合的系统，可以人工采集数据，由计算机完成数据的校对和存储，再由人工或计算机方式发送。

手工系统一般使用表格、卡片和票据记录生产数据。这些文档伴随订单通过各生产阶段，订单每到一个工作中心或作业，相应的信息就记录在卡片上。除了这种流动形式外，也可将文档放在工作中心，并不流动，而是对数据进行记录。通过工票、流动卡片和其他数据采集文档，周期性地(通常是日)采集数据，将其放到指定地点集中存放并进行核对后，这些数据可用在各类报告中。例如，指定工作中心或设备总生产量的综合报告，反映了若干设备或工作中心总的生产情况。报告还可反映一些对比信息，如效率。这些报告按日、周或月分发给有关人员。

完全计算机化的数据采集系统，则在车间各数据采集点安装终端设备，采集的数据可用手工或由设备直接输入终端储存，通过编程生成各类对比报告。数据的传送则可采取任意一种方式，直接将打印报告分发，或用终端查询。

手工与计算机系统相结合的系统，利用打印表格和文档进行数据采集，然后集中在一起，成批地输入计算机，由计算机储存和核对。有关的数据报告可以采用计算机打印的方式分发给用户。

但是，不论采取何种系统，都有其各自的优缺点。只有经过仔细评价，才能做决策。例如，手工系统的设备成本低，培训少，信息接收方式不受设备限制，维护费用也低；但它的书面工作量大，数据发送存在时滞，易出错。而计算机系统则相反，减少了劳动力需求，书面工作最少，可进行快速实时地输入、存储和发送，错误少；但需要设备投资和人员的培训，而且车间不利于安装计算机设备，维护费用高，有时还可能停机。进行选择时应根据具体情况，综合评价后进行决策。

随着计算机能力的不断增加和设备成本的降低，越来越多的工业生产管理实现计算机化，采用现场总线型的控制网络进行生产实时信息的采集和监测，并与上层的信息网络集成，形成一体化的计算机集成制造系统(CIMS)。

2. 车间数据

无论是手工系统还是计算机系统，在开展工作时都需做出三项基本决策，包括：采集什么数据？多长时间采集一次？谁负责采集？

负责采集数据的人员可以是车间管理人员、班组长、质检员、生产人员。

采集什么数据取决于这些信息的用途。所采集的数据应有助于合理地制定计划并控制和实施计划，采集不必要的数据是一种浪费。一般地，车间有4种基本数据：劳动力数据、生产数据、质量控制数据和物料数据。表9-8列出了各数据提供的信息。

表9-8　车间数据

劳动力数据	生产数据	质量控制数据	物料流动数据
· 雇员数量	· 作业数/机器数	· 订单号/零件号	· 接收
· 上/下班时间	· 零件/批量/流水号	· 试验结果	· 储存
· 各订单/作业/部门的	· 加工时间	· 废品率	· 检验
时间	· 准备时间	· 返工	· 发放工作中心
	· 停工时间		· 工作中心间传输
	· 生产统计		· 包装与发运
	· 废品统计		· 完成返工
	· 工具使用量		
	· 拖期原因		

数据采集的频繁程度和详细程度随公司不同而各异，且受生产方式影响。例如流程式生产的公司，难以说清一批何时投入，另一批何时完成，这些公司不需要详细的数据；而另一些公司则按订单采集数据，监督生产。采集数据可有5种方式，包括：按工序报告、检测点报告、订单报告、日常活动报告和例外情况报告。

按工序报告提供较详细的信息，考虑对生产进行严格控制，根据这种报告可迅速采取措施；检测点报告则适用于多道工序的生产方式，针对关键作业和生产环节采集数据；订单报告是关于每张订单的详细信息，基本上用在装配阶段；日常报告则是每日在制任务的缩影，对日常事务进行汇总；而例外报告是在车间偏离计划，出现例外情况时才做，它不能进行单项任务跟踪。公司往往将各种方式结合使用，根据生产工序的类型进行选择。表9-9对各方式做出比较，"＋"为优点，"－"为缺点。

表9-9　车间数据采集方式

方　式	频　率	详　细　程　度	注　释
按工序报告	高	很高	＋　控制严格 ＋　纠正迅速 －　大量书面工作 －　手工系统劳动力费用高
检测点报告	中等	可能很高	＋　书面工作量小，费用低 ＋　适用于多道作业 －　问题不易察觉

(续表)

方　式	频　率	详细程度	注　释
订单报告	高	很高	＋　控制严格 ＋　纠正迅速 －　大量书面工作
日报告	低	在高和低之间变化	＋　费用和书面工作量低 ＋　适用于小公司 －　信息反馈后，不易采取措施
例外报告(计划的明显偏差)	只有出现偏差时	分布在低和中之间	＋　费用和书面工作量最低 －　很难采取措施 －　问题隐蔽

(本表引自参考文献 1)

3. 数据审核

应周期性地审查数据，验证其准确性，从而使计划更实际，生产更容易控制。

通常，由厂内审查员、周期性统计员、生产领班和质量监督员负责审查数据，审核的结果用来修改记录，消除出错原因。对于一个新的系统，应做全面的审核，而对老系统则可进行随机抽样。但是，不论采取全面审核还是部分审核，应遵循以下步骤：

(1) 对工厂的各方面数据进行审核。例如，从生产数据、劳动力数据、质量数据和物料数据中采用一定的方法找出对控制过程最重要的数据。

(2) 调查可能出现的错误，并找出原因。

(3) 纠正错误的原因，将正确的数据传给有关部门和人员。

总之，只有提供有效准确的数据，数据采集系统才是一种有效的、有价值的工具。

9.5　本　章　小　结

本章介绍了 MRPⅡ关于生产作业管理和控制的有关方法。首先介绍了 MRPⅡ模式下生产作业任务准备的有关事项，包括核定订单的关键信息，识别工具、材料、能力和提前期的需求，确定工具、材料、能力的可用性和解决有关材料、工具、提前期、能力等方面的短缺，以此生成车间任务表，并针对每份任务订单生成加工单。

加工单是详细的订单执行文件，它面向最终产品，表达了明细的工序步骤，是生产活动的主要根据，也是保证满足合同需求的根本活动。把使用相同工作中心的订单进行工序汇总，则形成派工单，它面向工作中心，表达了该工作中心阶段性的加工任务。

本章还介绍了车间生产作业管理的有关方面，包括作业任务分配的措施、作业日产控制方法和生产问题，以及其他外部条件变化的处理。最后介绍了车间数据采集系统。这是

MRP Ⅱ 主导的推式生产方式的车间作业型生产管理。

为了实现微观层面的实时最优，常采用 MRP Ⅱ 与 JIT 结合的方式，在底层或现场采用 JIT 的技术方法进行车间作业管理。JIT 管理模式采用看板管理的拉式生产方式，强调消除生产中的一切浪费，以期达到零库存、无缺陷、低成本。这种准时制技术是一种理想的生产与管理模式，在大批量重复生产和流程式生产中也得到广泛应用。

关键术语

生产订单　作业任务准备　作业任务分配　能力需求　紧迫系数　作业排序　车间任务表　加工单　派工单　日产控制　投入/产出报告　生产问题处理　车间数据　数据采集系统　看板管理　准时制(JIT)　推式生产/拉式生产

思考练习题

(1) 生产作业任务准备包括哪些过程？

(2) 解决工具短缺可采用哪些方法？

(3) 解决提前期不足可采用哪些方法？

(4) 加工单与派工单有何区别？

(5) 投入/产出报告有哪些作用？

(6) 如何进行投入/产出报告分析？

(7) 生产中如何处理工程设计的改变？

(8) 车间数据包括哪些内容？

(9) 车间数据采集方式有哪些？

(10) JIT 的概念含义是什么？

(11) JIT 管理模式体系包括哪些内容？

(12) MRP Ⅱ 与 JIT 如何结合？

第10章　MRPⅡ原理：财务成本管理

【导语】

　　MRPⅡ系统的应用目标，是以最低的资金占用和资源消耗，生产出市场所需要的产品。这里，企业的资源包括原料、人力、设备、动力、厂房、在制品、产成品、资金、技术及时间等。通过MRPⅡ/ERP系统的计划安排和调节，可以对这些企业资源进行充分合理的利用。前面章节介绍的是企业"物"的资源在物流方面的计划与控制，实现了物流与信息流的集成。本章将进一步讲述对企业"财"的资源的管理，从微观成本角度出发，实现了物流、信息流与资金流的集成。

10.1　企业财务会计

　　企业财务管理是实现资金资源的管理，它渗透在企业全面的经济活动之中，如供产销的每一环节，包括原材料和工具、设备的购进、动力费用的支出、支付员工工资和奖金、消耗各种材料、设备折旧及维修、产品销售、货款回收、税金缴纳等，所以是一种综合性的管理，它以货币为主要计量单位，通过统一货币进行价值形态计量。哪里有经济活动，哪里就有资金运动和财务管理。

　　传统的财务管理活动是在会计核算的基础上进行的，会计核算记录、核算、反映和分析资金在企业经济活动中的变动过程及其结果，此即是企业财务会计。

　　企业财务会计主要是围绕着总账核算和会计报表生成而展开的。把手工的账务核算过程借助于计算机数据来对应实现，会计电算化早期一些财务软件公司的软件产品就是这个单纯的数据处理系统。

　　这个财务会计过程在定义会计科目的基础上，输入记账凭证，输出一般明细账及总分类账，并据此编制会计报表。主要的三大会计报表是资产负债表、损益表和现金流量表。

　　实际上，工厂企业的经济核算活动还伴随着其他一些核算作为基础，包括工资核算，固定资产核算和成本核算。它们均可成为独立的软件模块产品，它们的核算结果通过自动或手动方式与成本账和总账进行结转。工资核算模块要分类核算人工成本；固定资产模块明细核算资产折旧以摊入制造费用，如果有单独的成本核算模块的话，这些明细的核算结果要转给该模块处理；否则把各类核算总额直接记入总账科目。

　　后来为加强客户与供应商的管理，也独立出应收账、应付账两个软件模块产品，应收账、应付账、固定资产、工资模块所产生的凭证均会自动转至总账。

所以 MRPⅡ/ERP 系统中财务会计部分是以总账为核心,应收账款、应付账款、固定资产核算、工资核算、现金管理、成本核算各个模块与总账相联系而体现的(参见图 10-1)。之前国内一些从财务软件公司转型而成的 ERP 软件公司,其早期的所谓 ERP 产品,着重的就只有这些功能,甚至还无法实现关联模块的集成,更谈不上对物流的计划控制(MRPⅡ核心功能)。

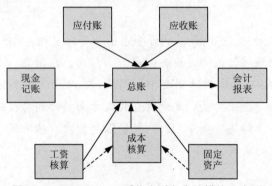

图 10-1   MRPⅡ/ERP 系统中财务会计模块示意图

财务会计的主要目的在于为企业外的利害关系集团和个人(如股东、领导部门等)提供全面反映企业资产状况、经营成果和财务状况变动的报告信息。它反映的是已发生的情况,时间范围可有月、季、年的不同规定,所遵循的约束条件是外部强制的会计制度、会计准则、核算方法及操作程序。这些信息高度综合,但详细程度不一定能满足内部管理的需要。所以现代会计学把主要为企业外部提供财务信息的会计事务称为财务会计,而把为企业内部各级管理人员提供管理信息的会计事务称为管理会计。MRPⅡ/ERP 能站在更高的基础上实现管理会计的功能,特别是其建立在精准成本核算(特别是作业成本制)基础上的财务管理机能,使其体系内涵和应用精度发生了深刻的变化,它们的应用功能随着软件系统的不断完善和企业应用的不断深入而得到极大发展。

10.2   产品生产成本计算

10.2.1   产品成本构成

伴随着中国的改革开放,中国的企业运行机制和管理机制也发生了深刻的变化。我国1993 年 7 月开始实施新的财务会计制度,同国际通行的惯例逐步取得一致。新的成本制度将过去的"完全成本法"改为"制造成本法",也就是把过去纳入生产成本的企业管理费(如销售费用、财务费用)进行剥离。"制造成本法"理论认为,企业产品成本包括直接材料、直接人工和制造费用,这样计算出来的产品成本实际上是到车间(或实际生产的分厂)为止发生的成本。这个产品成本将准确反映车间一级的成本水准，便于考核车间的管理责任。企业管理费同企业产品成本计算不发生直接联系，不再计入产品成本，而作为损益性的核算科目。这同标准 MRP II 体系的要求是一致的。成本分类与构成如图 10-2 所示。

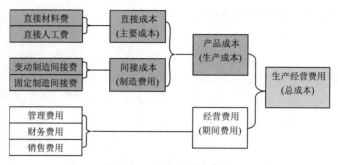

图 10-2　成本分类与构成

在图 10-2 中，直接成本指可以明确分辨用于某个具体物料上的费用，与生产数量有关。直接成本一般是产品的主要成本，包括直接材料费和直接人工费两个方面。对于一些外购件、配套件的费用，这里的直接材料费常常指该类物料的商品进价。间接成本是指那些不能明确分清用于哪个具体物料上的生产费用，其中与产量有一定关系的称为变动间接费(如燃料与动力费)；与产量无直接关系的称为固定间接费(如非直接生产人员的工资、办公费、房屋折旧、厂房调温及车间照明等)。

这种成本分类既是成本计划和控制所必需的，也有利于进行计算机管理。成本差异分析也可按这样的分类结构分别进行分析。

10.2.2　产品成本计算

适应一般生产组织和工艺过程的特点以及成本管理需要，实际中常用的成本核算方法主要是品种成本法、分步成本法、分批成本法，以及后来发展的作业成本法(ABC 法)。

品种成本法是直接按单一产品的品种计算产品成本，分批成本法是以可辨别的每一个产品批次作为成本归集和核算的对象，分步成本法则是以大量相近产品的生产过程为成本对象。下面以分步法为例对 MRP II/ERP 中的生产成本计算方法进行介绍。

1. 基本数据

MRP II/ERP 中生产成本是以滚动计算法逐层由底向上累计，从而得出最终产品生产成本的。应用这种计算法时，要用到的基础数据有：物料消耗定额、采购成本、工作中心费率以及工艺标准时间等。

物料消耗定额取自于产品结构图与物料清单(BOM)中物料之间的数量关系，采购成本取自于物料主文件中的记录，工作中心费率取自于工作中心文件中的各种小时费率，工艺标准时间取自于工艺路线文件中的标准时间。这些都是计算产品标准成本的基本数据，而完工报告、入库报告的数据又是计算实际成本的依据。

这些数据有一些是数量性数据，如标准时间、材料定额；还有一些是价格性数据，如小时费率、采购价格。这样划分有利于计算和分析。这些数据的准确性是成本核算准确性的前提和保证，必须严格维护这些数据的准确性。因为只有有了准确的成本才能说清楚各种产品的获利性，才能说清企业的盈亏和利润。

2. 计算方法

MRPⅡ成本计算的基本方法是滚加法(Cost Roll-Up)，即按照物料清单所体现的物料之间的层次关系、数量关系，从产品结构的最低层次开始，按照工艺路线所体现的物料变化的制造过程，从低层向高层逐层累计。

这里，在利用滚加法进行成本计算时，滚加的结构和依据直接遵循产品的物料清单(BOM)。由于物料之间的层次关系，这样在物料清单中，处于各个不同层次的物料项目的成本都包含两部分，即本层发生的成本和低层累计来的成本。

典型产品其物料清单中最底层的物料项目一般都是外购件，即采购来的原辅材料，这层发生的成本是采购件进货价和采购间接费(运输费、保管费等)，二者之和构成产品成本中的直接材料费。其中采购间接费可按采购件价格乘以一个特定的采购间接费率进行核算。

此时尚未发生加工成本。而进入上一层以后，如果发生加工装配作业，则就在这一层增加了新的成本要素，包括直接人工费和间接费，其计算公式如下：

$$直接人工费＝人工费率×工作小时数$$
$$制造间接费＝间接费率×工作小时数$$

这里的人工费率和工作小时数分别取自工作中心文件和工艺路线文件；而制造间接费对于具体的费用项目，可包括可变间接费和固定间接费，它们可有不同的费率。

直接人工费和制造间接费之和称为加工成本，是生产作业在本层引起的增值，也称为增值成本。再将增值成本同低层各项成本累加在一起，则构成这层物料的合计成本，也就是通常所谓的计划成本或计划价格。

这样经过逐层由低向高滚加，直至计算出最顶层的最终产品的成本，所以这种计算产品成本的方法被形象地称为滚动成本法。滚加法的思路清晰而自然，其每一层的成本均由本层增值成本和低层累计成本两部分组成，如图 10-3 所示。

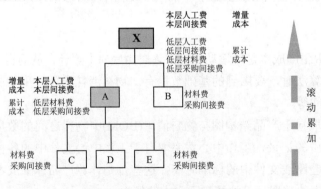

图 10-3　产品成本滚动计算法

这种赖于产品结构和工艺路线的成本滚动计算法，由于成本构成分解较细，便于企业管理人员按不同要求进行汇总(如对半成品的成本核算)。如果对整个工序跟踪，也便于期末对在制品的成本进行结算或结转。而产品结构中任何层次的任何物料成本有了变化，都可以迅速计算出整台产品成本的变化，便于及时调整产品价格。

这种方法其实就是按照生产制造过程时成本发生的实际过程来进行核算的。成本的发生和累计与生产制造过程同步，生产制造过程进展到哪里，成本信息也追踪到哪里。这就使得在计划、控制物流的同时，也控制了资金流，做到了物流、信息流和资金流的集成和统一。

MRPⅡ系统把产品结构中各层次物料的成本，按低层累计和本层发生的材料费、人工费和间接费，以及其合计值分别列出，用成本物料单(Cost BOM)的报表形式表示。表 10-1是某厂 OEM 承接的电源系统的成本物料单。这其实就是一种标准成本，也就是在正常的经营条件下所应达到的"目标成本"。软件系统可在一个完整的成本物料单中详细列出每种物料的本层增量成本和低层累计成本。

表 10-1　成本物料单

物料号：91000　　　　　　　　物料名称：DY-01 电源系统　　　　　　　成本类型：标准成本

层次	物料号	物料名称	计量单位	数量	材料费/元	人工费/元	间接费/元	合计/元
0	91000	电源系统	台	1	——	25.000	23.000	48.000
1	10100	蓄电池	块	1	——	30.000	13.000	43.000
• 2	10101	电池组	块	2	60.000	——	——	60.000
• 2	10105	电池卡子	个	1	3.5000	——	——	3.500
1	10200	电源板	块	1	——	26.000	20.000	46.000
• 2	10210	电路板	块	1	——	36.000	14.000	40.000
• • 3	10214	保险丝	条	1	0.020	——	——	0.020
• • 3	10215	变压器	个	1	9.500	——	——	9.500
⋮	⋮	⋮	⋮	⋮	⋮	⋮	⋮	⋮
• 2	10240	空气开关	个	1	10.000	——	——	10.000
1	10500	防雷器	个	1	17.000	——	——	17.000
1	10802	交流电源线	米	5	3.000	——	——	3.000
1	10902	螺钉	个	8	0.800	——	——	0.800
1	19101	外壳	个	1	12.000	——	——	12.000
1	19102	底板	个	1	7.500	——	——	7.500
		合计	——	——	123.320	117.000	70.000	310.32

MRPⅡ的成本管理可以真正做到使企业领导和有关部门对产品成本构成随时了解并加以控制；可以从根本上改变我国有些企业为填成本数据，而在产品总成本产生后，再反

摊到各个组成物料上去的不良做法，因为这种做法使得成本核算不是为了提高企业的经济效益，而是为了应付企业外部的报表。

3. 间接费分摊

间接费是不能明确地分清用于哪项具体物料的费用。与直接人工费和直接材料费不同，它不是随着加工单或各种凭证按物料项目记录的。因此，必须把间接费分摊到每个物料项目的成本上去。

我国会计制度改革后采用制造成本法，间接费只算到车间一级，不再把企业管理费计入产品成本。由于加工成本是在工作中心上发生的，间接费要分配到工作中心。通常的费用分配是单一地以人工时间或机器时间为分配依据，把总的费用普遍分摊分配到各工作中心，财务上则作为一笔账笼统处理。其间接费分配(Overhead Apportionment 或 Allocation)一般按以下步骤进行。

(1) 预计会计期间生产部门的产量和能力水平。

(2) 将辅助生产部门的间接费分配给各生产部门。

在将公用辅助生产部门(如锅炉房、各种动力站、工具及机修车间等)发生的间接制造费用分配给各生产部门(如各生产车间)时，不同类型的间接费要根据企业会计科目划分的要求分为若干成本集(Cost Pool，也称成本库)，不同成本集分配的依据是不同的，举例如表 10-2 所示。

表 10-2　成本集与间接费分配举例

间接费成本集	分 配 依 据
动力费	用电设备额定功率或使用时间
搬运费	搬运物料的次数
质检费	质量检验的次数
维修费	生产设备价值
照明、采暖费	车间面积或使用时间
折旧、保险费	固定资产原值
车间管理费用(工资、福利、办公费)	车间工人人数

(3) 分配到生产部门的间接费再进一步分配到工作中心。

这里假定以各个工作中心为成本集，产品制造费用的归集和分配过程如图 10-4 所示。

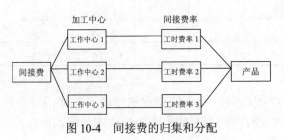

图 10-4　间接费的归集和分配

间接费是一种期间费用，也即它是定期结算的，所以在进行成本核算时，间接费的计算和分摊都有某种程度的滞后。为了避免这种情况，使得在成本滚加的过程中，间接费的计算能和直接费的计算同步进行，可以利用间接费率的方法，把计算物料成本时的间接费计算滞后变为同步计算。

利用计算工作中心的间接费率(Overhead Rate、Burden Factor 或 Absorption Rate)可进行间接费分配，分配之前先要确定工作中心的能力利用水平(Capacity Level 或 Activity Level)，一般用正常生产条件下的能力小时数表示。间接费率的计算公式如下：

$$间接费率 = \frac{预计某个时期的间接费总额}{预计该时期应完成的工作小时}(元/工时或元/台时)$$

间接费率是在一定的产量规模、效率和能力水平的条件下预先设定的，因而带有相当大的人为因素，条件有了变化或出现较大的间接费差异时，要随时注意修订。

固定间接费和变动间接费是分别计算的，计算这两类间接费的方法很多，基本上是取历史上两个产量相差较大时期的变动间接费总额之差除以产量之差，求出单位产量的变动间接费，再根据计划产量预计会计期的变动间接费和固定间接费。

总之，传统的间接费分配是以人工时间或机器时间为基准的，或者说是以产量为基准的。随着生产自动化程度的提高，以及产品种类越来越复杂，产品成本结构中间接费比重已呈现明显增加的趋势，这种以产量为基准的粗放型计算，已不能满足客观决策的需要；而以作业为基准的成本核算法，正在受到国内外企业的重视。

10.3　作业基准成本法

在 20 世纪 70 年代以来，高科技的蓬勃发展与广泛应用，使得企业面临着日趋激烈的竞争，新型的生产模式与全球的竞争要求企业采用新型的管理模式。在这种需求的驱使下，80 年代末，在西方发达国家逐渐形成了诸如 JIT、TQC 等新型的管理思想，其核心便是消除不必要的作业与追求完美。受这种管理思想的冲击，要求成本会计制度能够提供充分、准确、及时和相关性的信息，能够微观分析和控制供应链的每一个环节，以适应新型管理的需要。80 年代末，由美国库珀(R. Cooper)与卡普兰(R. S. Kaplan)提出的作业基准成本法(Activity Based Costing，简称 ABC 法或作业成本法，注意区别于库存 ABC 分类法)正是这种新型管理思想的产物，它通过对产品形成过程的明细作业核算和准确的间接费分配，实现精准的成本核算和价值链分析，期望消除对产品而言无附加价值的作业，来达到增效降耗的目标。

10.3.1　ABC法基本概念

1. 作业

在作业成本法中,作业(Activity)就是指企业为提供一定量的产品或者服务而消耗人力、技术、原材料、操作和环境等企业资源的各种业务活动的要素统称。作业是汇集资源耗用的第一对象,是资源耗费与产品成本之间的连接中介;作业成本法就是将作业作为成本计算的基本对象,并将作业成本分配给最终产品,形成产品成本。

这里的作业,包括采购、入库、支付账款、安排工作、安装设备、设备操作、产品设计、接受客户的订单等活动。企业的作业,贯穿在企业所处的整条供应链中,多种多样,十分复杂。按成本层次分类有工序作业、产品作业、批别作业以及单位作业。

- 单位作业:可使单位产品受益的作业,如机器的折旧及动力消耗等,这种作业的成本与其产品产量成比例变动。
- 批别作业:可使一批产品受益的作业,如产品的批次检验、设备维护、订单处理等。这类作业的成本与产品的批次有关,而与批量大小无关。
- 产品作业:可使某种产品的每个单位的产品都受益的作业,例如对每种产品编制BOM、产品变更设计等,这种作业的成本与产品产量及批量大小无关,但与产品种类的多少成正比例。
- 流程作业:直接对应于某个事务过程耗用的作业,如生产协调、质量事故处理,表达了公司管理事务的核算需求,与产品产量、批次、品种数无关。

这些作业,有只与某种产品生产有关的专属作业,也有与多种产品生产有关的共同耗用作业。根据与成本动因的关系,共同消耗的作业又可分为批次动因作业、数量动因作业、工时动因作业和价值管理作业等。

2. 成本动因

成本动因(Cost Driver)是指导致企业成本发生和变动的各种因素,也即成本驱动因素。它是决定成本发生额与作业消耗量之间内在数量关系的根本因素,如订购次数、订单数量、直接人工小时、机器加工时间、准备次数、检验次数、产品数量等。成本动因按其作业成本的形成及其在成本分配中的作用,可分为资源动因和作业动因。

- 资源动因:资源动因表达了各种资源被各种作业消耗的原因和方式,它反映的是作业消耗资源的情况。作业要耗用资源,利用资源动因的标准,将资源的耗用量分配到相关的作业,从而完成了资源消耗转化为作业成本的中介功能。
- 作业动因:作业动因表达了各种作业被最终产品消耗的原因和方式,它反映的是产品消耗作业的情况。利用作业动因的标准,将作业中心的成本分配到产品或顾客劳务中,从而完成了资源消耗转化为最终产品成本的过程。

3. 作业成本集

为了便于成本的归集和分配，可以把一项作业或者一组性质相似的作业定义为一个作业中心，这个作业中心也就是生产流程的一个组成部分。

根据管理上的要求，企业可以设置若干个不同的作业中心，其设立方式与成本责任单位相似。但是作业中心与成本责任单位有不同之处：作业中心的设立是以同质作业为原则，是相同的成本动因引起的作业的集合。

由于作业消耗资源，所以伴随着作业的发生，作业中心也就成为一个资源成本中心，也称为作业成本集(或作业成本库，Activity Cost Pool)。

10.3.2　ABC 法基本原理

ABC 法认为：作业会造成资源的消耗，产品的形成又会"消耗"一系列的作业。也就是说，作业一旦发生，就会触发相应资源的耗用，造成账目上的成本发生；这些作业一一发生过后，才能历经营销、设计、采购、生产、分销，从而满足客户的最终需求。作业基准成本法按照各项作业消耗资源的多少把成本费用分摊到作业，再按照各产品发生的作业多少把成本分摊到产品，通过这样的微观分析和详细分配，使得计算的成本更真实地反映产品的经济特征。

作业成本法的理论基础是所谓的成本因素理论，即企业间接制造成本的发生是企业产品生产所必需的各种作业所驱动的结果，其发生额的多少与产品产量无关，而只与"驱动"其发生的作业数量有关，成本驱动因素是分配成本的标准。例如产品的生产批次驱动生产计划的制定，生产订单驱动了设备加工以及产品检验，采购部门的订单驱动采购部门的成本发生，发送货物的订单驱动了库存成品有关的成本发生。

作业成本法的基本原理是，根据"生产导致作业的发生、作业导致成本的发生，作业耗用资源、产品耗用作业"这样的指导思想，以作业为成本计算对象，首先依据资源动因将资源的成本追踪到作业，形成作业成本，再依据作业动因将作业的成本追加到产品，最终形成产品的成本。这个过程原理可表达为图 10-5 所示。

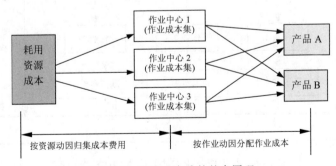

图 10-5　作业成本法的基本原理

这里的作业已进行无差别地抽象，包括建立与供应商的关系、采购、入库、支付应付款、安装调整设备、对设备进行操作、安排工作流、更新产品设计、接受客户的订单等活动，贯穿在企业所处的整条供应链中。

10.3.3 ABC 法成本核算

传统成本理论认为：成本是对象化的费用，是生产经营过程中所耗费的资金总和。传统成本理论的成本概念揭示了成本的经济实质(价值耗费)和经济形式(货币资金)，但没有反映出成本形成的动态过程。ABC 法有效地弥补了这一不足，它把企业生产经营过程描述为一个为满足顾客需要而设计的一系列作业的集合。其中，作业推移的过程也是价值在企业内部逐步积累、转移，直到最后形成转移给顾客的总价值(即最终产品成本)的过程。ABC 法通过作业这一中介，将费用发生与产品成本形成联系起来，形象地揭示了成本形成的动态过程，使成本的概念更为完整、具体、准确。

在产品成本归纳模型的基础上，ABC 法将直接费用和间接费用都视为产品消耗作业所付出的代价同等对待。对直接费用的确认和分配，与传统成本计算方法并无差别；对间接费用的分配则依据作业成本动因，采用多种分配标准，即对不同的作业中心采用不同的作业动因来分配间接费用，从而使成本的可归属性和实时准确性大大提高。

如果明细考虑由数量驱动的变动制造费用和非数量驱动的固定制造费用，则完整的基于作业成本法的成本构成核算原理如图 10-6 所示。

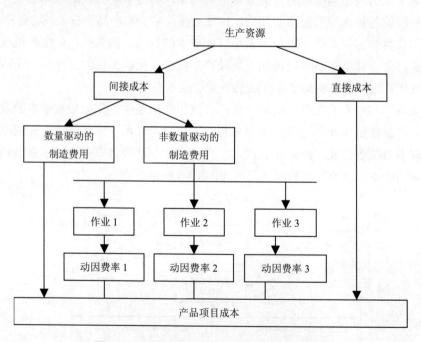

图 10-6 基于作业成本法的成本构成核算原理

由于作业成本计算采用的是比较合理的方法分配间接费用，而传统的成本计算只采用单一的标准进行制造费用的分配，无法正确反映不同产品生产中不同技术因素对费用发生的不同影响。因此，从制造费用的分配准确性来说，作业成本法计算的成本信息比较客观、真实、准确。从成本管理的角度讲，作业成本管理把着眼点放在成本发生的前因后果上，通过对所有作业活动进行跟踪，动态反映，可以更好地发挥决策、计划和控制作用，以促进作业管理的不断提高。

10.3.4　ABC 法运算过程

作业成本法运算的关键其实就是制造间接费的分配方式问题。该方法首先汇集各作业中心消耗的各种资源，再将各作业中心的成本按各自的作业动因数量分配到各产品。其作业成本计算程序主要分为两阶段 6 步骤。第一阶段是将制造费用分配到同质的作业成本集，并计算每一个成本集的分配率；第二阶段是利用作业成本集分配率，把制造费用分摊给产品，计算产品成本。实际操作步骤如下：

(1) 识别和选择生产流程上的主要作业

生产一个产品是一个特定的流程，所需的作业很多，而且每个环节上的作业还可进一步细分。一般而言，每种作业成本包括说明执行这一作业所耗用的资源及生产每项产品所耗用的这一作业活动的成本、衡量作业与产品之间的关系的成本等。因此，在识别作业时，只需识别主要的作业，而将各类细小的作业加以归类。在确认作业时，要遵循重要性和相关性的原则，特别注意具有以下特征的作业：资源昂贵，金额重大的作业；产品之间的使用程度差异极大的作业；需求形态与众不同的作业。这种针对流程而进行的作业筛选为流程改善重组提供了可能。

(2) 归集资源费用到同质成本集

这些资源通常可以从企业的总分类账中得到，但总分类账并无记录执行各项作业所消耗资源的成本，因此必须将获得的资源成本分配到作业上去。

(3) 选择成本动因

同质作业成本归集在一起便构成同质成本集。同质成本集是一个可用一项成本动因解释成本变动的若干项作业的集合。这些作业可构成同质作业，其成本即同质作业成本。

(4) 计算成本动因费率

可从同质成本集中选择一个成本动因作为计算成本动因费率的基准。

$$某成本集动因费率＝某成本集制造费用额/成本动因消耗量$$

(5) 把作业库中的费用分配到产品上去

计算分配制造费用的最后一步是根据计算出的各成本集动因费率和产品消耗的成本动因数量，把成本集中的制造成本费用分配到各产品线上。

$$某产品某成本动因成本＝某成本集动因费率×成本动因数量$$

(6) 计算产品成本

作业成本计算的目标最终是要计算出产品的成本。直接成本可单独作为一个作业成本集处理。将按 ABC 法分摊的制造费用加上直接成本，即为该流程环节上的产品成本。对于多流程环节生产的产品，其总成本为：

$$某产品成本＝\Sigma(成本动因成本＋直接成本)$$

10.3.5 ABC 法核算举例

现举例对 ABC 成本法和传统成本法的核算过程进行比较说明。

例 10.1 XYZ 公司加工生产两种产品 A 和 B，同时在同一加工车间进行制造，已知 A、B 两种产品的产量分别为 4 000 件和 20 000 件，它们分别占用的直接人工、直接材料费用如表 10-3 所示，该加工车间所花费的总制造费用为 900 000 元。试计算两种产品的总成本和单位成本。

表 10-3　产品 A、B 的直接生产费用和期间制造费用

成 本 项 目	A 产品	B 产品
产量/件	4 000	2 0000
直接材料费用/元	144 000	600 000
直接人工费用/元	70 000	280 000
直接人工工时/小时	10 000	40 000
共同耗用的制造费用/元	900 000	

(1) 首先计算单件产品耗用的直接材料和直接人工费。

A 产品的直接材料费用＝总直接材料费用÷件数＝144000÷4000＝36.0(元)

B 产品的直接材料费用＝总直接材料费用÷件数＝600000÷20000＝30.0(元)

A 产品的直接人工费用＝总直接人工费用÷件数＝70000÷4000＝17.5(元)

B 产品的直接人工费用＝总直接人工费用÷件数＝280000÷20000＝14.0(元)

(2) 计算按单位工时的制造费用分配率。

单位工时的制造费用分配率＝总制造费用÷总工时＝900000÷(10000＋40000)＝18 元/小时

A 产品的总制造费用＝直接人工工时×按工时单位制造费用分配率＝10000×18＝180000(元)

B 产品的总制造费用＝直接人工工时×按工时单位制造费用分配率＝40000×18＝720000(元)

A 产品的单位制造费用＝总制造费用÷件数＝180000÷4000＝45(元)

B 产品的单位制造费用＝总制造费用÷件数＝720000÷20000＝36(元)

传统成本会计核算过程如表 10-4 所示。所以传统成本核算法 A、B 两种产品，其总成本分别为 394 000 元和 1 600 000 元，合计 1 994 000 元，单位生产成本分别为 98.5 元和

80 元，制造费用分别占 20%和 80%。

表 10-4　传统成本法产品 A、B 的单位成本和总成本

成本项目	A 产品(产量 4 000 件)		B 产品(产量 20 000 件)	
	单位成本	总成本	单位成本	总成本
直接材料费用(元)	36	144 000	30	600 000
直接人工费用(元)	17.5	70 000	14	280 000
制造费用(元)	45	180 000	36	720 000
合计(元)	98.5	394 000	80	1 600 000

例 10.2　继续利用上述 XYZ 公司的产品数据进行作业成本法(ABC 法)核算。

加工生产的两种产品 A 和 B 其工艺标准不一样，所以耗费的制造费用不一样。现在，利用作业成本法(ABC 法)来进行另外核算，步骤如下。

(1) 根据生产管理与成本核算的需要，对资源动因进行确认与合并，归纳为 5 项：订单数量(张)、机器调整时间(小时)、加工时间(小时)、检验次数(次)、搬运路程(米)。将生产 A、B 的全部作业分解与合并为 5 个作业中心：工单处理、材料选择、机器调整、质量检验和物料搬运，并按各作业中心分别建立作业成本库。

(2) 对于直接作业成本即直接人工费用、直接材料费用，不需计入各作业成本库，可直接按产品进行归集，计入产品成本。产品 A、B 的当期产量及各项直接生产费用、共同耗用的制造费用如表 10-5 所示。

表 10-5　产品 A、B 的直接生产费用和期间制造费用

成 本 项 目	A 产品	B 产品
产量(件)	4 000	2 0000
直接材料费用(元)	144 000	600 000
直接人工费用(元)	70 000	280 000
直接人工工时(小时)	10 000	40 000
共同耗用的制造费用(元)	900 000	

(3) 该生产部门的全部制造费用(间接费用)，均已按资源动因归集到各作业成本库，其结果如表 10-6 所示。这里假定作业动因与资源动因有相同的对应关系。

表 10-6　该生产部门的全部制造费用归集

作业中心(作业成本库)	资源动因	作业成本归集情况(元)	资源动因数量统计结果		
			合计	产品 A	产品 B
工单处理	订单数量(张)	81 000	600	200	400
材料选择	加工时间(小时)	314 000	400	120	280

(续表)

作业中心(作业成本库)	资源动因	作业成本归集情况(元)	资源动因数量统计结果		
			合计	产品 A	产品 B
机器调整	调整时间(小时)	255 000	50	30	20
物料搬运	搬运路程(米)	90 000	75 000	15 000	60 000
质量检验	检验次数(次)	160 000	800	500	300
制造费用总额(元)		900 000			

(4) 利用各作业中心归集的资源动因数量统计结果与作业成本耗用总额情况,可计算出各作业中心的作业动因费率,其结果见表 10-7。

表 10-7　作业动因费率的计算

作业中心(作业成本库)	资源动因	资源动因数量	作业成本总额(元)	作业动因费率
工单处理	订单数量(张)	600	81 000	135
材料选择	加工时间(小时)	400	314 000	785
机器调整	调整时间(小时)	50	255 000	5 100
物料搬运	搬运路程(米)	75 000	90 000	1.2
质量检验	检验次数(次)	800	160 000	200
制造费用总额(元)			900 000	

(5) 在费用归集和成本动因分析的基础上,将各作业中心库中的成本按相应作业动因,分配到各产品中去。

根据作业动因数量统计分析结果,可将制造费用在产品 A、B 之间进行分配,分配过程与结果见表 10-8。

表 10-8　作业成本分配过程与结果

作 业	作业动因费率(1)	A 耗用作业量(2)	A 分配作业成本(3)=(1)×(2)	B 耗用作业量(4)	B 分配作业成本(5)=(1)×(4)	作业成本合计(元) (6)=(3)+(5)
工单处理	135	200	27 000	400	54 000	81 000
材料选择	785	120	94 200	280	219 800	314 000
机器调整	5 100	30	153 000	20	102 000	255 000
物料搬运	1.20	15 000	18 000	60 000	72 000	90 000
质量检验	200	500	100 000	300	60 000	160 000
合计			392 200		507 800	900 000

所以，这种方法下，A 分摊到的成本为 392 200 元，B 分摊到的成本为 507 800 元，A、B 两产品的制造费用分别占总额分量变为 44%和 56%。

(6) 计算产品成本。将产品 A、B 所归集的直接材料费用、直接人工费用和所分配来的制造费用进行汇总，分别计算出产品 A、B 的总成本和单位成本，如表 10-9 所示。

表 10-9　ABC 法的产品 A、B 的单位成本和总成本

成 本 项 目	A 产品(产量 4000 件)		B 产品(产量 20 000 件)	
	总成本	单位成本	总成本	单位成本
直接材料费用(元)	144 000	36	600 000	30
直接人工费用(元)	70 000	17.5	280 000	14
制造费用(元)	392 200	98.05	507 800	25.39
合计(元)	606 200	151.55	1 387 800	69.39

所以，传统成本核算法 A、B 产品的单位成本和生产总成本分别为 98.5 元和 394 000 元、80 元和 1 600 000 元，而利用 ABC 成本核算 A、B 产品的单位成本和生产总成本分别是 151.55 元和 606 200 元、69.39 元和 1 387 800 元。

所以，ABC 法是把间接费先分配到各种作业成本集上，再根据产品发生的作业量，乘以单位费用，分配到具体产品；而传统间接费分配是把间接费分配给生产车间，再按统一的间接费率不加区别地分配到各种产品。传统间接费分配与 ABC 法的区别如图 10-7 所示。可以看出，以作业成本法计算出的产品标准成本，能够非常接近产品的实际成本。

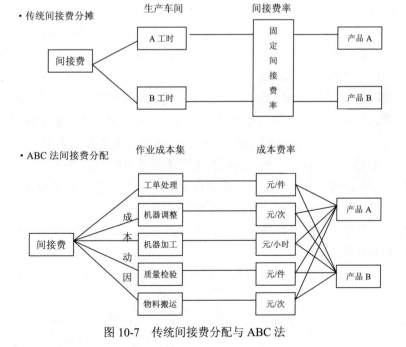

图 10-7　传统间接费分配与 ABC 法

10.3.6　ABC 法应用分析

从上面例子的比较中可以看出，传统方法由于忽略产品系列的多样化和复杂性，对制造费用的分配采用单一的费率，分配费率一般基于工时，故工时大的产品成本被高估，造成了产品之间在成本上的相互贴补，与实际成本产生较大的偏差。所以它一般适用于单一产品或产品差异性较小的企业。

而 ABC 成本法则从微观上对制造费用进一步细分，按产品加工中的单位作业步骤分摊，这样归结核算出的各产品成本，就较真实地反映了产品的实际耗费。综合来看，应用 ABC 法所得到的收益体现在以下几点。

- 企业中增长最快而又最不容易觉察的成本往往就是"期间费用"。ABC 法改原来笼统过账的处理为逐项追究的分析，有效地控制了隐性成本的膨胀。
- ABC 法把企业运作流程映像到产品成本中来，使得产品成本反映了更明细的信息，能及时把企业管理中种种潜伏问题暴露出来，以改善企业管理。
- ABC 法按照精益生产的思想追溯到包括原料采购的完整生产过程，并可把质量、时间纳入到成本体系核算中，从而更能适应产品的市场竞争需求。
- 采用 ABC 成本体系进行例外管理，财务人员将有更多的时间用于管理分析，极大地提高了管理效能。
- 以 ABC 法核算的标准成本为依据，ERP 软件能实现对价格、利润、销售额的综合模拟的功能，为准确地进行企业决策(如自制/外购、定价等)提供有力的支持。
- 上起"增利减耗"的宏观目标，下至如车间内物品搬运路线之类的具体作业操作，ABC 法促成了宏观与微观两极之间的贯通。

ABC 法通过把成本分摊到各个作业，从而令那些不增加产品附加值却又增加成本、耗用资源的作业暴露出来，再进一步把它们列入到降低成本和消除浪费的对象范围之内。从这一点看，ABC 法和 JIT 的思想是有相通之处的。

至于把哪些作业列入 ABC 成本法的范围，要根据这些作业对产品成本的影响、它们在间接费中所占的比重，以及是否是企业降低成本目标的重点等因素来确定。当企业业务较复杂时，可以根据帕雷托原则(即 80/20 原则)，选择对本企业重要度高的作业列入 ABC 法的范围。一般地，在存在以下情况的时候应该考虑使用作业成本法。

- 管理人员、销售人员在定价、业绩评定时对成本信息提出了质疑。例如，不同等级的产品的费用按照统一标准分配的合理性。
- 产品的产量、批量或者复杂性有较大的差异。传统的分批制通常会让批量大的产品负担更多的费用。
- 部门各项费用预算差异表现为有利预算差异，但成品率、提前期指标并未得到明显改善。
- 能够投入与产品复杂性相应的资金，一般需要选择购建 ERP 管理软件。

作业成本法不仅用于产品成本的计算，也可用于维护成本以及服务成本的计算，甚至用于供应链成本的核算。建立作业成本制并非是一个一蹴而就的过程，可以根据实际情况分步实施和转换。一些优良的 MRP II/ERP 软件也提供相应的 ABC 方法和应用机制。

10.4　成本差异分析

10.4.1　标准成本体系

标准成本是一个企业在正常的经营条件下所应达到的"目标成本"。它在生产开始以前，预先确定每一单位产品所需耗用的直接材料、直接人工和制造费用的标准数量和标准价格，作为核算产品成本的基础。根据这些标准成本与实际成本相比较，可以分析成本的超支和节约，以加强企业的生产经营和成本控制。

一般地，实际成本的计算往往是以过去的会计事项为依据，因此属于历史成本，历史成本是事后的，不利于进行成本控制。为了克服以上缺点，设计了预计成本。这是一种生产之前就制定出产品在制造中所需要的直接材料、直接人工和制造费用的成本计算方法。标准成本就是一种预计成本。标准成本是一个基准点，它公平地体现了在预计产出数量范围内生产某产品的成本。按照标准成本设置的产品定额标准，它应该不包含无效或非增值作业。应用标准成本作为产品成本计算的基础，可以达到下述几个主要目的。

- 确定产品参考销售价格，便于投标和报价。
- 简化产品成本的计算，及时提供成本报告。
- 帮助进行生产成本和库存的控制。
- 便利企业预算和成本计划的编制。
- 估算企业利润，制定经营决策措施。
- 评价经营目标和经营业绩，追踪原因，明确责任。

库存中的物料被认为是按标准成本储存的资产，具有相同零件号的每一种物料均被认为具有相同价值。这与先进先出(FIFO)或后进先出(LIFO)正相反，后者根据采购某物料的实际用费，认为同一种物料具有不同的成本。在标准成本中，超出标准成本的部分一般是费用，计为逆差。同样，低于标准成本的部分则计为贷方，是顺差。按标准成本计价的销售成本加上成本差异等于实际成本。

使用标准成本来进行产品成本的日常核算所施行的成本制度，一般具有以下两个特点。

- 记入这些账户的数额都按直接材料(标准价格乘以标准数量)、直接人工(标准工资率乘以标准工时)和制造费用的标准成本，而不是按它们的实际成本入账。
- 实际成本和标准成本的任何差数另用"差异"账户予以归集，供作研究可能的补救措施之用。

由于标准成本制度的应用，在会计记录中可以反映出预计成本和实际成本的差额，通过对差异数据的研究，找出实际经营状况与预计业绩产生差异的具体原因。所以，在会计记录中使用标准成本和成本差异的制度，也称为"标准成本制度"。利用标准成本制度进行成本差异分析是管理会计的重要内容。

10.4.2　MRPⅡ成本分析体系

产品的成本可以有多种表达形式，不同形式的产品成本用于不同的目的。为便于维护和分析产品成本，在成熟的 MRPⅡ/ERP 软件系统中设置了至少 3 种成本体系。

1. 标准成本

标准成本(Standard Cost)是在正常生产条件下的平均先进成本，相当于人们常说的计划成本或目标成本，是经营的目标和评价的尺度，反映了在一定时间内计划要达到的成本水准。

标准成本在会计期内保持不变，是一种"冻结"的成本。它作为预计企业收入、报价、物料库存值等计算的基础。实际成本与标准成本对比产生成本差异，作为成本分析的依据。

系统通常允许用户定义多种标准成本。例如，上年标准成本、现行标准成本等。现行标准成本(Current Standard Cost)，也称现行成本(Current Cost)，它反映计划期内某个时期的成本水平或成本标准，随着产品结构变化，加工工艺和劳动生产率、采购费用等的变化而定期调整(如 3~6 个月)。各种标准成本类型，实质上是系统提供给用户的几组成本文件，用户完全可以灵活运用，自行定义。制造业 MRPⅡ系统一般都设置了这种成本方案。

2. 实际成本

实际成本是生产过程中实际发生的成本，主要根据结算加工单或采购单时得到的实际数据(如来自领料单、完工报告、采购发票等)。当库存成本类型设置成该成本类型的时候，库存成本将会以实际消耗的各项资源消耗结转。

计算实际成本的方法通常有加权平均法、移动平均法、最后进价法等；在手工管理时很难做到随时更新计算，但是由计算机处理是很方便的。在选择软件时，要根据企业的财务策略注意软件能够提供的计算方法。

在 MRPⅡ系统中，通过领料报告自动结转相应的原料成本；通过加工报告，依据设定的成本率和成本动因，结转相应的操作类成本项目；通过接收报告，把原料费用、加工费用和订单费用结转到相应的库存产品，这就是实际成本。若产品的库存成本采用标准成本，实际的成本费用消耗与理想产品成本之间的差异将自动结转到差异科目。

实际成本可用于流程性生产的企业，如炼油、饮料行业。编制财务报表一般使用实际成本。但是，实际成本不利于对成本的分析。

3. 模拟成本

模拟成本(Simulated Cost)用于成本的模拟与分析，可以设置不同的成本导因和成本率，模拟成本项目及总产品成本的变化率。它回答"如果怎样、将会怎样？(what-if)"的问题。在成本模拟或预计时(例如要知道设计变更、产品结构变化、工艺路线变化或材料代用后对成本的影响)不影响现行运行数据，进行成本的分析演示，这对产品设计过程中进行价值分析也是有帮助的。

MRP Ⅱ 系统的特点之一是它的模拟功能，可以设置多个模拟成本类型，用于不同的分析需要。在制订下一个会计年度的标准成本之前，先把修订的成本项输入模拟成本系统，经过多次模拟比较，提出多种可行的方案，经审批后再转换到标准成本系统。因此，模拟成本有时称建议成本(Proposed Cost)。MRP Ⅱ 软件允许各类成本方便地相互转换，应充分利用软件中的这种模拟功能。

10.4.3　成本差异分析

日常的成本控制是通过采取计算实际成本与标准成本之间的成本差异，并对其差异产生的原因进行因素分析和采取相应的措施来实现的。成本差异分析实际上是一种例外管理方法(Management By Exception)，也即重点管理法，它把管理人员的精力有重点地放在差异较大的问题上。

实际成本低于标准成本时的差异称为有利差异(Favorable Variance)，即成本节约，用负数表示；反之，称为不利差异(Unfavorable Variance 或 Adverse Variance)，即成本超支，用正数表示。各种差异都要设置会计科目。表示成本节约的差异，记在有关差异账户的贷方；反之成本超支的差异，记在有关差异账户的借方。

不论差异是正值还是负值，只要超过了规定的允差，都应进行差异分析。有时出现负值不一定是好事，因为在某项差异上出现负值可能导致另一项差异出现更大的正值。

差异分析主要有：材料差异，它是由采购运输等原因所引起的；人工差异是由工资变动、加班加点等原因所引起的；制造费用差异主要由季节变化等原因所引起的。这些内容主要通过业绩报告来表达。而在实际管理会计分析中，成本差异类目分得比较细，这对分析和控制成本是非常必要的，也是可能的。一般地，成本差异可以从成本的构成要素中去分析。其基本分析原理如图 10-8 和图 10-9 所示。图 10-9 是价格差异与数量差异均为有利差异时的成本差异图解示意。

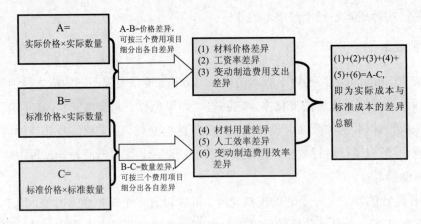

图 10-8　成本差异计算的基本原理

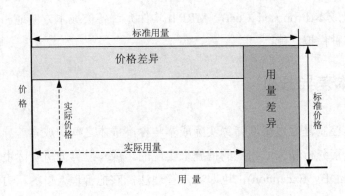

图 10-9　价格差异与数量差异均为有利差异时的成本差异图解

表 10-10 表达了直接材料、直接人工、变动制造费用与固定制造费用的成本差异的分析过程。

表 10-10　各类成本差异分析计算表

成 本 分 类	差异类型和计算方法
直接材料成本差异	(1) 实际用量×实际价格 (2) 实际用量×标准价格 (3) 标准用量×标准价格 (4) 材料价格差异=(1)－(2) (5) 材料用量差异=(2)－(3) 直接材料成本差异=(4)+(5)=(1)－(3)
直接人工成本差异	(1) 出勤工时×实际工资率 (2) 出勤工时×标准工资率 (3) 实际工时×标准工资率 (4) 标准工时×标准工资率 (5) 工资率差异=(1)－(2) (6) 停工差异=(2)－(3) (7) 效率差异=(3)－(4) 直接人工成本差异=(5)+(6)+(7)=(1)－(4)
变动间接费差异	(1) 实际工时×实际变动间接费率 (2) 实际工时×标准变动间接费率 (3) 标准工时×标准变动间接费率 (4) 开支差异=(1)－(2) (5) 效率差异=(2)－(3) 变动间接费差异=(4)+(5)=(1)－(3)

(续表)

成 本 分 类	差异类型和计算方法
固定间接费差异	(1) 实际工时×实际固定间接费率 ┐ (2) 预算工时×标准固定间接费率 ┘ ┐(5) 开支差异=(1)-(2) ┐ (3) 实际工时×标准固定间接费率 ┐(6) 能力差异=(2)-(3) ┘ 固定间接费差异 (4) 标准工时×标准固定间接费率 ┘(7) 效率差异=(3)-(4) (8) 产量差异=(6)+(7)=(2)-(4) =(5)+(8) =(1)-(4)
备注	① 出勤工时=上班小时数，是支付工资的时间基准 ② 实际工时=出勤工时-停工工时。指实际用于生产作业的小时数(Actual Hour Worked)，或称作业工时 ③ 预算工时=预计固定间接费时，估计要完成的小时数，反映了能力或作业水平(Budgeted Hour) ④ 标准工时=实际产出单位数×(标准工时/产出单位)

(本表引自参考文献 2)

1. 直接材料成本差异

直接材料成本差异等于材料的实际用量与实际价格的乘积减去标准用量与标准价格的乘积所得的差。材料成本差异包括价差和量差两方面。造成价差的原因有采购价格变化、运输费用增加、材料代用或变更、自制件改为外购件(或反之)等。造成量差的原因有报废或损耗、材料利用率变化、产品结构变化等。

2. 直接人工成本差异

直接人工成本差异等于工人的实际出勤工时与实际工资率的乘积减去标准工时与标准工资率乘积所得的差。直接人工成本差异可分为以下几种类型。

- 工资率差异。这是一种价差，一般是由于工作中心的工人等级或工资变化造成的。
- 停工差异。一般是由于设备故障、停电停水、物料短缺或任务不足等原因造成的。有时工人虽然出勤但无工作可做，但企业仍需按出勤来支付停工时间的工资。
- 效率差异。一般是由于工作效率、加工工艺或投料批量变动等原因造成的，是一种量差。

3. 变动间接费差异

间接费差异等于实际工时与实际间接费率的乘积减去标准工时与标准间接费率的乘积所得的差。在计算公式中，如果计算可变间接费差异，可用可变间接费率；如果计算固定间接费差异，则用固定间接费率。

变动间接费有两类差异。

- 开支差异，也称支出差异或费用差异。这是由于间接费率的差异造成的，是一种价差。
- 效率差异。效率差异的概念同直接人工成本差异中的效率差异类似，当完成产出所耗用的工时有了变化，如果间接费率是基于人工费的，必然反映在间接费上，是一种量差。

4. 固定间接费差异

固定间接费差异除开支差异和效率差异外，还有一项能力差异。

固定间接费从其成本性态来讲与产量没有直接关系，也是一种人为使之建立的联系。固定间接费率是由事先预计的固定间接费和预计的工时估算出来的。预计工时实质上是一种预计使用的能力。因此，固定间接费差异中又多了一项能力差异，产销不对路、经济衰退、资源不足造成的停工都可能形成能力差异(闲置能量)。能力差异与效率差异合称为产量差异。

成本差异分析的深度可根据企业要求具体选择。系统运作时可由计算机自动入账。成本差异产生的金额可以按标准成本的比例分配给各类库存物料，用实际成本计价。此外，也可以结转到销售成本，从销售收入中扣除。后一种方法由于比较简便，为多数企业所采用。

10.5 MRP Ⅱ/ERP 财务管理控制

10.5.1 ERP 财务控制模块

典型的 MRP Ⅱ/ERP 系统提供以下方面财务控制管理模块，这些功能表现了现代企业财务管理的最新应用趋向。

1. 产品成本核算

产品成本核算模块通过成本分摊和核算功能，对单个产品与服务进行成本结果分析，并收集有关的物流与技术方面的数据，实现对成本结构、成本要素及运营过程进行核算和监控，生成对单个对象或对整个一段时期的预测。它还能进行基于价值或数量的成本模拟估算，成本模拟得出的信息可用于对企业运营过程进行优化。

2. 成本中心会计

成本中心会计把有关成本发生都记录到相应的成本中心以分别核算，有关数据则同时或定期成批地传送到产品成本模块以及获利分析模块，以便进一步处理。支持对成本中心的预算；基于标准成本的确定，进行标准成本与实际成本之间的差异对比，成本报告与分析等。

3. 订单和项目会计

订单和项目会计系统收集成本数据，遵循订单与项目成本结算的详细操作规程，实现对订单与项目的成本核算，并用计划与实际结果之间的对比来协助对订单与项目的监控。利用一个全面网络化的管理会计系统，提供了备选的成本核算及成本分析方案，从而有助于优化一个企业对其业务活动的计划与执行。

4．获利能力分析

获利能力分析模块帮助分析哪一类产品或市场会产生最好的效益？一份特定订单的利润是怎样构成的？这些常见的问题将很容易找到答案。同时，销售、市场、产品管理、战略经营计划等模块也将根据获利能力分析所提供的面向市场的第一手信息来进行进一步的分析处理，公司因而能判断它目前在市场中的位置，并对新市场的潜力进行评估。

5．利润中心会计

利润中心会计系统使用期间会计技术来收集业务活动成本、运营费用以及结果，从这些信息中可以确定每个业务领域的获利效能。对于那些需要对其战略经营单位进行定期获利能力分析的企业，这是一个有用的功能。

6．执行信息系统

辅助管理决策的执行信息系统(EIS)为管理部门提供了一个软件方案，它基于数据仓库和数据挖掘技术，能从企业的各个不同部分收集包括业务和成本在内的各方面数据，再进行加工汇总成为可服务于企业决策的格式，并挖掘出蕴涵在数据背后的商业规律，实现富有远见的企业经营决策。

10.5.2　ERP 财务管理特点

ERP 财务管理面貌一新，表现出鲜明的特色。作为管理信息系统的一个有机组成部分，ERP 财务系统表现出一个面向管理和决策的成熟财务功能。

1．集成的会计核算系统

ERP 系统中，财务子系统与其他业务子系统(如分销、制造子系统)共享同一套数据，各个环节的信息高度集成，密切联系，整个系统连成了一个统一的整体，通过信息集成，业务数据可直接传入财务子系统。实现了从对财务信息的事后反映到事中反映，实时反映企业的运营状况，为管理决策(如开展电子商务)提供及时准确的信息支持。

2．精准的成本核算和监控

由于有实时准确的业务运作数据，使得 ERP 进行精准的成本核算成为可能。这不仅对于传统的成本核算方式，能大大节约时间和提高效率；而且 ERP 由于能站在工作中心和工艺路线的角度进行明细作业定义，使得采用基于作业成本法(ABC 法)的成本核算成为可能，可以实现精准核算。差异问题一旦出现就能被分离出来，并可采取措施去纠正。由于所有的成本管理和绩效管理都共用同样的数据源并且使用一个标准化的报告系统，成本与收入的监控可贯穿所有职能部门。

3. 全面满足管理会计的运作要求

ERP 系统通过对业务过程的详细反映，不仅反映货币计量信息，而且反映非货币信息；不仅强调信息的可靠性，而且强调信息的相关性和及时性。财务与业务融为一体，财务系统含有财务会计、成本会计和管理会计三大有机构成的功能，体现了先进的财务会计、管理会计和成本管理思想，能够满足管理者的多样化和明细化的管理信息需求。

从具体管理方法来看，ERP 系统还能够实现标准成本的预先确定，能进行实际成本发生后的成本差异分析，能进行以成本中心为主体的责任成本管理等功能，而这些都是管理会计的重要内容。

4. 实现集团公司层面和供应链层面的运作控制

ERP 通过层次性的成本中心和利润中心的设置，实现对投资中心的核算，满足多企业组织实体的合并核算的要求，实现对集团公司的运作掌控。

从流程对象出发，ERP 系统以企业的供应链为核心，扩展到对上游的供应商关系管理(SRM)以及下游的顾客关系管理(CRM)。

10.6　本　章　小　结

ERP 的财务管理分会计核算与财务控制两方面内容。会计核算以总账系统为中心，包括应收账、应付账、固定资产、工资、财务报表等基本模块。而财务控制则以成本核算为基础，关注的是成本中心与利润中心的绩效控制等高级经营决策问题。

成本管理是 MRP II/ERP 系统管理成效的一种微观反映，本章从成本管理会计的思想出发，介绍了基于产品结构进行滚加法的产品生产成本的计算，特别介绍了体现现代管理模式特点的作业基准成本法(ABC 法)，以及基于标准成本体系基础上进行的成本差异分析。站在产品结构的基础上，利用工艺路线和工作中心基础数据，可以进行基于工序级的精准的作业成本核算，充分体现了 MRP II/ERP 集成系统的优越性，所以说，以 MRP II 思想体系为基础的生产管理模式，全面地满足了企业包括以财务管理为根本的管理活动的实际要求。

关键术语

财务会计/管理会计　会计核算/财务控制　产品成本构成　成本滚加法　成本物料单间接费率　作业基准成本法(ABC 法)　标准成本　实际成本　模拟成本　成本差异　成本中心/利润中心

思考练习题

(1) 比较财务会计与管理会计的区别。

(2) ERP 财务会计包括哪些功能模块？

(3) 简述 ERP 财务总账的主要流程。

(4) 分析应收账与销售模块的关系。

(5) 分析应付账与采购模块的关系。

(6) 为什么应收/应付账从 ERP 财务总账里独立出来？

(7) 分析固定资产模块与设备管理模块的联系。

(8) 企业产品成本构成包括哪些？

(9) 标准成本体系的主要作用是什么？

(10) 简述 MRP Ⅱ 成本滚动计算法的核算过程。

(11) 作业成本法的作用有哪些？

(12) 成本差异分析包含哪些内容？

(13) 成本体系里包含哪些成本类型？它们有何实际意义？

(14) MRP Ⅱ/ERP 的成本管理包含哪些方面？

(15) 典型的 MRP Ⅱ/ERP 系统提供哪些财务控制管理模块？

(16) 分析 ERP 财务管理的特点。

(17) 设某公司在同一制造车间同时加工生产 A 和 B 两种产品，已知 A、B 两种产品的直接人工工时为 2.5 小时和 3 小时，直接材料费为 25 元和 38 元，人工费工时费率为 10 元/小时，平均按工时单位制造费用分配率为 15 元/小时。利用传统工时分配核算法计算 A、B 两种产品的单位生产成本。

(18) 在上题数据的基础上按作业基准成本法核算 A、B 两产品的作业成本。已知 A、B 两种产品的加工产量分别是 800 单位和 1 000 单位，各作业步骤发生的制造费用其作业成本费用分列在表 10-11 中，各作业步骤的成本率标准已知，A、B 两种产品加工作业时耗用的各分步作业量分别通过比例分摊，所归结的数据如表 10-11 所示。

表 10-11　作业资源数据表

作　　业	作业成本	总作业量	A 耗用作业量	B 耗用作业量
订单分检	800	80	35	45
物料处理	5 000	200	85	115
生产准备	18 150	330	130	200
质量检验	5 550	370	150	220
动力与折旧(直接工时)	45 500	9 100	4 000	5 100
合计	75 000			

第11章　ERP系统的软件实现

【导语】

前面章节介绍了 MRP II 的运行原理，表现出一种充分利用企业资源，合理安排组织生产的理想模式。这种理想的管理模式要付诸实施，必须借助于建立以 ERP 软件为基础的信息系统来实现，才能充分发挥 MRP II 的管理效能。ERP 软件可以说是管理模式的抽象化表达。而 ERP 软件的一些功能点体现在哪里，ERP 软件的功能组织形式如何，如何设计和选用行业版 ERP 和行业方案，基础数据设置包括什么基本内容，有怎样的设置方式，如何进行主数据管理？通过本章的学习和分析，均能得到基本的认识。

11.1　ERP 应用软件

我国已于 2003 年 6 月 4 日由信息产业部发布了电子行业标准《企业信息化技术规范第 1 部分：企业资源规划(ERP)规范》(标准编号为 SJ/T11293-2003)，该标准已于 2003 年 10 月 1 日起正式实施。《企业资源规划(ERP)规范》规定了对 ERP 系统的比较详细的功能技术要求，给出了 20 个功能模块的功能描述、评比标准以及每个功能描述的重要程度。这 20 个功能模块包括 BOM 管理、MRP、车间任务管理、工艺管理、质量管理、营销管理、采购管理、库存管理、经营决策、人力资源管理、总账管理、应收管理、应付管理、自动分录、固定资产管理、成本管理，以及基本信息、环境与用户界面、系统整合和系统管理。

这个规范尽管在实际执行中只起到推荐性的效果，但它却是从软件的角度给出了 ERP 系统的基本功能和基本实现，反映了 ERP 应用软件的基本面貌。因此，下面予以简要介绍。

1. BOM 管理

BOM 管理包括 BOM 种类、BOM 内容、BOM 复制、BOM 批处理、工程变更、替代料处理、材料承认和查询报表等功能，详细描述如表 11-1 所示。

表 11-1　BOM 管理的功能类别和描述

类　　别	功 能 描 述
BOM 类型	生产 BOM、工程 BOM、计划 BOM、配置 BOM、选用 BOM 和成本 BOM
BOM 内容	保留历史修改记录、BOM 版本管理、利用日期和生产数量来控制生效、能与工艺路线配合、定义项材料在生产时的偏置时间、考虑生产损耗、使用数量是否能以分数的方式表示、支持选用件(OPTIONAL)和虚拟件，能处理相关图面或技术文件资料
BOM 的复制	生产 BOM 之间、工程 BOM 之间、生产 BOM 与工程 BOM 之间的复制
BOM 批处理	提供元件整批失效、替换、修改和生效功能，BOM 重排功能
工程变更	变更时能对正执行中的计划和订单进行提示和报警控制，并生成修改建议，有完整审批流程，保留每次变更的记录
替代料处理	能针对不同的主料定义不同的替代料，替代料有生效控制，能处理匹配关系和数量关系，能处理替代料的优先级
材料承认	提供材料厂版承认处理、材料系列承认，能针对不同的主料定义材料适用的品牌
查询报表	物料结构展开，材料用途清单，材料消耗定额汇总，多项产品用料结构对比表

2. MRP

MRP 管理包括 MRP 参数设定、基本资料管理、MRP 资料维护、MRP 批次作业、下达其他计划、MRP 报表管理、批次生产计划生成管理、能力需求计划、车间作业计划、准时生产等功能，详细描述如表 11-2 所示。

表 11-2　MRP 的功能类别和描述

类　　别	功 能 描 述
MRP 参数设定	生产入库期调整(统一天数、依物料)，采购入库期调整(统一天数、依物料)，采购计划发放选择(转请购、转采购)，采购件急单定义，生产件急单定义，替代料处理，请购单是否视为供给来源，订单是否视为需求来源
基本资料管理	计划条件设定，计划展望期代号设定(日、周、旬、月、季)，提前期的推算
MRP 资料维护	独立需求——提供使用者输入独立性需求的机制
	销售预测——提供使用者输入销售预测的机制，销售预测能于实际订单冲销
	生产计划——提供使用者输入生产计划(MPS)的机制，生产计划能与生产订单冲销
	按职务定义物料属性——区分采购员、仓管员、物管员(计划员)，供后续执行计划使用
	计划锁交期冻结——请购单交期冻结、采购单交期冻结、生产订单完工日期冻结 行动计划行动日期冻结
下达其他计划	下达工作中心使用计划、工装使用计划、辅料消耗计划、工具使用计划

类　　别	功　能　描　述
MRP 批次作业	执行计划产生(采购计划、生产计划、替代料领用建议、采购变更计划、生产变更计划) 计划追溯(能追踪到各阶段原始供给需求来源，能追踪替代料替代状况) MRP 执行范围作业(全部再生、仅计算净变动、自行挑选物料计算)
MRP 报表管理	交期调整建议表、生产计划明细表、取替代建议表、取消生产或采购建议表、模拟版本比较表、潜在呆滞料分析表、未来库存存货水准预估表、采购预算表、生产计划排程表、生产线负荷明细表、工作中心负荷明细表
批次生产计划生成管理	批次计划来源的定义(订单、生产订单和 MPS)，批次管理，计划执行的警示和计划追溯，可对不同的订单批、制令批或计划批做分离的计算及合并的发放方式
能力需求计划	能力单位设置——可自定义能力度量单位、定义与标准能力度量单位的换算关系，以及支持对不同工作中心定义不同的能力度量核算单位 可用能力计划——根据已下达的车间订单和每个工作中心的额定能力水平，计算每一个工作中心的可用能力和负荷，能力差异计算，能力/负荷调整，粗能力查询(资源清单维护)，关键工作中心细能力/工作中心细能力查询
车间作业计划	进度排程(支持按正常作业或交叉作业方式，倒排车间进度计划、顺排车间进度计划等)，进度跟踪(对生产订单工序级进度进行实时追踪，并及时反馈生产进度)
准时生产	可一线多品种、一品种多线排产，为一线多品种提供平准计划，提供上下线进度计划，提供零部件生产线计划

3．车间任务管理

车间任务管理包括生产任务管理、生产备料、领退料、生产完工管理、返工管理、委外加工、查询等功能，详细描述如表 11-3 所示。

表 11-3　车间任务管理的功能类别和描述

类　　别	功　能　描　述
生产任务管理	工单类型——一般厂内制造工单、厂内返工工单、委外制造工单、委外返工工单
	工单状态——计划工单、确认工单、准备工单、未发料工单、已发料工单、已开工工单、已完工工单、已关闭工单、已取消工单、拖期工单、缺料工单
	工单来源——人工开立、依订单转入、依 MRP 计划转入、依制通知单转入、依关联工单产生和拆件式制造命令单产生
	生产模式——装配式生产、流程式生产、批量轮番生产、单件小批生产
生产备料	替代料处理方式(人工/自动)，备料对库存影响，提供生产用料模拟功能，根据生产订单提供缺料表，根据材料提供缺料表

(续表)

类　　别	功　能　描　述
领退料	发料方式、发料控制，发料单、退料单处理，生产线挪料
生产完工管理	生产用料稽核，入库检验，入库处理，支持副产品、联产品入库
返工管理	返工单管理，返工单领料，返工成本核算
委外加工	委外加工通知单，委外加工形态，厂商存料控管，厂商交货与交货验收，自动应付账款立账
查询功能	查询用料状况，查询领用明细，查询入库明细，查询委外进货明细，查询采购状况，查询生产进度，查询子工单生产状况

4. 工艺管理

工艺管理包括例行作业、工作中心维护、在制品盘点、工艺流程变更、矫正及预防、批号追踪、生产信息报告、工装工具辅料管理等功能，详细描述如表 11-4 所示。

表 11-4　工艺管理的功能类别和描述

类　　别	功　能　描　述
例行作业	提供选择性工艺流程、提供工艺流程复制功能，能记载各环节作业规范、各环节所使用的资源，各环节能有不同的工作行事历，可以处理多项工作同时进行的工艺流程，能处理有副工艺流程汇入的状况，工艺流程中各环节在产品单位可以不同，允许生产中途下线入库，各环节投入量可依特定材料的领料单计算，结合生产过程中检验，除有效工时外能收集无效工时并分析原因，提供拆批功能，提供并批功能，提供制程委外功能
工作中心维护	定义工作中心，设置工作中心定额参数，设置工作中心能力的核算方式，设置关键工作中心，设置替代工作中心
在制品盘点	提供在制品盘点，提供各车间、工位原物料盘点
工艺流程变更	工艺流程变更留下记录，有完整签字审核程序
矫正及预防	生产过程中遇到重大问题时能在系统中记载问题描述与对策，问题尚未处理完毕时系统能将该项工作留置
批号追踪	可记录产品序号，可自产品序号或制造批号追踪当初生产过程，可自产品序号或制造批号追踪当初生产所使用原料批号，能从原料批号中查出有哪些制造批号或产品序号使用
生产信息报告	在产品状态报告、车间任务分派、实际投入产出时间、分类产出报告、人员生产力/机器利用率报告
工装工具辅料管理	支持工装、工具、辅料的维护管理

5. 库存管理

库存管理包括物料定义、库存定义、综合库存计划、批号管理、库存事务处理、盘点管理、库存预警、管理性报表等功能，详细描述如表 11-5 所示。

表 11-5　库存管理的功能类别和描述

类　　别	功　能　描　述
物料定义	可将一个物料同时做多种应用的定义与查询——满足会计对物料的账务分类，满足采购对物料的分类，满足销售对物料的分类，满足品管对物料检验等级的分类，提供 ABC 等级分类
	多计量单位与换算率处理——提供多种换算单位的设定功能，以方便不同包装物料的库存管理。每一个品号可以自行定义该物料的换算单位与换算率，物料入出库时可自动换算成不同存货单位。提供单据输入时不固定换算率的功能便于非定量的物料入出仓库
	物料存放地点的管理——同一公司可以多厂区存放，同一厂区可以多仓库存放，同一仓库可以多储位存放，同一储位可以分多批号存放
	有效期管理——提供物料生效日、失效日的控制管理，避免错用物料的困扰
	条码码及图号——可配合条码输入，提供一品号对应多个条码，提供物料与产品图号图形的链接对照
库存定义	仓库定义——定义仓库类型、库存操作原因，库存初始化，定义货位；可以定义计算 MRP 中哪些仓库可纳入计算
	物料补货方式——可依订货点法、MRP、JIT 来定义；可依订单或工单的需求来计算需要的数量
	采购领料时批量的调整——采购可依用量需求再经过最小批量与倍数调整，领料可依用量需求再经过倍数调整
	领送料处理——对于物料入出库管理方式，不论是发料制或领料制，提供逐批发领料、自动领料、单独领料等参数，供使用者弹性设定，以符合生产领用作业的需求。支持看板管理模式
	安全库存管理——可将定义的安全库存在运行物料需求计划时纳入计算，可将低于安全库存的物料在再补货的报表中呈现
	非存货科目的商品管理——仓库可设定非公司存货物料(如客户寄存)的管理 商品可设定需不需要作数量与成本的管理，以满足服务性或费用类物料的管理需求
综合库存计划	分原材料、半成品、产成品、在制品等制订库存计划，并进行汇总，提供相应资金计划
批号管理	可按物料定义是否需要批号管理，定义批号管理的严谨度、有效期和复检期，可追踪该批号的进出状况明细与来源表单
库存事务处理	入库、销货、领用、转拨、调整等库存事务作业，借出借入，库存调拨作业等 提供入出库单据及入出库交易分类 自动生成会计转账凭证和成本明细账 对库存事务的追踪和统计

(续表)

类　　别	功　能　描　述
盘点管理	提供多种盘点方法——如抽盘作业、定期盘点、循环盘点作业、批号盘点、费用类库存盘点 便利的盘点作业——不影响生产和账务，盘盈盘亏的数量能自动更新 提供盘点作业的辅助报表——盘点清册、盘点凭证、盘点盈亏明细表
库存预警	可定义预警规则，保质期预警、失效期预警、临界量预警和盘点预警
管理性报表	提供各物料的库龄分析、提供各商品分库的周转率分析、提供库存 ABC 分析表、提供物料再定货建议表、提供库存未来存货数量的预估报表、提供各项库存账册

6．采购管理

采购管理包括供应商管理、价格管理、计划管理、询价管理、请购管理、采购管理、合同管理、到货验收管理、退货管理、进口管理、管理性报表等功能，详细描述如表 11-6 所示。

表 11-6　采购管理的功能类别和描述

类　　别	功　能　描　述
供应商管理	供应商 ABC 分类、核准状态控管，交货评等与品质品等，定义付款条件、税额计算方式、允许分批交货，设置结账区间期间，供应商评审
价格管理	物料定价因素(厂商、币种、计价单位、生效日期、数量、价格条件、付款条件) 价格变更的程序和最高单价控制
计划管理	与 MRP 衔接生成采购总量，供应商采购分配计划，资金需求计划，多种采购方式
询价管理	提供有询价单，可分量计价，提供厂商比价，询价功能，可依采购数量多少来定价格
请购管理	可依多采购组织请购、可依部门请购、可依 MRP 计划自动请购、可依采购计划自动请购、可依缺料状况自动请购、可依订单自动请购、可依低于补货点或安全存量自动请购，可追溯请购来源，可自动转成采购单
采购管理	提供多仓的采购，允许国内及国外采购作业，可依订单自动采购 允许多种物料、多个交货期、多个交货地点 提供采购订单修改和采购变更程序
合同管理	战略采购管理，合同管理，采购订单跟踪，采购运输，招标管理
到货验收管理	到货接收与发票审核、超交数量的控管、质量验退处理、验收入库与收货方式
退货管理	可选择退货或折让
进口管理	预付购料管理，对进口商品提供信用证、T/T、DP、DA 等交易处理方式 对采购进度提供管理报表，以了解采购的开证、赎单、到货、付款等进度情况 进口费用可自动结转成应付凭单，纳入应付账款管理 赎单的管理，可将赎单的相关费用自动分摊 提供赎单预计还款状况，以利财务的规划及控制

(续表)

类　　别	功　能　描　述
管理性报表	根据厂商采购资料及进货状况进行统计及分析，提供厂商进货异常表，包括早交、迟交、超交、短交、溢价、低价、不良和扣款状况分析 提供采购价格异常表、采购价格调幅表

7. 营销管理

营销管理包括价格管理、信用额度、销售预测、报价管理、接单管理、客户管理、计划管理、营销管理、分销管理、销售管理、订单管理、存货核算、合同管理、出货管理、退货管理、税务整合、出口文件和查询统计等功能，详细描述如表 11-7 所示。

表 11-7　营销管理的功能类别和描述

类　　别	功　能　描　述
价格管理	可依物料因素(客户、币种、单位、日期、数量、价格条、付款条件、区域别和国家别)而物料定价；提供价格调整程序、最低单价控制、依客户查询价格；提供多个售价(标准售价、客户计价、零售价、定价等)，并可依不同的客户设定不同的售价取价顺序；可依产品类别(产品线、次产品线、使用者自订产品分类等)或个别物料设定产品折扣；可依不同客户设定不同折扣
信用额度	信用额度控制时点与方式，可在接单或销货时计算控制，可选择警告或不可放行 依据不同的风险计算占用信用额度的比率，考虑已接单风险比率、已销货风险比率、未收账款风险比率、未兑现票据风险比率、账款逾期天数的风险 可依客户别、币种控管控制，可对信用额度进行层级控制
销售预测	提供销售量的预测，可对产品别、品类别、部门别、业务员业绩、客户销售量进行预测，作为编制生产计划的依据 预测与实绩的考核，可处理销售目标执行追踪情形 目标设定方便可行，目标设定可分金额、数量分别设定
报价管理	以标准成本对新品估价功能，可依不同数量报价，历史报价查询 报价单的跟踪处理及控制
接单管理	订单关联销售对象管理，可处理订单类别包括内销订单、外销订单、现销订单、合约订单、样品订单、内部订单，有一般订单管理功能，提供一张订单允许订购多种产品、多个交货期
客户管理	客户基本信息管理、客户业务员管理、支持总店/连锁店管理模式以及支持客户组的定义和查询
计划管理	与 MRP 衔接，销售计划、销售利润计划、地区销售计划、客户组销售计划、部门销售计划、部门回款计划和个人回款计划

(续表)

类　　别	功 能 描 述
营销管理	销售区域定义、包装物销售与退回、销售数量合同管理、销售佣金管理、支持实物补贴管理、支持客户签收管理以及销售出库方式管理
分销管理	非要货调拨，配货方案中是否考虑要货单、销售计划、销售订单、实物库存量、可用库存量、最小发货批量、发货批量整数、安全库存量和最高库存量，配货方案依时间最优、运输路程最优和运输成本最优，考虑和控制信用额度
销售管理	业务单据组合生成，提供就不同销售类型，允许用户设置销售订单、出库单、发票、运输单和收款单等业务单据的任意组合自动生成功能
订单管理	提供配单销售，可直接由成品展出组装零件 BOM 用料，提供选配件功能 (Feature/Option) 可全面跟踪销售订单的执行状况，即发货、收款、开发票、回款和运输等
存货核算	可在销售出库的同时，进行成本核算
合同管理	可支持多个交货期，多个交货地址，支持预收款的作业 针对接单时提供稽核管控，订单追踪功能，订单变更管理
出货管理	出货订单管理，可全面跟踪发货单的执行情况，包括发货数、出库数、开发票和回款等。提供运费管理功能；可分批交货，同一销货单可对应多张发票；提供出货日报表、统计表 备货管理，寄售管理，销售调拨，零售管理，包装物租借
退货管理	一般退货作业和退货流程控制 与订单勾稽功能，销退账务处理流程
税务整合	与金税系统整合(电脑开票)，将需开票的销货单资料直接传至金税系统
出口文件	提供形式发票的作业处理流程，提供受订确认书、装运通知、装箱单和出口发票功能
查询统计	提供客户信息查询，提供客户应收账款、应收票据、销/退货资料查询，提供客户已交/未交/逾期订单、产品售价查询，提供按业务员业绩的查询统计

8. 经营决策

经营决策管理包括财务分析、销售分析、存货分析、采购分析、制造分析、使用界面设置与多维分析等功能，详细描述如表 11-8 所示。

表 11-8　经营决策的功能类别和描述

类　　别	功 能 描 述
使用界面	支持使用者自订报表及查询，支援追溯功能，提供以多种图表方式表示统计分析资料，提供以图形呈现之多栏式统计分析报表，提供简易报表功能，只要以简单的选项方式即可得出报表，可比较任何时间之资料，报表中各栏可作差额、差额百分比及比例等计算

(续表)

类 别	功 能 描 述
财务分析	损益分析——费用分析，成本分析，收入分析，损益趋势分析，营业外收益分析
	资产负债分析——所有者权益分析，负债分析，资产分析，资产负债结构分析
	账款分析——应收账款分析，应付账款分析，逾期分析，账龄分析
	偿债能力分析——流动比率分析(流动资产/流动负债分析)，速动比率分析(速动资产/流动负债分析)，营运资金比率分析(营运资金/资产总额分析)
	营运能力分析——应收款项周转率分析(销货净额/平均应收款项分析)，平均收款日数分析(日数/应收款项周转率分析)，资产周转率分析，存货周转率分析，销货成本/平均存货分析，固定资产/资产总额分析，现金/流动资产分析，应收款项/流动资产分析，负债总额/资产总额分析，所有者权益/资产总额分析
	获利能力分析——销货净额/流动资产分析，利润率分析，净利/销货净额分析，资产报酬率分析，净利/资产总额分析，资本报酬率分析，净利/所有者权益分析
	成长力指标分析——销货净额/资产总额分析，销货净额/固定资产分析
	生产力指标分析——每人平均毛利增长率分析，本期每人平均毛利分析
销售分析	提供预测与实绩比较之目标管理机制，按多维度统计分析(客户、客户分类、产品、产品分别、部门、业务员、时间)，业绩目标比较分析，业绩趋势比较分析，业绩排名统计分析，毛利目标比较分析，毛利趋势比较分析，毛利排名统计分析
存货分析	存量分析与统计，周转率分析，盘盈损分析，呆滞分析
采购分析	价格分析，收料分析，厂商评核
制造分析	生产绩效计算(品质良率分析、损耗统计分析、工时统计分析、用料量及差异分析、生产效率分析、现场人工负荷及机器负荷分析)，制造成本分析，效率分析，生产线分析
多维分析	自定义分析报表和维度，允许自由组合数据表

9. 总账管理

总账管理包括账簿组织、外币管理、利润中心、核算项目、预算管理、会计凭证处理、期末处理、报表管理和网上银行等功能，详细描述如表 11-9 所示。

表 11-9　总账管理的功能类别和描述

类 别	功 能 描 述
账簿组织	可支持多公司的账簿处理，不同公司可定义不同会计期间和会计年度，不同公司定义不同会计科目；同一公司内可支持多套账簿，多套账簿间的会计凭证可相互复制
外币管理	外币交易，期末调汇
利润中心	利润中心的规划，提供多层次之利润/成本/费用中心管理，费用分摊
核算项目	核算项目的种类，核算项目的设置和管理

(续表)

类　别	功　能　描　述
预算管理	预算类别设置，预算编制，预算管制和预警
会计凭证	会计科目的编码，设定多层结构的会计科目，可自行定义会计期间及起讫日期 可自行设定会计凭证种类，不同种类的会计凭证可分开编号 凭证录入，过账处理
期末处理	年/月结账功能，封账设置
报表管理	符合会计电算化要求之凭证/账册，符合会计制度要求之财务报表，管理报表，报表查询功能
网上银行	支付管理、资金管理、统计查询

10．自动分录

自动分录包括基础设置、自动分录处理、稽核管理等功能，详细描述如表 11-10 所示。

表 11-10　自动分录的功能类别和描述

类　别	功　能　描　述
基础设置	可生成会计凭证的单据类型——销售单、销退单、结账单、收款单、进货单、退货单、应付凭单、付款单、库存变动单、领料单、退料单、生产入库单、托外进货单、托外退货单、应收票据收票、应收票据兑现、应付票据开票、应付票据兑现、银行存/提款、固定资产购入、改良、重估、报废、出售、折旧，每月员工薪资，外币汇率重估 生成会计凭证的科目设置——可由使用者自行依单据种类定义生成凭证的借贷方科目，可设定不同品项产生不同存货科目、不同收入科目、不同应收账款科目、不同应付账款科目、不同固定资产与累积折旧科目、不同折旧科目、不同银行存款科目
自动分录	生产方式——各种变动单据在自动生成会计凭证时，可选择逐笔、逐日或期间汇总生成会计凭证，可指定特定单据生成会计凭证 凭证处理——生成的凭证内容若有错误，可还原凭证，生成会计凭证后，可由财会人员检视内容进行审核，会计凭证经财会人员审核后才可执行过账
稽核管理	可由会计凭证反向追查各项交易单号资料；对于已自动开立凭证的变动单据予以记录，避免重复生成凭证；生产凭证后，原始单据将无法修改，避免凭证与来源单据资料不一致

11．应收管理

应收管理包括结账方式、信用管理、开账单及发票、发票管理、销货退回及折让、预收款、支持多种收款方式、冲账、催收账款、管理报表等功能，详细描述如表 11-11 所示。

表 11-11　应收管理的功能类别和描述

类　　别	功　能　描　述
结账方式	账款对象可与销售对象不同，可指定向客户或客户的总公司收款，可按公司统一每月结账日自动从销货/销退资料产生结账单，可按客户设置每月结账日自动从销货/销退资料产生结账单
信用管理	日常业务时根据不同客户的各自信用度，自动分析应给予赊销，超过信用度的赊销应自动警示
开账单及发票	可由订单销货系统自动转出结账单，可以输入非销售系统产生的其他收入，可指定销货税率并自动计算税额 可针对客户设定应税发票的税额计算方式，可依付款条件自动推算预计收款日
发票管理	使用者可选择出货同时开具发票或销货单与发票分开开具，提供多张销货单联合开具一张发票，提供一张销货单可开具多张发票，提供更换发票的功能，提供出货未开具发票查询及打印，可与国家规定的增值税专用发票防伪税控系统结合
销货退回及折让	开立账单时，可选择由销货退回资料自动生成或线上挑选欲结账的销货退回单，提供销货折让功能
预收款	提供预收款功能，可开具预收款发票
支持多种收款方式	现金，票据，外币
冲账	收款冲账时，可自动寻找所有可冲抵的应收款，冲销时可以处理折扣，提供分批收款功能，应收及应付款项可互相冲销
催收账款	允许使用者定义账龄区间，提供客户对账单，可依不同的账龄、欠款金额，产生不同的催款信函
管理报表	提供客户账款明细表，提供超期应收账款资料，提供信用额度余额检查表

12.　应付管理

应付管理包括生成应付账款、结账方式、预付款管理、采购结算、付款冲账管理、报表等功能，详细描述如表 11-12 所示。

表 11-12　应付管理的功能类别和描述

功　能　描　述	功　能　描　述
生成应付账款	可按公司统一每月结账日自动从收货/退货资料产生应付账款 可按供应商设置每月结账日自动从收货/退货资料产生应付账款
结账方式	可由采购进货系统自动转出应付账款或应付费用，可以输入非采购系统产生的应付费用，可针对供应商设定应税发票的税额计算方式，可输入相关的费用资料，可依付款条件自动计算预计付款日，可根据付款的条件自动计算现金折扣，可与国家规定的发票防伪税控系统结合

(续表)

功 能 描 述	功 能 描 述
预付款管理	采购单(采购系统)输入时提供预付款设定功能，可于支付预付款时自动审核采购单的预付状况，应付货款产生时可自动冲销预付款，提供采购单的预付状况查询
采购结算	支持多种付款方式(现金、票据、外币)，发票与入库单进行勾对
付款冲账管理	提供自动付款功能，冲账时可自动寻找所有未付款项和所有待抵款项(折让)，可由人工指定账款付款，付款时可以处理折扣，提供分批付款功能
报表功能	依供应商列出应付账款明细表，提供账龄分析报表

13. 固定资产

固定资产管理包括资产购入、基本资料、资产异动资产变动、折旧管理、资产预算与计划、资产盘点、报表管理等功能，详细描述如表 11-13 所示。

表 11-13　固定资产的功能类别和描述

类　　别	功 能 描 述
资产购入	提供资产请购功能，提供资产采购功能，可将资产采购验收资料自动添加至固定资产中，可在资产主数据记录相关采购发票号码及会计凭证信息，从公司内部领用商品作为固定资产时要能结算内部价格
基本资料	使用者可定义资产的分类，进行差异化管理，可记录资产之保管单位、保管人员与放置地点，同一批购入的资产可以编相同资产编号，税法没有规定必须计提折旧的资产亦可纳入管理，提供资产主件附件的区分管理
资产异动资产变动	资产改良，资产重估，资产报废，资产出售，资产移转，资产送修/外借，资产投保
折旧管理	折旧方法设置(年限平均法、工作量法、加速折旧法)，根据内部管理需要任意设定第二、第三折旧方式，可自行设定折旧方式，提列折旧，折旧额分摊
资产预算与计划	针对部门、项目、公司按一定年度制定资产采购、使用预算 根据预算制定哪个部门在哪个时间进行何种资产采购的计划
资产盘点	可选择依资产类别产生盘点资料，可选择依保管单位产生盘点资料 可选择资产购入期间产生盘点资料，可针对列管性资产进行盘点
报表管理	提供资产清册，提供资产购入清册，提供资产明细账，提供资产保管单位清单，折旧明细表，计划预算与实际值的比较

14. 成本管理

成本管理包括成本类型、标准成本、实际成本、分批实际成本、成本差异分析、费用分摊、成本分析、模拟成本、项目成本等功能，详细描述如表 11-14 所示。

表 11-14　成本管理的功能类别和描述

类　别	功　能　描　述
成本类型	依成本汇集方式分为分批成本制、分步成本制 依成本的性质分为标准成本制、实际成本制
标准成本	可提供多组标准成本供比较模拟使用 系统能协助整批修改材料，工资率，间接制造费用分摊率 成本核算时除使用生产用物料清单外，可使用成会自行定义的物料清单 成本核算时能依使用者需求决定考虑损耗率与产出率 针对逐渐淘汰的产品可定义不需重新执行核算成本
实际成本	材料成本计算方式(移动平均成本、月加权平均成本、先进先出、后进后出、个别计价法、批次法) 月底材料成本计算(以取得金额为其成本、以取得金额加上已发生的费用为其成本、以取得金额加上已发生的费用，尚未发生部分以暂估金额为其成本) 直接人工分摊方式(自行输入人工工时、由报工单汇总人工工时、由使用者自动定义成本动因) 间接制造费用分摊方式(自行输入人工工时、由报工单汇总人工工时、自行输入机器工时、由报工单汇总机器工时、由使用者自动定义成本动因、按重量分摊) 提供生产成本的不同计算方法(品种法、分批法、分步法和作业成本法)
分批实际成本	材料月底入库在制转出，直接人工月底入库在制转出，间接制造费用月底入库在制转出
成本差异分析	成本费用差异分析、产品材料价格成本差异分析、材料消耗成本差异分析、产品材料成本总差异分析、产品工序人工费用差异分析、辅助材料消耗差异分析、工装使用差异分析和刀具使用差异分析
费用分摊	分摊依据(按产量、定额)，费用在部门分摊(辅助部门间费用分摊、辅助部门向基本生产部门分摊和基本生产部门向产品分摊)
成本分析	成本项目金额的结构分析、实际成本/计划成本/预算成本之间的比较分析和不同期间的成本分析
模拟成本	基本资料维护(维护工作中心费用率、工资率，制定模拟报价方案，模拟材料用量及成本资料转入，模拟材料用量及成本维护)，模拟报价运算、报表打印
项目成本	提供项目的成本结转功能、支持项目的多次成本计算功能、提供项目的间接成本结转功能、提供项目管理功能、支持项目单据类型和格式的自定义功能、按照各责任中心的目标进行控制和考核以及可以统计项目成本的原始费用等

15. 质量管理

质量管理包括弹性的参数设定、管制图表、品质检验与记录、与 ERP 结合、售后服务等功能，详细描述如表 11-15 所示。

表 11-15　质量管理的功能类别和描述

类　别	功　能　描　述
弹性的参数设定	提供计量检验产品质量、提供计数检验产品质量
	系统自动计算厂商评测分数、各物料的检验方式，用户自定义检验项目及检验规范
管制图表	提供 X-R 管制图，提供厂商 IQC 不良原因分析统计图表，提供产出率和损耗率查询及报表，支持从 IQC 到 IPQC、FQC 的质量管理功能
品质检验与记录	可针对不同品号定义不同检验项目，制程代号，通过标准，缺陷等级，检验标准以配合产生检验单时可依不同检验项目产生检验数据
	系统可记录在制不良及库存不良数量、不良状况、责任归属(厂商或内部工作中心)，并提供后续交换、退出折让、扣款等管理功能
	提供外购及外包特采作业，及供拒收后续处理追踪报表
	提供单次检验和复验作业；自主制程检验和品管制程检验
与 ERP 结合	自动数据采集功能，在线检测，生产线上的数据及时传输入 ERP 系统供分析统计
售后服务	提供维修品号类别的建立，提供维修零件价格的设定，可以区分公司内部与外部的维修内容而报价，维修品管理

16．人力资源

人力资源管理包括人事管理、考勤管理、薪资管理、合同管理、招聘管理、与 ERP 接口、人力资源规划、职务职能管理、员工信息管理、招聘甄选管理、离职调配管理、制度政策管理、劳动合同管理、培训开发管理、勤务管理系统、出差管理系统、休假管理系统、绩效管理系统、人事审批系统、经理自助服务等功能，详细描述如表 11-16 所示。

表 11-16　人力资源的功能类别和描述

类　别	功　能　描　述
人事管理	多公司运作，员工基本信息，人事状况统计表，人事异动管理，教育培训，奖惩，绩效考核，退休
考勤管理	多班别、弹性工时，本地化的功能，出勤管理，考勤钟连接，请假管理，加班管理，年假管理
薪资管理	多公司运作，机动调整各项计薪基准，符合本所得税法规定，每月薪资，半月借支，薪资凭证，社会福利金计算、工资表、个人所得税管理，社福金异动管理及计算
合同管理	劳动合同管理，合同期限预警、合同违约处理
招聘管理	招聘计划、职位计划、考试管理、简历维护
与 ERP 接口	可独立运行、可与 ERP 集成运行

(续表)

类　　　别	功　能　描　述
人力资源规划	人力资源战略(确定更新率、增长率和离职率规划指标，确定新进、淘汰、调动和继续教育的基本目标)，人力需求预测，人力资源规划，成本预算管理，规划实施报表
职务职能管理	组织结构设计，岗位信息管理(提供标准的职务说明书、明确岗位的任职资格要求和考评指标，灵活调整和管理名、岗位职级、岗位职责、在职资格和岗位编制等)、职等评估系统，核决权限管理，职务体系管理和职位综合报表
员工信息管理	基本员工信息、信息追踪系统、标准分类报表、综合查询表和自定义报表
招聘甄选管理	外部人才管理、内部竞聘信息、超编缺编信息、需求申请与审批、招聘计划管理、甄选过程管理、录用过程管理和招聘效果评估
离职调配管理	超编缺编信息、调配申请与审批、调配计划管理、调配过程管理、调配供给分析离职申请与审批、离职计划管理、离职过程管理、工作交接管理和离职统计分析
制度政策管理	国家政策法律法规、企业制度管理、修改意见征集和异常事件管理
劳动合同管理	劳动合同台账、续签管理、变更管理和纠纷事件管理
培训开发管理	培训需求管理、培训课程管理、培训师资管理、培训计划管理、培训过程管理和培训效果评估
勤务管理系统	考勤方案设置、考勤机设置、出勤数据转入和出勤数据备份
出差管理系统	出差申请、出差计划管理、出差记录和出差工作辅助管理
休假管理系统	休假申请、休假计划管理、休假记录和休假辅助管理
绩效管理系统	考评体系管理、考评计划管理、考评过程管理、结果运行方案以及考评综合报表
人事审批系统	流程自定义、邮件系统连接、权限管理和远程审批
经理自助服务	信息查询、审批事项和业务事项(管理者桌面、差旅费报告批准、日常事务处理以及工作流集成)

11.2　ERP 软件的功能组织

ERP 系统要实现对企业所有资源的集成管理，所以它提供了功能非常丰富的业务软件模块(如采购、总账)，以满足不同企业、不同组织结构的各种业务需求。系统的功能主要是面向不同的工作人员提供相应的业务功能，所以，传统信息系统的开发以完成企业职能部门的业务需求为目标，对于普通的业务人员，他们看到的更多是日常业务的功能的罗列。

对管理者和信息管理人员，则更需要关心业务流程的组织和企业产品或服务的增值。因此，另一种按业务流程组织的软件结构也是现实需求，它基于价值链及业务流程的业务集成分析思想。ERP 概念思想的提出，也是适应这种现实需求的结果。在 ERP 系统的应用开发中，系统功能的实现则以价值链的实现为目标，通过业务流程的整合来完成。

　　不同层次的用户对于 ERP 的关心点有所不同，因此，ERP 的软件组织可以从两个视角展开，一个是基于职能部门的资源管理设计(如图 11-1)，一个是基于业务流程的价值链增值分析。目前不少 ERP 产品中都提供多种不同风格的使用方式，以不同的视图审视系统的功能组织。比如以文件夹方式组织系统的所有功能，以类似流程图的方式展现各种业务流程。只是由于业务流程常过于细琐或千变万化而难以统驭表达软件系统的结构化或整体性，所以有的软件如 K/3 就采用两者的结合。

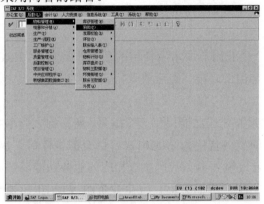

图 11-1　SAP R/3 ERP 的功能菜单

　　图 11-2 就是 K/3 用的 ERP 功能组织方式，页面左面是树状结构系统功能组织图，右面是子系统业务流程图。在系统树状图中，通过双击树状结构的某一个功能模块点，可以进入相应功能的操作界面，同时右面定位于该模块所在的子系统界面，如图左面箭头指示；在子系统的业务流程图中，显示该系统中各功能模块的关联，并用带箭头的折线表示业务流程和信息流向，单击模块，即可进入相应功能模块的操作界面。

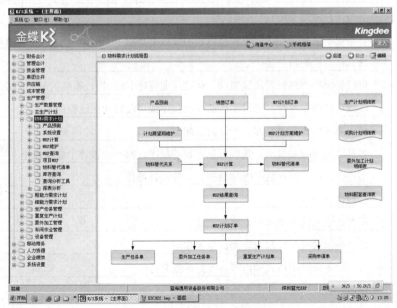

图 11-2　K/3 ERP 的功能组织

　　金蝶 K/3 RP 系统在用户界面中将重要的业务流程清晰地显示出来,不仅包括系统的主框架,也包括其他重要模块中的主业务流程图,用户据此可以理解和完成各业务流程。此系统极大地方便了用户,清晰地反映了基于价值琏的业务流程思想,这也是该系统的重要特点之一。

　　SAP R/3 中大量的 EPC 图显示了各种业务流程的组织方式,同时提供了分析、改变业务流程的工具。易飞系统的"检视类别"使用户可以从不同角度理解系统,特别是作为一个统—的系统,各种子系统及功能是如何组织为一个整体,各子系统之间的流程和数据关系怎样。

　　在实际应用中,每个企业用户通常所使用的功能非常有限,ERP 系统通常会提供方法,使用户可以选择出自己常用的功能,然后放入特定的自用文件夹中,比如 SAP 的 Favorites 文件夹等。

　　SAP 同时为每一个业务处理功能提供一个编号,通常称之为事务代码,便于直接操作,如"创建物料主数据"的事务代码为 MM01,"修改销售订单"事务代码为 VA02。用户在熟悉之后,可以直接通过输入事务代码执行相应的业务功能。

　　从软件的应用环境与用户界面方面,《企业资源规划(ERP)规范》(SJ/T11293-2003)也推荐了一些参考设计标准,如表 11-17 所示。

表 11-17　ERP 系统环境与用户界面的功能描述

类　别	功 能 描 述
系统环境	支持系统平台包括 Windows/UNIX/Linux
	支持的数据库包括 Oracle/SQL Server/Sybase/DB2/Informix
	系统架构包括多层客户机/服务器
	支持用户通过 Internet 访问系统
	自动电子信息传递,如报表可以自动通过 E-mail 传递,可内建收发信息系统
	异常信息检测与传递
文档	可以提供的文档包括在线帮助、标准作业程序书(SOP)、系统关联图和使用手册等
	在线帮助的友好性,可以由当前使用程序或字段启动在线帮助
用户界面	使用者界面推荐浏览器,可以自行配置
	多样化的主画面设计,菜单可任意调整顺序、归类、设计个性化风格
	多媒体应用,可存放多媒体数据、支持语音操作
	资料搜寻辅助
	可对已输入的单据进行审核和过账
	灵活的报表执行、报表查询、报表输出
	可自行定义单据格式和内容,支持单据套打
	可自行设计凭证,定义要处理的字段
	批次作业管理,可以分散在多台应用服务器上执行

从数据库管理与系统安全管理方面,《企业资源规划(ERP)规范》(SJ/T11293-2003)也推荐了一些参考设计标准,如表 11-18 所示。

表 11-18　系统管理设计标准

类　别	功　能　描　述
数据库管理	数据库查询,可以统计记录数,提供历史数据库
	数据库备份,可备份整个数据库到不同的储存媒体,可定时执行数据库的备份工作
	重要字段的修改留下修改记录、日志
报表生成器	提供用户自定义报表的功能——包括报表代号、名称、用户、打印字段、数据记录数量、打印顺序和汇总字段(横向与纵向)
系统安全管理	权限设定,提供权限复制及互换
	依据用户设置各程序各项功能权限——包括程序执行权、录入权、查询记录权、修改记录权、删除记录权、审核记录权、撤消审核记录权、输出记录权,对敏感字段能设定为只读或隐藏
	依据职务或用户组设置各程序的各项功能权限
	记录级权限权限设置,权限查询、修改、删除、审核
	字段级权限权限设置,定义权限的使用规则
	金额使用权限,可依币种、金额设置权限规则
	密码控制,使用者能自行修改密码的功能,系统管理员无法查询或修改他人密码

报表是一种重要的、直观的管理工具,各类管理信息系统均具有报表信息输出的基本功能,ERP 产品也不例外。有些 ERP 系统提供一些默认的标准报表供直接调用;有些 ERP 系统则提供了一些报表模板,可以对之进行局部修改后套用。典型的 ERP 软件,一般均提供有功能强大的报表工具(参见表 11-18 的"报表生成器"),可以灵活地定制适合企业管理需求的特定报表。

11.3　ERP 软件的行业方案

通用版 ERP 基于企业运作的相似性原理而开发,针对的目标行业宽泛,不局限于任何一个特定行业,在产品设计上尽可能覆盖更多的行业管理需求,使得其产品规模庞大、结构复杂、参数繁多、实施困难。而行业版 ERP 则是在对企业管理共性进行系统化地识别、归纳和整理的基础上,针对某一个(或几个)目标行业(如汽车、制药、纺织等)的管理需求及管理特点而设计开发的版本化的、可定制的商品化 ERP 系统。因为不同的行业有其特殊的需求,某些不同行业所要求的解决方案甚至完全不同。行业化 ERP 产品有明确的行业定位,相对通用版 ERP 系统而言,行业版 ERP 在体系架构设计、功能模块设置等方面能更多地考虑目标行业的需求,有利于降低产品规模及复杂性、降低实施困难、缩短实施周期、提高实施成功率。

11.3.1　ERP 软件的行业特征

对行业化 ERP 产品而言,其质量的意义不再是通用化产品的行业范围可覆盖性、对多生产模式的支持能力、产品功能模块数量及产品功能复杂性等,更重要的是能够恰如其分地满足目标行业的个性化管理需求和管理模式,反映目标行业企业发展的个性化管理特点,具体表现为以下几个方面。

(1) 以满足目标行业管理需求为中心。从软件供应商的角度看,通用 ERP 系统以成本效益为中心,追求 ERP 产品的行业通用性(One Size Fits All),这是以牺牲对行业个性化管理需求的支持为代价的。行业版 ERP 以满足目标行业管理需求为中心,采用面向行业订单装配(Assemble-To-Order)的方式,以定制型的产品和服务快速响应和满足目标行业企业的个性化需求,从而为目标企业提供贴身的管理系统及解决方案产品。

(2) 多样化和低成本并重。当 ERP 供应商采用行业定制型 ERP 产品及服务模式时更多的情形是维护基于一个或多个行业族的 ERP 系统,产品的多样化会导致研发及维护成本的提升。市场竞争的全球化及行业细分的现实要求 ERP 供应商既要注重产品和服务的多样化,又要使行业定制型 ERP 产品维持在企业客户可以接受的价格水平。低成本与多样化并重能够使更多的企业客户采用行业定制化的产品和服务,从而实现范围经济。

(3) 产品族和产品平台、可替换的组件。产品族是对一组具有大量相同或相似特征的产品的统称,产品族是建立在基于产品零部件标准化及可互换性设计上的。对采用行业版 ERP 供应商而言,通常需要维持一组行业产品线;有时,对相似行业及需要进一步细分的特定行业而言,也很有必要采用基于产品族的系统构建策略。通过在不同的产品和服务中反复使用同一构件或过程而获得范围经济,并实现产品族。对于采用行业版 ERP 模式的提供商,为实现范围经济,必须在不同的行业 ERP 产品方案中采用软件组件的标准化设计,并对相似的行业、子行业群采用基于产品族的可变型设计,在产品平台的支持下,以组件装配的方式经济快速地构建行业化的 ERP 产品及服务。

(4) 内部与外部资源并重、不同行业产品间的软件资产的复用。软件复用是指重复使用"为了复用目的而设计的软件"的过程。在业务平台的支撑下,通过系统化软件复用,可以控制软件开发的复杂度,缩短开发周期,并提高软件产品的质量。不同行业的 MIS 产品间软件资产的系统化复用是行业版 ERP 产品模式成功的基石,可复用的软件资产的来源不仅仅限于行业版 ERP 供应商内部,还应该积极采用成熟的、可获取的、第三方可复用资产,如 COTS(Commercial-Off-The-Shelf)组件。

11.3.2　ERP 软件的行业方案

ERP 市场得到了快速发展,中国本土的 ERP 厂商也逐步壮大起来,各类企业普遍采用

ERP 软件。在市场日益细分的趋势下，只有能够面向特定行业或行业群提供充分反映行业个性化管理特点的、可定制的、高质量的 ERP 产品和服务，同时又能够保持较低成本的 ERP 软件企业才能赢得市场竞争。

像 SAP 这样的大型 ERP 供应商在提供标准系统的同时，已经能够提供大部分行业的个性化解决方案。这些行业方案包括电信、交通、汽车、银行、保险、化工、林业、木料/木材、造纸业、矿业、零售业、仓储/分销、房地产、能源、大众消费品(CPG)、电子/高科技、工程和建造业、金属制品、金融机构、食品及饮料、家具及附属装饰品、卫生保健、高等教育、工业用品和商用品/机械设备、医疗器械和实验室设备、石油和燃气、制药/生命科学、公共部门/政府、出版业/媒体、橡胶/塑料制品、服务供应商、钢铁/轧制成品、纺织、服装和鞋类、公用事业、航空航天与国防(A&D)和协会/非营利性组织。

11.4　ERP 系统应用设置

作为商品化的软件，ERP 已经将许多内容固化在软件当中，但仍有相当部分需要在应用之前通过输入或选择到系统之中，通常将该过程称为基础数据设置。SAP 的实施中就包含了大量的系统设置和基础数据设置，参数设置达几千个。

11.4.1　ERP 基础数据的类型

从系统功能上考虑，基础数据设置包括技术基础数据和业务基础数据两部分。前者主要从软件系统管理的角度进行设置，此部分功能通常由系统管理员完成，比如软件用户及其权限、多公司的管理等；对普通企业用户而言，主要针对业务基础数据，业务基础数据对于应用系统的作用而言是功能性的，表现为企业模型在 ERP 系统运行之前的瞬间取值。

从应用上考虑，基础数据包括企业公用数据和部门基础数据。公用数据通常包括公司的基本属性及各部门的公用数据两部分，部门基础数据主要指由某个部门自用的基础数据。实际业务中，需要注意的是，设置中不仅包括基本的业务数据，还包括业务处理中所使用的各种单据的格式及相关处理方式。有些系统要求用户在系统应用中必须首先设置单据性质；有些系统提供默认的单据格式，用户无需做任何设置即可以使用，同时容许用户进行修改和定制。

除了一般意义上的基础数据设置，在 ERP 系统的正常运行之前，还需要进行期初数据的设置，即数据初始化。期初数据主要反映企业在准备正式运用 ERP 系统进行管理之前，企业现有的各类资源的状态信息，特别是各类物料信息的库存数量、财务的各种账表(资金信息)，通常企业在应用中，以会计期间为时间段处理。

《企业资源规划(ERP)规范》(SJ/T11293-2003)也推荐了一些基础数据信息设置的参考设计标准，如表 11-19 所示，主要包括财务参数设置、币种与汇率设置、编码原则设置、进销存参数设置、付款条件设置、职务类别设置、常用语设置、页脚/签核信息设置和假日表设置等。

表 11-19　基本信息

类　　别	功　能　描　述
基础参数设置	设置日期格式如：YYYY/MM/DD，MMDDYYYY
	可指定账本记账的本位币
	对于税额计算可按单据的总金额计税，可按单据明细项的金额分别计税
	设置单据审核日期的认定基础依照电脑的系统日期或依照单据发生当天日期
财务参数设置	可依据公司作账期别不同而设定一年 12 期或任意期
	可针对会计账目设定会计封账年度、封账期间
	可针对应收账款设定封账年月、应付账封账年月
	工资核算年月设置
	存款现行年度设置
币种与汇率管理	符合国家小数后的取位计算，单价、金额、成本可以定义小数位数
	可设定银行及报关汇率做为外币换算的依据，包括银行买进汇率、银行卖出汇率、报关买进汇率、报关卖出汇率
编码原则设置管理	编码原则设置的功能，包括多段数的定义、不限制每段字数
	提供自动编码，可以依据编码原则自动编出当前流水号
进销存参数设置	设置库存账目结账年月、封账年月、冻结日期设置
职务类别管理	可设定人员的职务类别，一人可设多种职务，职务类别设置所属成员
常用语管理	可设置常用语：个人常用语设置、全公司常用语设置、常用语句可串联并列
页脚/签核信息管理	报表与单据可设置页脚/签核信息，供 ISO 文件记录编码，表单流程或签核流程控管
假日表管理	多种工作日历设置，满足生产排程、资金实现日及薪资计算依据：可设置工厂假日表、可设置银行假日表、可设置生产班别假日表
付款条件管理	可按天数或按月设置应收账款收款日，当收付账款发生时自动推算

11.4.2　基础数据的设置方法

就基础数据设置的操作而言，ERP 系统在处理方法上差别较大，大体可以分为基于业务职能和基于业务对象的两种方法。有些系统可能混合使用这两种方法。

基于业务职能的设置方法是根据基础数据的管理者和使用者，将相应的设置功能置于相关的业务功能菜单之前，便于集中进行基础数据设置。这种方法清晰、直观，很多 ERP 软件系统(如易飞、金蝶)就是采用这种方式。这是因为它们采用传统的面向过程的开发方法的缘故，而面向过程的方法将系统定义为与数据交互的一组过程，数据独立于过程而单独存储和维护。

基于业务对象的设置方法则是直接将基础数据归属于相应的业务对象，比如物料对象，可能包括物料的特征信息、包装运输信息等，SAP 即采用该方法。这是因为 SAP 以面向对象方法分析和设计系统，面向对象方法在系统维护和重用方面具有独特的优势。

面向对象方法将系统定义为一组协同工作的对象，共同完成一些任务；各对象拥有自己的数据，能够在接受请求后执行某些动作。SAP 在企业建模和系统实现上广泛采用了面向对象方法，因比在软件实现和应用中，能够从整个企业角度定义所存在的各类业务对象及其特征，这些特征包括相关的数据特征和业务操作特征，与具体的业务处理没有直接的关系。用户在使用中，主要借助对象概念对相关信息进行操作，比如有一种新的物料，则可以使用"创建物料(Create Material)"功能在系统中增加一个物料对象，其他对物料关心的部门都可以获得物料信息的变化，对于企业内所有部门的每个人，所看到的是同一个物料对象。

在实际运作中，用户通常是以部门成员角色进入系统的，对于同一对象，其所关心的视角有所不同，其操作的内容和权限也各不相同。SAP 为不同用户提供了与部门业务相关的观察视角，如图 11-3 所示的物料主文件的数据设置中，物料(Materia)对象有主记录(Master Record)，记录物料的基本信息，以及对应于特定职能部门所关心的数据特征，如采购、销售、成本、MRP 等，在应用中通过不同的文件夹(页面)显示。企业各部门任何有权限的用户都可以创建物料主文件，其他人则根据需要取用或维护相关的页面信息。

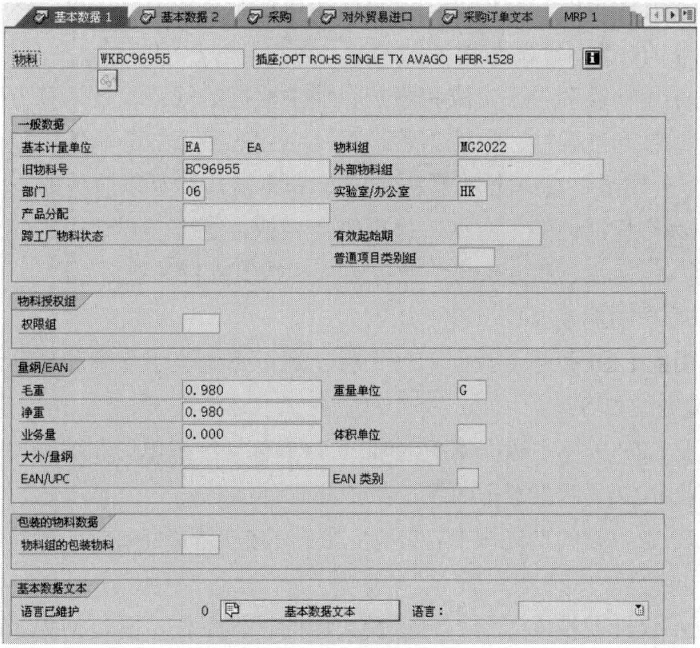

图 11-3 物料主文件的数据设置

基础数据设置的工作是繁琐的，在 ERP 软件中，根据软件自身功能的强弱，基础数据设置的工作量也有较大的区别。一种先进的方式是基于企业模型的 ERP 数据环境设置。如何分析和理解企业模型将直接反映在系统的设置界面上。就核心功能而言，基础数据的设置内容是大体相似的，但具体设置数据时不仅内部存储、处理方式不同，提供给用户的设置方法也各有不同，这主要与系统所采用的企业建模方法有关。对于适用于中小企业的 ERP 软件，由于功能相对简单，共性需求较多，因此基础数据设置内容要少得多，操作也比较简单。

11.5　ERP 系统主数据管理

一些大型的集团企业，由于其各子公司业务有所不同，因此各子公司常常会安装不同的 ERP 系统，在应用中，即使最初实现了信息的规范化和标准化处理，在应用中也常会重新出现信息不一致的现象。为此，这类集团企业进行大规模的基础数据的规范化和标准化处理，实施"主数据管理"项目，目的在于在集团范围内的各系统间保证基础数据的规范和一致。

企业主数据是用来描述企业核心业务实体的数据，比如客户、合作伙伴、员工、产品、物料单、账户等，它具有高业务价值，可以在企业内跨越各个业务部门被重复使用，并且可能应用于多个异构系统中。区别于记录业务事件的交易数据以及表达数据结构的元数据，主数据是一种相对静态、稳定的数据。但主数据一旦被记录到数据库中，需要经常对其进行维护，从而确保其时效性和准确性。主数据还包括关系数据，用以描述主数据之间的关系，如客户与产品的关系、产品与地域的关系、客户与客户的关系、产品与产品的关系等。

主数据管理采用一整套用于生成和维护企业主数据的规范、技术和方案，以保证主数据的完整性、一致性和准确性。主数据管理可从企业的多个业务系统中整合最核心的、最需要共享的数据(主数据)，集中进行数据的清洗和丰富，并且以服务的方式把统一的、完整的、准确的、具有权威性的主数据，提供给全企业范围内需要使用这些数据的操作型应用和分析型应用，包括各个业务系统、业务流程和决策支持系统等。

ERP 主数据管理功能主要包括以下几点：

(1) 建立集团内 ERP 关键主数据管理平台，通过系统集中管理和自动分发，统一和规范 ERP 关键主数据的内容；

(2) 集中企业 ERP 关键主数据维护的唯一入口(包括维护申请和编码申请)；

(3) 集中企业 ERP 关键主数据的统一维护和管理；

(4) 突破 ERP 主数据的功能限制，实现主数据的扩展管理(如会计科目的层级管理和物料描述长度的扩展等)。

主数据管理不仅涉及技术工作，更涉及大量的管理工作，既包括集团范围内数据的规范化工作，也包括大量的日常规范化管理流程。

传统 ERP 厂商 SAP 和 Oracle 都基于自己的产品经验，在他们的 ERP 套装软件产品中加入了主数据管理模块。基于他们行业的经验，他们的产品有比较好的数据模型、比较完整的主数据管理方法和工具。Oracle 基于自身在 CRM 和制造行业的深厚经验，提供了非常全面的客户主数据管理产品 UCM8.0 和制造业主数据管理产品 PIM12.0。

SAP 是一个功能相当完备的信息系统，提供相当多的方法论和工具用以指导和帮助一系列的实施和设置工作。在进行主数据管理时，SAP R/3 基于 ARIS 建模工具，方便地在实施和应用中进行大量的基础数据设置和维护。SAP 主数据的基础设置和维护方式，与其数据的组织方式密切相关，即对于同一个业务对象，巧妙地将其包含的数据项分为不同的视图。对于一些基础数据，即在任何流程都需要使用的数据，将其放入通用视图之中；然后将不同业务流程中涉及到的数据项，放入相应的数据视图中，比如财务或物流视图，而且这些数据项信息的录入，完全是根据数据的自身特征处理，并不由操作者的具体职能决定。这样，对于同一个数据项，在整个系统内将是完全一致的，可以实现实时、无缝的数据共享。SAP 的主数据管理功能进一步独立为 MDM(主数据管理系统)，为企业 SOA(面向服务的架构)整合打下了数据基础。

11.6　本　章　小　结

我国已于 2003 年发布了《企业资源规划(ERP)规范》，该规定给出了 20 个功能模块的功能描述、评比标准，以及每个功能描述的重要程度。这 20 个功能模块包括 BOM 管理、MRP、车间任务管理、工艺管理、质量管理、营销管理、采购管理、库存管理、经营决策、人力资源管理、总账管理、应收管理、应付管理、自动分录、固定资产管理、成本管理，以及基本信息、环境与用户界面、系统整合和系统管理。

ERP 软件的功能组织可以从两个视角展开，一个是基于职能部门的资源管理设计，一个是基于业务流程的价值链设计。实际应用时常采用两者的结合，页面左面是树状结构系统功能组织图，右面是子系统业务流程图。ERP 系统通常会提供给用户可以选择出自己常用的功能，放入个性化的自用文件夹如 Favorites 中。SAP 同时为每一个业务处理功能提供事务代码，便于直接操作。

《企业资源规划(ERP)规范》对软件的应用环境与用户界面、报表使用和系统管理方面，也推荐了一些参考设计标准。

行业版 ERP 是针对目标行业的管理需求及管理特点而设计开发的版本化的、可定制的商品化 ERP 系统。

作为商品化的软件，ERP 已经将许多内容固化在软件当中，但仍有相当部分需要进行基础数据设置。基础数据设置包括技术基础数据和业务基础数据两部分，以及期初数据的初始化。根据软件开发方法的不同，基础数据的设置可以分为基于业务职能和基于业务对象两种方式，它们使得模块的功能组织形式存在集中与分散的差异。有些系统可能混合使用这两种方法。

　　主数据管理采用一整套用于生成和维护企业主数据的规范、技术和方案，以保证主数据的完整性、一致性和准确性。在进行主数据管理时，基于建模工具，可方便地在实施和应用中进行大量的基础数据设置和维护。

关键术语

　　企业资源规划(ERP)规范　功能组织　事务代码　行业版 ERP　基础数据设置　期初数据初始化　主数据管理

思考练习题

(1) 《企业资源规划(ERP)规范》在哪一年发布的？

(2) 分析讨论行业标准《企业资源规划(ERP)规范》具体执行效果如何。

(3) 《企业资源规划(ERP)规范》给出的对其功能描述的 20 个功能模块有哪些？

(4) ERP 软件的功能组织有哪些方式？

(5) 为什么说 ERP 软件无法单独采用业务流程图的方式来进行功能组织？

(6) 事务代码是什么，能起什么作用？

(7) 行业版 ERP 与通用 ERP 有什么区别？

(8) 为什么需要行业版 ERP？

(9) 基础数据设置包括哪些内容？

(10) 基于业务职能和基于业务对象两种基础数据的设置方式各有何优缺点？

(11) 什么是主数据管理？

(12) ERP 主数据管理系统的功能有哪些？

(13) 讨论基于建模工具进行大量的基础数据设置和维护的优越性。

第12章 ERP系统的技术实现

【导语】

前面章节讲了 ERP 系统是如何通过软件来组织实现的，本章则从另一个侧面进一步介绍 ERP 系统的技术实现问题，包括数据库系统和数据仓库、商务智能，ERP 网络体系结构与系统服务器和集中式数据管理，业务基础软件平台与软构件技术，企业应用集成和相关的技术如中间件、企业服务总线，以及最新的面向服务的体系结构(SOA)；并介绍利用企业参考模型来辅助 ERP 开发实施的全过程；最后介绍新型 ERP 管理软件系统的最新发展。

12.1 数据库系统

ERP 是一种集成的管理信息系统，它要进行大量的数据信息处理，表现为一个数据处理系统。这是因为 ERP 系统的运行首先要求有一个共享的基础数据库集合，而且 ERP 每时每刻要产生大量的企业业务数据，它们是对企业经营管理现状实时的数字化映射。在此基础上，ERP 要建立面向分析的决策信息仓库，以提供大量的决策分析功能。因此与 ERP 业务软件相匹配的，要求有相应的数据库管理系统(DBMS)软件，如 ORACLE、SYBASE、DB2 等，来提供数据的存放与管理功能。而 DBMS 软件一般是第三方软件，如果没有捆绑销售则需要另行购买。图 12-1 是由 ERP 业务层、控制层和数据层组成的典型 ERP 软件运行层次结构图，从应用层与数据层的分离，可以看出数据库在 ERP 软件系统里的基础地位。

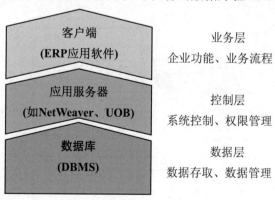

图 12-1 ERP 软件与数据库

对于数据库管理系统的选择，则要求与 ERP 系统相应的数据处理能力相匹配。这要对

ERP 应用系统的数据量进行基础衡量。一般的，如果是 10 万条记录的数据处理量，或许小型数据库管理系统，如 FOXPRO、ACCESS 等，也可以满足需求；如果是 100 万条记录的数据处理量，需要选用中型数据库管理系统，如 Progress、MS SQLServer 等；对于达 1000 万条记录的业务处理量，则要选用大型数据库管理系统，如 ORACLE、Informix、Sybase 等，这是因为大型数据库提供了最高等级的数据吞吐能力和管理机制，当然总费用也较高。而且 ERP 功能覆盖企业的各个部门，具有较大的分布处理需求，因此要求数据库系统拥有灵活的网络并发处理机制和可靠性。

　　商品化的 ERP 软件常根据版本和应用的不同，提供多个数据库环境平台供选择。如 SAP R/3 系统就可运行于 ORACLE、DB2、SYBASE 等多个数据库平台。

　　实际上，功能完整的 ERP 软件常设计有几千个数据表(如曾经统计过 SAP 的数据表达 37664 个，并有 4 万多个索引)，系统的运作带来大量的频繁的数据存储，为了提高效率，SAP 在设计中也引入了嵌入式内表的设计机制，突破了传统的关系型数据库设计的局限。近年来 SAP 更引入内存应用技术，推出 HANA 架构平台，以内存数据库为关键技术，更好地支持了数据仓库、BO 报表和仪表盘等商务智能技术的实现。

12.2　数据仓库与商务智能

　　以 ERP 系统为代表的企业信息系统，在多年的系统运行中积累了丰富的数据。但由于系统采用的事务处理机制的局限性，不能够从现有的数据中发现宝贵的信息，以及潜在的知识。数据仓库技术和商务智能在 ERP 中的应用已经成为一个必然扩充。数据仓库是以 ERP 信息系统为基础的、从企业所有业务数据库中获取的综合数据应用系统，它附加在这个数据库系统之上，利用数据挖掘技术，提炼有用的深层经营信息，供高层决策之用，构成商务智能系统(见图 12-2)。

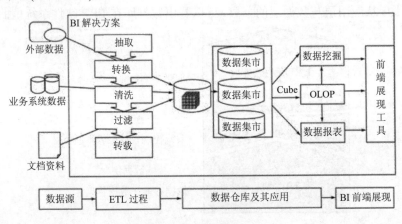

图 12-2　商务智能系统

数据仓库(Data Warehouse，DW)是存储数据的一种组织形式，它从传统数据库中获得原始数据，先按辅助决策的主题要求形成当前基本数据层，再按综合决策的要求形成综合数据层(分为轻度综合层和高度综合层)。随着时间的推移，可由时间控制机制将当前基本数据层转为历史数据层。

联机分析处理(On-Line Analytical Processing，OLAP)利用钻取、切片和切块，以及旋转等技术进行在线数据分析，从多角度对数据仓库信息进行快速、一致、交互地存取，满足在多维环境下特定的查询分析、报表需求和决策支持。SAP 的业务信息仓库(Business Information Warehouse，BW)就是一种端对端的数据仓库解决方案，SAP BW 利用一组特定的数据钻取与整合工具(SAP OLAP Servers)，能够对 SAP R/3 以及其他非 SAP 系统中的数据进行抽取并分析。

数据挖掘(Data Mining，DM)技术建立在数据仓库之上，一方面能够提高数据仓库系统的决策支持能力；另一方面，由于数据仓库完成了数据的清洗、ETL(抽取，转换，装载)，数据挖掘面对的是经过初步处理的数据，更加有利于数据挖掘功能的发挥。与展示企业历史的和现有的信息、静态/动态报表及查询等分析方法不同，数据挖掘是从数据库中智能地寻找模型，从海量数据中归纳出有用信息。数据挖掘方法主要包括聚类分析、关联分析、回归分析、因子分析、神经网络与遗传算法等。

数据仓库、联机分析和数据挖掘技术的发展，使得商务智能成为现实。商务智能(Business Intelligence，BI)是在企业数据仓库的基础上，利用数据挖掘和信息挖掘工具获取商业信息，以辅助和支持商务决策的全过程。商务智能系统可以说是一个智能决策支持系统，它不是局限于一种产品或服务，从某种意义上商务智能是一种商业理念，通过商务智能技术，用户更充分地了解他们的产品、服务、客户以及销售趋势，所以各种应用系统均向 BI 靠拢(如图 12-3 所示)。2007 年 SAP 收购了著名的 Business Objects 公司，就是期望全面增强其产品线的商务智能功能。

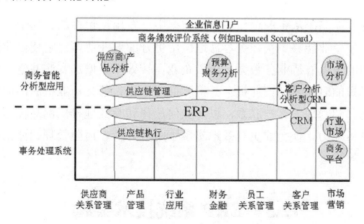

图 12-3　商务智能的企业应用

商务智能首先体现于查询分析和仪表盘。查询分析基于开放的 OLAP 分析体系，可调取主流厂商如 Microsoft、Hyperion 和 SAP OLAP Servers 的数据，进行多维和异构数据分析，提供交互式分析和动态报表与复杂分析。查询分析让业务用户自发访问企业信息，基于语义层技术和直观的 Web 界面满足方便的个性化分析,提供强大的即席查询,其灵活的集成分析能力,可在 Web 下钻取、切片,适合各种企业内的分析需求。

动态交互式仪表盘则兼顾操作的简易性与分析的交互性与可视化,采取多样直观的展现形式(如图 12-4 所示)。它采取可视化的 what-if 分析,也支持多种发布格式(WORD、PPT、PDF、SWF、BOE 等),只需点击鼠标即可连接任何类型的数据,实现动态显示和即时报警。企业的运作状态和绩效可以利用一套运作指标来反映,在商务智能环境下,这些指标均可由仪表盘来直观展现。借助于这些有动态预警功能的仪表盘,运作企业就像驾驶飞机一样,这也就是俗称的管理驾驶舱。

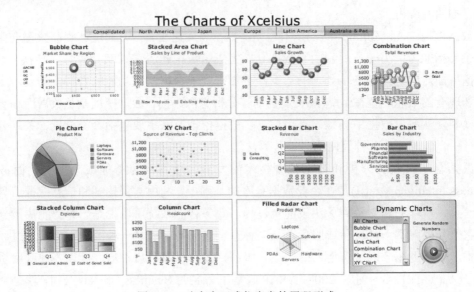

图 12-4　动态交互式仪表盘的展现形式

总之,商务智能系统从企业运作的日常数据中开发出结论性的、基于事实的和具有可实施性的信息,使企业能够更快、更容易地做出更好的商业决策。它使企业管理者和决策者以一种更清晰的角度看待业务数据,提高企业运转效率、增加利润并建立良好的客户关系,使企业以最短的时间发现商业机会、检测商业诈骗、捕捉商业机遇,如何时地进入何市场、如何选择和管理大客户联系,以及如何选择和有效地推出商品优惠策略等。同时通过提供决策分析能力,使企业更有效地实现了财务分析、风险管理、分销和后勤管理,驶入可持续发展的轨道。

12.3　ERP 系统技术架构

随着网络通信技术和软件开发技术的发展,ERP 系统已经从集中计算模式走向分布计算模式,各软件供应商引入各种有效的技术方法,以满足用户的分布式应用系统的业务需求,满足企业各类异构系统并存所带来的集成需求,促成了 ERP 软件体系结构的快速变化。

网络体系结构的发展，经历了从以文件服务器为中心的主机模式，到客户/服务器(Client/Server，简写为 C/S)模式，到浏览器/服务器(Browser/Server，简写为 B/S)模式，再到分布式与云计算模式的基本发展进程(参见图 12-5)。

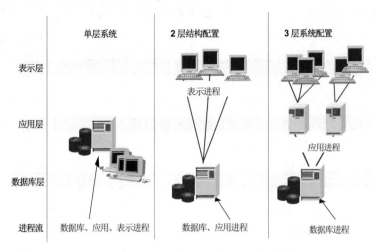

图 12-5　ERP 软件应用系统的网络结构

以文件服务器为中心的主机模式诞生于初期的大型中央主机系统，软件结构体系也是 Mainframe 结构，该结构下客户、数据和程序被集中在主机上，通常只有少量的 GUI 界面，对远程数据库的访问比较困难。

在 20 世纪 80 年代中期出现了客户/服务器(Client/Server，简写为 C/S)分布式计算结构，应用程序的处理在客户(PC 机)和服务器(Mainframe 或 Server)之间分担，数据库系统承担前端来的数据处理功能，客户机接受处理后的数据以实现业务逻辑和显示，系统开始提供多种 GUI 界面。这是一种灵活的、规模可变的系统平台，曾经得到了广泛的应用。

随着 Internet 技术的发展，Client/Server 结构演变为 Browser/Server 结构，这是一种使用方便、规模灵活的体系结构和计算模式，目前成熟的商品化 ERP 系统一般都采用这样的应用结构。它遵从 SUN 公司典型的"三层结构"模式，以适应电子商务系统的发展需求。

在这个解决方案中，电子商务系统的体系结构被分解成表达层、应用(逻辑)处理层和数据层，三层分别承担不同的功能，界面清晰。表达层(Presentation Layer)以 Web 服务器为基础，负责信息的发布；应用层(Application Layer)负责处理核心业务逻辑；数据层(Data Layer)的基础是数据库管理系统(DBMS)，负责数据的组织，并向应用层提供接口。

在这种结构中，将商业和应用逻辑从客户机移到中间层，即应用服务器上，客户机只需要安装具有用户界面和简单的数据处理功能的应用程序，使用通用的浏览器如 IE、Firefox 等，负责处理与用户的交互和与应用服务器的交互。应用服务器接受客户端的请求，负责处理商业和应用逻辑。此三层客户/服务器的最大特征在于所有用户可以共享商业用逻辑；应用服务器是整个系统的核心，为处理系统的具体应用提供事务处理、安全控制，由此形成了以应用服务器为中心的辐射状的系统结构。

采用 3 层或多层次的客户/服务器结构，综合权衡了安全性、性能、维护、数据合并和费用等方面，通过将数据库和应用服务器放置在公司总部，其他地点用户通过广域网对数据进行存取，这样形成的瘦客户机/胖服务器模型，通常称为集中式系统结构。它使得整个维护工作集中在总部的数据库服务器和应用服务器，大大减少了系统维护费用。

集中式应用系统结构实现信息共享，减少重复录入和接口。所有企业都会使用一套应用系统和数据库。基础数据(如科目、项目、人员、部门等信息)根据业务要求可以设置为共享或不共享；日常业务数据(如车间生产信息，应收应付财务信息等)按企业和部门分开维护。总部通过系统的权利，访问所有企业的信息。

集中管理可以按照企业的管理特点和管理需求，为各级部门和下属企业严格设置各种权限，管理人员可实时查询全部需要并且被授权的信息，及时下达生产指令等。各单位或部门的各种信息也能实时反馈给其他部门和有关领导。

如珠江啤酒公司在符合业务需求的基础上，采用基于 Java 的成熟的网络计算体系结构的 Oracle ERP 应用系统，实现集中式处理。在公司总部及相关单位建立局域网，把应用系统和数据全部集中在总部，下属单位通过 Internet 或远程网络专线进入总部的局域网，访问位于总部的应用系统，以实现整个公司的业务运营和经营管理。

在 ERP 应用系统的计算模式里，主机系统是另一项重要的因素。主机系统一般承担服务器的职能。由于 ERP 要处理大量的业务进程，MRP II 系统的运作逻辑又较为繁杂，所以要求相应的主机服务器的速度要足够快、功能要足够强大。一般的，成规模的 ERP 应用系统常采用小型机当服务器，典型的如 IBM P5、P6、AS/400 系列，HP 9000 系列，SUN Fire 系列。大型 ERP 应用系统常采用中型计算机，以支持集团公司业务的开展。近年来，适应中小型企业 ERP 应用系统的需求，微机服务器也得到广泛应用，它们是以 X86 系统架构为基础的特制高档微机。而为了提高数据存储的安全性和可靠性，也常要组建磁盘阵列。

12.4　ERP 系统业务架构

ERP 是从 MRP II 发展而来的，MRP II 软件基本是按照"MRP II标准体系(MRP II System)"开发的，其基本结构由生产、物流和财务组成。标准 ERP 软件是在 MRP II 基础上进行扩展的，其软件功能进一步丰富和完善，包括引入人力资源管理、质量管理和设备管理等全面业务功能。MRPII 的各种功能模块构成了 ERP 软件的主体。

但是传统 ERP 系统存在着如下局限：①面向企业内部的生产流程管理，不能很好地支持业务流程的重组。②缺乏灵活性和扩展性。③各支撑系统都是为了解决某一方面的问题而单独规划和建设的，各系统之间的信息难于共享，接口困难，并且需要在各系统间两两开发接口。④各系统的单独规划和建设也使各系统的职责和功能的规划不够清晰，有些功能在许多系统中重复存在。⑤ERP 传统体系结构是按功能和组织架构来划分子系统和模块的，模块之间按紧耦合方式连接；一个模块的修改将导致另一个或几个模块的修改，从而影响系统的稳定性与实施周期；如果不改，软件可能不能满足个性化的需求，也不能适应变化，但是如果修改也可能影响系统稳定性，处在一种两难境地。

这些状况使得 ERP 传统体系结构明显地表现为一种刚性结构，而刚性结构不能适应变化，但变化又是不可避免的。随着需求和信息技术的发展，ERP 体系结构正处于演变进程中。SAP、Oracle、Peoplesoft、JDEdward 和 Baan 公司都已经改变它们的 ERP 体系结构，采用 Java 技术在 Web 平台上开发功能更齐全、结构更开放的 ERP 软件产品，使之既能满足企业内部垂直功能管理需求，又能支持企业业务重组、内外部业务协同。

ERP 体系结构的演化不仅对于 ERP 的成功应用具有关键作用，也可以带来多方面价值，创造多赢局面。ERP 体系结构演化的目标是构建松耦合的、可组装和替换的、适应变化的柔性化架构。ERP 体系结构的演化方向是：构件化、微内核化、模型化和柔性化，其中最重要的是构件化，尤其是业务构件化，这是 ERP 体系结构发展的主流方向，平台化应从属于构件化范畴。变化和稳定是 ERP 柔性的要求，与构件化关联的微内核提供引擎机制以适应变化，核心逻辑的精炼凝聚又能保持系统稳定。模型化的重点是建立在企业参考模型和领域参考模型基础上的行业版本，这是一个发展方向。柔性化是目标，为使系统适应变化，构件化、微内核化、模型化是实现柔性化的途径。

业务构件化采用基于 J2EE 的分布式体系结构和面向对象的方法，开发和实现 ERP 的基础功能构件、核心功能构件和应用功能构件。业务构件化的整体，表现为一个业务基础软件平台，它在普通应用软件(ERP)与普通软件基础架构平台(如 IBM 的 WebSphere)之间独立出来(如图 12-6 所示)。它屏蔽了技术细节，采用"业务语言"提供给应用构建。通过业务基础软件平台提供的基本框架，以及预置好的模块，可以很快地研制出用户所需要的复杂应用软件系统，方便地满足用户各种各样变化的需求。SAP 的 NetWeaver、金蝶的 BOS、Baan 公司的 DEM 均具有业务基础软件平台的性质。

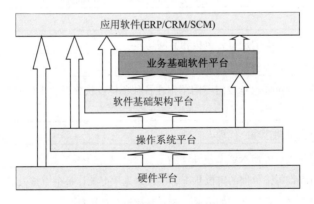

图 12-6　软件平台的层次关系

业务基础软件平台为复杂应用软件系统提供了一个集成框架，基于软构件的 ERP 系统体系结构，可选择利用业务基础软件平台提供的各类功能构件，在此基础上构建一套完整的支持行业/企业解决方案的 ERP 系统。在注意解决异构平台的同时，也要十分注意解决异构数据的集成与应用。

基于构件的新一代 ERP 的主要特征是：①基于快速建模的动态可配置性；②基于软构

件的可重构性；③基于中间件的可集成性；④业务处理与决策自动化；⑤多管理模式的融合性；⑥可剪裁的系统自适应性；⑦电子商务环境下的企业间协同性；⑧基于快速实施工具的系统可实施性。

新一代 ERP 采用最新软件架构实现系统可集成性和系统动态可变性，除了满足传统的经营生产计划与控制的及时性要求外，还能基于工作流实现管理的过程控制，基于知识实现管理智能化，并能大大扩展企业的商务过程功能，使管理思想的先进性与适应性得到最大体现。

12.5　ERP 企业应用集成

企业应用集成(Enterprise Application Integration，EAI)是完成在组织内、外的各种异构系统、应用(如 ERP、CRM 系统)和数据源之间共享及交换信息及协作的途径、方法、标准和技术。企业应用集成要集成多个系统连通共享并保证各个系统互不干扰。

12.5.1　企业应用集成的内容

企业应用集成所连接的应用包括各种 ERP 系统，CRM 系统，SCM 系统，OA 系统，电子商务系统，数据仓库等。《企业资源规划(ERP)规范》(SJ/T11293-2003)推荐的系统整合就包括了工作流管理、子系统关系、集成电子商务应用、分布式数据库的整合、企业应用集成和其他整合能力等基本类别(见表 12-1)。

表 12-1　系统整合的功能类别和描述

类　　别	功　能　描　述
工作流管理	有主要单据的送审、审核和驳回功能
	ERP 内建或整合工作流引擎
	使用者可以自行设定不同单据在各种条件及状况下的审核流程，一般及紧急处理时限控制
	审核过期管理，代理人管理
	审核人员可输入意见并可查询
	可查询每张单据的审核状况、审核意见，可统计每个审核人员工的审核绩效
子系统关系	可定义子系统之间的关系，各子系统可单独运行
集成电子商务应用	提供与厂商间的数据交换与电子采购，提供询价单、报价单、采购单、采购变更单、采购回复单、送货通知单、验收通知单、付款单等
	支持网上下单、网上付款
	提供与客户间的数据交换与电子销售，提供电子产品目录、商品简介、报价单、订购单、订购单变更单、订购回复单、送货通知单等

(续表)

类　　别	功 能 描 述
分布式数据库的整合	多分公司或多营业点的分布式管理
其他整合能力	多企业，支持多账套业务，支持分录抵消和合并报表
	多币别，支持各种交易单据上使用不同币种
	多语言，支持中文、英文或其他语言
	提供多种存货单位的管理，包括提供单一存贷单位、双存货单位及母子单位的存货管理
	相同的基础数据录入后的共享，如部门、币种、岗位与人员、工作中心、仓库编号
企业应用集成	与其他应用系统的数据交换，支持 XML 接口
	自定义数据导出条件，支持数据批量转换，提供通用对外接口
	数据交换的自动执行，具备日志管理、回执管理
	企业信息门户，提供单一入口访问企业应用，个性化用户界面

实际上，企业信息系统的集成，可以从广度和深度两个方面来分析。不同的广度和深度，集成所实现的目标是不同的。从系统内部的集成，到系统间的集成，到企业间的集成，集成的难度和能够取得的效益也是不同的。

从集成的广度上来看，从易到难有以下种类的集成：

- 部门内部的信息系统集成
- 部门之间的信息系统集成
- 企业级的信息系统集成
- 与有稳定关系的合作伙伴之间的信息系统集成
- 与随机遇到的合作伙伴之间的信息系统集成

从集成的深度上来说，从易到难有以下种类的集成：

- 数据的集成

为了完成应用集成和业务过程集成，必须首先解决数据和数据库的集成问题。在集成之前，必须首先对数据进行标识并编成目录，另外还要确定元数据模型。这三步完成以后，数据才能在数据库系统中分布和共享。

- 平台的集成

要实现系统的集成，底层的结构、软件、硬件以及异构网络的特殊需求都必须得到集成。平台集成处理一些过程和工具，以保证这些系统进行快速安全的通信。

- 应用系统的集成

为两个应用中的数据和函数提供接近实时的集成。例如，在一些 B2B 集成中用来实现 CRM 系统与企业后端应用和 Web 的集成，构建能够充分利用多个应用系统资源的电子商务网站。

● 业务过程的集成

当对业务过程进行集成的时候，企业必须在各种业务系统中定义、授权和管理各种业务信息的交换，以便改进操作、减少成本、提高响应速度。业务过程集成包括业务管理、进程模拟以及综合任务、流程、组织和进出信息的工作流，业务处理中每一步都需要的工具。

● 云集成

基于云的数据集成在很多时候是有效的。但是基于云的应用集成(基于云的 EAI)则是在新探索的应用。SnapLogic 和 Boomi 这样的厂商已杀进基于云的数据集成领域，Informatica 公司则协助其成为主流技术。第一个基于云的应用集成平台 iON 是第一个功能完整的，为云应用集成构建的套件。

12.5.2　企业应用集成的技术

EAI 使用的主要技术包括 J2EE 连接器架构、Java 消息服务、Web 服务、XML、面向服务的架构等。J2EE 连接器架构是 J2EE 平台中用于连接传统系统的资源适配器规范。Java 消息服务是 Java 中用于访问面向消息中间件的规范，用于在不同系统之间通过交换消息进行集成。Web 服务通过标准的 Web 协议提供服务，目的是保证不同平台的应用服务可以互操作。XML 是标准通用标记语言(SGML)的子集，XML 提供统一的方法来描述和交换独立于应用程序或供应商的结构化数据，非常适合 Web 传输。

企业应用集成技术可以产品化，形成了连接异构系统的中间件。中间件(middle ware)产品是在了解各种应用系统的数据模型和 API 的基础上，开发出的各种应用系统的适配器，用于从应用系统中提取和插入数据，并提供管道、总线或类似的手段将不同适配器连接起来。

图 12-7 就是利用中间件实现的企业应用集成体系，它遵从一般意义上的 EAI 规范，通过建立底层结构，来联系横贯整个企业的异构系统、应用、数据源等，完成在企业内部的 ERP、CRM、SCM、数据库、数据仓库，以及其他重要的内部系统之间无缝地共享和交换数据的需要。

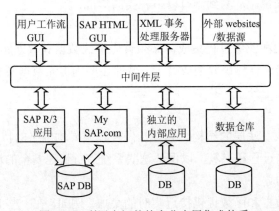

图 12-7　利用中间件的企业应用集成体系

除了可利用通用的中间件融合企业已有的应用软件、商业封装式应用软件以及新代码三方面的功能外，随着应用的深入和技术的发展，企业集成平台向最终用户提供一体化集成的解决方案。这是一种全新的战略企业解决方案，其前台企业门户(Enterprise Portal，EP)等技术使得用户可以根据工作需要，灵活定制简单一致的单点登录应用界面；后台在应用系统中应用组件、Web 服务(Web Service)等技术提供灵活定制的多系统集成方案，最终实现随需应变(On-Demand)的企业集成战略。

12.5.3　SOA 与企业服务总线

面向服务的体系结构(Service Oriented Architecture，SOA)是一个组件模型，将应用程序的不同功能单元(称为服务)通过服务之间定义良好的接口和契约联系起来。接口是采用中立的方式进行定义的，它独立于实现服务的硬件平台、操作系统和编程语言，这使得构建在各种系统中的服务能够以统一和通用的方式进行交互。

SOA 是基于服务的分布式系统设计框架，它的设计原则是利用显式的与实现无关的接口来定义服务，采用强调位置透明性和可互操作性的通信协议，封装可重用业务功能的服务。为了实现 SOA，应用程序和基础架构都必须支持这些 SOA 原则。符合这些原则的技术可以有多种，Web 服务技术算是一种成功的 SOA 技术。

SOA 技术的出现，为解决软件系统的复杂性问题提供了一条新的通路，通过将众多的业务独立封装为 Web Service，实现软件系统自身的灵活配置，以及与其他系统的无缝集成。因此，包括 ERP 软件系统在内的各种软件都在尝试使用这一新技术，各 ERP 厂商都在 SOA 的技术规范下建立了自己的 SOA 开发环境，比如 SAP 的 NetWeaver(网络编织者)、Oracle 的 Fusion(熔合)、金蝶的 BOS 等。通过 SOA 开发平台的迁移，ERP 厂商们逐渐把原来紧密结合的业务模块进行重新定义，作为单独的产品来发布和升级。SAP 公司也正在利用 SOA 技术改进产品，把 R/3 过渡为 ECC 作为 ERP 的核心，SD 的功能逐渐在 CRM 中得到继承和扩展，MM 则过渡为 SCM(供应链管理)和 SRM(供应商关系管理)，R/3 的主数据管独立为 MDM(主数据管理系统)为 SOA 整合打下了数据基础……

未来的 ERP 软件，是否能够根据用户的需求，将已经事先设计和封装好的业务组件，遵从 SOA 规范进行简单的装配，形成用户所需要的企业系统，是业界和用户都在期盼和为此而努力的一件艰巨的工程。

企业服务总线(Enterprise Service Bus，ESB)是中间件技术与 Web Service 等技术结合的产物，也是 SOA 系统中的核心基础设施(SOA 另需要 BPEL 以实现业务流程驱动下服务的集成和整合)。在企业计算领域，企业服务总线是指由中间件基础设施产品技术实现的，通过事件驱动和基于 XML 消息引擎，为更复杂的面向服务的架构提供的软件架构的构造物。企业服务总线通常提供数据传输、消息协议转化、路由三大核心功能。

总线一词是对在一台电脑的不同设备间运输比特的物理总线的引申。ESB 架构在更高抽象层次上提供类似的功能，包括提供可靠消息传输、服务接入、协议转换、数据格式转换、基于内容的路由等功能，屏蔽了服务的物理位置。在一个使用 ESB 的企业架构中，应用将通过总线交互，而总线扮演着应用间的信息调度的角色。

SOA 是一种理想的企业应用集成模式。SOA 强调了基于服务的集成，以 Web 服务为基本的管理单元。一个服务是把业务逻辑表现成为一组相互独立的、自描述的且能互操作的实体。SOA 关注的是服务全生命周期，通过服务实现业务价值。而 ESB 关注的是服务中介和服务的集成，作为 SOA 的重要基础设施，ESB 基于在企业消息系统上提供的一个抽象层，使得集成架构师能够不用编码而是利用消息完成集成工作，实现 SOA 价值。

SAP 的 NetWeaver 就是一个符合 SOA 范式的集成平台，它包含了门户(Portal)服务器、应用服务器、企业服务总线、流程服务器、服务注册表及储存库(ESR)等完整的功能，并包含有主数据管理、商业智能和知识管理等扩展功能。它基于企业服务架构(Enterprise Services Architecture，ESA)而实现了完整的业务解决方案的蓝图，实现了在整个企业内使用 Web 服务(参见图 12-8)。

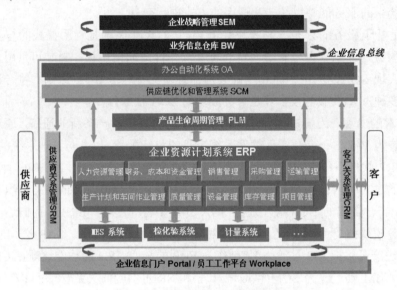

图 12-8　SAP 系统集成的整体架构

12.6　ERP 企业模型

企业模型是一组活动、方法和工具，它们被用来描述企业不同侧面的企业特征。信息系统开发，包括 ERP 实施，最终的目标就是将这些模型通过信息系统表现为数字企业，企业模型中的各种模型，最终大部分都体现在信息系统的软件之中。

12.6.1　集成企业建模

一个企业模型在层次上应包含：一个企业结构模型、几个业务模型、一个数据模型、一个对象模型，图 12-9 给出了建模系统的模型层次结构图。其中，每个业务模型包含：一个工作流模型(过程模型)、一个功能模型、一个信息模型、一个组织模型和一个资源模型。

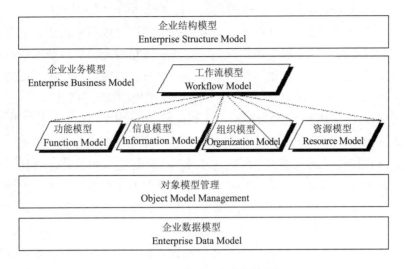

图 12-9　建模系统的层次结构图

(1) 结构模型。描述了一个多点环境企业的地理位置分布,它可作为模型的整体浏览和创建的基础,并创造以后模型应用的多点安装。依此可用于系统配置管理,如对多个经营实体多个财务账套的设置。

(2) 过程模型。过程建模方法根据过程目标和系统约束,将系统内的活动组织为适当的经营过程。过程模型是一种通过定义组成活动及其活动之间的逻辑关系来描述工作流程的模型,它描述企业业务过程、产品开发过程和制造过程中各种活动及它们之间的逻辑关系。

(3) 功能模型。功能模型是以功能活动为视角对整个企业进行的描述,功能模型描述了企业各功能模块之间的关系。它不仅有助于管理企业,还有助于改进企业现状、促进企业演化。系统的集成更离不开功能模型的建立。

(4) 信息模型。信息模型是从信息的角度对企业进行描述。信息是集成的基础,是联系各个功能元素的纽带,因此建立企业信息模型是非常重要的,它为信息共享提供了帮助。要描述企业信息系统与企业相关的所有信息的产生、处理、维护和存储。

(5) 组织模型。组织模型描述组织结构树、团队、能力、角色和权限等。包括企业逻辑组织部门以及人力资源。其中人的角色包括 2 个方面,一是软件操作的权限角色,用于系统的安全控制;二是企业职能角色,对应于企业的业务权限,是绩效考衡主体。这两种角色既有重叠也有不同支持,在系统中通常提供不同的角色及其权限定义方式。

(6) 资源模型。资源模型描述企业的各种资源实体、资源类型、资源池、资源分类树、资源活动矩阵等,是基础数据设置中的主要工作。资源的描述通常包括特征、数量和金额三类信息,此三类信息通常隶属于不同的管理部门,比如产品特征常由工艺部门管理,数量由仓库控制,金额则由财务部门核算。在 ERP 集成环境中,必须始终保持 3 类信息的一致。

(7) 对象模型。在业务模型和数据模型间的一层,对象模型管理提供了基于以上各种模型，对它们本身及它们之间的关联、引用、映射、协调化等关系和协调化的建模机制进行管理。基于这种对象模型管理，企业的模型应得到整体的优化和控制。

企业建模就是创建和维护企业模型。企业建模中的产品模型可表达整个企业的产品类型和产品结构，包括与过程视图、组织视图、资源视图相对应的产品基本结构单元属性信息的定义，以及产品结构树和其他试图关联矩阵的定义。而通过对系统决策过程的建模，可以了解系统的决策制定原则和机理，了解系统的组织机构和人员配置。

一般以过程视图(工作流模型)为核心，其他视图(功能视图、信息视图、组织视图、资源视图)为辅助视图来统一集成建模，最终形成具有一定柔性的动态企业模型，并支持企业的流程重组和仿真优化。过程模型是用来对企业基本过程进行可视化，并使用业务功能对相关的业务进行控制的。为了完成这些，每个过程模型中都至少包括基本流程(如物资流、信息流、资金流等基本过程)、基本活动(基本流程上的基本活动代表了如原材料的入库、最终产品装配及最终产品的发送等)、业务功能和触发器等。这里，强调了以工作流(过程模型)为核心的建模思想，更加符合当今企业以经营过程为核心的管理思想，也更加能够满足企业适应网状组织结构和供应链管理的需求。

集成企业建模系统则以软件构件作为模型的基本组成，在构件的基础上定义参考模型，建立不同建模阶段、不同建模视图的基本构件，进而建立基本构件模型库，并以不同的行业为背景建立企业参考模型，再在此基础上进一步建立特定的企业模型。图 12-10 给出了模型从通用到专用的转化过程。

集成企业建模系统支持企业建模生命周期的需求分析、系统设计、系统实施和运行维护 4 个阶段，确定了不同建模阶段所有视图模型之间的映射与转换机制。

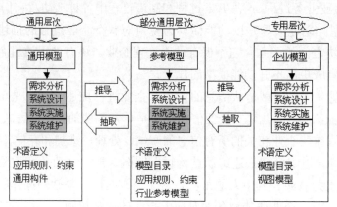

图 12-10　从通用模型到专用模型的转化过程

12.6.2　企业参考模型

企业参考模型遵循 ERP/CIMS 体系结构和企业建模方法论，给出了面向某特定行业 ERP/CIMS 的通用结构、基本内容、建模构件及其建模原则与指南。企业参考模型为企业实施 ERP/CIMS 工程提供了一套优化的参照体系和实施指南，以有效地指导企业 ERP/CIMS

的分析、设计、建立与运行。

　　企业参考模型包括组织视图、过程视图、功能视图、信息视图、资源视图、产品视图。以上各种视图由企业建模与分析工具(如前面介绍的集成企业建模系统)建立，相互关联为统一整体，并以过程视图模型为主线，对具有相类似行业、规模和生产经营模式的企业建立全面的描述模型，所以它具有相当大的参考价值。

　　企业参考模型是有关企业 ERP/CIMS 应用工程公共特征的描述模板，它是根据一定行业、一定经营方式，并利用相关的建模方法来构造的；这种模板在对同属一类行业的企业建模时具有相当的参考、指导，甚至直接应用的价值，也即具有最佳实践的参考基准。

　　建立参考模型的必要性表现在以下几个方面：

- 企业参考模型的建立基础是多种行业的 ERP/CIMS 应用工程的公共特征，它可以为同属一类行业的企业 ERP/CIMS 应用工程的建立提供原型系统。
- 在企业 ERP/CIMS 建立过程中，存在着大量的低水平重复开发的现象，企业参考模型的建立可以最大限度地保存和重复利用已有 ERP/CIMS 应用工程的成果。
- 参考模型代表了成功的 ERP/CIMS 应用工程的经验，为建立规范的 ERP/CIMS 应用工程提供技术和经验支持，降低了失败的风险。
- 参考模型汇集了最佳的 ERP/CIMS 应用实践的基准模板，在建立新的 ERP/CIMS 应用工程时，为 ERP/CIMS 开发与实施的质量提供了有效的保证。
- 在建立 CIMS 应用工程时，可以再有针对性地细化、例化同行业的企业参考模型的有关内容，从而提高新 CIMS 应用工程建立的效率。
- 另外，直接应用企业参考模型可以大幅度降低系统分析、设计阶段工作的强度和数量，相应地可以节省相关工作的成本。

　　各视图模型集成在一个统一的企业参考模型中，具有十分重要的意义。首先，企业参考模型库为 ERP/CIMS 应用工程的建立提供了一个集成化的模板。在集成化的企业参考模型中，各视图既发挥了各种视图在各自描述应用侧面所具备的极大优势，又统一为全面描述系统开发的各个阶段的所有细节提供了有力的技术支持和保证。此外，在对参考模型进行有针对性的细化的基础上可以将它直接应用到相同行业具有相似特征的 ERP/CIMS 应用工程建立的相应阶段，极大限度地减少系统分析和设计建模工作量，避免 ERP/CIMS 应用工程建立过程中的低水平重复劳动，大大降低系统建立的费用，缩短系统开发时间，提高系统质量。

12.6.3　企业参考模型的应用

　　合理利用企业参考模型，可以大大缩短企业建模的周期，加快 ERP/CIMS 工程分析、设计、实施的进程，减少难度，节约经费，提高质量。应用企业参考模型时，要遵循企业建模方法论，使用集成化的企业建模与分析工具，紧密结合企业的行业特点和生产经营特点，紧密结合企业的 ERP/CIMS 目标，紧密结合企业的实际需求，抓住参考模型的选择为关键，以便稳妥实施。

1. 企业参考模型的应用过程

企业参考模型的应用主要有两个阶段：选择适当的参考模型；从参考模型出发，建立企业应用模型。

(1) 选择参考模型

参考模型的选取对企业应用模型的建立具有重要的意义，是高效、优化、快速建立企业应用模型的基础。参考模型的选取要首先确定企业的建模目标和需求，确定企业建模的范围，然后选择适当的参考模型。参考模型的选取，主要考虑以下准则：

- 企业规模相关性。选取适当规模的参考模型。
- 行业相关性。所选取的参考模型应该是本企业所属行业或相近行业的参考模型。
- 产品相关性。要根据企业产品类别、产品结构的特点，选取适当的参考模型。
- 生产经营模式相关性。选取的参考模型所具有的生产经营特点应该与企业自身的特点一致或近似。
- 领域相关性。所选取的参考模型应该包含企业建模范围需要的领域。

(2) 创建企业应用模型

依据参考模型，逐步建立企业的需求模型、设计模型、实施模型和运行模型。

① 需求分析阶段

基于企业参考模型建立企业应用模型的需求分析阶段分为"建立企业现状模型"、"企业瓶颈分析"、"选择参照模型"和"建立需求模型"4 个子过程。

② 设计阶段

基于企业参考模型建立企业应用模型的设计阶段包括"参照参考模型的选择与修改"、"一致性检查"和"仿真与优化"三个过程。这里"参照参考模型的选择与修改"包括功能、资源、组织、信息模型的选择、修改与一致性检验，是一个不断调用与迭代的过程。

③ 实施阶段

实施阶段实现系统的建立与模型的释放，把活动/过程与系统的软硬件资源建立关联，生成实施描述模型，并实现模型的动态可重构。

④ 运行维护阶段

使企业业务过程中的每个活动及其资源都被一个软构件所控制，软构件的属性和各软件间的关系都由运行模型中相应的模型组件描述。通过对模型组件属性和模型组件间关系的改变，来改变软构件的属性和各软构件的关系，达到快速动态重新配置系统的目的，即动态重构。

2. 企业参考模型的使用方法

企业参考模型的具体使用方法主要有以下几种：

(1) 继承。将参考模型中的建模构件直接继承为企业应用模型的一部分。

(2) 剪裁。对选取的参考模型，根据企业建模目的和范围，进行适当的剪裁，作为企业应用模型的一部分。

(3) 细化。对继承和剪裁得到的参考模型，根据企业建模的目的和需求，按照参考模型的结构，进一步分解、细化和完善，形成企业应用模型。

(4) 扩充。对继承和剪裁得到的参考模型，根据企业建模的目的和需求，按照参考模型的结构，对参考模型没有覆盖的企业建模范围进行扩充，形成企业应用模型。

(5) 定制。针对参考模型的某一个建模构件，如某一个经营过程或企业活动，具体描述与属性或活动之间的关系，或活动与其他视图模型之间的关系，根据企业的需求进行调整和修改，形成企业应用模型。

(6) 重组。根据企业的需求和实际情况，重新调整参考模型的结构和建模构件之间的关系，形成企业的应用模型。

总之，企业模型便于正确地理解和把握复杂的企业系统，便于 MRP II/ERP 各实施角色进行有效沟通；企业模型可支持 MRP II/ERP 系统从开发到实施的整个过程，并便于实现全面的企业集成。所以不少富有远见的 ERP 厂商据此提出了用于支持 ERP 系统实施的、适应于自己 ERP 软件特点的关于企业系统建模、设计和分析的方法体系(工具)，如 SAP 的 ARIS、BAAN 的 DEM 等。实际应用中也有 CIM-OSA、GRAI-GIM、PEAR 等一些通用的企业模型方法论。

12.7　ERP 软件的最新发展

随着 Internet 技术的应用和发展，企业对外的应用接口界面大大扩展；随着网络计算技术的飞速发展，以及数字企业管理思想的出现，企业管理软件也进行着不断的调整，以适应电子商务时代的需求。新的需求使得新型 ERP 管理软件系统在功能需求和设计技术上都具备了一些与以往不同的新特点，或被赋予了新的内涵。

1. 功能扩展完善

ERP 软件应用功能范围不断拓宽，纳入 PDM、CRM、SCM 功能，增加工作流、EDI、DSS 等支持，使 ERP 管理的对象从企业内部和外部的物料、物理的及生产力的资源扩大到信息资源。

2. 系统高度集成

ERP 应用软件系统功能的完善，界面的扩展，应用数据的结构化定位，使得应用系统达到数据高度共享和系统功能的高度集成。物流、工作流、信息流与成本流紧密集成，并使人力资源优化利用。

3. 组件化设计

软件系统在设计和开发过程中保证了各子系统以及子系统中的各项功能的高度模块

化和组件化，可实现对子系统、子系统内部各项功能的剪裁，可以实现对系统的自由剪裁和重新配置，达到根据大、中、小型用户的不同需求配置系统的目的。软件结构上，不再追求大而全，而更趋于灵活、实际和面向具体用户。软件模块可以单独升级。

4. 模块化集成

与现行的"可选择模块的套件"不同，模块化采用一种新的标准化的开放接口将第三方软件集成到 ERP 中去的方法，称为业务应用程序接口(BAPI)。用户可以通过浏览器、Exchange 电子邮件来使用 ERP 系统，可以将这些软件模块与非 ERP 软件混合匹配使用，使软件具有"无限"的扩展能力。

5. 跨平台运行

跨平台的软件系统使得同一套软件可以在多种硬件平台和操作系统上运行，以便企业可以根据业务需要和投资能力选择最佳平台，充分保护用户的投资，并且帮助企业顺利实现不同应用水平阶段的平滑过渡。如在企业建设管理系统初期，可以选择普通的 PC 系统，投资相对较低；而随着应用规模的扩大，需要更大的处理能力硬件环境，可选择高档的 AS/400 服务器，但并不需要更改应用软件系统。

6. 分布式应用系统

支持分布式应用和分布式数据库，适应于远距离处理要求和分散化应用实际，不再是集中在同一局域网络服务器上的系统。分布式应用系统也能较好地满足系统的动态实施。

7. 支持多种应用系统数据交换

支持多种应用系统数据交换，使得企业能够实现与已经建立了的其他应用系统(如 PDM、CRM)进行数据交流和集成，从而有效地利用已有投资。而企业间(特别是企业与供应商之间、企业与客户之间)的数据交换，将帮助企业有效提升整个供应链的竞争力。

8. 向 Internet、Web 上转移

Internet 将是信息社会的现实选择，Web 客户机具有费用低廉、安装和维护方便、跨平台运行和具有统一、友好的用户界面的优点，加之所有的数据库厂商对 Web 技术的支持，这使得 ERP 的计算机环境从传统 Client/Server 环境能过渡到以 Web 和 Internet/Intranet 为支撑的网络计算环境。

9. 趋于流行的 J2EE 或.NET 开发平台

新系统的开发和运行纷纷转向基于流行的 J2EE 或.NET 开发平台，以使应用系统具有更好的开放性，以面向对象的分布式数据库设计技术为基础，全面支持 XML，提供对应用集成的强力支持。

10. 业务基础软件平台悄然登场

业务基础软件平台的出现，使 ERP 的柔性大大增强，为降低大型复杂系统的实现难度提供了新的途径。组件化的业务软件和应用开发模式，使大型软件复杂应用系统的体系结构出现了新的变化，对复杂应用系统本身也会产生重大的影响。

11. 真正面向电子商务应用

新一代的管理软件应当支持 Internet 上的信息获取及网上交易的实现。真正面向电子商务应用，能从企业的可能需求出发来设计适宜的电子商务工作模式。

12. 对跨国业务和多语种支持

跨国企业的管理和企业的跨国交易必然带来对 ERP 管理软件的新型跨国业务的各种需求以及多语种支持的需求。应用系统可以按照用户的需求，提供相应的业务管理模式的应用软件模块，并可选择在不同的用户端显示不同语种的应用界面。

13. 高可靠性和安全性

大规模的系统、分布式应用、广泛的网络连接需要系统具有更高的可靠性和更强的安全控制。远程通信线路故障、多用户操作冲突、共享数据的大量分发与传递、黑客入侵、越权操作等现象，需要管理系统有强的稳定性，并能够对出现的各种意外情况做出正确处理。

14. 支持工作流程定义与企业重组

激烈竞争的市场环境，需要企业不断地改变自己，以适应外部环境的变化。企业兼并、内部重组、工作流程改变是经常发生的事情。企业间甚至可以为了一个共同的目标，临时组成跨越国家与地域限制的虚拟企业集团。新一代的管理软件能够支持小到某项业务流程重新定义，大到企业的合并、分离、重组以及虚拟企业的重组操作。

15. 面向个性化的设计

管理软件所面对的是一个充满个性化的世界，不能要求所有企业都按同一模式运作。因此，新一代的管理软件需要有非常灵活的设计。在输出界面(包括文字、图像、声音、图形等)、运算公式、业务逻辑(限于一些可选业务逻辑)、业务关联等诸多方面都能留给用户足够的自由空间，允许用户通过设置来建立符合自己需求的应用系统。

16. 增加数据仓库(DW)和 OLAP 功能

MRP II 或 ERP 软件的基本特征是"联机事务处理"。而对于企业高层管理者来说，从规模庞大、数据完整但"事无巨细"的 ERP 系统中直接获取其进行宏观决策时所需的数据是很困难的。20 世纪 90 年代中期出现了数据仓库(DW)和联机分析处理(OLAP)技术，新一代的 ERP 软件立即将其综合进去，为用户提供企业级宏观决策的分析工具。

17. 支持智能化的信息处理功能

电子商务时代所带来的巨大信息量是人力处理所不能完成的，管理系统中必须加入一定的智能化处理功能，才能协助人们有效地完成各项管理工作。新一代管理软件中的 BI(Business Intelligence)——商业智能功能主要有以下几种。

(1) 智能化业务过滤和处理功能

管理系统自动识别什么是普通业务，什么是特例业务。对普通业务能够按事先设定好的方法进行处理，过滤出的特例留给人来处理。还能够通过用户的设置不断地学习新的普通业务特征及其处理方法。

(2) 智能化计划优化功能

管理工作实际上就是在不断寻找各项工作的平衡点。企业的计划工作就是依照各种平衡点来制定工作的指导方针。随着企业外部环境的复杂化，企业各种平衡点的约束条件日益增多，企业的计划工作就变得日趋困难。以往的管理系统中制作的计划往往都是单约束条件的，新型的管理系统在制作计划时则必须考虑多维约束条件和多种目标任务的同时并存，以实现智能化的计划优化功能。

(3) 智能化数据分析功能

所谓智能化数据分析就是指管理系统能够自动对大量数据信息的分析结果做出判断，对于超出正常值范围的异常状况(包括好坏两方面)给出解释说明，并分析异常情况将会产生的影响，给出建议的应对措施。

18. 具备可扩展的业务框架，有标准的对外接口

管理思想的发展、用户需求的变化与多样性，使得任何应用系统都无法覆盖所有用户的所有实际需求，因此新型管理软件应当有一个易于扩展的框架结构。SOA 架构的引入，使 ERP 全面升级。这种框架结构使得开发商今后对软件的维护和扩展变得更为容易，也使应用系统的客户化和二次开发变得简单；还可以为实现多种管理软件系统(来自于不同供应商，应用于不同行业)的彼此衔接，即所谓 EAI(企业应用集成)打下基础。

19. 支持统一的企业门户界面

随着电子商务的广泛应用，企业对外的接口界面大大扩展，电子商务时代的终端可以是多种多样的。除了固定的或可以移动的电脑之外，还有更广泛的各类数字终端，如电话、电视、PAD、智能手机等，这就要求新一代系统也能很好地利用这些资源，支持统一的企业门户界面，更加方便于系统用户的使用。

20. 行业化软件方案

改变向用户提供适用于所有行业的通用产品的状况，针对具体的行业对软件预先"剪裁"，推出针对特殊市场的软件产品。行业化软件不需要用户进行针对性的配置就可得到可用的菜单、模块和报表等，可以更快地启用，得到更有针对性的服务，这也就是 ERP 的"垂直市场战略"。ERP 软件的行业化趋势说明了制造软件覆盖领域的扩张，ERP 已经走

出制造业，在能源、电信和其他行业中寻找更加广阔的市场。

21. 基于企业建模的实施方法论

ERP 系统的应用实施是个复杂的人机系统工程，期望提供高效的工具和方法来加速这一进程。除了共享精英咨询顾问的经验资源外，以企业建模为基础，利用行业参考模板，探索最佳实践的实施路线，是一套不断被认识的行之有效的快捷实施方法论。

12.8　本章小结

ERP 业务软件的运行，要求有相应的数据库管理系统(DBMS)软件，来提供数据的存放与管理功能。而 DBMS 软件一般是第三方软件，需要另行购买。应根据 ERP 系统相应的数据处理量，选用相应的大、中、小型数据库管理系统。

数据仓库技术和商务智能在 ERP 中的应用已经成为一个必然扩充。以 ERP 信息系统为基础，数据仓库从企业所有业务数据库中进行综合和抽取，利用数据挖掘技术，提炼有用的深层经营信息，呈现以复杂的查询报表或动态交互仪表盘形式，供高层决策之用，构成商务智能系统。

ERP 网络体系结构发展到采用 3 层或多层次的客户/服务器结构，采用集中式进行数据维护和管理。小型机常是 ERP 系统服务器的典型选择。

业务基础软件平台为复杂应用软件系统提供了一个集成框架。基于软构件的 ERP 系统体系结构，可选择利用业务基础软件平台提供的各类功能构件，在此基础上构建一套完整的支持行业/企业解决方案的 ERP 系统。

企业应用集成(EAI)要实现包括工作流管理、子系统关系、集成电子商务应用、分布式数据库的整合、企业应用集成及其他整合能力，要整合包括各种 ERP 系统、CRM 系统、SCM 系统、OA 系统、电子商务系统、数据仓库的应用。

中间件是实现 EAI 的软件适配技术。面向服务的体系结构(SOA)则通过定义一套规则来实现基于服务的企业集成，在中间件技术与 Web Service 技术基础上发展起来的企业服务总线(ESB)是实现 SOA 系统的有效工具。SOA 是一种理想的企业应用集成模式，主流 ERP 厂商已纷纷升级到 SOA 平台。

集成企业建模则在软件构件的基础上，利用企业参考模型进行企业建模。企业参考模型为企业实施 ERP/CIMS 工程提供了一套优化的参照体系和实施指南，以有效地指导企业 ERP/CIMS 的分析、设计、建立与运行。

适应电子商务时代的需求，新型 ERP 管理软件系统在功能需求和设计技术上都具备了一些与以往不同的新特点，或被赋予了新的内涵。

关键术语

数据库管理系统(DBMS)　数据仓库(DW)　数据挖掘(DM)　联机分析处理(OLAP)

商务智能(BI)　网络体系结构　客户/服务器结构　集中式管理　业务基础软件平台　企业应用集成(EAI)　中间件　面向服务的体系结构(SOA)　企业服务总线(ESB)　集成企业建模　企业参考模型

思考练习题

(1) ERP 应用软件与数据库管理系统是什么样的关系？

(2) 如何选择相应的数据库管理系统？

(3) 数据仓库与 ERP 业务数据库是怎样的关系？

(4) ERP 系统里商务智能是如何实现的？

(5) 什么是管理驾驶舱？

(6) ERP 网络体系结构经历了哪几个发展阶段？

(7) 集中式数据维护和管理有什么优点？

(8) 如何选择 ERP 系统服务器？

(9) 什么是业务基础软件平台？

(10) 业务基础软件平台与软构件是怎样的关系？

(11) 企业应用集成的主要内容有哪些？

(12) 什么是中间件？

(13) 什么是面向服务的体系结构(SOA)？

(14) 什么是企业服务总线(ESB)？

(15) ESB 与 SOA 有什么区别与联系？

(16) 为什么要进行企业建模？

(17) 如何使用企业参考模型？

(18) 新型 ERP 管理软件系统有哪些最新扩展？

第13章 MRPⅡ/ERP系统实施

【导语】

总体上说，MRPⅡ/ERP系统实施的成功率并不高，能发挥全面效益的更少。这是因为MRPⅡ/ERP系统可谓一个复杂的人机系统，系统的实施牵涉到多个方面的问题，软件是一个方面，企业是一个方面，具体实施方法也是一个重要因素。本章将介绍MRPⅡ/ERP系统的一些基本实施规律，包括系统规划与投资效益分析、软件选型、实施进程、流程重组、项目管理、效果评价、最佳实践等问题，并介绍一些ERP公司的典型实施方法论。

13.1 系 统 规 划

MRPⅡ/ERP系统的实施，是企业营运的根本变革，是一项耗费大量人、财、物的系统工程，因此必须首先做好系统规划。系统规划工作做得好坏，直接影响整个系统的成败。实施MRPⅡ/ERP系统应该站在企业整体战略的高度进行系统分析和系统规划，充分考虑MRPⅡ/ERP系统与企业生产战略和整体IT战略的关联和影响，以协调目标、避免冲突、控制风险、节省开支、提高效益。

13.1.1 企业管理诊断

为了全面、准确地获得企业对MRPⅡ/ERP的需求，必须对企业的现行系统进行全面、细致、准确的分析。企业诊断分析的主要内容包括企业的性质、规模、生产经营状况，企业的组织机构设置、各组织机构的业务流程，以及信息流程、企业计算机应用的范围和水平、企业现行系统存在的主要问题、影响企业竞争力的主要因素等。

对于生产型企业，所有的信息流、决策流都是伴随着物流而产生、转换和综合的，即物流的移动与转换的过程，就是信息流的交换与处理的过程。因此，在进行管理分析的过程中，以物流为主线，以职能部门或分支企业为单位，采用面谈、阅读资料、实地考查相结合等多种调研方式，对企业现行系统的组织机构、业务流程、信息流程进行全面、细致的分析，获取系统的主要现状信息，分析现行系统存在的主要问题，作为新系统分析和设计的主要依据。

企业管理诊断可采用先进的现代管理工具，在基于企业建模的基础上，提炼新的业务模式和优化设计。

13.1.2　系统需求分析

在决定建立 MRP Ⅱ 系统和选择软件之前，应先进行 MRP Ⅱ /ERP 系统的功能性能和系统配置的需求分析，并分析建立 MRP Ⅱ 系统的必要性和时机。然后按图索骥，评选 MRP Ⅱ /ERP 软件。

由于不同企业其产品结构和生产方式大相径庭，有 A 形结构(离散型制造业)、V 形结构(连续流程化工型制造业)、X 形特型(选择装配型产品制造业)，是否能正确地选择系统类型成为系统是否能发挥足够效用的决定性因素。需求分析为鉴定一个系统是否适合于企业建立了参照标准。

需求分析有助于用户确定合理的人力、财力方面的预算，在系统的实施过程中使各方面的要素得以优化组合。

系统需求分析可采用数据流程图(DFD)、企业建模工具如 IDEF、ARIS、UML 等形式化的方法来描述系统的组织机构、业务流程和信息流程。

13.1.3　系统目标设计

规划 MRP Ⅱ /ERP 应用系统时，应在系统需求分析的基础上，以企业内部的物流为基础，信息流为主线，通过对现行系统的调研与分析，得到现行系统的信息流程，分析其存在的信息冗余、不一致等问题，结合现代化管理思想与方法(例如 MRP、JIT、OPT 等)，对其进行分析、综合、优化，规划出新系统的目标功能，设计新系统的信息流程和总体结构，从而建立新系统的功能模型和信息模型。系统目标分析设计的主要内容和基本方法如下。

- 确定新系统的总体目标。
- 优化新系统的信息流程。
- 建立新系统的总体结构。
- 建立新系统的功能模型。
- 建立新系统的性能要求。
- 提出新系统的集成接口要求。
- 提出解决系统关键问题的技术方案。

在对现行系统分析的基础上，应根据企业的生产经营目标，利用现代化管理的思想与技术(例如 MRP、JIT、OPT 等)，采用先进的系统分析与设计工具(例如 IDEF、UML 等)，对新的目标系统进行总体设计。MRP Ⅱ /ERP 系统设计还应考虑应用系统扩展性的需求，考虑实现同其他信息的技术集成，或建立综合 MIS 系统，实现更大范围的管理信息集成，向 CIMS 过渡。

13.1.4　系统配置计划

MRP Ⅱ/ERP 系统本质上是一种信息系统。为保证新系统发挥其应有的作用，应依照所选择的软件系统的特点，在系统总体规划的前提下，对计算机系统软件、硬件等进行合理的选择与配置。

1. 体系结构

ERP 系统体系结构影响着企业的管理决策过程与信息集成方式，影响着系统计算机硬件平台、系统软件及网络结构的选择，也影响着整个系统的开发策略。因此，ERP 系统体系结构的选择是一个非常重要的问题，应综合考虑企业的实际环境，信息系统的功能模型、信息模型，和 ERP 软件的技术发展水平。

企业管理信息系统的体系结构经历过文件/服务器式(F/S)、客户/服务器式(C/S)和浏览器/服务器式(B/S)三个发展阶段，目前主流的 ERP 软件系统基本上采用浏览器/服务器(B/S)的方式。由于浏览器/服务器(B/S)方式的运行结构，其要求的 ERP 软件是基于 Internet 环境的数据存取、并且软件客户端全面采用浏览器交互的 Web 界面，早期的一些 ERP 软件如果没有进行版本升级就将存在一个兼容问题。

2. 主机系统

主机系统是 ERP 信息系统的核心部分，因为主机系统充当了信息系统服务器的功能。主机硬件系统的选择应服从于系统软件的选择，即首先根据新系统的功能、性能要求，确定系统软件，再根据系统软件确定系统硬件。对主机系统的要求是：

- 功能要求，能满足新系统的各种功能要求，包括数据库存储、联网要求。
- 性能要求，计算机系统的运行速度、网络的传输速度等指标能满足用户对系统的处理速度、精确度等要求。
- 容量要求，根据新系统近期所要处理的最大数据量以及若干年以后的发展规划，配置计算机内存、外存容量。
- 安全性和可靠性的要求，应保证系统的数据、信息等资源安全可靠，防止信息的破坏和丢失，确保系统的正常运行。

适用于 MRP Ⅱ/ERP 系统的主机或服务器可以是大中型机、小型机或 PC 服务器等。选择系统硬件的一个重要原则是系统的性价比。

MRP Ⅱ/ERP 应用系统的终端可以是各种档次的 PC 机、各种中西文终端、工作站、IPAD、条码阅读器等。相对而言，服务器系统是最关键的。

3. 系统软件

MRP Ⅱ/ERP 应用系统的系统软件主要涉及到操作系统、数据库管理系统、系统开发工具等。

目前主流的操作系统包括配置于主机系统的各种版本的 UNIX/Linux 操作系统，以及配置于 PC 环境的 Windows NT/2000、Windows XP/Vista 及 Windows 7 等。由于以 X86 系统架构的 PC 服务器在中小规模企业的广泛使用,所以相应地有应用于 PC 服务器的操作系统 Windows 2003/2008 Server。这些操作系统软件基本上直接 OEM 于计算机系统里,可直接选择购买。

MRPⅡ/ERP 信息系统在应用时要调取和产生大量的数据,这些数据必须依赖于专门的数据库管理系统(DBMS)来保管。这是区别于 ERP 软件的另外的独立的第三方软件,它按管理规模数据量的能力,可分为大型 DBMS 软件、中型 DBMS 软件和小型 DBMS 软件。Access、Foxpro 就是一种小型数据库软件。目前 ERP 信息系统主流使用的中大型 DBMS 软件包括 Oracle、Sybase、DB2、SQL Server、Informix 等。

对于商业 ERP 软件包而言,开发工具主要用于系统的功能扩展和客制化。一些大型的 ERP 软件公司就提供了自己的开发工具,如 SAP 的 Abap/4、MS 的 Morph X 等,甚至还以此形成了产业(有一大帮从业人员)。如果是计划全新开发 ERP 系统的话,则要考虑开发平台和编程语言两个方面。目前主流的开发平台主要是 Java 和微软公司提供的开发平台.NET 两种,开发工具包括 C++、Java、C#、Visual Basic、PowerBuilder、Delphi 等。早期的一些软件开发工具,目前已逐渐少用。

4. 网络系统

适用于 MRPⅡ/ERP 的网络系统应能充分满足整个信息系统的集成要求和 MRPⅡ/ERP 的功能要求。为此,选择网络时,应着重考虑具有标准的网络协议,例如 TCP/IP 就便于 MIS 内部及 MIS 与其他系统的互联与集成。

就国内外大多数企业的应用实践来看,以企业业务的开展为根本,MRPⅡ/ERP 软件的运行环境通常是以安装关系型数据库的小型机为核心,采用主机/终端多用户方式运行,这是以前一个成熟的运行环境。目前,ERP 商品软件发展到采用浏览器/服务器式(B/S)的多层体系结构方式运行,具有方便的图形用户界面。

信息系统的配置,总的原则应该是业务上具有保证性,技术上具有先进性,实现上具有可能性,使用上具有灵活性,发展上具有可扩充性,投资上具有受益性。具体地应考虑以下几个方面的问题。

- 系统软件、硬件的选择在技术上应具有一定的先进性,使所选择的系统软件、硬件能在一定时期内处于技术领先地位,并且有更新升级的可能而不致短期内被淘汰。
- 系统的软件和硬件应尽量符合国际标准或某些开放系统标准,使系统便于扩充或与其他系统集成。
- 系统的软件和硬件应尽量选用成熟的产品,保证系统运行的安全性和可靠性。
- 供应厂商应具有较好的信誉和技术服务,能获得及时、有效的技术支持。
- 坚持效益驱动的原则,软硬件的配置不宜贪大求全。
- 系统配置力争做到最佳的性能/价格比。

13.1.5　系统经费计划

经费计划是指在系统开发期间,对所需各种费用的大致估算。一般情况下,新系统开发所需费用主要分为以下几部分。

- 系统硬件费用，包括计算机主机或服务器、备份系统、网络系统、工作站等。
- 环境建设费用，主要有电源、机房、空调、吸尘器等。
- 系统软件费用，包括操作系统、数据库管理系统、开发工具、网络管理软件等。
- 应用软件费用，指 ERP 软件系统购置费用或者是开发研制费用。
- 系统集成费用，指 ERP 信息系统的外包集成服务费用和监理费用。
- 咨询顾问费用，指为实施 ERP 应用系统而聘请的外部咨询顾问费用。
- 系统运行费用，如设备维修费，日常易耗品，电、水等能源费用，工资等费用。
- 人员培训、管理费用以及其他不可预测的费用。

估计费用时，常常遇到的问题是估计过低，造成系统开发过程中资金不足，只能靠追加预算来解决，也影响了系统开发进度。如只计算设备费，不计算人工费、培训费；只算硬件费，不算软件费；只算主机费用，不算外围设备的费用；只算购置研制费，不算维护费；只算一次性投资，不算经常性开支，等等。所以在制定经费计划时，应充分考虑上述各种因素，制定合理的经费计划，保证系统的顺利开发，也不要估算过高而造成浪费。

13.1.6　投资效益分析

在做决策之前应当先做投资效益分析。实施 MRPⅡ/ERP 是否成功，重要的衡量标准是指实施后有没有取得预期的效益。企业计划实现的预期效益也就是企业建立 MRPⅡ系统的目标。进行预期效益分析的目的如下。

- 使企业各级管理人员，特别是企业领导认识到建立 MRPⅡ/ERP 的重要性。
- 便于企业领导进行投资决策分析，决定系统的投资强度。
- 作为系统交付使用时验收的重要参考依据。
- 可以根据预期效益来控制用于系统的投资。

1. 资金投入预算

在购买系统之前，对需要投入的资金进行基本预算。资金投入预算额度对选购软件是一种约束，应根据企业的业务目标和企业规模来设计。也可以设定几种可能的预算限额，分别计算预计的资金利润率和投资回收期，说明在一定的投资收益情况下可以支付的资金限额，供领导决策参照。一般对于比较成规模的 ERP 信息系统，其投资总额常达到 1000 万元以上。

2. 预期效益分析

MRPⅡ/ERP 的预期效益分为可量化的效益和不可量化的效益两个方面。

- 可量化的效益：MRPⅡ/ERP 可量化的效益主要体现在库存水平、流动资金、生产成本、劳动生产率、生产周期、产品质量等几个方面。
  - ◆ 库存水平的降低。由于计划运作和有效采购，仓库保有的库存量得以首先降低。

　　◆ 流动资金的减少。减少原料库存和产品积压，相应得少了流动资金的占用。

　　◆ 产品成本的降低。由于生产和质量稳定可靠，减少浪费，使得产品成本降低。

　　◆ 劳动生产率的提高。由于生产的连续性和均衡性，使得劳动生产率得以提高。

● 不可量化的效益：MRP II/ERP 不可量化的效益主要体现在以下几方面。

　　◆ 提高企业形象和美誉度。

　　◆ 提高企业产品在市场中的竞争力。

　　◆ 提高企业在行业供应链中的合作优势。

　　◆ 表现了社会化的企业管理水平的提高。

　　通常信息系统的效益只能在正确使用系统后，经过一定时间，才体现出间接的经济效益。间接的经济效益也比较难以量化，即使是可量化的效益，通常也只是一种估算。但是 MRP II/ERP 应用系统的特殊性在于，它是直接支持了利润之源的业务系统，是在业务未开展之前的计划阶段的优化运作，直接体现了时间的节省、效率的提高和成本的节约。所以它更多地体现为一种直接的经济效益。

13.1.7　可行性分析报告

　　可行性研究是系统规划的重要内容，系统分析和设计的结果主要在"需求分析报告"和"可行性研究报告"里体现。这两份报告是企业领导进行项目决策的重要依据，因为这两份报告分析说明了"确实有需要"和"值得投资"。

　　可行性研究要考虑 MRP II/ERP 系统的一些基本的实施前提。否则，投入许多财力、人力、物力和时间，难以得到满意的效果。这是因为企业要实施 MRP II 这一管理方法要求有相适应的生产环境和应用条件。这些条件是：

● 企业生产类型基本属于典型的面向订单或面向库存的生产。

● 产品相对规范稳定，物料需求和产品结构呈相关需求。

● 主生产计划可行，生产负荷与生产能力基本适配。

● 企业能培养一批掌握使用 ERP 的高素质员工。

● 产品结构表完善，准确度能达到 98%以上。

● 库存记录完整，准确度能达到 95%以上。

● 对每个零部件建立批量与提前期。

　　可行性分析既要考虑找出近期最迫切需要解决的问题，又要考虑企业的长远发展需求。要分清轻重缓急，制定总体目标和阶段目标，分阶段实现。对可以用 MRP II/ERP 系统解决的问题，也要考虑企业目前的管理水平、人员素质、数据和文档的完整与准确程度，以及资金支付能力。对实施中的难点和阻力要有充分估计，对有关企业管理体制改革问题、传统管理思想和方法的更新问题，也提出参考建议，使企业领导在决策时有所考虑。改进方案可附在需求分析报告中，作为初步意见，随着工作不断深入再逐步完善。

　　可行性研究报告的编制思路还应是从现有系统的分析出发，对计划新构建的系统进行功能、性能、技术条件、时间期限和费用预算等全方面地分析设计，最后进行投资效益分析，以供领导决策参考，并作为系统实施和项目控制的依据。可行性研究报告的主要内容和格式已有产业界的规范样式，系统规划里关于实施计划、经费使用计划、人员培训计划等也应包括在里面。

13.2　软 件 选 型

在需求分析的基础上进行软件选型，需求分析也为鉴定一个系统是否适合于企业建立了参照标准。

13.2.1　软件来源

对 MRPⅡ/ERP 系统软件选型的第一关是决定软件的来源，即是自行开发软件还是购买现成的商业软件？事实上，这两种选择各有优缺点。自行开发的软件往往特别适用于企业目前的业务环境，开发费用较低，维护便利，但是自行开发软件存在以下明显的缺点。

- 起点较低。由于局限于当前业务环境，因而起点较低，随着企业发展壮大，一旦业务模式和组织框架改变，软件很可能需要重新开发。
- 风险太大。由于主要依赖于本企业的技术力量，这就存在多方面的开发风险，包括技术风险、管理风险、实施风险，所以未必能成功。
- 耗时过长。由于全面从新开发，没有经验，没有基础积累，开发周期将会非常漫长，再加上其他方面工作的交叉干扰，最终导致逐渐失去热情和信心。

而购买现成的商业化 ERP 软件也并非就是十全十美的，其可能出现的问题如下。

- 软件成本。由于是通用化软件，超过适用功能需求，软件成本可能较高。
- 使用困难。软件界面风格和操作流程变化大，造成使用和消化吸收有困难。
- 技术依赖。软件可能过于复杂，可选项太多，形成对软件商和咨询顾问的依赖性。
- 二次开发。可能难以继承和连接现有的程序，可能需要进行修改或功能扩充。

鉴于自行开发软件困难太大，得不偿失，所以这种方式逐渐被否定，采用商业化 ERP 软件的企业比例日益增加。标准的典型的 ERP 商品化软件应按照 APICS 发布的 MRPⅡ标准体系来开发，应能体现 MRPⅡ的管理思想，功能完备，有成熟的用户群和技术支持。所以一般推荐直接购买成熟的商业化 MRPⅡ/ERP 软件来直接实施。

13.2.2　选型原则

企业选用的 MRPⅡ/ERP 管理软件，无论从国外引进，还是采用国产化软件，或是委托开发、或自行开发，都应考虑以下几点。

- 管理软件的思想应具有一定的先进性和超前性，提高企业的管理水平和市场竞争力。
- 管理软件的流程应能支持企业特定生产模式的开展，与企业所追求的目标相一致。
- 管理软件的层次应与企业管理层次和企业硬件环境相适应。
- 管理软件应具有先进的体系结构和和主流的操作模式。
- 管理软件应具有能配接大型数据库的数据管理能力。
- 管理软件应能保护企业原有的信息资源的有效利用。
- 软件功能应完备，质量应可靠，速度应满足，维护应方便。
- 软件操作界面应简便、灵活、直观，软件应做本地化工作等。

总之，企业选择 MRP Ⅱ/ERP 系统要注重系统的实用性、合理性、先进性、开放性、可靠性和经济性。

13.2.3　功能要求

在考虑软件的具体功能时，首先要弄清楚企业的业务需求，即先对企业本身的需求进行细致的分析和充分的调研，要分析以下问题。

1. 企业的销售生产环境和企业组织

企业的业务组织形式对软件的要求有很大影响。选用的软件一定要适应企业的销售生产环境和组织形式。主要说清物流关系和财务关系。

2. 企业特点对 MRP Ⅱ 软件功能的特殊要求

要理出企业对软件功能的特殊要求，综合衡量，把选择软件的工作做细。例如：

- MRP 是从产品结构入手对相关需求的物料进行计划与控制的，软件首先必须能够正确描述企业产品结构和工艺流程的特点。
- 对于系列产品变型多、有模块化产品结构的，需要有按订货要求选择基本组件(特征件)与可选件及按产品型号或属性自动建立制造物料清单的功能。
- 连续流程工业的倒锥形产品结构或有联副产品和回收复用物料，要求有特殊描述产品及工艺流程的模式和计算成本的方法，采用同分布式控制系统的接口。
- 如果工艺固定，能力计划的作用不大，但却需要有限顺排计划的功能。
- MRP Ⅱ 需要同成组技术或柔性制造系统(FMS)结合起来实施，需要成组代码及成组计划或对工艺路线进行编码的功能。
- 单件小批生产的企业，需要项目管理或网络计划及报价的功能。
- 各部件装配间隔期长，需要设置各个部件的偏置期，以便区别计划。
- 医药、食品和一些化工生产在计量、配制、批控制等方面又有其特殊要求。
- 现场数据需要实时采集，同现场设施要建立信息交换接口。
- 有分布各地的分销网点或地区分仓库时，需要分销资源计划的功能。甚至需要销售到最终用户或直接消费者的信息。

- 对保密权限的规定有细节要求时，需要对会计科目号、货位、某种配方甚至某个具体字段设置保密权限的功能。
- 间接成本在产品成本中所占比例大，需要作业基准成本法的功能。
- 有进出口业务需要多种货币结算的功能。
- 特殊场合如合资企业可能需要多种版本语言为中外员工使用。
- 除了以销定产外，还需要有促销的功能，规范推销条件，开拓市场。
- 需要自行定义业务流程，如收付款和发票处理有特殊要求等，也要求软件具有相应的灵活性。

13.2.4　软件选择

对商品化 MRPⅡ/ERP 软件的评价，可从以下几方面综合考虑。
- 软件功能。
- 软件价格。
- 软件文档。
- 安装与培训。
- 售后服务与维护支持。
- 软件商的信誉与稳定性。
- 软件使用的工效学。
- 软件运行的环境平台。
- 开发系统使用的工具。
- 企业原有资源的有效利用。

选择软件的方法与步骤主要包括：

(1) 了解分析软件。
(2) 走访同行业用户。
(3) 访问软件公司。
(4) 实际观摩演示。
(5) 用企业的数据上机操练。
(6) 访问软件公司的用户。
(7) 请咨询公司参谋。

13.3　实 施 进 程

在引入 MRPⅡ/ERP 系统的过程中，实施是一个极其关键却也是最容易被忽视的环节，因为实施的成败最终决定着 ERP 效益的充分发挥。图 13-1 所示是 MRPⅡ/ERP 实施进程简图。在此计划中，简要说明了实施的主要工作，以及各种工作间的先后或并行关系和理想情况的完成时间。根据这个计划，企业可以从自己的实际需求及可能，在不同实施进程抓好项目控制管理。

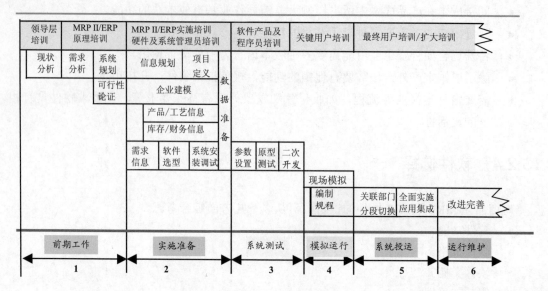

图 13-1　MRP Ⅱ/ERP 实施进程简图

13.3.1　基础工作

有效实施 MRPⅡ/ERP，是建立在一定的管理基础上的。管理基础工作是有效运行 MRPⅡ/ERP 软件的基本前提。但是，MRPⅡ的实施工作与基础工作是一种辩证关系，既不能没有基础的实施，也不能打好基础后再实施。从我国企业管理现状出发，只要有一定的管理基础，就可以在实施中相互促进，提高管理基础工作。基础工作的内容包括：

- 整理技术文件(包括工艺文件)，编制物料、设备代码，建立物料清单(BOM)。
- 整理历年(从近及远)数据。
- 复查产品的零件号，单台装配量。
- 盘点库存记录，确定采购批量、安全库存和计划提前期。
- 对各个工作中心、工序步骤定义和分类。
- 组织机构和成员配置，人员教育与培训。
- 规定工作标准，建立相应的规章制度，制订作业规范。

管理基础工作的重点就是数据的准备工作。数据准备包括数据收集、分析、整理和录入等项工作。有效实施 MRPⅡ/ERP，一定要投入足够的人力，重视基础数据的整理、修改和完善工作。基础数据量大，涉及面又广，如产品结构、工艺、工装、定额、各种物料、设备、质量、财务、工作中心、人员、供应商、客户等。有时为了核实一个数据，需要访问多个部门、多个人。数据整理要满足软件的格式要求，并确保其正确性、完整性和规范化。基础数据不正确、不完善，无法有效运行 MRPⅡ/ERP 软件。

13.3.2　安装测试

在软硬件系统的安装和软件系统参数设置的基础上，进行应用软件系统的原型测试。

1. 系统安装

实施的第一步是构件建企业信息网构建。在实施 MRPⅡ/ERP 中，构建先进、实用、安全可靠的企业网络系统十分重要，它是信息集成的基础平台。网络的建立通常是由企业外专业网络系统集成商完成的。构建中要着重考虑网络建设环境(企业部门地理位置、硬软件合理配置、保护原有投资、将企业中每个"信息孤岛"联为整体等)、网络操作系统(考虑各种通讯协议，如以 TCP/IP 为主，兼有 IPX/SPX、NETBEUI、CORBA 等协议)、网络互联技术(包括主干网技术、工作组级和底层网段技术及广域网互联技术)等。然后系统实施人员还要着重检测该网络环境是否支持企业所选的软件系统，网络结构是否达到优化，以便使系统稳定高效地运行。

在企业网络的基础上，可进行应用软件系统的安装。系统安装的复杂程度因系统本身的复杂性而异。一些小型财务软件的安装只需要十几分钟；而大型系统，如 SAP、JDEdwards、Baan 等，其安装就需要一些较为复杂的步骤，需要事先周密计划，各单位统一安装、协调进行。整个过程包括在系统实施前必须遵循信息结构和网络结构特点，根据业务量确定各个子网规模；其次是在设置网络操作环境及通信协议的基础上，再安装各类数据库服务器、应用服务器及备份服务器；最后是系统客户端软件的安装。在此全过程中，均会涉及到硬件/网络、软件/数据库等各方面的匹配。此时可以借助于富有 IT 和管理经验的咨询人员，因为只有对各个环节进行统筹安排，才可以成功地完成这种复杂的系统安装，否则任何一个环节的疏漏都会导致整个项目的失败。

2. 参数设置

参数设置是否正确，直接关系到软件功能的实现及系统运行的平稳。各类中大型软件都预留有各项参数，用户可以根据自身的特点来进行设置，即我们通常所指的用户化。用户化是系统实施中最为复杂和关键的一步。

由于商品化软件要适应于各种不同的生产管理模式和大量不同的业务流程，所以其必须提供大量的可设置参数，有的大型软件提供的参数达几千个之多。通常参数的设置需要客户和咨询顾问双方共同讨论，因为只有将企业的特点与软件的功能紧密结合才能使软件功能得到最大限度的发挥。

例如，在制造型企业的系统实施过程中，咨询顾问根据产品工艺特点设计物料清单的格式、成本控制中心，这时工艺流程、人力资源以及产品的准备时间、生产时间、包装时间都成为必须考虑的要素。当所有类似的参数得以明确定义后，方可进行系统设置，完成用户化过程。此外，如果客户选择的是中小型软件，那么在参数设置过程中，用户会更清楚地认识到这类系统无法实现的一些功能，如一些特定报表的输出。咨询人员会根据这些需求的重要程度，协助客户决定是否在系统以外做相应的设置，如利用各类报表书写器来设计系统内无法完成的各种报表，并做好与系统内数据库的接口。

3. 原型测试

原型测试(Prototyping)即软件功能模拟运行，又称计算机模拟(Computer Pilot，Oliver 称之为 Live Pilot)。原型测试是磨合期的试运行，带有学习研究的性质，其最终目的是对比判别软件的功能是否满足企业的需求和目标。如有差距，找出合理的解决方案，确有必要才进行二次开发。也可对一些软件提出剪裁、修改和补充的建议方案。

通过原型测试，还可以达到：

- 深入理解 MRP II，分析它同现行管理的差异。
- 熟悉软件，学会使用软件的各种指令、功能，测试软件的运算速度。
- 弄清各种数据之间的关系以及一种数据的准确程度对其他数据的影响。
- 弄清软件各种报表的作用，学会运用系统提供的报表来分析问题和决策。
- 发现容易混淆的观点，在扩大培训时重点讲解，作为编制内部案例式教材的依据。
- 作为全面采用 MRP II 系统进行管理的依据。
- 研究软件功能与企业目标和原定方案之间的差异，以便制定解决方案。
- 根据系统要求，提出管理改革的方案。
- 发现软件功能上的不足，制定二次开发和软件客户化方案。

由于 ERP 系统集成的有机结构，所以在测试时，应当是全系统的测试，各个功能模块同时进行，尽可能覆盖软件所提供的各种功能。但可利用虚拟的物料项目和虚拟的数据进行模拟。可选用一个结构简单的部件作为原型，物料品种以 15~30 件为宜，尽量简单。可针对企业内经常遇到的各种问题，假定各种条件来测试。

原型测试时间不宜过久，以不超 1 个月为宜。各个部门的关键人员都应该同时参与，这样才能理解各个数据、功能和流程之间的相互集成关系。找出不足的方面，提出解决问题的方案，以便接下来进行用户化或二次开发。

13.3.3　模拟运行

1. 用户化与二次开发

ERP 系统的客户化和二次开发在整个实施过程中处于承上启下的位置。任何 ERP 软件，不论是国产的还是进口的，都或多或少有用户化的工作，有时还要进行二次开发。ERP 系统的用户化和二次开发，是 ERP 软件作为由企业外部的软件厂商提供的一种产品，转变为企业内部的管理信息系统的桥梁和纽带。

一般把不牵动程序的改动称为用户化，如修改报表格式。如果软件有报表生成功能，或采用第四代语言，任何业务人员不需要有很多计算机知识，就可以自行设置。当然，还需要领导小组的批准。

通常把改动程序的工作称为二次开发。要增加或修改软件的功能，需要有软件的源程序，还可能要支付额外的费用。二次开发的工作是在原型测试的基础上进行的，一般工作量比较大，需要一定的时间，会延误项目实施进程；改动软件程序后还会影响今后软件版本升级。因此，在进行二次开发前，要做认真的分析对比。究竟是修改软件，还是改革现行管理程序，还是两者都有些修改。对修改的必要性、效果和代价进行综合衡量。实践证明，成熟的商品化软件应用时的一些二次开发的计划并非都是必要的，有时不少部分都可以通过参数设置、用户化，甚至调整业务流程得到轻松解决。

一些软件也有自己专门的二次开发工具，如 SAP 就提供 ABAP 开发工具，以适应用户的特殊需求，及编制报表和特殊应用事务。在二次开发过程中也可以进行一些模拟试点，利用虚拟的数据但真实的物料项目，来验证软件是否能适合企业业务。

2. 实战模拟

用户化或二次开发以后，必须再进行一次整体性的模拟运行，这是带有实战性的模拟运行，也叫现场试点。这是切换至 MRPⅡ 系统前的试运行，因为模拟运行之后，就要投入实际应用。实战模拟的目的是：

- 验证或测试用户化和二次开发(如果有的话)的可执行性。
- 确定系统运行用到的各种参数是否配置完备。
- 检查数据的准确性与合理性。
- 调整和确定各种凭证和报表。
- 编制实施 MRPⅡ 的工作准则与工作规程，并测试其完整性、实用性。
- 使 MRPⅡ 系统真正运行起来，使全体员工亲眼目睹 MRPⅡ 模式的做法和实效。

模拟运行选择的代表产品必须是真实的物料项目和真实的具体数据，以体现实用意义，便于切换。这一点同原型测试不同。选择代表产品的原则是：

- 是一种生产多年的成熟产品，数据资料比较完整。
- 该产品有现实市场，模拟后有实用价值。
- 包含尽可能多的物料类型典型组合(如最终项目、组件、外购件、原材料等)。
- 该产品和工艺具有相对的独立性(如比较少的关联公用件)。
- 能比较全面地反映各种管理上的问题。
- 物料品种(包括原材料)控制在 500~1000 种。

这种实战性模拟运行仍应是全系统的模拟，涉及各有关职能部门。模拟的结果要向各职能部门和车间演示。实战模拟以一个多月为宜，能跨月度观察系统运行的效果和人机系统的性能。要经领导小组审查，判断是否具备转入实际应用的条件。如果工作深度不够，在转入实际应用前要先补充完善。实战性模拟时，除项目实施小组全体成员参加外，还必须有职能组和生产一线的人员参加，这是向 MRPⅡ 系统顺利切换的必要条件。只有最终用户(实际应用人员)理解、接受并自愿乐意去应用，才是真正的实施，才能取得效益。

13.3.4　系统投运

经过实战模拟证明系统确实是可行的，就要不失时机地进行系统投运和切换了。这里提倡要遵循"集成投运，分步切换"的原则。

1．集成投运

投运是指把 MRPⅡ信息系统投入实际应用，或者与原来的手工模式并行运作一段时间。应在总体规划下，分阶段导入 MRPⅡ关联模块组。

关联模块组相当于一种由几个具有最大关联的模块所组成的强功能团。它可一开始就实现数据的关联传输利用，体现集成优势，加快实施进度，便于系统模拟，并利于关联问题的尽早暴露和分析解决。关联模块组的依据是不割断业务流程、不破坏信息集成。

关联模块组的选择可参考前面的关于信息系统规划提交的有关成果，或者企业建模里面的有关功能模型与信息模型的最大关联关系判断。

一般应先实施属于基础的模块与具备较好实施条件的模块组，如主生产计划、物料需求计划、库存管理、产品基础数据子系统等，先对 MPS/MRP 进行试点，再实现车间作业管理和采购计划法，从而实现闭环 MRP，并进一步将财务成本核算子系统等纳入闭环，然后开始使用系统的模拟功能，最终实施 MRPⅡ全面管理系统。

2．分步切换

分步切换是指逐步摆脱手工模式，改变到纯依赖 MRPⅡ管理系统的业务运作模式。企业可根据系统投运的效果和生产组织实际，确定具体的切换方案。系统切换有三种方式。

(1) 直接切换

直接切换是宣布于某一个时日，直接把企业切换到新的 MRPⅡ系统上运行，由新系统取代老系统。这是比较理想而简单的方式，但是这种类似交钥匙的直接切换方法带有强迫性，风险较大，常不可避免地带来混乱。它对于简单系统或新筹建企业比较合适，而对于已有运作于手工模式下的老企业可能难以马上取得成功，因为起码存在一个适应的问题。

(2) 并行切换

并行的方法是指新旧系统并行运行，但仍以手工管理为主，以手工计划为指导，通过并行运行检验各类基础数据的准确性与合理性，发现问题，纠正偏差，待新系统能顺利运行后就抛弃旧系统。并行切换似乎是一个稳妥的方法，但实际操作时可能存在一些问题。首先，可能根本没有足够的人力来同时运行两个系统；其次，MRPⅡ是一个以计算机为工具的系统，它要运作大量的基础数据，传统的手工方式无法及时提供；再次，由于新系统与老系统在基本逻辑上不同，两者产生的结果常常相互矛盾。

(3) 分段切换

这种方式是一部分一部分地直接切换。确定具体实施方案时，可以从一种产品系列扩展到更多的产品，或者从一个车间扩展到更多的车间。如果企业有多品种产品，则选择主要的、有代表性的产品实施，取得成效后逐步推广，从点到面，最终把 MRPⅡ 管理方法推向全企业。

MRP 是 MRPⅡ 的核心，不管引入哪种系统，在实现顺序上都一定是从基本 MRP 开始起步的。而 ERP 范围的系统实施，虽然也可以从其他模块先导入实施，但只有实现了 MRPⅡ 闭环系统和成本核算，才能使得企业应用集成的整体效益得到更好的保证。

13.3.5　运行维护

"MRPⅡ 不是目的地，而是长途征程。"

MRPⅡ/ERP 新系统被应用到企业后，实施的工作并不能算完全结束，而是转入到业绩评价(如 ABCD 等级检测)和下一步的后期维护支持阶段。

以前应用管理信息系统常有一种"交钥匙"的形象说法，比喻信息系统开发完成立即转换到新系统并运行起来，合作双方可以放手。这基本上是一种一厢情愿的说法，因为这样的美事很难实现。实际上没有一个企业曾经按交钥匙的方法使 MRPⅡ 系统获得成功。在系统运行中还会出现大量的后期支持维护问题，A 级的 MRPⅡ/ERP 系统也需要人工维护和保持，在费用预算时也是一笔不少的开支，企业对此应有足够的预期。

而实施了 MRPⅡ/ERP 系统，也有必要对系统实施的结果做不断总结和自我评价，以判断是否达到了最初的目标，从而在此基础上制订下一步的工作方向。必须在巩固的基础上，通过自我业绩评价，从新起点出发，制订下一目标，再进行改进，不断地巩固和提高。

由于市场竞争形势的发展，将会不断有新的需求提出，再加之系统的更新换代，计算机技术的进步都会对原有系统构成新的挑战，竞争是永无止境的，管理进步也必须永无止境。所以，成功实施 MRPⅡ 系统后，还应继续努力工作，把创造优秀的 MRPⅡ 系统最佳实践作为一个新的起点，去争取进一步的成功，追求尽善尽美。

13.3.6　时间控制

实施 MRPⅡ 所需的时间决定于以下因素：企业的规模和复杂程度、企业用来实施 MRPⅡ 的资源，高层领导的参与程度，实施队伍的知识、技能和献身精神，以及企业为 MRPⅡ 系统所选择的运行环境。理想的应该是 1 年左右的时间。早期文献中以小型机或大型机运行环境为依据，给出的时间框架是 18~24 个月。若中小型企业以客户机/服务器微机网络作为运行环境，则也有在 6 个月内"加速实施"成功的先例。

这里不能操之过急，没有一定的基础准备，没有按照一定的规律实施，将会欲速而不达。但也不能把时间拖得太久，使工作强度和热情，以及工作的优先级发生变化，影响效益的获得。所以确定一个积极进取的时间框架是十分必要的，一般宜控制在 18 个月以内。下面以 18 个月为时间框架，介绍实施 MRPⅡ 系统的 4 个阶段以及每个阶段的任务。

第 0 阶段——基础准备阶段：6 个月。

这一阶段主要是基础数据的整理，包括物料编码，仓库盘点，产品结构和工艺路线的设计，库存策略、批量政策、提前期的确定等。

第 1 阶段—— 实现基本 MRP：6 个月。

这一阶段所应完成的任务包括：生产规划和主生产计划的编制，客户订单录入和预测支持功能，物料需求计划展开功能，库存记录准确性，物料清单的构造和准确性以及来自车间和采购部门的拖期预报。

第 2 阶段—— 实现闭环 MRP：3 个月。

这一阶段应完成的任务包括：车间作业管理、能力需求计划、投入/产出控制、工艺路线的准确性、对供应商实现采购计划法。

第 3 阶段——实现 MRP Ⅱ 和全面 ERP 阶段：3 个月。

加入财务管理和模拟功能，实现系统功能的全面集成。

有些企业已经有了准确的、结构清晰的物料清单，在这方面就可以花比较少的时间；有些企业没有工艺路线和工时标准，那么就应提前开始这方面的工作；有些企业已经有了车间作业管理，就可以提前实现闭环。

13.4　流程重组

架构在 IT 技术基础上的 MRP Ⅱ/ERP 系统，是以信息高度共享为主要特征的。为适应信息系统的运行要求和管理效益的目标追求，对于传统的以手工方式为基础的不适宜的业务运作模式，必须通过业务流程重组(BPR)，以保证 MRP Ⅱ/ERP 系统的顺利运作。所以在实施 MRP Ⅱ/ERP 系统进程中，企业在业务流程和组织机构上将要发生不少变化。

13.4.1　BPR 设计原则

BPR 是以企业流程为改造对象，从顾客的需求出发，对企业流程进行根本性的思考和分析，根据企业的战略目标和理想流程模式，对流程进行彻底的重新设计，以信息技术、人与组织管理为使能器，使企业的性能指标和业绩得到巨大的改善。

BPR 的思想精髓是并行、减少、集成中间环节以及目标回归客户。BPR 实施的基本思想是：横向集成活动，实行团队工作方式；纵向压缩组织，使组织扁平化；权力下放，授权员工自行做出决定；推行并行工程。

BPR 的设计一般有如下基本原则：

- 从整体上把握业务流程的重新设计。
- 按项目确定流程，实现劳动力的动态组合。
- 打破职能分割，按新的业务流程进行组织设计。
- 减少管理层次，下放权力，组织扁平化。
- 采用合适的工具和方法设计业务流程。
- 充分考虑信息技术的特点和发展趋势。

- 考虑持续改进的技术，促使企业适应市场竞争的需求。
- 配套实施新的管理方法和企业文化。
- 最高领导层的参与与重视。
- 取得合作伙伴的支持和配合。

建立 ERP 管理信息系统以后，有了统一的数据库，数据可以共享；信息传递和处理的速度加快了，传统需要几步或经过几个部门完成的工作，可能一次就能同时完成。软件模块虽然按功能划分，但是每个模块中的具体应用程序，并不限定只能由某个部门使用。换句话说，系统是面向工作流程，而不是面向职能部门的。企业的运作表现为工作流程的运作，工作流程可以因企业而异，也可以因时而异，完全根据竞争的需要，自行定义。而在应用信息技术的情况下，企业有可能在业务流程和组织机构方面做进一步深化的调整和改革。

13.4.2　BPR 实施过程

在业务流程重组过程中，要实现新的想法，创造新的结构，开发并实施新的系统，这是一个十分复杂的过程。为了有效地实施 BPR，把实施过程分为若干阶段，称为"BPR 生命周期"。这里介绍一种 6 阶段的 BPR 实施过程。

(1) 构想阶段：高层领导统一认识，宣传 BPR 思想，制定实施计划、经费计划及预算。

(2) 准备阶段：建立 BPR 实施小组，确定需重组的核心企业过程，建立 BPR 性能评价指标及目标，确定 IT 的使能条件。

(3) 流程诊断阶段：识别现有流程，过程流建模，流程分析，企业问题诊断。

(4) 流程重组阶段：过程流的重组，组织与管理重组，建立新流程原型，BPR 仿真和原型评价。

(5) 重组实施阶段：建立新的信息系统，组织机构重构，工作流程培训。

(6) 项目评价阶段：BPR 项目评估，发现问题，总结经验。

BPR 涉及企业流程和环节的根本性改变。在实施企业业务流程重组的过程中，IT 技术工具在整个过程中发挥了极大的支持作用。这里 BPR 的关键技术包括：业务基准研究 (Benchmarking)、建模与仿真技术、工作流系统分析等。

13.4.3　企业建模与仿真

企业实施 BPR 是一项高风险性、高投入的活动，它直接关系到企业与员工的切身利益。许多企业在实施 BPR 的过程中，遇到了意想不到的困难，无法期望仅仅通过高投入来换取企业重构的目标。人们认为建模、仿真与分析是实施 BPR 项目的非常关键的一步，是提高项目实施成功的重要保证。

由于 BPR 是一种以过程为核心来组织工作的思想，因此，对过程进行模型化和仿真十分重要，这需要一些过程模型化与仿真工具来提供对过程的描述与模拟，以支持对当前过程特性的理解，而且还可用到新原型系统中，支持对新过程的分析，这就是企业建模的提出。常用的企业建模工具有 IDEF、UML，以及专用于工作流建模仿真的 ProcessWise、BDF 等。

集成的企业模型实际上包括过程模型、功能模型、数据模型、组织模型、资源模型、控制模型、决策模型几个方面，它们可支持 MRP Ⅱ/ERP 系统从开发到实施的整个过程。企业模型便于正确地理解和把握复杂的企业系统，便于 MRP Ⅱ/ERP 各实施角色进行有效沟通，并便于实现全面的企业集成。所以不少富有远见的 ERP 厂商据此提出了用于支持 ERP 系统实施的、适应于自己 ERP 软件特点的关于企业系统建模、设计和分析的方法体系(工具)，如 SAP 的 ARIS、BAAN 的 DEM 等。实际应用中也有 CIM-OSA、GRAI-GIM、PEAR 等一些通用的企业模型方法论。

13.5　项 目 管 理

MRP Ⅱ/ERP 系统的应用进程一般有两个阶段，前期是实施阶段，后期是运行阶段。后期的运行阶段是目的，是效益产生的阶段；前期的实施阶段是手段，是资源投入的阶段。显然前期的实施阶段应有一定的时限，效益才能尽快发挥。前期的实施 MRP Ⅱ 工作就是一项一次性的项目工作，可以采用项目管理的思维方法进行管理。

项目管理要确定项目的范围和目标，分解工作，明确工作内容、层次和顺序；要建立项目组织，调配人力资源，明确职责；要制定项目计划，控制进度，跟踪工作进程；要控制项目预算，评价工作质量，提交工作成果和文档，提交和审批工作成果；要辨识和控制项目的风险，并采取适当的项目专业监理机制，保证项目达到理想的目标。

总之，项目管理是为了实现规定的目标，合理组织人员，合理利用各种资源，在规定的时间和预算内，保证项目的成功实施。

项目实施管理可利用项目管理软件，如微软的 Microsoft Project 和 Primavera 公司的 P3，来控制计划。

13.5.1　项目组织

实施 MRP Ⅱ/ERP 是一个大型的系统工程，需要组织上的保证。系统实施进程有大量的工作要做；管理改革也要配合进行。为了保证项目按计划进度顺利实施，首先要组织落实，通常要成立三级项目组织，即项目领导小组、项目实施小组和专题职能小组，而每一层的组长都是上层的成员，并确定专职的项目组长。

项目领导小组的主要工作是：制订方针策略，指导项目小组；设定项目目标、范围及评价考核标准；批准项目计划，监控项目进程；调配人力和资金；推动培训工作；解决项目小组不能解决的问题；研究企业管理改革措施；研究企业工作流程的调整与机构重组；审批并验收软件二次开发方案；审批新系统的工作准则与工作规程，保证项目能够正常进行；对项目成败全面负责。领导小组至少每两周举行一次例会，但是领导小组组长(一把手)需要经常关心、参与和指导实施工作，及时处理各种问题。

项目实施小组是整个项目的核心工作小组，负责 MRP Ⅱ/ERP 系统实施的日常工作，对项目领导小组负责，人数约 6~10 人。主要的工作是：制订实施计划，保证计划的实现；指导、组织和推动职能组的工作；负责数据准备，保证录入数据的准确、及时和完整；负责组织原型测试和模拟运行，对管理改革的问题提出解决方案和建议；组织和开展企业内部的培训，担负起教员的工作；主持制订新的工作准则与工作规程；提交各阶段的工作成果报告。

专题职能小组研究相应本部门实施 MRP Ⅱ 系统的方法和步骤；掌握与本部门业务有关的软件功能，准备并录入数据；学会应用各种报表提供的信息；培训本部门的使用人员；参加制订工作准则与工作规程；做好新旧管理模式的切换，运行新系统。专题职能小组可以就某一个专题(如确定物料编码)临时组织。每个职能组的成员人数约 3~5 人，职能组对项目实施小组负责。

项目组长(项目经理)是一个非常关键的岗位，领导整个项目的开展，所以人选非常重要，关系到项目的成败。考查是否是一个好的项目负责人，应该重点考虑以下条件：技术素质、经验、资历、品质、权威、专职和来自企业内部，具有企业运营某个基本方面的经验，并在项目中赋予足够的权限和良好的工作条件。

领导小组、项目小组和职能组的关系是环环相扣的。下层的负责人是上层的成员，如职能组的负责人是项目实施小组成员，项目实施组长是项目领导小组的成员。整个项目的负责人是企业第一把手，他是高举火炬照亮项目前进道路的领路人。

13.5.2 协作机制

1. 最高层负责

MRP Ⅱ/ERP 系统不是一个单纯的计算机系统，而是一个以计算机为工具的人的系统。实施 MRP Ⅱ/ERP 系统，不但在实施进程中有各种各样的企业要素需要筹备，更要有充分的思想准备去改变企业中原有的一切不合理的因素，包括人们的思维方式和行为方式。这是十分困难的，要克服这样的困难，使 MRP Ⅱ/ERP 系统的实施和运行管理获得成功，企业高层领导的态度是十分重要的。经验表明，企业高层领导对 MRP Ⅱ 系统的重视、期待和参与程度是 MRP Ⅱ/ERP 系统获得成功的关键因素。高层领导既是 MRP Ⅱ/ERP 效益的最高受益者，又是 MRP Ⅱ/ERP 实施的不可替代的推动者。所以应确立最高层对项目负责的原则，也就是通常所说的"第一把手原则"。

2. 整体协作

MRP Ⅱ/ERP 系统是个人—机应用系统。要使 MRP Ⅱ/ERP 系统真正有效地发挥作用，必然涉及到包括人的认识等多种转变。MRP Ⅱ/ERP 作为管理工具提供了从未有过的机会，但最大的机会在于使用这样的工具，必须在共同协作的基础上建立一个好的总体计划。

MRP Ⅱ/ERP 系统的实施是企业的大事，涉及到企业运营的各个环节和所有的员工，必须要有专人负责，落实责任，互相配合；必须使企业从上到下作为整体形成一种共识：要下决心成功地实施 MRP II /ERP 系统，并把它作为企业整体管理的工具。

这涉及到企业的每一个人，从高层领导到每一个员工，关键的问题是协作。必须营造一个团结协作的工作氛围，并可以此为契机进行企业文化建设，进一步促进 MRP II /ERP 效益的充分发挥。

13.5.3　全面培训

MRP II /ERP 的成功与否，人的因素起着十分关键的作用。在 MRP II /ERP 实施过程中，培训是十分重要的环节，培训工作要贯穿实施的全过程，培训工作要分层次不断深化。从内容上，可分为 MRP II /ERP 理论培训、计算机和网络知识培训、应用软件使用培训等。从人员上，可分为企业领导层培训、项目工作小组培训、计算机专业人员培训和业务管理人员培训，见表 13-1。

表 13-1　MRP II 培训工作

层次	培训对象	培训内容	培训时间	培训地点	教　员
1	厂级领导、领导小组成员，项目组长	• MRP II /ERP/SCM/EC/BPR 概论 • 目标、效益、需求分析 • 实施方法 • 项目管理	2~5 天	企业外某处全脱产学习	企业外专家或软件公司
2	项目小组成员	• MRP II /ERP/CIMS 原理 • SCM/CRM/EC/BPR/PDM 概论 • MRPII 子系统 • 二次开发与客户化 • 需求分析与应用目标 • 实施方法与实施计划 • 项目管理与绩效评价	10~20 天	企业内或企业外全脱产学习	企业外专家或软件公司
		• 信息技术与网络技术	1~5 天	同上	计算机公司
		• MRP II 软件应用	10~15 天	同上	软件公司
3	计算机系统管理员	• MRP II 软件系统管理 • 硬件系统的安装、调试和使用维护	7~20 天	企业内	软件公司
4	职能组成员	基本同层次 2，对不同职能培训内容深度可有所侧重： • 主生产计划 • 物料需求计划 • 能力需求计划 • 物料采购与库存管理 • 车间作业控制 • 产品数据管理 • 财务管理与成本	10~20 天	企业内	项目组成员

（续表）

层次	培训对象	培训内容	培训时间	培训地点	教　　员
5	业务骨干、班组长、使用及操作人员	• MRPⅡ(结合软件功能) • 软件应用 • 工作准则与工作规程	根据需要反复多次	企业内	企业内教员
6	继续培训	基本同层次 5	按需多次	企业内	企业内教员

（本表改自参考文献 2）

　　MRPⅡ的教育和培训有两种形式，即外部课程和内部课程，两种形式都是必要的。由于具体企业的知识水平、技术水平以及计算机应用水平的不同，培训的内容和详细程度也有所不同，必须具体问题具体分析，做到有的放矢，达到培训的目的，起到教育的效果。

　　在整个实施进程中，培训工作是贯彻始终的。除了第一个阶段对领导层在决策前的概念介绍培训和 MRPⅡ原理的详细培训外，还要注意那些贯穿于实施准备、模拟运行及用户化、切换运行、新系统运行过程中的有关培训，如软件产品培训、硬件及系统员培训、程序员培训和持续扩大培训也都是至关重要的。这个道理，应该说是显而易见的。因为只有员工才是系统的真正使用者，只有他们对相关的 ERP 软件产品及所要求的硬件环境有了一定的了解，才能够保证系统最终的顺利实施和应用。

　　教育和培训的费用占系统项目费用相当大的比例。如果教育和培训的工作做得不好，其他部分的投资都将是浪费。因此，教育和培训的投资是 MRPⅡ/ERP 项目投资中最具有杠杆作用的部分。

13.5.4　咨询顾问

　　MRPⅡ/ERP 是现代生产制度中能完美满足典型企业管理需求的规范解决方案与一般参考模式。解决从传统管理模式向现代集中的管理模式转型过程中的 MRPⅡ/ERP 不可能包罗万象，也不可能完全适应所有个性化的企业需求，然而，对于这一阶段典型的企业管理问题的典型解决正是 MRPⅡ/ERP 成功的魅力所在，也是其适应性的主要表现。MRPⅡ/ERP 的实施是 MRP Ⅱ/ERP 应用系统成功的关键。而企业在实施 ERP 系统时所面临的最实际的问题是：企业目前普遍缺乏既掌握 ERP 软件知识、精通 ERP 系统的实施规律和项目管理方法的专门知识，又具备企业管理的实际经验的人才。所以在实施的策略方面，成功的企业需要基于一家具有相当资质的专业咨询顾问公司以协助 ERP 系统的实施。

　　经验表明，几乎没有一家企业能够在没有专业指导的情况下实施 MRPⅡ，并获得成功。所以必须选择既熟悉软件功能，又熟悉企业状况和实施方法的咨询机构来协助。这种较为独立客观的咨询机构能够站在用户的角度，并凭借自身对各种系统的熟悉与了解，在实施过程中与软件商密切合作，发挥出系统的最大功效。

　　良好的合作是成功的基础。企业在系统实施前一定要认真考察和选择理想的合作单位。在选择专业咨询公司时，应对以下方面进行综合考虑：

    (1) 咨询公司的知识和能力。

    (2) 咨询公司的资历和业务实绩。

    (3) 咨询公司的行业特长和成绩。

    (4) 公司首席顾问或行业顾问的能力和态度。

    (5) 咨询公司的企业文化和管理水平。

    (6) 咨询公司的业绩标准和收费依据。

    (7) 咨询公司的工作方法和质量保证方法。

    (8) 咨询公司的实施效果保证或承诺。

    (9) 咨询公司服务支持和后期跟踪方式。

    (10) 双方能否及时顺利地沟通。

    总之，所选的专业咨询公司应能够提供全面且及时的技术支持，保证项目的顺利实施。

13.5.5　知识转移

    ERP 系统是典型的知识密集型产品和运作，其服务过程也是知识转移的过程。有效、合理的知识转移是提高 ERP 项目成功率的基础，是达到 ERP 系统优良运作业绩的前提。

    ERP 系统实施的实质是知识的转移，这牵涉到三个方面的实体组织与人员：应用企业、软件提供方和服务提供方。在 ERP 提供商应用企业的双方知识交互过程中，知识转移是链接 ERP 服务双方的桥梁，知识转移的深度和效果直接决定了企业日后应用 ERP 系统的效果，决定了企业能够在多大程度上利用 ERP 系统提升管理水平。

    由于完美的 MRP Ⅱ/ERP 软件总是蕴涵着大量先进的管理知识，且这些知识总有相对的难度。软件提供方向应用企业首先以实体的软件知识产品为渠道进行知识转移，并推介提供优秀企业标杆经验和模板。这是很根本的知识转移，其转移的效果首先取决于应用企业的知识基础和接受能力，其主动性和决定性其实还是掌握在应用企业手中。

    大型 ERP 系统的实施，一般会有合作伙伴——ERP 实施服务商来辅助实施，ERP 系统实施服务的实质也是知识的转移。ERP 实施服务商凭借自身对 ERP 系统的认识和丰富的实施经验，帮助应用企业快速在系统内实现企业特定的业务流程，降低系统实施的风险；最重要的是帮助企业培养一批能够维护和优化系统的人才，为企业利用 ERP 系统提升管理水平做好人才储备。

    应重视和研究知识转移的方式和效率，采取适当的措施保证项目的优良业绩。如企业可以通过 ERP 知识培训班、报告会、研讨会、ERP 软件演示等手段以实现企业组织向个体的知识转移，以期达到企业内所有成员对 ERP 的共同理解。创造一种模拟互动的学习环境，提高个体学习的效率，鼓励企业内尚不具备 ERP 相关知识的个体，直接与拥有这方面隐性知识的个体进行学习和交流；或者已经拥有部分这方面隐性知识的个体之间也可以相互交流心得和体会，以加深各自对 ERP 相关知识的理解和把握，最终达到企业内所有个体对

ERP 相关知识的了解。总之，营造学习型环境和学习型企业是根本的方法。

当然，软件提供方在与应用企业的合作过程中，可以吸收应用企业先进的管理思想和管理模式，并在 ERP 软件针对应用企业的二次开发过程中实现或者在其以后的版本中加以体现，从而形成针对应用企业所在行业的专用解决方案和专用的实施方法论，再转移到其他企业中去，同时也提高其 ERP 软件的行业适用性和竞争力。同样，ERP 应用企业在接受 ERP 实施方提供服务时，也可以加深其对该行业业务的理解和体会，增加其行业经验积累，吸收、消化 ERP 的先进理念，并转变成一种企业成果。这样就使得 ERP 实施各方在知识转移的过程中都能得到进步，知识在转移的过程中也能得到升华。

13.5.6　工作规程

MRPⅡ/ERP 作为一种管理工具，从整体上为企业提供了一种规范化的管理方法。系统投入正常运行后，企业的所有员工在各自的岗位上执行着统一的计划，这就要求有统一的工作准则和规程去规范人们的工作方式。在 MRPⅡ/ERP 系统的各个环节上，如数据定义、准备和录入、主生产计划、物料需求计划、能力需求计划、生产控制、采购、周期盘点、工程改变、成本会计等等，都应有相应的工作准则和规程(Policy and Procedure)。如《工作中心数据工作标准》、《物料主文件数据处理规定》、《系统用户与普通用户使用信息系统权限设置工作标准》等。

建立工作准则和规程是非常重要的。没有工作准则和规程，系统的每个用户都按各自的方式做出决定，系统通讯将难以协调，信息不能正常流通，出现越来越多的错误信息，整个系统的可靠性降低。为了维持系统的运行，用户不得不采取不规范的解决办法，其结果是系统的瘫痪，损失是难以估量的。

工作准则是有关企业运作的指导原则，它并不告诉人们如何去做某件事件，但要指明各项工作的目标、责任和衡量标准。工作规程是指完成一项特定任务所应严格采取的步骤，它要指出从任务的第一步到最后一步之间的所有步骤，且应足够详细。工作规程应遵循工作准则的指导原则，而且对工作准则所涉及的每项任务，均应有相应的工作规程。

工作规程的内容主要包括：
- 正确的操作步骤与方法。制订数据采集规定。
- 操作员执行权限和功能范围说明。
- 数据采集、录入、修改、维护、删除、备份的工作制度。
- 系统维护与二次开发技术文档编写规范：数据字典、应用系统设计与修改文档。
- 有关输出报表的时间及审批手续。
- 跨部门的信息传送审批手续，以便部门职责分明。

工作准则与规程由项目小组会同各职能部门共同制订，形成企业的正式文件。要指明准则或规程的编号、主题、生效日期、版次、编写负责人等。在试点过程中，要对所编制的准则和规程进行验证和修订，定稿后经指导委员会批准，发至整个企业执行，并定期总结修订。

这里还包括制订严格的计算机信息系统管理制度。

- 机房管理制度：如机房值班人员的职责与分工；填写值班日记和故障分析报告等。
- 技术档案管理制度：如原始数据、票据文档、硬件、软件手册与说明书等存储介质的保管等。
- 数据维护制度：如数据录入与维护的责任分工，审批手续。
- 数据安全备份制度：数据安全保密规范，以及数据拷贝与恢复。
- 操作员的考核与职责：为了使系统能在正确的操作下稳妥地运行，要对操作员进行培训与考核，并明确分工与职责。

13.6 效 果 评 价

MRP II 实施和应用的做法正确吗？现在做得如何？应当如何改进？这正是许多实施和应用 MRP II 系统的企业所普遍关心的实施效果评价的问题。MRP II 实施效果需要有完整全面的检测工具进行分析评价。国外在这方面已有了很好的经验，包括利用 ABCD 检测表。

13.6.1 MRP II 运作效果指标

MRP II 的实施效果可以首先直观而明显地从若干生产运作执行指标来检测。这些执行指标包括基础数据、宏观计划层、微观计划层和计划执行层 4 个方面的明细指标。

1. 基础数据检测

- 物料清单。对本企业所有的物料清单检查其准确度。评测的方法可以是对照物料清单装配组装件，或者是对照物料清单拆卸组装件。
- 库存记录。按照企业确定的盘点周期考核其库存记录的准确度。评测的方法是将库存记录与实际盘点结果相比较。
- 工艺路线。检查企业产品加工的工艺路线的准确度。评测方法是将加工路线记录与车间实际加工路线对比，要求在工序编码、工序说明、工序顺序及所用的工作中心等数据均正确无误。

2. 宏观计划层数据

- 经营规划。对此项评测的目的是检查衡量经营计划的执行情况，如资产收益率的考核(企业资产主要包括固定资产和流动资金)。
- 销售规划。此项评测的目的是检查衡量对产品系列预测其销售金额的准确度(预测是从评测月起三个月前对本月的预测销售)。评测周期一般为月。
- 生产规划。该项评测的目的是对产品系列的产量的预测准确度(预测是从被评测月起三个月前对被评测月的预测数量)。评测周期一般为月，可分别计算每个产品系列的准确度，然后求均值。

3. 微观计划层数据

- 主生产计划。该项评测的目的是对生生产计划物料(最终项目)计划完成准确度的评测。评测周期一般为周，按单项产品分别计算后，每周求平均值。每月按每周的数值求每月平均值。
- 物料需求计划。该项评测目的是对物料需求计划执行准确度的评测，评测对象是投放订单数(包括采购订单和生产订单)。订单的投放、取消、或重排计划都作为执行数，评测周期一般为周。
- 能力需求计划。该项评测目的是对能力需求计划执行准确度的考核，评测对象是工作中心(也可以只考核关键的工作中心)，评测周期一般为周。

4. 执行层数据

- 供应商按时供货情况。该项评测的目的是对采购物料的执行准确度的考核，其对象是对供应商发放的采购订单的按时到货率。到货日期也可以根据不同的物料和不同供应商的情况设定合理容差(天数)，在容差范围内可视为按时到货。该项考核周期一般为周。
- 供应商按质供货情况。此项评测的目的是对企业内、外部所有供货单位供应物料质量的考核。评测对象是到货的物料的合格率。评测周期一般为周。
- 供应商按量发货情况。该项评测是对供应商执行合同量的考核，可据收到物料的情况，实行对供应商的选择和管理。评测周期一般为周，对按月评测可取各周百分数的平均值。
- 车间生产管理能力情况。此项评测的目的是对车间生产管理情况的考核，评测对象是工作中心(也可只考核关键工作中心)完成加工任务的能力。评测周期一般为周或日。
- 可执行销售订单管理情况。该项评测主要是对销售工作与生产计划工作协调情况的考核，评测对象是可执行销售订单。评测周期一般为一周。

13.6.2 ABCD 等级评价

1. ABCD 检测概况

早在 1977 年，MRPⅡ的先驱者 Oliver Wight 就提出了一套衡量 MRPⅡ实施效果的考核与评价标准，在 APICS 组织内部实施。其包括 20 个问题，这 20 个问题按技术、数据准确性和系统使用情况分成三组。每个问题均以"是"或"否"的形式来回答。

后来，有些公司在此基础上根据自己的需要做了一些必要的增减，如增加了教育和培训事项，所以这个检测表就扩充为 25 个问题，这就是第二版。至此，MRPⅡ实施的评价与考核已规范化、通用化、权威化，成为 MRPⅡ用户普遍接受的标准，在世界范围逐步流传开来。

这个第二版的 ABCD 检测表，针对所考虑的 25 个明细问题，回答不再仅是简单的"是"与"否"，而是按 0~4 分打分，所以满分是 100 分，依累计得分段按 ABCD 4 个等级不同的定性特征来评定企业 MRPⅡ的实施水平。

在 80 年代，ABCD 检测表得到了进一步的改进和扩充，其覆盖范围已不限于 MRPⅡ，还包括企业的战略规划、成本控制和不断改进的过程等分组内容。

第四版的 ABCD 检测表于 1993 年推出，这是集中了近 20 年来企业管理理论研究和数百家公司的实施应用经验的结晶。这个检测表的样式已经发生了根本的变化，共分 5 章。

- 企业战略规划。
- 人力资源和组织过程。
- 全面质量管理和持续改进。
- 新产品研发过程。
- 计划和控制过程。

其每一章均以简明的定性目标描述开始，规定了 ABCD 4 个等级不同的定性特征，然后列出一些明细问题。对这些明细问题进行打分以求出均值水平。

第五版的 ABCD 检测表于 2000 年推出，其基本结构与第四版类似。而 Oliver Wight 公司于 2006 年推出的第六版的 ABCD 检测表已扩至 9 章，站在集成供应链的立场上考察企业全面业务运作与经营业绩，内容更为丰富，鼓励企业朝着阶段里程碑、业务单元至全面企业业绩的最优秀的 A 级目标进取。

2. ABCD 检测表内容

下面是第二版的 ABCD 检测表。这份检测表明确直观，简明易用，因而流传甚广，目前对于企业进行总体的、快速的检测仍有实用价值。

- 技术方面：
① 主生产计划及物料需求计划的数据时段是周或更短的天。
② 主生产计划及物料需求计划可以按周进行更新编制。
③ 系统具有确认计划订单及跟踪订单与需求的能力。
④ 主生产计划以可控的形式管理，而不是自动运作。
⑤ 系统能进行能力需求计划的编制和调整。
⑥ 系统能提供日常派工单或调度表。
⑦ 系统提供投入/产出控制信息。
- 数据完整性：
① 库存记录准确度达到 95%以上。
② 物料清单准确度达到 98%以上。
③ 工艺路线准确度达到 95%以上。

- 教育和培训：
① 至少 80%的员工参加了 MRP II 基本教育。
② 有长期的连续的继续教育和培训的计划。
- 系统使用：
① 不再使用缺料表。
② 供应商按时交货率达到 95%以上。
③ 使用采购计划法让供应商有充裕的交货时间。
④ 车间制造按时完成率达到 95%以上。
⑤ 主生产计划的执行完成率达到 95%以上。
⑥ 定期(至少每月一次)召开总经理及各业务部门领导参加的生产规划会议。
⑦ 主生产计划的编制策略和贯彻执行由一套成熟的严格的制度规范来保证。
⑧ 系统既用于生产进度安排，也用于编制任务订单。
⑨ 生产、市场、工程、财务各部门及决策层的关键人员很好地理解 MRP。
⑩ 企业业务部门和高层领导确实使用 MRP 进行运作管理。
⑪ 能有效地控制和实施工程改变管理。
⑫ 在节减库存、提高生产率及客户服务水平三方面至少有两项获得明显改善。
⑬ 运营系统也用于财务计划的编制。

3. ABCD 检测表用法

(1) ABCD 四级用户的基本特征

A 级用户：企业的各项业务均基于 MRP II 系统来开展，全面使用 MRP II 系统的各软件模块，包括主生产计划、物料需求计划，能力需求计划，采购管理系统、车间作业控制等，形成闭环的 MRP II 系统，实现了财务成本和生产系统的集成统一。企业全员使用统一的规范化信息系统，协同工作，取得了巨大的经济效益。

B 级用户：企业使用 MRP II 并取得了基本的经济效益，企业有完整的闭环 MRP 系统，但未能有效地用到生产管理上去；还要部分靠短缺报告来安排生产，未能根本消除采购与生产的赶工现象，仍存在库存积压问题；管理高层没有充分介入信息系统的应用，但大部分员工接受过 MRP II 理念教育。

C 级用户：把 MRP 仅作为一种物料库存管理方法，还没有用于生产计划；无完整的闭环生产管理系统，数据准确度有限；部分中级管理人员使用 MRP II 系统，高级管理人员不重视，60%以上的人员了解 MRP II。

D 级用户：MRP II 仅作为数据处理工具，进行日常的生产统计和进出库事务；库存记录准确性很差，生产计划系统很粗略和不完善；只有中级以下的管理人员部分使用 MRP II 系统，基本上没有经济效益。

(2) ABCD 等级检测方法

评定 MRP II 用户的 ABCD 等级通常有两种方式，一是聘请独立的、公证的、有威望的专业咨询公司来评审；二是由本企业主动组成联合评审小组来评审，这些人员包括资深的 MRPⅡ专家、本企业的总审计师、已评为 A 级用户的外企业高管、供应商和客户(主要是已推行 MRPⅡ的企业)的高层管理人员。所有成员对 MRPⅡ系统都必须相当熟悉。

第二版的 ABCD 检测表简明直观,所以在现实中还是有许多企业在采用。对于第二版的 ABCD 检测表的 25 个问题,每题 4 分,所以满分为 100 分。根据评定结果,90 分以上的为 A 级用户,71~90 分为 B 级用户,50~70 分为 C 级用户,低于 50 分为 D 级用户。这些等级标准代表了应用 MRPⅡ的运作状况和绩效水平。

在正式评审之前,企业内部应先期进行自检。每年可以由 MRPⅡ项目管理小组根据 ABCD 检测表进行 1~2 次自检,以促进内部的自我改进与提高。出现偏差时,应分析:是什么原因导致偏差?如何解决问题?何时能够解决问题?

当然这个标准尚不是硬性规定,企业可以根据自身的实际情况对项目内容有所增减,其总分数值和评定的等级标准也有所变动。无论如何,正确使用 ABCD 检测表的过程构成一个绩效不断改进的过程,基本步骤包括:

(1) 评价当前状况。

(2) 确立绩效目标。

(3) 根据需要剪裁检测表。

(4) 制订行动方案。

(5) 评价实施过程。

(6) 定期总结指导。

通过定期地或不断地对实施效果进行考察衡量,提出追求的目标,可以使企业不断改进,使企业变得更有竞争力,朝着世界级制造企业的水平前进。

13.7　最佳实践

以世界先进企业为标杆,进行基准研究,提炼出最佳的 MRPⅡ/ERP 应用模式案例,借助于一整套成熟的实施模板工具,进行最佳实践,是目前 ERP 实施方法论的新动向。

13.7.1　基准研究

基准研究(Benchmark)是系统化地对世界领先企业进行分析评价,利用基准研究的标杆指标作为行业 ERP 实施效果的测评基准值,确定出代表最佳实践的经营过程和工作过程样板,以便合理地确定本企业的业绩目标。人们形象地把基准研究比喻为一个合理合法地"拷贝"优秀企业成功经验的过程。企业在实施 BPR 及 ERP 时,基准研究是一项非常重要的工作,其目的在于通过创造性地采用优秀企业的最佳实践来加快 ERP 实施进程和业务重构,并依据优秀企业的业绩指标相应设置本企业的业绩目标,以获取企业绩效的巨大提高。

近年来,国外一些大公司非常注重基准研究工作,如福特汽车、Whirlpool 和 IBM 等公司在产品开发上，首先就做基准研究，系统分析竞争对手产品的各项指标(性能、功能、结构、价格)及产品在设计、制造和装配等方面的特点，目的是从中借鉴先进经验，以求与竞争对手抗衡。

13.7.2　最佳实践

最佳实践(Best Practices Enterprise)通过建立集成 ERP 和 SCM 的模型，提供一组理解供应链和快速建模的工具，确定最佳实践企业模板，建立和发布最佳实践及其指标基准，作为企业改造的追随目标；并提供一组评价指标的工具。

最佳实践可以为企业提供标杆，利用最佳实践企业的标杆指标作为行业 ERP 实施效果的基准，以这些现实的、直观的和生动的测评指标检测表，向最佳实践企业模板比学的过程，是企业业绩不断改善的过程。最佳实践还可以以此规范软件供应商的软件。

事实上，前面介绍的 ABCD 综合评测指标体系过于通用性和理想化，不便于操作，现在国际上也开始推行最佳实践的指标体系。如美国标准化研究机构 Benchmarking Partners 新提出的 ERP 项目评价体系中将有关以行业基准和实施经验作为参考的关键绩效指标体系，就是最佳实践的范例。

13.7.3　ERP 最佳运行模式

MRPⅡ/ERP 最佳运行模式可以从以下几个方面加以衡量。

1. 系统运行集成化

这是 ERP 应用成功在技术解决方案方面最基本的表现。ERP 系统是对企业物流、资金流、信息流进行一体化管理的软件系统，其核心管理思想就是实现对"供应链"的管理。软件的应用将跨越多个部门甚至多个企业，为了达到预期设定的应用目标，最基本的要求是系统能够运行起来，实现集成化应用，建立企业决策完善的数据体系和信息共享机制。

一般来说，ERP 系统仅在财务部门应用，只能实现财务管理规范化、改善应收账款和资金管理；仅在销售部门应用，只能加强和改善营销管理；仅在库存管理部门应用，只能帮助掌握存货信息；在生产部门应用，只能辅助制订生产计划和物料需求计划。只有集成一体化运行起来才有可能降低库存，提高资金利用率和控制经营风险；控制产品生产成本，缩短产品生产周期；提高产品质量和合格率；减少坏账、呆账金额等。

2. 业务流程合理化

这是 ERP 应用成功在改善管理效率方面的表现。ERP 应用成功的前提是必须对企业实施业务流程重组，因此，ERP 应用成功意味着企业业务处理流程趋于合理化，并实现了 ERP 应用的以下几个最终目标：企业竞争力得到了大幅度提升；企业面对市场的响应速度大大加快；客户满意度得到显著改善。

3. 绩效监控动态化

ERP 的应用将为企业提供丰富的管理信息，如何用好这些信息并在企业管理和决策过程中真正起到作用，是衡量 ERP 应用成功的另一个标志。在 ERP 系统完全投入实际运行后，企业应根据管理需要，利用 ERP 系统提供的信息资源设计出一套动态监控管理绩效变化的报表体系，以期即时反馈和纠正管理中存在的问题。这项工作一般是在 ERP 系统实施完成后由管理咨询公司的专业咨询顾问帮助企业设计完成的。企业未能利用 ERP 系统提供的信息资源建立起自己的绩效监控系统，将意味着 ERP 系统应用没有完全成功。

4. 管理改善持续化

随着 ERP 系统的应用和企业业务流程的合理化，企业管理水平将会明显提高。实施 ERP 系统后，还要注意不断通过业绩评价，树立更高的目标，继续改进。在市场经济环境下，竞争是永无止境的，管理进步也必须永无止境。把追求永续经营、尽善尽美作为企业的最高境界，最佳实践是一个很好的方法，它可以帮助企业明了自己当前的情况，确定未来的改善目标。即便成为最佳实践级企业，也有可继续改进之处。正确地使用最佳实践检测的过程构成了企业不断改善的过程。

13.8　典型实施方法论

MRPⅡ/ERP 系统实施方法论是指用于 MRPⅡ/ERP 应用系统实施的方式指导、活动约定、工作支持等的一系列框架、方法、工具的总称。前面介绍的关于 MRP/ERP 系统实施的项目规划管理、软件选型配置、实施进程策略、业务流程重组、系统评价与风险控制等，均是实施方法论的核心原理。实施方法论一般以时间阶段的方法来表达实施过程，甚至抽象成目标控制的里程碑。但到目前为止，并没有一个大家公认的具有普遍适用意义的实施方法。主要因为 MRPⅡ/ERP 应用系统除了策略规划及决策过程外，各种 ERP 软件具有迥异的结构规范、功能特点和适用环境，一套具体软件的安装和启用也包括许多至关重要的不同细节(如 SAP 软件需要大量的参数设置)。为此，许多 MRPⅡ/ERP 厂商提出了许多不同的 MRPⅡ/ERP 系统实施方法论，例如 SAP、Oracle、BAAN、JDE、金蝶、用友等 ERP 系统厂商都有自己的实施指导方法。

13.8.1　SAP 实施方法论——ASAP

ASAP 是 SAP 公司为使 R/3 项目的实施更简单、更有效而提出的一套完整的快速实施方法，ASAP 优化了在实施过程中对时间、质量和资源的有效使用等方面的控制。它是一个使得项目实施得以成功所有基本要素的完整的实施方法和过程，主要包括：ASAP 路线图、SAP 工具包、SAP 技术支持和服务、SAP 培训和 SAP 参考模型。

1. ASAP 路线图

ASAP 提供了面向过程的、清晰和简明的项目计划，在实施 R/3 的整个过程中提供一步一步的指导。路线图共有 5 步，包括项目准备、业务蓝图、实现过程、最后准备、上线与技术支持，如图 13-2 所示。

图 13-2　ASAP 实施路线图

具体每个阶段的主要工作内容如下。

第 1 阶段：项目准备

- 建立项目组织。
- 确立项目日程安排。
- 项目队伍培训。
- 网络环境和硬件准备。
- 项目启动。

第 2 阶段：业务蓝图

- 业务流程现状分析(组织结构、流程)。
- 未来业务流程确定(组织结构、流程)。
- 确定项目文档标准。
- SAP 系统安装。
- 管理层批准业务蓝图。

第 3 阶段：系统实现

- 系统基本配置。
- 项目组的高级培训。
- 流程测试。
- 设计接口和报表。
- 系统测试的确定与完善(Fine Tuning System)。
- 外部接口及报表开发方案。

- 建立用户权限和系统管理机制。
- 准备最终用户培训。

第 4 阶段：最后准备

- 确定配置系统。
- 最终用户培训。
- 基本数据准备。
- 初始数据的准备(Opening Balance Preparation)。
- 上线计划设计。

第 5 阶段：上线与技术支持

- 系统上线。
- 不间断的支持。
- 持续的业务流程优化。
- 项目评估及回顾。

2. SAP 工具包

正确的工具产生与众不同的效果。工具包指的是 ASAP 中用到的所有工具，包括 R/3 业务工程(R/3 Business Engineering)；其他一些软件产品，如 MS-Project；ASAP 的"估算师"(Best Estimator)工具使用户能精确测算实施中所需的资源、成本和时间；ASAP 的"实施助理"(Implementation Assistant)是一个"如何做"的指导书，可以伴随用户走过实施中的每一个阶段，包括调查表和项目计划。

ASAP 还充分发挥了 R/3 企业设计的强大配置能力。在这个似乎无限大的工具箱里有建模、实施、改进和建立技术文件等工具，利用公认的企业模型和行业模板将有效地加速对企业的实施。

3. SAP 技术支持和服务

SAP 的技术支持和服务网络对用户在实施和使用过程中可能出现的问题进行解答。它是用户的助手，使用户觉得放心，因为在实施过程中总会有一个朋友随时来帮助。用户将得到从项目开始到成功实施及其后续方面的支持，服务包括咨询和培训。ASAP 提升了服务与支持的范围，即所有与 SAP 环境相关的服务。"早期预警"(Early Watch)中概念评估和启动检查是其中的一部分，可用来保证整体的品质，并让用户用主动的方式调整 R/3 系统。

4. SAP 培训

SAP 的培训策略包含了对项目小组和最终用户的培训。一般来讲，项目组的培训是混合了标准 1-3 级课程和现场培训，对最终用户是由已受训的项目小组成员作为教员将知识传授给最终用户。

5. R/3 参考模型

SAP 开发的 R/3 参考模型以商业术语描述了 R/3 系统所支持的标准应用功能与业务过程。此信息帮助企业识别应用中可见的不同过程以及应用之间的集成关系，因此企业能够运用 SAP 软件为他们获取最大利益。R/3 的参考模型集成在 R/3 的系统中，此集成版本被认为是商业的领航者。

13.8.2 Oracle 实施方法论——PJM/AIM

Oracle Applications 实施方法论是一套建立整体解决方案的方法，主要由 AIM(应用系统实施方法论)和 PJM(整体项目管理方法论)等各自独立的方法论组成。这些方法论可以提高工作效率及项目实施质量。顾问在项目实施过程中，将用 Oracle Applications 实施方法论及实施工具来帮助实施，并将此方法论技术作为技术转移的一部分。

1. AIM

Oracle 公司在全球经过多年的应用产品实施而提炼好了结构化实施方法，它能满足用户的各种需求，从定义用户的实施方法、策略到新的系统上线运行，AIM 包含了所有不可缺少的实施步骤。因而能尽可能地减少用户的实施风险，以保证快速、高质量地实施 Oracle 应用系统。AIM 分为 7 个阶段，如图 13-3 所示。

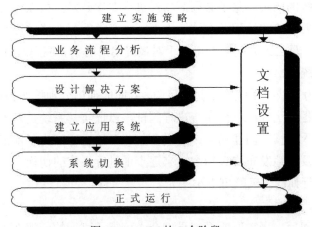

图 13-3 AIM 的 7 个阶段

第 1 阶段：建立实施策略

主要从商务和技术上来计划项目的范围，并确定项目的目标。这一阶段的工作，包括建立由公司主要领导为首的项目实施领导小组和各部门有关人员参加的项目实施小组，并开始对员工进行初步的业务管理观念和方法培训，具体制定出企业实施应用管理的策略和目标。

第2阶段：业务流程分析

主要是定义项目的内容，即对现行的管理进行仔细回顾和描述，从而认识项目的业务和技术上的具体要求。一般在这个分阶段要编写一个项目定义分析报告，可以更多地借助于IPO图的形式来描述目前的流程，并从中找出希望改进的地方，为进一步设计解决方案创造条件。为此，需对项目实施小组的成员进行比较系统的业务管理的概念和Oracle系统软件功能层次的培训。

第3阶段：设计解决方案

主要是对上阶段形成的业务分析流程，结合业务管理的基本概念和具体的软件功能，逐项进行回顾、分析，以便对目前每个管理业务流程，提出解决方案。解决方案也许可以直接套用Oracle应用系统中的某些功能，也许是对现行管理流程做一些改进，也可能是对软件系统做一些必要的二次开发。这时一般应编写项目说明书之类的文档，作为一个里程碑，也作为建立系统的设计任务书。

第4阶段：建立应用系统

本阶段需根据前一阶段拟订的方案，对管理上(或组织上)需改进之处制定改进方案，包括调整分工、规范流程、统一方法、标准信息编码等。从软件来讲，系统初始化设计及二次开发工作可开始进行。这样就可建立起一个符合企业管理思想的应用系统，此时大量的基础数据的整理工作也将着手进行。

第5阶段：文档设置

在建立应用系统的同时，除了必须对软件进行二次开发，按软件工程要求提供必须的文档以外，对管理要改进的流程及方法等方面，也必须编写或修改原来的制度、职责、流程图。这时，系统一旦已建立起来，可着手对最终用户的主要应用进行培训。

第6阶段：系统切换

在这个阶段，为了减少系统实施时的风险，各职能部门分别按照自己的日常业务活动，参照已文档化的流程，运行计算机系统进行测试，以证实其系统是基本可行的。这时才开始正式向新系统输入数据、创建初态、定义参数、开始运行。为了保证切换的成功，这时要求项目领导小组及时地发布许多指令，来逐步地进行系统的切换。一般来讲，能有一个新老系统并行的运行期间，风险可更小些。

第7阶段：正式运行

在并行一段时间后，事实证明系统是安全、可靠、可行的，那么可以正式投入运行。在运行中要做好有关的记录和报告，并及时发现运行中的问题，以便进行维护和提高。

2. PJM

项目管理方法(PJM)的目标是提供一个主框架，使其能够对所有项目用一致的手段进行计划、评估、控制和跟踪，如图13-4所示。

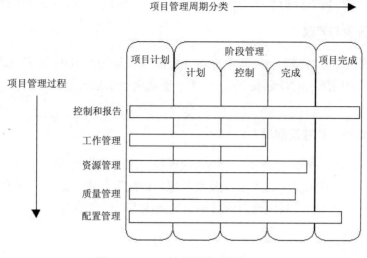

图 13-4　PJM 的项目管理框架

13.8.3　JDE 实施方法论——R.E.P.方法

JDEdwards 的软件实施方法论——R.E.P.方法，追求稳固结构与弹性相互制衡的技术标准。R.E.P.指的是快速、经济、可预测的实施方法，结合专业与经验，减少训练，提供咨询及支援，获得好的投资报酬，减低长期的投资成本。R.E.P.实施方法论的主要过程的特色如下。

1. 达成一致期望

R.E.P.是一个学习过程，在此阶段中，会让顾问与项目实施小组彼此熟悉，以便让他们在彼此的期望、资源承诺、实施风险及工作计划上达成共识。

2. 培训项目小组

R.E.P.的训练阶段可让项目小组迅速了解 JDE 功能，以便开始看到此软件将如何在组织中实际运作。此训练显著在参与性及个案研究的环境中进行，能确保项目实施过程中有充分的知识和功效。

3. 分析企业需求

企业了解软件后，就会开始审视对整套系统的需求，以达到企业的目标。顾问通过有针对性的谈话，会清楚地找出企业的症结所在及所面临的企业问题，谈话重点放在筛选出潜在的重新设计流程的可能性，决定报表需求，以及为企业的特殊环境所提供的配置建议。

4. 会议室模拟测试

什么是判定软件性能的最好方法？怎样评估成功实施您的软件所需的步骤？最理想的

方法是在实际的环境中分析系统的性能,而会议模拟测试正提供了最佳的机会。

5. 技术开发与修改

若企业的软件方案需要转换程式,客户定制修改与其他 JDE 系统沟通时,R.E.P.皆可提供定制编码规则所需的规划发展策略,在不影响企业未来升级的原则下,融入企业的 JDE 环境中。

6. 环境调适,训练及测试

在会议室测试中所积累的信息,协助做环境上所需的任何调整,帮助转换原有系统的资料,并协助客户完成报表、手册,及系统保安的配置工作。提供完整的新程序训练及文件编制,以使企业部门能顺利地由项目小组过渡成为熟练的使用者。

7. 投入运行

确保对企业的生产环境及资料随时可做实际的处理,让原有系统与 JDE 系统间的转移工作能更加顺畅。为了进入正常处理作业,会在软件实施的这个关键点上,随时注意可能发生的问题及潜在风险。

8. 升级至最新版本

R.E.P.非常注意客户不同阶段的需求,不时因客户需求而进行软件升级计划,使企业对 JDE 软件的科技投资成为一项前景看好的稳健的投资选择。R.E.P.还会在企业首次将 JDE 软件升级时,于升级规则、支援来源的时间排定,以及新功能和对企业的环境与使用者所可能造成的潜在影响分析等方面,给予企业最详尽的配合与协助。

9. 定期系统检验

R.E.P.的服务就如同其产品一样,具有长期的投资价值。系统检验让企业有机会定期分析系统功能是否符合现有阶段的目标。R.E.P.将随时给出建议,协助企业不断增加企业的 JDE 环境运作功能。

13.8.4 Baan 实施方法论——Target 方法

Baan 的 Target 实施方法论提炼总结了世界范围内 8000 多个 Baan 公司 ERP 产品用户的实施经验,博采众长,以确保 ERP 项目的成功实施。Target 实施方法论是 ERP 领域唯一利用多层原型化的工具,它不仅着重于 ERP 软件系统的实施,而且还致力于企业业务流程和组织的改进与完善。

Target 实施方法论的特点是:注重于结果,全员参与,风险共担;面向目标,建立正式的里程碑和责任;公司模型原型化,文档清晰;使用专业化工具,灵活而且简单。

1. 人员/系统/组织(PSO)项目

Target 实施方法论指出了企业内部的三个核心方面:人员、系统和组织(PSO)。而且在

Target 实施方法论中引入了人员/系统/组织(PSO)的专门活动以确保其完整性,如图 13-5 所示。

企业业务改革影响的三个方面

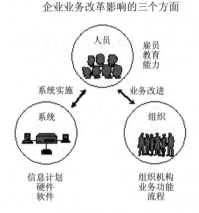

图 13-5　Target 实施方法论的三个核心方面(PSO)

2．企业业务改进

Target 实施方法论的优势在于利用自身的动态企业模型,同时进行业务改进和系统实施过程相结合的优化企业方案,这明显区别于传统的目标模型方式。

- 传统方法
  - ◆ 业务改进与系统实施过程分离。
  - ◆ 实施前要定义目标模型。
  - ◆ 目标模型与系统功能不完全匹配=>客户化,修改。
- Target 企业方法
  - ◆ 同时进行的业务改进/系统实施过程。
  - ◆ 集中 ERP 软件机遇/世界级实践的优点。
  - ◆ 动态企业模型的使用。
  - ◆ 专注于不断改进企业业务。

3．分析、试运行和切换

Target 实施方法论的企业方案(TEP)包括同时进行的业务改进和系统实施以及切换到新系统。在整个项目中各项活动要仔细地定义,责任明确且结果要可以预见,前一阶段结束再开始下一阶段。

13.9　本　章　小　结

本章介绍了 MRPⅡ/ERP 系统的实施问题。把 MRPⅡ/ERP 放在企业 CIMS 应用的全局角度上，从现行企业系统的管理诊断出发，进行 CIMS 下管理信息系统的目标分析、系统需求分析，并在系统分析的基础上进行 MRP Ⅱ/ERP 新系统实施计划设计、系统经费计划设计和投资效益分析评估，然后介绍 MRP Ⅱ/ERP 系统实施应遵循的项目管理方式，包括成立项目小组、协作机制、全面培训、咨询顾问与知识转移，以及工作规程配置等问题。

软件选型是一个重要方面，商品化软件有更多的优越性，但是在选择时要考虑跟企业的生产经营特点与产品特征是否相匹配。

项目的实施进程，包括基础工作、系统测试、模拟运行、系统投运和运行维护几个实施阶段，有一个大约一年多的时间框架。实施之前常要进行流程重组，企业建模与仿真便利于进行流程分析，也能支持系统从开发到应用的全过程。

MRP Ⅱ/ERP 系统有一套成熟的 ABCD 法效果评价体系。一些公司如 SAP、Oracle、Baan 也提出了自己的典型实施方法论。这些均可以为企业信息化实践提供一个理论参引。而在基准研究和标杆管理基础上的最佳实践，反映了国外主流 ERP 软件的实施理论，为更好地保证 MRP Ⅱ/ERP 的成功应用提供了一个新思路。

关键术语

系统规划　项目管理　项目组织　咨询顾问　知识转移　软件选型　配置管理　工作规程　实施进程　流程重组　风险管理　效果评价　ABCD 检测　标杆管理　最佳实践实施方法论

思考练习题

(1) 对现行系统的分析一般包括哪几个方面？

(2) 系统实施计划包括哪些内容？

(3) 项目管理的基本内容有哪些？

(4) 咨询公司在项目实施过程中有哪些作用？

(5) 如何进行 MRP Ⅱ/ERP 软件的选型？

(6) 计算机系统配置包括哪些内容？

(7) MRP Ⅱ/ERP 系统实施进程中培训工作如何开展？

(8) 系统整体投运有什么优缺点？

(9) MRP Ⅱ 的项目风险来自哪些因素？

(10) 如何进行 MRP Ⅱ 实施效果的检测？

(11) 讨论如何拟订企业实施 ERP 项目的效果评价体系。

(12) 为什么可以采用最佳实践评测方法来进行 MRP Ⅱ 实施效果检测？

(13) 分析理想 ERP 系统的最佳运行模式。

(14) 一个完整的 ERP 系统实施方法论应该包括哪些主要内容？

第14章 企业信息化

【导语】

　　ERP 仅仅是企业在管理方面的信息化，而企业信息化还包括其他丰富的内容。本章将进一步介绍供应链管理、客户关系管理、产品数据管理、制造执行系统和计算机集成制造系统，它们均是企业信息化的热门应用，最后介绍信息化与工业化的两化融合。

14.1　企业信息化的主要内容

　　企业信息化是特定于"企业"对象的信息化，是指利用信息技术支持企业运作经营的过程。企业信息化的主体内容会因信息技术的演变以及企业的性质、规模、类型的不同而有所改变。在信息技术发展的早期阶段，企业信息化局限于生产过程的自动化管理以及企业内部日常办公事务的处理等方面。

　　从 20 世纪 80 年代开始，随着计算机硬件和软件技术的发展，特别是计算机和通信网络技术的日趋融合，企业信息化内容发生了巨大的变化，信息技术在企业中的应用不再局限于企业活动的某些环节，而是逐步地渗透到企业活动的各个领域、各个环节，极大地改变了企业的生产、流通和组织管理方式，推动了企业物资流、资金流和信息流的相互融合。

　　除了技术因素外，企业信息化的范围和内容还因企业规模、类型和性质的不同而呈现出巨大的差异。例如，大型企业和中小型企业的信息化就存在着明显的差异，前者在信息技术应用的深度和广度方面都大大地超过后者。又例如，产品制造业企业和服务业企业也存着明显差别，制造业企业信息化的一个主要内容是产品设计和生产过程的自动化，而服务业企业的信息化则不包括这方面的内容。

　　尽管存在着上述差异，但是就企业信息化的范围和内容而言，还是存在着许多共性。下面以制造业企业为例，对企业信息化的主要内容加以描述。

　　(1) 生产过程的自动化和信息化

　　生产过程的自动化和信息化是制造业企业信息化的一个关键环节，其主要目的是在机械化的基础上综合利用微电子技术、计算机技术和自动控制技术实现对生产过程的监测和控制，从而达到提高产品质量和生产效率的目的。生产过程自动化和信息化涵盖产品设计和开发、生产工艺流程、物料管理、品质检验等各生产环节。

　　在产品设计和开发环节，主要是应用计算机辅助设计(CAD)技术、虚拟现实和模拟技术以及网络技术等，以缩短新产品的设计和开发周期，节约开发成本。

在生产环节，主要是利用计算机辅助制造(CAM)、计算机辅助生产设备(DCS)，以及计算机集成制造系统(CIMS)和计算机集成生产系统(CIPS)等技术，实现生产过程的自动化和智能化。生产过程的自动化和信息化并不是孤立进行的，而是与其他环节如库存、财务、质量、设备、人员等管理方面的信息化紧密联系的。

(2) 企业内部业务运作管理的信息化

企业内部管理的信息化是企业信息化中应用最为广泛的一个领域，涉及企业管理的方方面面。企业内部管理的信息化以企业的各种应用系统为基础，通过各种类型的信息应用系统来有效地组织、利用信息资源，实现管理的高效率。企业的应用系统按功能可以分为事务处理系统(TPS)、管理信息系统(MIS)、决策支持系统(DSS)、智能支持系统(ES)，人力资源、财务、存货、生产计划等。按应用的职能部门又可以分为财务管理系统、销售信息系统、库存管理系统、人力资源管理系统、办公自动化系统(OA)等。对于企业而言，各种应用系统既可以自成一体，以服务于企业某一个或某些部门的职能需要，也可以是通过企业内部网有机联系在一起的集成应用系统。

(3) 企业供应链和客户关系管理的信息化

企业采购和销售过程中的信息化极大地拓宽了企业信息系统的应用范围，从而使企业的信息化由内部扩展到外部，并借助于企业内部网、外部网和公共网络将企业内部的生产管理和外部的供应、销售整合在一起。供应链管理的目的是利用网络和信息系统等手段整合供应商和企业的交易及信息流程，以提高企业的采购效率；客户关系管理则是利用信息技术来收集、处理和分析客户的信息，以便更好地满足客户的要求。电子商务技术的发展为企业整合内部的信息系统和外部的供应、销售提供了新的手段，从而成为企业信息化建设的一个重要内容。

上述企业信息化的主要内容可以用企业信息化的三维模型来表达，如图 14-1 所示。

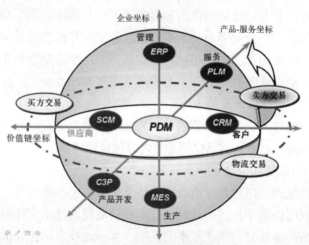

图 14-1　企业信息化的三维模型

- X 坐标：物料的加工制造，物质形态的增值过程，从原料到产品，包括供应链管理(SCM)和客户关系管理(CRM)。

- Y 坐标：企业的组织管理，从企业资源计划(ERP)到制造执行系统(MES)和工作地。
- Z 坐标：从新产品快速开发(C3P、RP、VR)到产品生命周期管理(PLM)。

这里以典型的制造业为例，企业的信息化基于产品为出发点，所以各维度均是围绕着产品数据管理系统(PDM)而展开的。计算机辅助设计(CAD)、计算机辅助工艺规程编制(CAPP)、计算机辅助制造(CAM)、计算机辅助分析(CAE)均势以产品为对象，其结果的数据要进入产品数据管理系统(PDM)，PDM 为 SCM 与 CRM 提供关于原材料或产成品的基础数据，进而 PDM 为 ERP 提供制造工艺的物料清单(BOM)，进入到制造执行系统(MES)去加工。这样的运作模式，构成了数字化企业的基本原型。

14.2　供应链管理(SCM)

传统意义上的供应链管理(Supply Chain Management，SCM)，就是对企业从供应、需求、原材料采购、市场、生产、库存、订单、分销发货等的管理，包括了从生产到发货、从供应商的供应到顾客的每一个环节(参见图 14-2 供应链结构示意图)。随着越来越多的企业开始利用网络实现 SCM，即利用互联网将企业的上下游企业进行整合，以中心制造厂商为核心，将产业上游原材料和零配件供应商、产业下游经销商、物流运输商、产品服务商，以及往来银行结合为一体，便构成一个面向最终顾客的完整电子商务供应链。

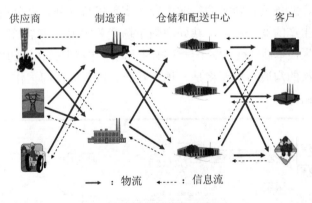

图 14-2　供应链结构示意图

SCM 的目的是为了降低采购成本和物流成本，提高企业对市场和最终顾客需求的响应速度，从而提高企业产品的市场竞争力。SCM 能为企业提高预测的准确性，减少库存，提高发货供货能力，减少工作流程周期，提高生产率，降低供应链成本，减少总体采购成本，缩短生产周期，加快市场响应速度。

有效的供应链管理总是能够使供应链上的企业获得并保持稳定持久的竞争优势，进而提高供应链的整体竞争力。统计数据显示，供应链管理的有效实施可以使企业总成本下降20%左右，供应链上的节点企业按时交货率提高 15%以上，订货到生产的周期缩短 20%～30%，供应链上的节点企业生产率增值提高 15%以上。包括 HP、IBM、DELL 等越来越多的企业在供应链管理实践中取得显著的成绩。

供应链管理关心的并不仅仅是物料实体在供应链中的流动，除了企业内部与企业之间的运输问题和实物分销以外，供应链管理还包括以下主要内容。

- 战略性供应商和用户合作伙伴关系管理。
- 供应链产品需求预测和计划。
- 供应链的设计(全球节点企业、资源、设备等的评价、选择和定位)。
- 企业内部与企业之间物料的供应与需求管理。
- 基于供应链管理的产品设计与制造管理、生产集成化计划、跟踪和控制。
- 基于供应链的用户服务和物流(运输、库存、包装等)管理。
- 企业间资金流管理(汇率、成本等问题)。
- 基于 Internet/Intranet 的供应链交互信息管理等。

这样，供应链管理的目的在于追求整个供应链的整体效率和整个系统费用的有效性，力图使系统总成本降至最低。供应链管理的重点是围绕把供应商、制造商、仓库、配送中心和渠道商有机结合成一体这个问题来展开的，不在于简单地使某个供应链成员的运输成本达到最小或减少库存，而在于通过采用系统方法来协调供应链成员，以使整个供应链总成本最低，使整个供应链系统处于最流畅的运作中。

现代供应链管理概念实际上已触及产业供应链或动态联盟供应链以及全球网络供应链。产业供应链或动态联盟供应链(如图 14-3 所示)，能联合行业中其他上下游企业，建立一条经济利益相连、业务关系紧密的行业供应链实现优势互补，充分利用一切可利用的资源来适应社会化大生产的竞争环境，共同增强市场竞争实力。在全球网络供应链中，企业的形态和边界将产生根本性改变，整个供应链的协同运作将取代传统的电子订单，供应商与客户间信息交流层次的沟通与协调将是一种交互式、透明的协同工作，这也就是协同商务(Collaborative Commerce)。

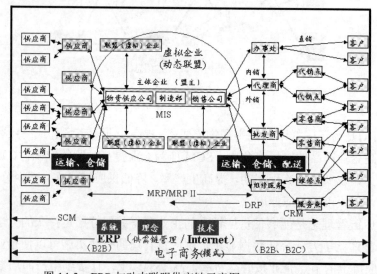

图 14-3　ERP 与动态联盟供应链示意图(本图引自参考文献 21)

这是一种敏捷供应链的基本模式。这里，敏捷供应链支持动态联盟企业间敏捷供应链管理系统的功能，支持迅速结盟、结盟后动态联盟的优化运行和平稳解体，可以集成其他的供应链系统和管理信息系统，结盟企业也能根据敏捷化和动态联盟的要求方便地进行组织、管理和生产计划的调整。而利用敏捷供应链支持的动态联盟，使得世界范围的敏捷竞争成为可能。

14.3　客户关系管理(CRM)

客户关系管理(Customer Relationship Management，CRM)是一种旨在改善企业与客户之间关系的新型管理机制，它实施于企业的市场营销、销售、服务与技术支持等与客户相关的领域。CRM 的目标是一方面通过提供更快速和周到的优质服务吸引和保持更多的客户，另一方面通过对业务流程的全面管理来降低企业的销售成本。

客户关系管理是一个获取、保持和增加可获利客户的过程。CRM 既是一种管理理念，也是一套管理软件和技术，它通过对销售、营销和客户服务三部分业务流程的信息化，通过对与客户进行沟通所需手段(如电话、传真、网络、E-mail 等)的集成和自动化处理，并对产生的客户关系信息进行加工处理，产生客户智能，为企业的战略决策提供支持。

CRM 应用系统目前主要包括营销自动化(MA)、销售过程自动化(SFA)和客户服务三个方面的内容(参见图 14-4)。这三个方面是影响商业流通的重要因素，并对 CRM 项目的成功起着至关重要的作用。

图 14-4　CRM 的内容结构

销售过程自动化(SFA)的关键功能是账户管理、合同管理、报价管理、定额管理以及销售管理等。在销售过程自动化的过程中特别注意目标客户的产生和跟踪、订单管理和完成分析、营销和客户服务功能的集成。

营销自动化(MA)常以 Web 方式的营销执行，进行高端营销管理、销售预测、赢利/损失分析，以及面向营销的客户数据仓库分析，甚至将客户活动数据和 ERP 数据关联起来，以便进一步改进营销策略。

客户服务主要集中在售后活动上，不过有时也提供一些售前信息，如产品广告等。售后活动主要发生在面向企业总部办公室的呼叫中心，但是面向市场的服务(一般由驻外的客户服务人员完成)也是售后服务的一部分。产品技术支持一般是客户服务中最重要的功能，总部客户支持服务代表需要与驻外的服务人员(必须共享/复制客户交互操作数据)和销售力量进行操作集成，这是现代 CRM 的一个重要特点。

CRM 是一种以客户为中心的经营策略，它以信息技术为手段，采用先进的管理思想及技术手段，通过将人力资源、业务流程与专业技术进行有效的整合，最终为企业涉及客户或消费者的各个领域提供完美的集成，使得企业可以更低成本、更高效率地满足客户的需求，并与客户建立起基于学习型关系基础上的一对一营销模式，从而让企业可以最大程度地提高客户满意度及忠诚度，挽回失去的客户，留住现有的客户，不断开拓新的客户，发掘并牢牢地把握住能给企业带来最大价值的客户群。利用 CRM 系统，企业能搜集、跟踪和分析每一个客户的信息，从而知道什么样的客户需要什么东西，同时还能观察和分析客户行为对企业收益的影响，使企业与客户的关系及企业利润得到最优化。

CRM 是提高企业竞争力的利器。在如今竞争激烈的商业环境中，越来越多的企业商家开始通过实施客户关系管理来赢得更多的客户，并且提高客户的忠诚度。CRM、SCM 与 ERP 一起，已成为现代企业提高竞争力的三大法宝。

14.4　产品数据管理(PDM)

产品数据管理(Product Data Management，PDM)是以产品为管理的核心，以数据、过程和资源为管理信息的三大要素，实现对产品相关的数据、过程、资源一体化集成管理。

PDM 信息系统(参见图 14-5)以产品为核心，以软件技术为基础，可以管理各种与产品相关的信息，包括多媒体文档、数据文件以及元数据信息。PDM 系统描述和存储的企业数据包括：产品结构和配置、零件定义及设计数据、CAD 几何造型文件和绘图文件、工程分析及验证数据、制造计划及规范、NC 编程文件、图像文件(照片、造型图、扫描图等)、产品说明书、软件产品、各种电子报表、成本核算、产品注释、项目规划书、多媒体音像产品、硬拷贝文件、其他电子数据等。

PDM 明确定位为面向制造企业，PDM 进行信息管理的两条主线是静态的产品结构和动态的产品设计流程。所有的信息组织和资源管理都是围绕产品设计展开的，这也是 PDM

系统有别于其他的信息管理系统，如企业信息管理系统(MIS)、制造资源计划(MRPⅡ)、项目管理系统(PM)、企业资源计划(ERP)的关键所在。

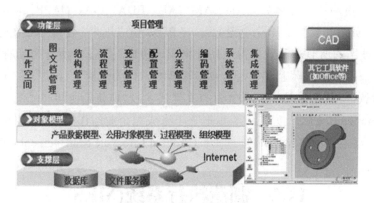

图 14-5　PDM 系统示意图

PDM 软件系统形式多种多样，但是 PDM 软件系统都有一些基本的功能用来支持特定的产品开发需要，支持各种应用需求。PDM 软件系统基本功能表现在数据存储、用户功能和应用功能 3 个方面。

数据存储为 PDM 提供了一个电子仓库或数据仓库。PDM 系统中的电子仓库用于存储所有类型的产品信息，既存储了本来就存储在其中的数据，又通过存取控制的管理对一些外部产生的数据进行了管理；即存储了各种应用软件产生的产品基础数据，如标准规范、CAD 模型、CAE 数据、维修记录以及操作手册等，也存储了元数据，即支持 PDM 系统所执行功能的控制信息数据。

用户功能支持数据存储与归档，提供了用户在使用 PDM 系统的数据存储、归档和管理功能时的使用界面。不同类型的用户使用不同的用户功能的子集。这些功能又分为 5 类：数据仓库和文档管理、工作流和流程管理、产品结构管理、分类、程序管理。

应用功能用于支持 PDM 系统的应用和前面所提到的用户功能。应用功能包括通讯与通知、数据传输、数据转化、图像服务、系统管理等。操作功能为操作环境提供了界面，并将其功能对用户进行了屏蔽，从而使系统的操作与用户的环境一致。

PDM 软件是一种帮助管理人员管理产品数据和产品研发过程的工具。从产品来看，PDM 系统可帮助组织产品设计，完善产品结构修改，跟踪进展中的设计概念，及时方便地找出存档数据以及相关产品信息。从过程来看，PDM 系统可协调组织整个产品生命周期内诸如设计审查、批准、变更、工作流优化以及产品发布等过程事件。

依据其功能性、系统独立性、规模性、开放性等区别，PDM 系统的应用层次大致分为两类。一种是面向团队项目组，针对具体开发项目；另一种是高层次的"企业级 PDM"系统，可按用户需求以任意规模组成多硬件平台、多网络环境、多数据库、多层分布式 Server、多种应用软件一起集成的跨企业、跨地区的超大型 PDM 系统，为企业提供基于并行工程思想的完整解决方案。因为企业实施 PDM 的最终目标是达到企业级信息集成的目的。

PDM 技术是一项管理所有与产品相关的信息和所有与产品相关的过程的技术，其核心在于能够使所有与项目相关的人在整个信息生命周期中自由共享与产品相关的异构数据。PDM 技术在 20 世纪 90 年代得到了迅猛地发展,PDM 可看作是一个企业信息的集成框架(Framework)。各种应用程序诸如 CAD/CAM/CAE、EDA、OA、CAPP、MRP 等将通过各种各样的方式,如应用接口、开发(封装)等,与 PDM 集成进来,使得分布在企业各个地方、在各个应用中使用的所有产品数据得以高度集成、协调、共享,所有产品研发过程得以高度优化或重组。目前,国际上许多大企业正逐渐将它作为支持经营过程重组、并行工程、ISO 9000 质量认证,从而保持企业竞争力的关键技术,这也就是协同产品商务(Collaborative Production Commerce,CPC)。如果进一步把它丰富成对企业运作的产品全生命周期的支持,这种系统就是目前热兴的产品生命周期管理(Product Lifecycle Management,PLM)。

14.5 制造执行系统(MES)

对于企业宏观管理层面,MRP II/ERP 提供了有效的管理框架,而对于微观的车间执行层面,制造执行系统(MES)则提供了很好的补充。

制造执行系统(Manufacturing Execution System,MES)是面向车间层的管理信息系统,它位于上层的计划管理系统与底层的工业控制之间,实时收集生产过程中数据,并作出相应的分析和处理,为操作人员/管理人员提供计划的执行、跟踪以及所有资源(人、设备、物料、客户需求等)的当前状态。

MES 需要与计划层和控制层进行信息交互,通过企业的连续信息流来实现企业信息全集成。MES 强化车间的执行功能,是对整个车间制造过程的优化,而不是单一的解决某个生产瓶颈。车间的实时信息的掌握与反馈是制造执行系统对上层计划系统正常运行的保证,车间的生产管理是 MES 的根本任务,而对底层控制的支持则是 MES 的特色。

制造执行系统的总体功能架构包括设备采集服务层、设备监控服务层、系统集成服务层以及生产管理服务层等几个典型业务层次(参见图 14-6)。

图 14-6　MES 总体业务架构

- 设备采集服务层。系统基于 PLC 控制器、DCS 控制器，完成数据采集任务，支持第三方组态软件连接标准/非标设备数据采集，采集服务器可以实现对条码、RFID 电子标签、数据文件、桌面数据库等不同形式数据的分析采集工作。

- 设备监控服务层。生产监控系统由分布在各装配区域、各机加工线的监控计算机、报警器、LED 看板构成，这些监控终端通过提供动态的监控画面、报警信号、过程信息来反映生产设备的运转状态及其相关数据，操作人员通过监控计算机可以完成设备运行状态及报警的监控、质量状况及报警监控、关键生产工具的状态监控、工厂生产物料的监控等。

- 系统集成服务层。系统提供了一个开放的集成框架，可以实现和企业现行 ERP\SCM\组态软件的紧密集成，实现在企业层面的信息流的自动化连接和交互，满足企业一体化解决方案的要求。

- 生产管理服务层。负责整个工厂生产要素(人、机、料、法、环)的全部生产运作管理服务，包括生产模型管理、工厂高级计划排程(APS)、物料管理、设备管理、刀具管理、工装辅料量检具管理、生产线作业管理、生产过程质量检验与控制、产品追溯管理。

- 系统交互访问层。提供必须的系统管理功能和工厂门户，负责处理系统服务于用户的操作交互工作，最终用户可以通过多种形式来访问系统提供的各种业务服务功能，包括用 IE 浏览器访问工厂门户从而了解到工厂的实时运行信息，可以通过 Office 和系统交互。

一个制造企业的制造车间是物流与信息流的交汇点，企业的经济效益最终将在这里被物化出来。随着企业精细核算的管理要求，车间也由传统的企业成本中心向利润中心角色转化，所以位于车间起着执行功能的制造执行系统(MES)具有十分重要的作用。

制造执行系统(MES)在计划管理层与底层控制之间架起了一座桥梁，填补了两者之间的空隙。一方面，MES 可以对来自 MRP Ⅱ/ERP 软件的生产管理信息细化、分解，将操作指令传递给底层控制；另一方面，MES 可以实时监控底层设备的运行状态，采集设备、仪表的状态数据，经过分析、计算与处理，触发新的事件，从而方便、可靠地将控制系统与信息系统联系在一起，并将生产状况及时反馈给计划层。

随着企业信息化应用水平的不断提高，企业逐渐认识到实现企业计划层与车间执行层的双向信息流交互，通过连续信息流来实现企业信息全集成，是提高企业敏捷性的一个重要因素。因此，通过 MES 来实现企业信息的全集成，形成实时化的 ERP/MES/SFC 是提高企业整体管理水平的关键，这对企业制造业整体水平的提升具有重要意义，同时制造单元中的信息集成也为敏捷制造企业的实施提供了良好的基础。

14.6　计算机集成制造系统(CIMS)

计算机集成制造系统(Computer Integrated Manufacturing System，CIMS)是企业信息化的综合体现。CIMS 是通过计算机和自动化技术把企业的经营销售、开发设计、生产管理和过程控制等全过程组合在一起的计算机集成制造系统。CIMS 的实施，把企业竞争力建设推进到一个更高的境界。

14.6.1　CIMS 功能分系统

从系统功能角度分析，一般 CIMS 由管理信息系统、工程设计自动化、系统制造自动化系统和质量保证系统这 4 个功能分系统，以及计算机网络和数据库系统这两个支撑分系统组成，不同企业的功能系统有所不同，在应用时应有所取舍，如图 14-7 所示。

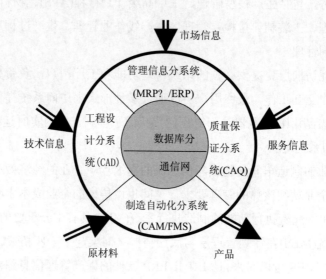

图 14-7　CIMS 系统结构图

1. 生产经营管理信息系统(MIS)

这里的生产经营管理信息系统，就是以 MRP II /ERP 为典型的信息系统，是属于管理层面的。它以 MRP II 为核心，从制造资源出发，考虑了企业进行经营决策的战略层、中短期生产计划编制的战术层以及车间作业计划与生产活动控制的操作层，其功能覆盖了市场销售、物料供应、各级生产计划与控制、财务管理、成本、库存和技术管理等部分的活动，覆盖了企业的所有管理部门，是以经营生产计划、主生产计划、物料需求计划、能力需求计划、车间计划、车间调度与控制为主体形成闭环的一体化生产经营与管理信息系统。它在 CIMS 中是神经中枢，指挥与控制着各个部分有条不紊地工作。

2. 工程设计自动化系统(CAD/CAPP/CAM)

工程设计自动化系统是产品开发过程中引入的计算机技术，应覆盖企业的所有工程设计部门，覆盖产品设计的全过程，包括产品的概念设计、工程与结构分析、详细设计、工艺设计与数控编程。通常划分为 CAD(计算机辅助设计)、CAPP(计算机辅助工艺设计)、CAM(计算机辅助制造)、CAE(计算机辅助工程分析)等单元。工程设计系统在 CIMS 中是主要信息源，为 MIS 和制造自动化系统提供物料清单(BOM)和工艺规程等信息。

3. 制造自动化系统(FMS)

制造自动化系统是在计算机的控制与调度下，按照设备加工程序(NC 代码)将一个毛坯加工成合格的零件，再装配成部件以至产品，并将制造现场信息实时地反馈到相应部门。制造自动化系统是 CIMS 中信息流和物流的结合点，是 CIMS 最终产生经济效益的聚集地，可以由数控设备、加工中心、检测系统、运输小车、立体仓库、多级分布式控制计算机等设备及相应的支持软件组成。其目的是使产品制造活动优化、周期短、成本低、柔性高。

4. 质量保证系统

质量保证系统主要是采集、存储、评价与处理存在于设计、制造过程中与质量有关的大量数据，从而获得一系列控制环，并用这些控制环有效地促进质量的提高，以实现产品的高质量、低成本，提高企业的竞争力。该系统应覆盖企业的质量体系，它包括质量决策、质量检测与数据采集、质量评价、控制与跟踪等功能。

目前在不少企业的 CIMS 工程中把质量保证系统功能分配到其他相关的分系统中，以充分共享资源，在分系统内部集成的基础上再实现全面集成，包括质量保证功能的相互集成。

5. 计算机网络系统

网络系统是支持 CIMS 各单元的开放型网络通信系统。它以分布式为基础，满足各应用分系统对网络支持服务的不同需求，支持资源共享、分布处理、分布数据库、分层递阶和实时控制。

6. 数据库系统

数据库系统是支持 CIMS 各分系统并覆盖企业全部信息的数据库系统。它在逻辑上是统一的，在物理上可以是分布的，用以实现企业数据共享和信息集成。

14.6.2　CIMS 的体系结构

如果上升到管理哲学的角度看，CIMS 是一种组织、管理与运行企业生产的哲理，其宗旨是使企业的产品质量高、上市快、成本低、服务好，从而使企业赢得竞争。CIMS 由技术、管理和人三大要素构成。

　　三大要素的关系：人在企业生产经营活动中起主导作用，技术靠人来掌握，人制定管理模式，确定组织机构，同时也受组织和管理模式的制约；管理不仅管人，也管理技术，技术也支持管理。

　　CIMS 的概念自提出后，随着信息技术的发展和 CIMS 应用研究的深入，1993 年美国制造工程师学会(SME)推出了 CIMS 功能体系构成的新版本，如图 14-8 所示。

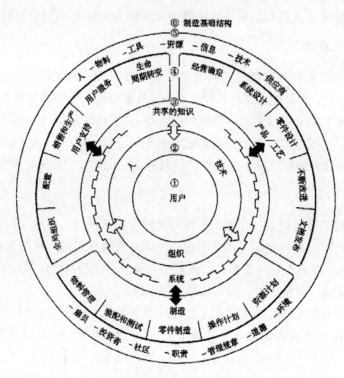

图 14-8　CIMS 轮图

　　该轮图考虑了实施自动化之前的企业与顾客、供应商之间交互作用的重要性。该轮图由 6 层组成，分别为：用户、人、技术和组织、共享的知识和系统、过程、资源和职责，图中为"制造基础结构"。

　　该轮图以用户(顾客)作为轮图的核心，充分表明要赢得竞争的胜利即要占领市场，就必须满足用户不断增长的需要，所以可以说满足用户的需求是成功实施 CIMS 的关键，用户处于 CIMS 的核心地位。

　　从轮图中可看出 CIMS 覆盖的范围和层次结构，其中管理信息系统(MIS)应覆盖车间、物料、作业计划、质量过程计划和设备计划的制造规划和管理，并应包含战略规划、生产管理和人力资源管理与财务的相应部分，MIS 与工程设计、工厂生产和制造工程共享公用数据。在管理信息资源上应考虑到各部分之间的通信一致性；还可以更明显地看出制造、产品/工艺、用户支持的紧密联系，在每个部分都含有 MIS，人、技术、组织，它们是相互关联、相互支撑的。要想成功实施先进制造技术，必须通过管理把技术、组织和经营集成在一起。

实际上 CIMS 的精髓体现为一种系统的思想、观念和哲理，反映了一种总体的、有步骤的系统规划，而不仅仅为一套产品(CNC、Robot 等设备)、一套硬件(计算机系统、网络等)、一套软件(MRPⅡ、CAD/CAM 等)的简单应用。

CIMS 在国外已经有了二十多年研究和应用的历史，为国外工业界带来了摆脱困境、增利创收、占领市场优势等方面的承诺。20 世纪 80 年代以来，计算机集成制造(CIM)的研究与应用成了生产领域的热门课题。

我国在 20 世纪 80 年代提出了在企业实施管控一体化，1987 年国家正式立项将 CIMS 列入"863"高技术发展计划，由清华大学领头组建"国家 CIMS 实验工程"，开展 863/CIMS 研究，取得了一系列丰硕的成果，先后有清华大学和华中理工大学获美国制造工程协会的"大学领先奖"。863/CIMS 工程所取得的成果和经验已在国内的多家工厂中得到推广，取得显著的经济效益，得到国内外的肯定和赞许，现已在全国进行应用推广。

14.6.3 现代集成制造系统

CIMS 系统的宗旨是通过集成来提高一个工业企业的整体效益，而不是局限于某项技术或生产中某一环节的局部改进。集成之所以有效，关键就在于视企业为一个整体，一个有机的、统一的系统，而不是各自独立的若干个单项功能的简单集合，从而发挥整体的最大效益。CIMS 集成的是生产计划控制、计算机辅助设计、计算机辅助工艺、计算机辅助制造、计算机辅助质量管理等单元之间信息系统的协同工作。CIMS 具备下述两个特征。

- CIMS 包含工厂的全部生产经营活动，即从市场预测、产品设计、加工制造、质量管理到售后服务的全部活动。CIMS 比传统的工厂自动化范围大得多，是一个复杂的大系统。
- CIMS 涉及的自动化不是工厂各个环节的自动化或计算机及其网络(即"自动化孤岛")的简单相加，而是有机的集成。这里的集成，不仅是物料、设备的集成，更主要的是体现以信息集成为特征的技术集成，当然也包括人的集成。

CIMS 强调系统集成，包含信息集成和系统优化两个方面。实施 CIMS 必须用系统的观点建立企业的模型，分析综合企业各部分的活动，划分功能，建立信息之间的静态或动态关系，用系统设计的方法和软件工具，确定企业的信息流、物流和资金流，实现异构环境下的信息集成。20 世纪 90 年代中期的应用集成平台技术、产品数据管理技术的出现为信息集成提供了有力的工具。但是，信息集成仍然是今后企业信息化的主要内容。CIM 作为一种组织、管理与运行企业的哲理，无论单元技术怎样发展、管理思想怎样变更、经济活动怎样变化、支撑环境怎样改善，它的系统的观点、信息的观点仍然是正确和重要的。

经过了十多年的研究、实践和企业应用，我国 863 计划 CIMS 主题专家组对中国发展 CIMS 的目标、内容、步骤和方法也有了更深入的认识，并进行理论和实践创新，将计算机集成制造系统发展为以信息集成和系统优化为特征的现代集成制造系统(Contemporary Integrated Manufacturing Systems，CIMS)，两者的英文缩写均为 CIMS。

现代集成制造系统(CIMS)的新意义是："将信息技术、现代管理技术和制造技术相结合，并应用于企业产品全生命周期(从市场需求分析到最终报废处理)的各个阶段。通过信息集成、过程优化及资源优化，实现物流、信息流、价值流的集成和优化运行，达到人(组织、管理)、经营和技术三要素的集成，以加强企业新产品开发的 T(时间)、Q(质量)、C(成本)、S(服务)、E(环境)，从而提高企业的市场应变能力和竞争能力。"

20 世纪 90 年代兴起的敏捷制造将制造业系统集成的概念从一个企业的集成扩展到多个企业之间的集成。它的组织形式是针对某一特定产品，组织或建立企业之间的动态联盟(非永久性的，即所谓虚拟企业)。对产品的多数零部件通过协作解决，一个企业可以在全球范围寻找合作伙伴，采购价位低、质量好的零部件。这是企业经营要求不断优化的体现。企业间的集成是 CIMS 的新台阶和新阶段，是现代集成制造系统的重要范畴。

现代集成制造系统的提法涵盖信息集成、过程集成和企业集成以及后续的新发展，用"现代"来包含当代系统论、信息化、集成化、网络化、虚拟化和智能化等促进制造系统更快发展的新技术、新方法。所以它有更大的灵活性，其前瞻的观点能更好地反映 CIMS 的丰富内涵。

14.7　信息化与工业化融合

国家"十二五规划"与《2006—2020 年国家信息化发展战略》里，均提出了信息化与工业化融合发展的命题("两化融合")，把信息化摆在国民经济发展的突出位置。

两化融合是信息化和工业化的高层次的深度结合，是指以信息化带动工业化、以工业化促进信息化，走新型工业化道路；两化融合的核心就是信息化支撑，追求可持续发展模式。

两化融合是工业化和信息化发展到一定阶段的必然产物。两化融合是指电子信息技术广泛应用到工业生产的各个环节，信息化成为工业企业经营管理的常规手段。信息化进程和工业化进程不再相互独立进行，不再是单方的带动和促进关系，而是两者在技术、产品、管理等各个层面上相互交融，彼此不可分割，并催生工业电子、工业软件、工业信息服务业等新产业。

信息化与工业化主要在技术、产品、业务、产业 4 个方面进行融合。也就是说，两化融合包括技术融合、产品融合、业务融合、产业衍生 4 个方面。

- 技术融合是指工业技术与信息技术的融合，产生新的技术，推动技术创新。例如，汽车制造技术和电子技术融合产生的汽车电子技术，工业和计算机控制技术融合产生的工业控制技术。
- 产品融合是指电子信息技术或产品渗透到产品中，增加产品的技术含量。例如，普通机床加上数控系统之后就变成了数控机床，传统家电采用了智能化技术之后就变成了智能家电，普通飞机模型增加控制芯片之后就成了遥控飞机。信息技术含量的提高使产品的附加值大大提高。

- 业务融合是指信息技术应用到企业研发设计、生产制造、经营管理、市场营销等各个环节，推动企业业务创新和管理升级。例如，计算机管理方式改变了传统手工台账，极大地提高了管理效率；信息技术应用提高了生产自动化、智能化程度，生产效率大大提高；网络营销成为一种新的市场营销方式，受众大量增加，营销成本大大降低。
- 产业衍生是指两化融合可以催生出的新产业，形成一些新兴业态，如工业电子、工业软件、工业信息服务业。工业电子包括机械电子、汽车电子、船舶电子、航空电子等；工业软件包括工业设计软件、工业控制软件等；工业信息服务业包括工业企业 B2B 电子商务、工业原材料或产成品大宗交易、工业企业信息化咨询等。

实际上，传统的企业信息化，就是"两化融合"的基本表现，信息技术与设计、制造技术的融合，信息化与企业生产、经营、管理的融合，为两化深度融合打下坚实的基础。信息化与资源、能源供给体系的融合，有助于推进工业行业节能减排工作；信息技术与服务业融合，能提升传统服务业水平，催生新兴行业；信息化与人民生活的融合，有助于和谐社会建设，解决人民的自由交流与知识学习，运用知识和智慧创造财富与文明，追求自我实现，真正以人为本，感受信息社会应有的高层次幸福。

在基础设施方面，物联网是两化融合的重要组成部分。因为现有产业的集成也是物联网的基本目标，作为信息化基础设施的富有前景的物联网的建设，也将加快制造业两化融合。

目前在两化融合方面，更多的是由政府的力量在促进，其基本工作思路是：

- 企业主体，政府引导。充分发挥企业主体作用，激发企业内在动力，促进企业主动应用信息技术改造传统产业。各级政府部门加强政策引导、公共服务和资金扶持，以市场为导向，鼓励全社会积极参与。
- 突出重点，示范推广。突出重点产业，聚焦重点企业，推进重点项目，培育有代表意义的示范项目和示范企业，形成典型案例，通过以点带面，形成示范推广效应。
- 面向产业，融合创新。以产业发展需求为导向，面向产业升级、企业信息化、节能降耗等重大领域，加强先进信息技术的应用，催生新型业态，形成覆盖现代产业体系各领域各环节的信息化和工业化融合发展体系。
- 统筹规划，分类实施。根据信息化发展现状和发展趋势，制定具有前瞻性的信息化和工业化融合的发展战略规划，根据产业门类和区域发展的特点，分步推进。

14.8 本章小结

企业信息化反映在企业生产经营活动的多个领域和环节，主要表现在以 C3P、MES、

DCS 为基础的生产过程的自动化和信息化,以 ERP、OA 为企业内部业务运作管理的信息化,和企业供应链(SCM)与客户关系管理(CRM)的信息化。这三个主要方面形成了企业信息化的三维模型,其中产品数据管理(PDM)是中心环节和基本对象。

供应链管理实现企业的物流效益。现代供应链管理已触及产业供应链或动态联盟供应链以及全球网络供应链,开展协同商务,而利用敏捷供应链支持的动态联盟,使得世界范围的敏捷竞争成为可能。

客户关系管理通过对销售、营销和客户服务三部分业务流程的信息化,挖掘出有价值的客户信息,开拓市场空间。CRM、SCM 与 ERP 一起,已成为现代企业提高竞争力的三大法宝。

产品数据管理(PDM)是以产品管理为核心,实现对产品相关的数据、过程、资源一体化集成管理的。PDM 可为企业信息集成提供一个基础框架,各种应用程序诸如 CAD/CAM/CAE、CAPP、MRP 等可与 PDM 集成起来,协调与共享企业产品数据资源,实现协同产品商务(CPC),甚至实现产品生命周期管理(PLM)。

制造执行系统(MES)是面向车间层的信息系统,它位于上层的计划管理系统与底层的工业控制之间,实时收集生产过程中的数据,并做出分析和处理,强化了车间的执行功能。

计算机集成制造系统(CIMS)是企业信息化的综合体现。CIMS 通过计算机和自动化技术把企业的经营销售、开发设计、生产管理和过程控制等全过程组合在一起集成运作,把企业竞争力建设推进到一个更高的境界。

现代集成制造系统(CIMS)对传统 CIMS 概念进行扩充,涵盖信息集成、过程集成和企业集成以及后续的新发展,用"现代"来包含当代系统论、信息化、集成化、网络化、虚拟化和智能化等新技术、新方法,内涵丰富,具有更大的灵活性和前瞻性。

信息化与工业化的两化融合,立意于走新型工业化道路,目前主要在技术、产品、业务、产业 4 个方面进行融合。传统的企业信息化,就是"两化融合"的基本表现。两化融合对于资源、能源供给体系,以及服务业和人民生活,均会带来深远的影响。

关键术语

供应链管理(SCM)　客户关系管理(CRM)　敏捷供应链　动态联盟供应链　协同商务、协同产品商务(CPC)　产品数据管理(PDM)　产品生命周期管理(PLM)　制造执行系统(MES)　计算机集成制造系统(CIMS)　现代集成制造系统(CIMS)　柔性制造系统(FMS)　两化融合

附录1 SAP APS 供应链管理方案

高级计划与排产技术(Advanced Planning and Scheduling，APS)是一种能适应动态变化需求的优化排产工具，其最大特点是考虑有限能力约束，制定经过优化的、切实可行的生产计划和排产计划，以降低生产成本，并统一和协调企业长、中、近期计划。

1. MRPⅡ计划模型的局限性

ERP 运作架构模型是 MRPⅡ，MRPⅡ其编制计划的方法采用 MRP 和 MPS 计算物料的适应需求。这种于 20 世纪 60 年代出现的用最朴素逻辑、在计算机帮助下按产品 BOM 和工艺流程逐级推演，得到了在一般平稳生产条件下可以应用的生产计划方法，流行了近40 年。但是 MRP 方法存在着一些固有的局限性：

- MRP 算法假定提前期是已知的固定值；
- 系统要求固定的工艺路线；
- 仅仅根据交付周期或日期来安排生产的优先次序；
- 没有考虑允许拖期的处理；
- 所有工作都是在假定无限能力的前提下进行；
- 重复计划过程要花费相当多的时间，而相关计划的更改十分困难；
- 车间控制对例外情况处理不灵活。

另外，MRP 极为贫乏的决策支持能力令制造企业的上层管理人员甚为不满。

30 多年来 MRP 的这些缺陷虽然不断有些技巧性的改进、虽然 ERP 系统在做生产计划时考虑了能力资源的约束，但仍旧是一种串行过程的校验处理，始终没有实质性的改变。

在国际化多变的市场面前，MRP 的上述缺点显得愈加突出，传统 ERP 的计划模型越来越不能适应企业变化的需求。对于行业领先的大企业和重要的国际化制造商，替代 MRP 和扩展 ERP 是势在必行的。直至 90 年代中期，寻求克服 ERP 缺点的努力开始有了成果，这就是高级计划与排产技术(APS)的实用化和供应链管理(SCM)。

2. APS 的核心和技术特征

APS 的核心是久经磨炼的数学优化算法或解决方案。但 APS 所采用的并不是单一的技术，具体应用的算法诸如线性规划(Linear Programs)、整数混合规划(Mixed-Integer Programming)，以及推理机制(Heuristics)、约束理论(Theory of Constraints)和模拟仿真(Simulation)等等，视需要解决问题的类型而选定。APS 可直接从 ERP 系统下载数据到专用服务器上做常驻内存的处理，实现计划的反复运算或对可选方案进行评估，直至得到可行的或基本上可获利的计划或进度表。由于这些系统通常不存在数据库查询和存取的问题，使得 APS 的反复运算可以很快完成。因此说，APS 技术基于如下三项重要的技术特征：

- 基于约束理论；
- 采用多种数学解析的优化算法；
- 采用脱离主服务器常驻内存运行的计算机技术。

3. SAP 的 APO 产品方案

典型的 ERP 供应商都采用各自的策略在自己的产品中加入 APS 功能，或者自行开发，或者并购与联盟，将其 APS 产品装入到 ERP 套件中来。SAP 的 APS 解决方案是 APO 产品模块，这款 SAP 高级计划和优化器(SAP APO)，是为制造业的计划、优化和排产专门开发的供应链管理软件，它可以在线与 R/3 系统集成，可记录从长期的销售计划、到中期的分销计划、再到近期的生产计划。APO 还可处理各种非常规情况，如原料供应瓶颈、残留物、超负荷运行等。APO 的使用大大改善了系统的计划功能，使得原先生产调度和能力计划所遇到的问题得到了根本解决。

SAP 高级计划和优化器(SAP APO)，包含了集成在一起的多个模块(如附录 1-1 所示)，这些模块反映了基于条件限制的规划和优化的设计思想，采用考虑物料和能力约束的智能算法以生成优化的生产计划，并提供了实时机制以应对工厂生产现场调整问题。下面对 SAP APO 的功能模块进行简单介绍。

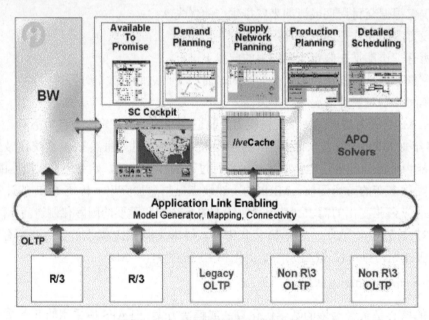

图附录 1-1　SAP APO 功能模块架构图

(1) 需求计划

激烈的竞争、顾客需求的不断变化、市场的快速发展，都使得需求计划越来越困难，也越来越重要。SAP APO 可将销售的历史数据、客户的数据，及供应链合作伙伴的数据，包括 POS 数据，进行校对分析，协助制定未来中长期的市场的需求计划。

SAP APO 需求计划提供了多种模型，能动态地调整数据，并且自动提醒需求模式中的突发性变动。多元化的数据模型和分析功能使得可以通过不同的途径检查数据。也可以将该模块与 SAP BW 强大的分析功能联合起来使用，甚至可以模拟新的市场策略对需求的影响效果。

(2) 供应网络计划

将采购、生产以及运输过程与需求相匹配，从而平衡和优化整个供应网络。使用供应网络规划和部署组件，可以为整个供应网络及其所有限制性条款开发一个模型，以实现活动的同步化，并规划整条供应链的物流。可以为采购、制造、存货及运输制订可行的计划，以使供求相匹配。

(3) 生产计划与详细排产

SAP APO 生产计划和详细排产模块能够实现优化资源的应用，并创建精确的以工厂为单位的生产安排，以便缩短生产周期及提高对市场需求预测变化的反应速度。除了对需求的精确预测外，更可以根据需求来针对性地发货。系统以最大限度地利用现有生产能力为指导思想安排生产日程，并在新的需求出现时修改这些日程表，确保以工厂为单位的材料和资源流的平稳流动。

SAP APO 生产计划和详细排产模块是一个易于使用的交互式图解规划工具。可以制作多个工厂或单个工厂的生产计划，同步检查原材料和生产工厂的可用性;并且可以模拟不同策略和事件对日程安排的影响，从而获得一个非常现实的可靠的生产计划，以便按需求发货;同时还可以考虑新的需求及变化的环境作出新的修改。

(4) 运输管理

运输管理与仓储过程同步考虑，能实现运输计划的优化及运输路线的经济化。运输管理系统可最大限度地利用现有的资源，获取最大的收益，并时刻提供所有运输流程情况，帮助轻松又有效地管理多模式运输。运输管理系统能充分利用资源，有效控制成本。

(5) 全球可行的承诺

用全球尺度来进行供求关系的平衡，并且运用实时核查和复杂的模拟方法向您的客户作出可靠的发货许诺。全球可用量检查(ATP)组件使用建立在规则基础上的策略以保证向客户提供所承诺的东西;以实时和模拟的方式进行多级组件及生产能力查核，以保证实现供求相匹配;可以实现同步且快速地获得供应链上产品可用性情况，因此，您可以确信能满足所作的发货许诺。全球 ATP 制订了许多标准以实现许诺，其中包括:

- 产品替代，如果成品和组件都不够用，系统使用基于规则的选择标准，自动选择出代用品。
- 地点替代，像产品替代一样选择替代地点，全球 ATP 可以从替代地点找到材料。也可以将此逻辑整合入产品替代规则中。
- 短缺分配，可以将短缺的产品或组件按客户、市场、订单等进行分配。

(6) SAP APO 协同性计划

SAP APO 协同性计划帮助企业与其业务合作伙伴一同进行协同性供应链规划。

(7) 供应链驾驶舱

SAP APO 供应链驾驶舱向用户提供查看所有活动和应用程序的强大功能。供应链驾驶舱可以用特别设计的用户图形界面对供应链进行建模、监控和管理，向用户提供查看所有活动和应用程序的强大功能。

通过设置，SAP APO 供应链驾驶舱能方便地描绘生产工厂、配送中心、供应商和客户，以及它们之间的运输链接。可以通过网络模型为自己导航，从不同的角度观察它，并深挖至更详细的层次。

运用供应链警报器，可以根据当前情况检查预测、规划及日程表的精确性和恰当性。它还将自动地引起人们对异常情况、瓶颈及不寻常事件的注意；可以自动切换到规划和执行应用程序以解决所有问题。

(8) SAP LES

SAP LES 则是供应链管理的执行部分，提供包括入库、出库及仓储运输流程的全面功能。SAP 后勤执行系统提供入库流程的强大功能，使人们对正在入库的物料了如指掌，避免因混乱和错误引起的巨大代价。SAP LES 支持对供应商订单的有效率管理和监控，包括提货和收货的日程安排；可以迅速而方便地识别入库的货物及相对应的采购订单或高级航运通知(ASN)；也可以运用托盘上供应商提供的信息，合理化安排货物接收。另外 SAP LES 还具备质量管理和处理危险材料的能力。SAP LES 也通过为入库的卡车指定门、通道及时间段来合理化安排货物的接收。SAP LES 还具备运输、交通工具管理功能。

总之，高级计划与排产技术(APS)能完成工厂级的物料计划和资源模型化、进行工厂级的能力平衡，也能完成集成物料和能力的详细可行的工序排产计划。面向问题的计划加强了对于物料和能力的约束的可视化，高效的工厂级排产加快了对市场供需变化的反应，使运行成本最小化。

附录 2　SAP Business One 系统简介

SAP Business One 是 SAP 公司专门针对中小企业设计的软件产品，它提供直观并能快速实施的解决方案，满足企业标准的业务要求以及持续发展的需要。

作为为中小型企业量身定做的解决方案，SAP Business One 价格优惠，让用户能够快速实现投资回报。它易于使用，操作简捷，其直观的界面让用户可以快速掌握。它功能强大，能够高效管理当前的业务，并满足未来业务增长的需求。SAP Business One 软件的初始界面如图附录 2-1 所示。

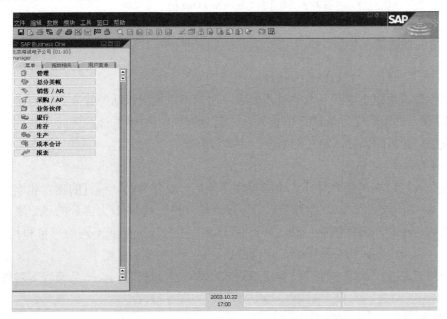

图附录 2-1　SAP Business One 软件的初始界面

SAP Business One 可以与 SAP 的大型方案实现集成。应用 SBO 的中小企业在发展壮大以后，可以很容易地升级到 SAP 的大型解决方案，如 SAP All-in One 或 mySAP Business Suite 等。

SAP Business One 软件具有集成在一起的企业管理功能。操作简单而功能强大的 SAP Business One 把整个系统细分为 10 个模块，涵盖的业务流程包括采购、销售、总装、财务会计、客户关系管理和银行等业务领域(参见图附录 2-2)。

总帐	销售	采购	库存	银行	其他
◆ 科目定义	◆ 客户管理	◆ 供应商管理	◆ 商品管理	◆ 收款	◆ 客户关系管理
◆ 凭证录入	◆ 报价	◆ 采购订单	◆ 定价策略	◆ 付款	
◆ 凭证制单	◆ 订单管理	◆ 收货管理	◆ 入库管理	◆ 支付方式管理	◆ 生产管理
◆ 事务日志	◆ 发票管理	◆ 退货 管理	◆ 出库管理	◆ 存款管理	
◆ 凭证辅助录入	◆ 发货管理	◆ 采购发票	◆ 移库管理	◆ 支票管理	◆ 成本管理
◆ 多国货币	◆ 退货管理	◆ **Credit**管理	◆ 序列号管理	◆ 银行对账管理	
◆ 汇率管理	◆ 毛利计算	◆ 应付管理	◆ 批次管理		
◆ 预算和监管	◆ 一次性客户管理		◆ 盘点		
◆ 公司报表	◆ 信用管理				
◆ 多个会计期间	◆ 佣金管理				
	◆ 应收管理				

权限管理
自定义审批管理
各种分析报表+用户自定义报表

图附录 2-2　SAP Business One 的功能结构

1. SBO 功能简介

(1) 系统管理

系统管理模块用于进行系统的基本配置，用户可以使用该功能建立公司、定义基础数据(例如用户、货币、支付条款、销售人员、佣金组等)。使用系统管理的功能，用户还可以进行被破坏数据的恢复，定义汇率表，定义权限表等。

(2) 财务会计

财务会计可以满足整个财务活动的需要，包括一般分类账、科目的建立和维护、日记账分录录入、外币调整，以及预算管理等。用户输入日记账分录(大部分的日记账分录是从销售、采购、库存和银行模块自动过账)时可以将每笔分录分配到不同的项目和利润中心。通过使用在系统中创建的交易模版，可以节省账务处理时间。

系统将自动生产试算平衡表，并可以对自动生产的利润表、资产负债表等对外报表进行比较分析。

(3) 销售和分销

用于管理所有与销售相关的活动，包括创建报价、输入客户订单、交货、更新库存、管理所有的发票和账目收据。该系统支持客户不同的应用模式，用户可以根据实际应用简化销售环节。使用该系统产生的发票记录可以自动生成销售凭证、退货凭证。

(4) 采购

用于管理向供应商的采购活动，包括合同、采购订单、库存的补充数量、进口货物、退货处理及贷项凭证、付款等。供应商发布物料或服务的采购订单。使用采购订单，系统会及时更新所采购物料的可用数量，同时会把送货日期通知给库存管理员。通过收货、发票等环节，用户可以更新库存数量和库存金额信息，并且自动生成采购业务有关会计分录。

使用进口数据管理，可以计算进口产品的到岸价值；归集不同类型的成本与费用(船运、保险、关税等)，将这些费用与进口产品的 FOB 价一并更新到库存实际价值中去。

(5) 业务合作伙伴

该模块用于管理所有客户、分销商和供应商的主数据(这些主数据可以来自总部 R/3 系统中已有的客户和供应商数据)，而且可以管理所有与业务合作伙伴的联系、销售机会以及对销售机会的分析等客户关系管理的功能。

(6) 银行业务

该模块用于完成所有与出纳相关的业务，包括现金收支、支票、预付款和银行对账等功能。可以使用该模块管理支票、信用卡；系统具有功能强大的对账模块，可以输入银行对账单数据或直接从一个文件导入数据，根据定义的对账参数灵活对账；系统还可以自动显示今天到期的递延票据。

(7) 仓库管理

该模块用于处理库存水平、物料管理、价格清单、特价协议、库间传输以及存货处理等业务。

(8) 生产管理

该模块提供简单的生产管理功能用于定义物料清单、创建工单、产品及原料的可用性检查和报告。

(9) 成本控制

该模块用于快速确定利润中心和成本分摊因素，并且生成每个中心的利润及损益报告。

(10) 报表

强大的创建报表的功能覆盖中小企业业务运作的各个方面，包含各种类型的报表：管理报表、簿记报表、存货报表、财务报表和决策支持报表。所有报表均可方便地下载到 Microsoft Excel。内置的数据导航系统允许用户自由查询数据，充分节省时间。

2．SBO 产品特点

简单易用：SBO 界面简单，流程清晰。与复杂的 SAP 大型解决方案不同的是，企业能够在短期内学会 SBO 的操作方法和应用技巧。

集成度高：SBO 是把商业机会、进销存、生产、售后服务和财务管理等融为一体，真正实现企业级集成的流程化管理系统。SBO 是开放的系统，能够与 Office、传真、电子邮件、SMS(短信息)等实现集成。SBO 还可以与 SAP 的大型解决方案集成，可以与总部、客户或供应商的系统互联。

扩展性：功能扩展指能通过 SDK 开发新的功能模块。SBO 还有大量的增强模块，将逐步添加到 SBO 的标准版本之中，如：与 Outlook 集成、数据移植、业务配置工具、付款引擎和固定资产模块等。SBO 可以移植到 mySAP Business Suite 中，满足长期的发展需要。而实施 SBO，更容易实现管理变革和流程优化。

智能化：发生重要或特殊的业务事件时，系统都会根据已设定的流程，在系统内部自动发出"警报"，还可以通过手机"短消息"发给相关人员。例如：在销售审批流程中，当销售折扣超过设定的权限范围时，系统会自动发 E-mail 或短信息给更高级的管理者。SAP 独创的"拖放相关"专利技术、即通过简单的鼠标操作，就能完成大量复杂的业务分析活动。例如，用鼠标拖动物料编号(或客户编号)，就可以轻松查看与该物料(或客户)相关的订单分析报表、销售分析报表等等。

国际化：SAP Business One 是一个全球化的管理解决方案，技术架构全球领先，管理理念与国际接轨。SBO 亚太区版本，同时还提供繁体中文、英文、日文、韩文等多语言，可随时切换，可以使用不同的语言操作同一系统；SBO 可以与跨国公司的大型系统(如 mySAP Business Suite)实现集成；可以让全球的客户或供应商实现数据共享。

本土化：SBO 中文版完全符合中国法律和客户应用习惯的要求。提供中国格式和要求的会计科目设置和现金流量表；通过了中国政府部门颁布的税务接口标准。位于上海张江的 SAP 中国研究院，将为 SBO 提供强大的研发支持。

个性化：SBO 提供大量的参数和属性设置，可以自定义许多功能，如显示界面、字段、工作流程、员工权限、打印格式、报表格式、资料查询等等。可以轻松地配置软件的功能和流程，解决不同行业和企业的需求。SBO 提供 SDK 二次开发工具，不仅可以在 SBO 现有模块的基础上增强功能，还可以开发新的功能模块，并且与 SBO 集成。

附录 3　Oracle 化学工业解决方案

1．Oracle 公司和产品

Oracle 公司成立于 1977 年，总部位于美国加州的 Redwood shore，是全球领先的信息管理软件供应商和全球第二大独立软件公司。年收入达 101 亿美元，在全世界 145 个国家为客户提供数据库系统、工具、应用产品以及相关的咨询、培训和支持服务。

Oracle 是第一家开发和交付 100%的基于互联网的数据库、企业业务应用、应用开发和决策支持工具等企业级软件的软件公司；Oracle 也是唯一一家可全面完整地实施从前台办公的客户关系管理应用到后台办公管理应用及平台基础结构的公司；Oracle 为用户提供最完整先进的电子商务解决方案。

Oracle 电子商务套件(Oracle E-Business Suits)是完全集成的、功能全面的电子商务应用套件(如图附录 3-1 所示)，包括了客户关系管理系统(CRM)、供应链管理系统(SCM)、企业资源规划(ERP)、电子交易等上百个组件，具有 100%纯 Internet 应用体系结构、完整性、集成性和可伸缩性等主要优势，能够帮助企业用户最大限度地缩短电子商务系统从部署到获益所需要的时间、最大限度地降低 IT 成本。

图附录 3-1　Oracle 电子商务套件

2. Oracle 化工行业解决方案概述

Oracle 化工行业解决方案整体系统架构中包括企业战略管理、企业资源管理(ERP)、供应链管理(SCM)，客户关系管理(CRM)、专业生产执行系统(MES)，以及底层的数据库、应用服务器和开发工具等。除专业生产执行系统以外，Oracle 在化工企业信息化的各个层面均提供了相应的技术与应用解决方案。

Oracle 电子商务套件满足化工企业通用和特殊的需求，覆盖了从资产管理、产品开发，协作平台和 Internet 采购，到供应链计划、流程制造和市场销售的各种应用要求。通过整合多种平台和旧有系统，提供标准接口，Oracle 的解决方案创建高效、协作环境，支持化工行业快速地增长和变化。Oracle 化学工业解决方案产品配置如图附录 3-2 所示。

图附录 3-2　Oracle 化学工业解决方案产品配置示意图

Oracle 应用产品的灵活性和技术领先为化工企业提供了出色的解决方案，从以下几方面解决了化工企业关键的业务需求。

- 集成过程控制：支持基于配方的流程生产，提高流程制造效率。
- 改进工厂维护：获得企业资产投资收益最大化。
- 优化供应链：以最低成本在全球范围内获取原材料。
- 建立以客户为导向的销售网络：提高客户忠诚度和创造价值。
- 库存管理与资产管理一体化：优化资源和增加灵活性。
- 建立集中化财务管理机制：实现战略的集团财务管理。
- 以能力为核心的人力资源管理：建立现代化企业人力资源管理体系。
- 建立智能商业：通过集成的商务智能获得更优绩效。

3. Oracle 化工行业解决方案的特色

Oracle 由于 20 世纪 90 年代完成开发，技术上比较先进，已经实现 100%基于 Internet 平台开发，其各个模块均采用统一的数据模型；Oracle 在模块的体系搭建上采用了一种先进的模式，各模块之间以及与外界交换数据都通过接口表来完成，这种模式很容易将第三方的软件融入 Oracle 的系统中。

　　Oracle 系统的参数配置简便且易于操作，企业用户很容易掌握，并在上线后随着企业的发展变化可进行相应调整；Oracle 提供标准的 AIM 实施方法，并提出 Fast-Forward 快速实施理念，帮助企业快速、便捷和低成本地完成系统实施。

　　Oracle 电子商务套件是一套企业整体解决方案。Oracle 除提供企业内部 ERP 管理系统之外，还提供完整集成的 CRM、SCM、Portal 等其他企业信息系统解决方案；同时针对流程制造行业提供流程制造解决方案，从而帮助企业建设一整套完整、集成的企业信息系统。

　　Oracle 支持企业加强内部管理控制，提升管理水平，理顺和规范业务管理流程，明晰职责，实现业务处理的标准化和规范化；实现内部控制和预警，通过规范的管理流程，明确分工，为各管理层次的有效控制提供依据，限制随意性。

　　Oracle 支持企业建立企业整体智能分析系统，通过业务分析及建模工具，提供规划、预测及多维分析，为决策层提供各种准确、及时的信息和报表，为公司科学决策提供有力支持。

附录 4 广州市千里达车业有限公司 Microsoft Dynamics AX 应用案例

广州市千里达车业有限公司成立于 1994 年，是一家集自行车整车研发、生产、销售于一体的民营企业。10 年来公司业务发展迅猛，年产自行车 120 万辆，产品 99% 以上出口。公司拥有强大的研发能力和先进的生产设备，并自行研究开发世界流行的车型，产品畅销欧美、东南亚、中东、非洲等国家。

在公司发展的过程中，管理层对于信息化的投入从未停止。作为快速发展中的制造企业，公司拥有自主建设的网站/邮件服务器系统、网络传真系统、自主研发的 MIS 系统、自主实施的网络办公自动化系统以及自行主导实施的 ERP 系统。

随着业务规模的不断扩大，原有系统间的信息交互不堪重负，功能不完善加上信息孤岛的存在都困扰着企业进一步的发展。经过了长时期的方案选型，最终，Microsoft Dynamics AX 系统凭借其灵活性、易开发性及合作伙伴的强大实力从选型工作中胜出。千里达车业公司选择了与 Tectura 瀚资、微软结成合作伙伴，选择 Microsoft Dynamics AX 产品来构建内部的信息管理平台。通过其优秀的二次开发支持能力与灵活组合的业务应用部署，新平台帮助企业整合了原有的 ERP 周边系统资源，做到了对企业经营数据的实时分析与决策，帮助企业落实了集中管理的思想，为企业的长期发展提供了保障。

1. 应用背景

1994 年，一家年轻的自行车制造企业在广州诞生。10 多年来，凭借着对自行车研发、制造、销售渠道的掌控，千里达车业有限公司这家"年轻"的企业顺利实现了年产自行车 120 万辆、产值 2 亿元大关的突破。

作为 ISO 9001:2000 质量体系的一员，公司进一步完成了企业的转型：从简单的自行车生产，转型到整车研发与高技术生产上来。目前拥有两条油漆自动喷涂生产线、四条成车装配流水线、轮组自动锁紧机、自动打包机，自行研制了自动氩弧焊机等高技术生产设备。公司多年来自行研究开发世界流行的山地车、折叠车、减震车及电动车。整车产品品质优良、款式新颖，深受国内外广大用户欢迎，产品 99% 外销欧美、东南亚、中东、非洲等国家。目前公司也在积极开拓国内市场，并已取得丰硕的销售业绩。

十年磨一剑。多年来千里达的领导者为实现国际化现代企业的目标，已经在公司内部实行了技术改造、提高生产的自动化程度、提高职工素质、提高生产产品的质量、档次和附加价值，完善企业现代化管理，并把建立企业信息化作为其中的一项关键工作。

事实证明，当前随着企业业务的发展，公司的内部员工超过千人，企业研发、生产、销售、管理等各个环节对信息化系统的依赖程度巨大。

千里达车业公司拥有历史传承下来的大量 IT 子系统，包括了自主建设的 Linux 网站/

邮件服务器系统、自主实施的办公自动化系统，实现了跨地域网上办公；同时拥有自主开发的企业 MIS 系统管理销售、采购与库存，并应用了金蝶财务系统。

遗憾的是，随着公司进一步的成长，原有信息系统逐渐不能满足企业的需要，公司内部出现了多个信息孤岛，各个系统之间的信息不能共享，大量资源浪费。同时，企业早先自主开发的 MIS 系统比较单一，仅仅实现了销售环节、采购环节、仓库管理环节的办公电脑化。所有生产以及工程工艺的管控也仅仅局限于人工管理；工程图档与业务文档的管理也与实际订单信息脱节，需要人工管理。这对于以 OEM 生产为主的公司来说，无疑是一项巨大工作。另外，公司财务系统与 MIS 的相互独立，使得生产与营业数据信息不能得到实时的分析与决策，严重制约了管理水平的提升。供应关系与客户关系的管理，也出现了诸多的不足。

应该说，正是由于以上种种不足与企业高速发展相矛盾的现状，促使千里达车业公司下决心进行信息系统改造。不难看出，一个经营了 10 年，仍然处在高速发展期的制造企业目前迫切需要的是一套集中的 IT 系统来支持自身的业务发展。换句话说，一套整合了企业物流、资金流、信息流的系统应用建设迫在眉睫。

2．解决方案

作为一家专业的自行车制造企业，千里达车业公司对于信息系统的要求非常高：一套集中的信息管理平台必须能够支持企业的业务发展与应用的增减，同时高度的可靠性、二次开发能力，以及完善的系统支持能力都是千里达车业公司所看重的。

事实上，从 2005 年 6 月起，千里达车业公司就开始了 ERP 系统的选型工作。当时公司高层就提出了公司信息化建设的目标，提出首先利用 2 年时间，争取在信息化工作上跨 3 个台阶，以满足公司未来 7～10 年的发展需要。

2006 年 11 月之前，公司管理层的目光几乎都停留在金蝶与 SAP 的 SBO 套件上分析，并一度犹豫不决。直到一个偶然的机会，公司从微软金牌合作伙伴瀚资公司(Tectura)公司处得知微软也提供自己的 ERP 软件，因此马上重新审视了选型工作。

千里达车业公司的 IT 团队首先将国内与国际 ERP 软件进行了分类。国内分类中主要考查了金碟 K/3 与 BOS 系统、用友 U8 系统、速达 E3 系统。国际分类中考查了 SAP 的 R3 系统和 SBO 套件、Oracle、IFS、Microsoft Dynamics AX。从这样的分类来看，差距是明显的。国外 ERP 软件系统的突出特点是可配置性强，功能扩展性高，二次开发技术强大，生命周期比较长，同时也蕴含了西方的先进管理理念。结合企业的实际情况，千里达车业公司将目光放在了国外 ERP 软件系统上。

从功能模块上说，Microsoft Dynamics AX 对集团企业的财务处理能力较强，软件平台面向集团企业管理需要，能支持集团公司对下属企业业务和财务的实时监控和管理。对千里达车业公司而言，微软的产品配置器是令其心动的亮点。利用配置器模块，公司可以建立产品模型，通过挑选零配件属性参数的形式自动产生 BOM 表，从而大幅度降低了对公司业务人员的专业要求。

此外，Microsoft Dynamics AX 产品的 MPS、MRP 功能较强，支持有限产能与无限产能的组合；系统可以按照任何一条记录数据保存多个附加文档，能解决工程图档与业务文档的管理问题。另外，Microsoft Dynamics AX 的系统界面友好，基本采用 Windows 风格，与 Microsoft Office 风格一致，加之全中文的支持，降低了千里达车业公司内部员工的学习、掌握难度。

在千里达车业公司项目实施的过程中，本地的微软合作伙伴在千里达车业发展信息化过程中扮演了重要角色。2006 年 6 月，微软金牌认证合作伙伴上海瀚资软件咨询有限公司广州分公司和千里达车业公司共同组织项目组，开始实施微软的 Microsoft Dynamics AX 系统。在千里达公司 IT 部和各业务部门的通力协助下，对公司的业务现状和目标进行了专业的分析，提出了一套灵活易用的解决方案，该方案既适用于公司复杂的业务流程，又能解决企业各层管理人员的管理需求，并且依托微软技术而具备了非常强的扩展性、兼容性和稳定性，满足千里达车业公司不断快速发展的要求。经过项目组近半年的努力，在 2007 年 1 月 2 日成功上线，并于 2007 年 2 月宣告上线成功，2007 年 9 月，以第一份完全正确的财务报表作为项目结束的标志。

3. 实施成效

事实上，千里达车业公司对信息化建设始终高度重视。公司的信息部从 2004 年成立至今一直主导公司整体的信息化工作。在本次 Microsoft Dynamics AX 项目分工中，专门安排了两名开发人员负责软件技术，四名工程师负责实施，一名技术人员负责硬件技术支持。整套 ERP 系统属于企业自身主导实施，因此开发人员与实施人员间的沟通基本无障碍。

- 数据丰富、准确

在应用了 Microsoft Dynamics AX 产品之后，千里达车业公司的物料查询速度获得了大幅提升，从以往平均 30 天才能获得的库存信息，缩短到现在的随时查询。同时，新系统帮助企业提高了物流管理水平，降低了企业的库存率，提高了企业的资金周转能力。新系统实现了精准的信息数据管理，帮助企业降低了 10%的生产成本。

在经过一段时间培训和磨合后，千里达车业公司的高层领导都开始使用 Microsoft Dynamics AX 系统中提供的决策信息与报表，比如各种物料毛利状况、现金流量状况、资金平衡状况、生产进度状况、订单毛利状况、各车间或部门的成本情况等。

从企业市场和财务部门的反馈看，Microsoft Dynamics AX 系统部署之后，千里达车业公司的财务数据准确性与及时性均提高到 99.9%；企业报表制作时间大幅缩短，从以往的每月出一次报表，缩短到现在的随时生成报表；市场部对销售数据的收集整理时间缩短，从以往的 7 个工作日，缩短到现在的几个小时。

- 供应链管理与优化

在部署 Microsoft Dynamics AX 平台之后，千里达车业公司提高了对于供应商送货行为的控制，绝大多数能按系统给出的计划时间到货。

此外，针对千里达车业公司一些常用消耗品与难购物料的管理，在 Microsoft Dynamics AX 平台之中采取了安全库存的管理模式，实际采购时按照系统安全库存需求订单采购。这样既避免了不必要的采购浪费，又避免了某些材料缺货导致的产能降低，最大限度地保证了企业生产运营的稳定。

对于企业需要的常用生产性物料，此前千里达车业公司的做法是根据供应商与物料提前期状况，按计划采购。在此环节上，Microsoft Dynamics AX 平台对企业的帮助与支持显示出很大的灵活性。比如，公司计划采用让上下游供应商在网上看到企业发送的相关采购订单，并查看供应商的物料在企业中的库存情况，查看供应商的款项等，以此实现与供应链伙伴的优化组合，最大程度地提高采购与生产的效率。

- 二次开发推动流程创新

Microsoft Dynamics AX 产品提供了简单易学的 X++开发语言，可以使企业的二次开发轻松、快速，且非常灵活。其分层开发的源代码，从核心体现了这种技术的应用，强调了二次开发的易维护性。

这种二次开发的强大功能，有利于企业在保留西方先进管理理念的基础上，根据自身情况来调整或新增流程；也有利于企业在基于 Microsoft Dynamics AX 的基础上，开发出具有企业自身特点的功能模块。

- 集成性优势

对于千里达车业公司的应用来说，Microsoft Dynamics AX 具有非常明显的集成性优势。基于微软公司在操作系统和 Office 系统的特殊背景，这种集成性能更是独树一帜，更代表了今后企业信息资源整合的方向。

事实上，千里达车业公司对历史遗留的旧系统采用了全部淘汰的方式，这就从源头杜绝了新旧系统的融合问题。再加上公司的基础 IT 环境是 Windows 系统，因此 Microsoft Dynamics AX 可完全与 IT 环境融合。

- 提升管理品质

应用 Microsoft Dynamics AX 产品后，千里达车业公司的决策层深深体会到了扁平化管理带来的好处，极大地提高了管理效率与质量。同时公司高层对各部门的异动也增加了敏感度，决策也更加快速与准确。

事实上，Microsoft Dynamics AX 帮助千里达车业公司实现了独立开发新模块的愿望，提高了企业在快速市场变动中的新需求上线速度。新产品提供的文档管理功能，将原来独立存储的图档与文档紧密地与系统联系起来。同时，新系统可对每一产品，每一车间与部门进行成本控制与监督。在此基础上，Microsoft Dynamics AX 促使千里达车业公司的各级部门流程趋于规范化与协同化，提高了效率，降低了沟通、管理、人力等各种成本。

（资料来源：http://www.microsoft.com/china/smb/local/successful stories/case28.mspx）

附录5 珠海双喜电器 K/3 财务业务一体化应用案例

珠海双喜电器有限公司源于 1956 年，1964 年生产研制出中国第一口压力锅，从此填补了国内炊具市场的空白。经过半个多世纪的发展，现已成为一家集团化公司。目前公司坐落在珠海金鼎工业园，以生产五金炊具、电炊具为主业，旗下拥有"双喜炊具"、"双喜电器"、"好太太双喜"、"欧豪"、"银德"五大品牌，覆盖压力锅、炒锅、电压力锅、电饭锅等 150 多个品种，450 多个规格的单品。共同构成了集原材料供应、产品生产、产品销售、售后服务一条龙的炊具产业，是全国最大的炊具生产基地之一。双喜电器位于珠海，占地 92600 平方米；拥有压力锅、电压力锅、电饭锅、不锈钢制品、铝板材加工五大生产线；在主要一级城市的部分大中型商场建立店中店和形象专柜，形成了覆盖全国的销售网络；产品行销全国 30 多个省市，并远销欧美、日本、中东、东南亚等 40 多个国家和地区。

1. 面临问题

- 手工做账工作效率低下，财务业务无法信息互通形成信息孤岛。传统的手工做账方式极大影响了财务环节工作效率；财务手工成本核算非常复杂，各业务单元基本上都处于信息孤岛状态。
- 成本控制差，制约企业发展。采购、销售，以及出入库环节与财务脱节；库存量大，占用闲置资金及场地。
- 产品基础资料信息不完备性较大，生产领料采取人工计算手工领料方式非常繁琐和复杂，生产计划编制因为信息不对称经常会调整，导致生产排产紊乱。
- 领导无法随时掌控企业数据，导致错误决策。企业领导无法随时掌控企业的生产数据、物料数据、财务数据以及销售数据，致使领导无法做出及时有效的决策。

2. 解决方案

从 2004 年开始应用金蝶 K/3 财务管理系统，并逐步对采购、销售系统、仓库管理系统进行上线运用，打通了财务和供应链之间的信息孤岛问题；从 2008 年 10 月开始启动对生产数据管理、生产管理、计划管理、成本管理的实施。目前应用的模块包括：

- 财务管理系统
- 成本管理系统
- 供应链管理系统(采购、仓储、销售)
- 生产管理系统(生产数据管理、计划管理)

3．模块流程图(如图附录 5-1 所示)

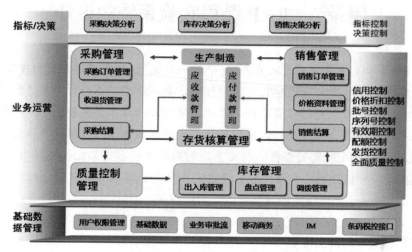

图附录 5-1　双喜电器 K/3 应用模块

4．应用价值

- 生产订单交付率由原来的 30%提高到约 70%；生产计划水平有了较大的提高，让生产领料变得清晰透明，领料不再是企业一个藏污纳垢的黑洞。
- 库存资金占用由月均 6000 万降至月均 3500 万，下降比例达 40%；解决了技术、生产、采购、仓库物料信息沟通不畅以及售后经常发错配件的问题。
- 库存准确率由原来的不足 80%提高到 99%；特别是双喜电器独创的半成品倒推领料的方式可以成为类似双喜电器的生产组织方式企业的一个很好借鉴。
- 成本计算速度和准确性都有很大提高；大大减轻了财务人员手工核算的工作量，有效地控制了企业的生产成本。

通过以上系统的实施，规范了整个双喜电器的基础资料数据和 BOM 数据，对整个公司的基础数据进行了全面的大整理，计划管理和生产管理的上线使得采购部门、计划部门、生产部门、销售部门、仓库部门关键信息进行了全局共享，规范了各个部门的操作流程，极大提升了公司整体的工作效率。成本管理系统的上线规范了整个公司的生产领料，规避了不必要的浪费，对产品成本核算有了明晰的了解，实现了双喜电器的全员信息化。

http://store.kingdee.com/index.php?mod=case&code=detail&id=168

附录6 ERP 课程实验系统的设计

鉴于 ERP 各子系统复杂的关联关系，一个模块的运行，均要进行大量的基础配置工作；特别因为 MRP 的运作是一个逻辑化的滚动过程，要在课堂有限的时间里进行实验运行，难度较大，也没有比较理想的实验软件。因此，建议本门课程的实验教学不必局限于传统的过程性操作实验方式，而完全可以采取多种形式的实践教学。包括软件界面图片展示、软件操作教学视频、应用案例分析，以及直接利用现成的各商品化软件提供的 DEMO 示例进行 MRP 运行数据分析，等等。如下提供几个可行的实验系统设计，以供教学时参考选用。

1. ERP 行业应用情况搜索

【实验设计】
找出两家企业应用 ERP 系统的情况(可以列举你所知晓的实际企业或者从 Internet 网络搜索)，基本要素可以包括如下：
(1) 企业基本情况(企业名称、地址、生产的产品(或服务)、年产值、人数……)
(2) 所应用的 ERP 软件(软件名称、版本号、该软件的基本情况……)
(3) 使用的软件模块(该企业已应用了哪些模块)
(4) 使用的效果情况(该企业已经达到什么样的使用效果)

【实验目的】了解 ERP 软件产品和市场概况
- 了解实际 ERP 软件品牌。
- 了解实际 ERP 软件的功能模块。
- 了解 ERP 软件运行的其他 IT 环境。
- 了解 ERP 软件在产业界的实际应用。
- 了解 ERP 软件市场概况。

2. SAP SBO 软件的安装

【实验设计】
(1) 使用软件 SAP Business One 2004B 版本 V7.2，安装包 SAP.Business.One 简体中文版 V2.72.rar。
(2) 先安装数据库系统 MS SQL Server 2000+SP3，再安装 SAP SBO 软件。
(3) 安装 SAP SBO 软件完成后，并配置运行，验证成功性。
(4) 可进入 MS SQL Server 的"企业管理器"，了解数据库存放的物理位置，简单分析其数据库结构。

【实验目的】了解 ERP 软件安装和运行结构

- 了解实际 ERP 套装软件的样式。
- 理解 ERP 软件的运行环境的重要性。
- 理解数据库与应用软件的结构关系。
- 了解客户端与服务器端的协调运作。
- 体会商品化软件的序列号、安装码的意义。
- 体会实际的 ERP 软件(SBO 或 K3)的安装。

【实验参考】

1) SBO 软件安装

(1) SQL Server 2000+SP3 安装

① 环境 Windows XP/2003 OS 。

② 数据库 SQL Server 2000+sp3。

③ 改系统时间推后几年，如 2025 年。

(2) SAP Server Tools 安装

④ 安装解压包 Server Tools 文件夹下的 setup.exe。

(3) SAP Business One 服务器端安装

⑤ 安装 Server 端——安装解压包根目录下的 setup.exe

⑥ 安装 DEMO 数据库——再次运行安装解压包根目录下的 setup.exe，选择"修改 MODIFY"进入添加中文 ZH 实例库(如果没有 DEMO 数据库则须补"修改"安装 Server 端的中文 ZH 实例库)。

(至此可在 SQL Server 企业管理器里看到两个数据库 Sbo-Common 和 SBODemo-Chinese)

(4) SAP Business One 客户端安装

⑦ 安装 Client 端——单击 C:\Program Files\SAP Manage\SAP Business One\SBO_SHR\Clients\Client_Setup (这是默认路径)下的 setup.exe。

可看到"开始" | "程序"里有"SAP Business One"选单了。

⑧ 改回系统时间，然后就可以了。

⑨ 重新启动。

2) SBO 软件运行

启动 SBO License Server，再登录 SAP Business One 就可以了。

步骤:

① 运行 SQL Server 2000，可以看到电脑屏幕右下角有运行 Logo。

② 进入 SAP Business One | Server Tools | Service Manager，启动 License manager(或在右下角有任务图标，操作如同启动 SQL Server 服务管理器)。

③ 之后启动 SBO(运行 SAP Business One)。

④ 欢迎界面默认不动。

⑤ 账套名称选默认的北京××电子公司 DEMO。

⑥ 期间选 2012-12。

⑦ 若需要输入 License Server，用本机名或者具体的 IP 地址。

⑧ 需要输入用户名和密码时，两者皆为空，或者用户：manager，密码：manager 即可。

3. SAP SBO 软件的运行

【实验设计】利用 SAP Business One 系统

(1) 使用软件 SAP Business One 2004B 安装完成，配置运行。

(2) 运行 SBO，理解客户端与应用服务器、数据库的协调运作。

(3) 运行 SBO，了解 ERP 软件功能模块。

(4) 参照完整的软件 4 个主要方面的软件模块(物流管理模块、生产管理模块、财务管理模块、人力资源管理模块)，初步分析其不完整性。

(5) 详细列出 SAP SBO 软件的功能结构，编排成能反映它们之间结构关系的缩进包含或标号列示的美观样式，可详细到三级菜单。

【实验目的】了解 ERP 软件功能模块

- 了解实际 ERP 套装软件的样式。
- 理解 ERP 软件的运行环境的重要性。
- 理解数据库与应用软件的结构关系。
- 了解客户端与服务器端的协调运作。
- 了解 ERP 软件运行的主流样式。
- 了解实际 ERP 软件的基本功能。
- 了解小型 ERP 软件与大型 ERP 软件的区别。
- 发现本人的兴趣潜能，爬上专业的阶梯。

4. ERP 应用案例分析

【案例背景】

广州市千里达车业有限公司 Microsoft Dynamics AX 应用案例(参见附录 4)

【分析思路】

(1) 分析该公司的企业规模、生产经营状况。

(2) 分析该公司的产品类型、产品结构。

(3) 分析 Microsoft Dynamics AX 软件的主要功能特点。

(4) 分析该公司为什么选择 Microsoft 的 ERP 产品 Dynamics AX。

(5) 分析该公司具体使用了 Microsoft Dynamics AX 的哪些模块。

(6) 分析该公司应用 Microsoft Dynamics AX 后的效果如何。

(7) 分析该项目实施的时间进程和各阶段的工作内容。

(8) 分析该项目实施组织的各方干系人及其主要职责。

(9) 分析该应用项目的总开支，初步分析其投资经济效益。

(10) 分析该应用项目还有哪些改进与扩展空间。

5．MRP 运行数据分析

【软件环境】

利用用友 U8 ERP 实验版产品 U851 所带的 DEMO 数据库(亦可以选用其他 ERP 软件如 SBO 提供的类似 DEMO 数据库)。

【实验设计】

(1) 画出各产品的结构图，分析 DEMO 数据库提供的 BOM 数据表。

(2) 写出各产品的 BOM 表，并标出各物料相应的提前期与相关用量。

(3) 以磷酸二钠片为例(见图附录 6-1)，分析其产品结构如何体现于数据表里。

(4) 分析磷酸二钠片其主生产计划的需求量。

(5) 以 3001 磷酸二钠片的 2012-10-30 的需求量为例，进行 MRP 分解，分析计算其下层各物料的需求量，把它们的计划投入量和计划产出量填入如下的表格中(表附录 6-1)。

【实验目的】分析 MRP 数据关系

- 理解产品结构如何在 BOM 数据表里表达。
- 了解主生产计划量如何作为 MRP 的数据源。
- 理解产品结构(BOM)如何作用于 MRP 的材料分解。
- 理解相关需求如何作用于 MRP 的材料需求量核算。
- 理解提前期如何体现在计划投入量和计划产出量之间。

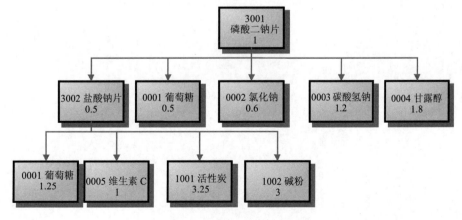

图附录 6-1　磷酸二钠片产品结构图

表附录 6-1 磷酸二钠片的 MRP 分解计算表

层次码	提前期	物料	时段	2002-9-28	2002-10-3	2002-10-10	2002-10-18	2002-10-25	2002-10-30
0	3	磷酸二钠片	计划产出量						500
			计划投入量					500	
1	5	盐酸钠片	计划产出量					1500	
			计划投入量				1500		
2	15	葡萄糖	计划产出量				587.13	401.52	
			计划投入量		587.13	401.52			
1	15	氯化钠	计划产出量					215.16	
			计划投入量			215.16			
1	15	碳酸氢钠	计划产出量					321.22	
			计划投入量			321.22			
1	15	甘露醇	计划产出量					307.58	
			计划投入量			307.58			
2	15	维生素C	计划产出量				269.7		
			计划投入量		269.7				
2	20	活性炭	计划产出量				670.47		
			计划投入量	670.47					
2	20	碱粉	计划产出量				856.08		
			计划投入量	856.08					

参 考 文 献

[1] 温咏棠. 制造资源计划系统[M]. 北京：机械工业出版社，1994

[2] 陈启申. MRP II 制造资源计划基础[M]. 北京：企业管理出版社，1997

[3] 任守榘. 现代制造系统分析与设计[M]. 北京：科学出版社，1999

[4] 王人骅. 计算机集成生产管理——MRP II 的原理与方法[M]. 北京：北京航空航天大学出版社，1996

[5] 刘飞 等. 制造系统工程[M]. 北京：国防工业出版社，2000

[6] 周玉清，刘伯莹，刘伯钧. MRP II 原理与实施(第2版)[M]. 天津：天津大学出版社，2001

[7] 李芳芸，柴跃廷. CIMS 环境下——集成化管理信息系统的分析、设计与实施[M]. 北京：清华大学出版社，1996

[8] 黄尹国，吴曙光，刘国威. 生产库存管理新方法——MRP[M]. 北京：机械工业出版社，1987

[9] 汪定伟. MRP II 与 JIT 结合的生产管理方法[M]. 北京：科学出版社，1996

[10] 潘家轺 等. 现代生产管理学[M]. 北京：清华大学出版社，1994

[11] 上海机械工程学会. 现代管理工程手册[M]. 北京：机械工业出版社，1987

[12] 初壮. MRP II 原理与应用基础[M]. 北京：清华大学出版社，1997

[13] 马士华，林勇，陈志祥. 供应链管理[M]. 北京：机械工业出版社，2000

[14] 张毅. 制造资源计划 MRP II 及其应用[M]. 北京：清华大学出版社，1997

[15] 刘希宋 等. 作业成本法：机理、模型、实证分析[M]. 北京：国防工业出版社，1999

[16] 王平心. 作业成本计算理论与应用研究[M]. 大连：东北财经大学出版社，2001

[17] [日]人见胜人，赵大生 等 译. 生产系统论——现代生产的技术与管理[M]. 北京：机械工业出版社，1994

[18] 武振业 等. 生产与运作管理[M]. 成都：西南交通大学出版社，2000

[19] 刘丽文. 生产与运作管理[M]. 北京：清华大学出版社，1998

[20] 唐立新. CIMS 下生产批量计划理论及其应用[M]. 北京：科学出版社，1999

[21] 陈启申. 供需链管理与企业资源计划(ERP)[M]. 北京：企业管理出版社，2001

[22] 邹虹，苏曼. 现代化企业管理理论和实践[M]. 北京：中国物资出版社，1994

[23] 张列平. 制造资源计划—MRP II 原理与实践[M]. 上海：上海交通大学出版社，1992

[24] D.琼斯 等. 沈希瑾 等 译.改变世界的机器[M]. 北京：万国学术出版社，1991

[25] 李伯虎. 计算机集成制造系统(CIMS)约定、标准与实施指南[M]. 北京：兵器工业出版社，1994

[26] 徐晓飞 等. 计算机集成制造系统(CIMS)知识新解[M]. 北京：兵器工业出版社，2000

[27] 李芳芸. 计算机集成制造系统问答[M]. 北京：兵器工业出版社，1993

[28] 邓超. 企业资源规划系统(ERP)规范应用指南[M]. 北京：电子工业出版社，2003

[29] Blackstone，J.H. & Cox，J.F. APICS Dictionary，Eleventh Edition，2005

[30] Green，J H.Production and Inventory Control Handbook.2nded[M]. NewYork：McGraw-Hill，1987

[31] Wight，Oliver W. MRP II，Unlocking American's Productivity Potential[M]. Oliver Wight Limited Publications，Inc.1984

[32] Wallace，Thomas F. MRP II，Making it Happen[M]. Oliver Wight Limited Publications，Inc.1993

[33] Bill Scott. Manufacturing Planning Systems[M]. London;New York：McGraw-Hill，1994

[34] Stephen JChilde. An Introduction to Computer aided Production Management[M]. London：Chapman & Hall，1997

[35] Andrew Greasley. Operations Management in Business[M]. Cheltenham：Stanley Thornes，1999